D1728549

Der schwierige Weg in die Nachkriegszeit

Die Evangelisch-lutherische Landeskirche in Braunschweig 1945–1950

Herausgegeben von Klaus Erich Pollmann
im Auftrag der Kommission
der Evangelisch-lutherischen Landeskirche
in Braunschweig
für Braunschweiger kirchliche Zeitgeschichte

Mit 33 Abbildungen

VANDENHOECK & RUPRECHT
IN GÖTTINGEN

Studien zur Kirchengeschichte Niedersachsens
In Verbindung mit
Hans Goetting, Hans-Walter Krumwiede,
Hans Otte und Jürgen Uhlhorn
herausgegeben von Inge Mager
34

Redaktion: Hermann Kuhr,
Landeskirchliches Archiv Braunschweig

Die Deutsche Bibliothek – CIP-Einheitsaufnahme

Der *schwierige Weg in die Nachkriegszeit:*
die Evangelisch-lutherische Landeskirche in Braunschweig 1945–1950
hrsg. von Klaus Erich Pollmann
im Auftr. der Kommission der Evangelisch-lutherischen Landeskirche
in Braunschweig für Braunschweiger kirchliche Zeitgeschichte.–
Göttingen: Vandenhoeck und Ruprecht, 1995
(Studien zur Kirchengeschichte Niedersachsens; 34)
ISBN 3-525-55239-4
NE: Pollmann, Klaus Erich [Hrsg.]; GT

Satz: Text & Form, Pohle.
Druck und Bindung: Hubert & Co., Göttingen.

Vorwort

Während der sogenannte Kirchenkampf, nämlich die evangelische Kirche in Deutschland während der Nazi-Zeit, in der wissenschaftlichen Forschung große Aufmerksamkeit gefunden hat, ist die Nachkriegsepoche bisher sehr viel weniger untersucht worden. Da der Kirchenkampf durch viele Quellenpublikationen und Untersuchungen analysier- und bewertbar gemacht wurde – ohne daß es allerdings zu endgültigen Urteilen gekommen wäre –, danke ich der Historischen Kommission für Braunschweiger kirchliche Zeitgeschichte, daß sie sich der Geschichte unserer Landeskirche von 1945 bis 1950 zugewandt hat. Diese Kommission wurde von der Kirchenregierung der Landeskirche berufen und hat auch die Tagung vorbereitet, die hier mit dem größten Teil der dort gehaltenen Vorträge dokumentiert wird. Unter dem Vorsitz von Herrn Professor Dr. Klaus E. Pollmann wurde nach Neubeginn und Restauration gefragt, nach Entnazifizierung einer- und personeller Kontinuität andererseits. Wo lagen hier die Akzente? Wo gab es Versäumnisse, wo neue Ansätze? Vorträge und Diskussionen ergaben ein facettenreiches Bild, das weiterer Klärung und Vertiefung bedarf. Dazu wird hoffentlich auch diese Publikation beitragen, in der zwei Aufsätze enthalten sind, die nicht auf der Tagung vorgetragen worden sind. Allen, die diesen Band durch ihre Beiträge ermöglichten, und vor allem Herrn Professor Dr. Pollmann, der – unterstützt vom Leiter unseres Archivs, Herrn Landeskirchenarchivrat Hermann Kuhr, – die Hauptlast trug, sei herzlich gedankt.

Wolfenbüttel, 20. Mai 1994

(Prof. Dr. Gerhard Müller DD)
Landesbischof

Inhalt

Einleitung

Dieses Buch erscheint fünfzig Jahre nach dem Zusammenbruch des nationalsozialistischen Deutschland. Viele hätten sich einen solchen Band schon wesentlich früher gewünscht, für andere ist erst jetzt der zeitliche Abstand gegeben, der für die Beurteilung der ersten Jahre der Nachkriegszeit, namentlich die Reaktion der Kirche auf ihr Verhalten in der NS-Zeit, notwendig ist. Dieses Thema hat im übrigen die Braunschweigische Landeskirche seit 1945 nicht in Ruhe gelassen, sondern es ist immer wieder Anlaß zu engagierten Debatten und persönlichen Konflikten, häufig verquickt mit kirchlich-theologischen und politischen Positionen der jeweiligen Gegenwart, geworden. Gewiß wäre eine gründliche historische Behandlung dieser Fragen für die Landeskirche schon früher geboten gewesen. Andererseits stehen die Quellen, die eine verläßliche Grundlage für die Beurteilung dieser Zeit bilden, zu einem erheblichen Teil erst jetzt zur Verfügung.

Als die Kirchenregierung 1991 eine Kommission für kirchliche Zeitgeschichte der Braunschweigischen Landeskirche einsetzte und dieser den Auftrag gab, die Erforschung und Darstellung der Entnazifizierung und kirchlichen Selbstreinigung, des Vollzugs oder der Verweigerung der personellen Erneuerung vorzunehmen, war zunächst daran gedacht, eine Kirchenhistorikerin oder einen Kirchenhistoriker für dieses Vorhaben zu gewinnen. Im Lauf der Vorbereitungsgespräche hat das Thema die Kommission derart in den Bann gezogen, daß sich der Herausgeber entschlossen hat, den Band gemeinsam mit seinem wissenschaftlichen Mitarbeiter, Martin Grubert, zu erstellen. Diese beiden längeren Abhandlungen zu dem von der Landeskirche erteilten Auftrag sind durch weitere Beiträge, überwiegend von Kommissionsmitgliedern abgefaßt, ergänzt worden. Die zusätzlichen Aufsätze von Martin Greschat und Hans-Ulrich Ludewig beruhen auf Vorträgen, die im Juli 1993 während des Kolloquiums „Die Geschichte der Braunschweigischen ev.-luth. Landeskirche 1945–1949 – Neubeginn und Restauration, Entnazifizierung und personelle Kontinuität", bei dem die Kommission ihre Ergebnisse zur Diskussion gestellt hat, gehalten wurden. Dieses Kolloquium behandelte außerdem die Auseinandersetzung der Evangelischen Kirche und speziell der lutherischen Landeskirchen Bayern und Hannover mit ihrem Verhalten in der NS-Zeit. Im

Interesse der thematischen Geschlossenheit des Bandes hat der Herausgeber auf den Abdruck dieser Aufsätze leider verzichten müssen.[1]

Innerhalb des Gesamtthemas bilden die Beiträge, welche die Tätigkeit des Braunschweiger Sondergerichts behandeln, einen gewissen Schwerpunkt. In auffälliger Weise ist eine ganze Reihe von Richtern, die an diesem Sondergericht eingesetzt waren, der Landeskirche verbunden gewesen, und zwar vor, während und nach der Zeit des Nationalsozialismus. Einer von ihnen, Dr. Walter Lerche, ist nach dem Krieg als Oberlandeskirchenrat in der Braunschweigischen Landeskirche in führender Funktion tätig gewesen. Wie konnte ein Vorsitzender Richter am Sondergericht, der 1945 von seinem Richteramt suspendiert worden war, in der Nachkriegszeit als ein geachteter Repräsentant der Landeskirche seinen Weg gehen? Innerhalb des Gesamtauftrags sollte die Kommission besonders auf diese Frage nach Antworten suchen.

Der Band vereint als Autoren Theologen, Juristen und Historiker. Einige Autoren sind in der Landeskirche jahrzehntelang als Pfarrer tätig gewesen. Die Autoren gehören ganz unterschiedlichen Generationen an. Schon dadurch kommen in diesem Band durchaus nuancierte Beurteilungen zum Ausdruck. Der Herausgeber hat es nicht für seine Aufgabe gehalten, die unterschiedlichen Akzentuierungen in den einzelnen Beiträgen einzuebnen. Er hat deshalb auch in gewissem Umfang thematische Überschneidungen in Kauf genommen. Auf diese Weise entsteht ein pluralistisches Gesamtbild, das anregen will, das Thema weiter zu verfolgen und die hier formulierten Bewertungen zur Diskussion zu stellen. Den Anspruch auf eine abschließende, gültige Darstellung kann der Band schon aufgrund der Quellenlage nicht erheben. Viele Dokumente, namentlich im Hinblick auf die Beziehungen von Militärregierung und Landeskirche, sind verloren, viele Zeitzeugen sind nicht mehr erreichbar. Ein Forum mit Zeitzeugen, das unter Leitung von Klaus Jürgens während des genannten Kolloquiums stattfand, hat den Reiz solcher Fragemöglichkeiten, aber auch die Grenzen der dadurch zu gewinnenden gesicherten Erkenntnisse deutlich gemacht.

Der Herausgeber dankt den Mitgliedern der Kommission, ohne deren Engagement dieser Band nicht zustande gekommen wäre. Neben den als Autoren beteiligten Mitgliedern gilt ein besonderer Dank Herrn Oberlandeskirchenrat Niemann, der den Kontakt zum Landeskirchenamt vermit-

---

[1] Es handelt sich um folgende Referate: Clemens Vollnhals, Die Evangelische Kirche und die Aufarbeitung des Nationalsozialismus 1945–1949 (s. ders., Die Hypothek des Nationalprotestantismus. Entnazifizierung und Strafverfolgung von NS-Verbrechen nach 1945, in: Geschichte und Gesellschaft [GuG] 18, 1992, 51–69); Detlef Schmiechen-Ackermann, Pfarrer und Nationalsozialismus in der hannoverschen Landeskirche; Björn Mensing, Pfarrer und Nationalsozialismus in der Bayerischen Landeskirche.

telt hat, sowie Herrn Kirchenarchivrat Hermann Kuhr, dem die Geschäftsführung oblag und der vor allem die Endredaktion des Bandes übernommen hat. Schließlich dankt er Martin Grubert, der den Quellenfundus, der für diesen Band herangezogen wurde, in nicht geringem Umfang erweitert und aufbereitet hat.

Der Gesellschaft für Niedersächsische Kirchengeschichte und der Herausgeberin der Studien zur Kirchengeschichte Niedersachsens, Frau Professor Mager, danken Herausgeber und Kommission für die Aufnahme des Bandes in diese Reihe.

Braunschweig, im Juli 1994   Klaus Erich Pollmann

Die evangelische Kirche nach 1945

Von Martin Greschat

I.

Als in Europa am 8. Mai 1945, kurz vor Mitternacht, die Waffen schwiegen, war auf diesem Kontinent nicht nur der bis dahin blutigste Krieg beendet, waren nicht nur in einer beispiellosen Katastrophe der Nationalsozialismus und das Deutsche Reich vernichtend geschlagen, sondern es existierten auch keine deutsche Regierung und keine selbständigen deutschen Verwaltungen mehr, bis hinunter auf die Ebene der Gemeinden. Dieses Faktum wurde den Deutschen als ihre Rechtslage durch die vier Siegermächte am 5. Juni 1945 in Berlin offiziell mitgeteilt: „Die Regierungen des Vereinigten Königreichs, der Vereinigten Staaten von Amerika, der Union der Sozialistischen Sowjet-Republiken und die Provisorische Regierung der Französischen Republik übernehmen hiermit die oberste Regierungsgewalt in Deutschland, einschließlich aller Befugnisse der deutschen Regierung, des Oberkommandos der Wehrmacht und der Regierungen, Verwaltungen oder Behörden der Länder, Städte und Gemeinden."[1]

Auf diesem Hintergrund heben sich die Selbständigkeit und Freiheit, die die Alliierten den Kirchen gewährten, besonders deutlich ab[2]. Im November 1944 hatten sich die „großen Drei" – Frankreich kam erst später hinzu – auf der Basis eines amerikanischen Entwurfs auf gemeinsame Richtlinien für ihre Kirchenpolitik im besetzten Deutschland geeinigt. Nach dieser Direktive Nr. 12 der European Advisory Commission (EAC) sollten die Kirchen lediglich einer indirekten Kontrolle unterstehen. Die Alliierten garantierten die Freiheit der Religionsausübung sowie den Schutz kirchlicher Gebäude und Einrichtungen, bis hin zur Wiederzulassung einer kirchlichen Presse, des Religionsunterrichts und prinzipiell auch kirchlicher Gruppen. Zur Nichteinmischung der Siegermächte ge-

---

[1] Rolf Steininger, Deutsche Geschichte 1945–1961, Darstellung und Dokumente in 2 Bänden, Bd. 1, 2. Aufl. Frankfurt a. M. 1984, 72–74.
[2] Eine gute Zusammenfassung hierzu bietet in seiner Einleitung Clemens Vollnhals, Die evangelische Kirche nach dem Zusammenbruch. Berichte ausländischer Beobachter aus dem Jahre 1945, Göttingen 1988 (zitiert: Vollnhals, Zusammenbruch).

13

hörte ebenso, daß sich die Kirchen selbst vom nationalsozialistischen Geist in juristischer und vor allem personeller Hinsicht würden befreien können. Nach diesen Grundsätzen verfuhren dann tatsächlich alle vier Besatzungsmächte, also auch die Sowjets. Sicherlich gab es unterschiedliche Akzentuierungen[3]: Während die Russen aufgrund ihres Verständnisses von Religion und Kirche deren öffentliche Wirksamkeit erheblich einschränkten und die Franzosen sich nicht scheuten, faktisch die Absetzung der pfälzischen Kirchenleitung zu erzwingen, praktizierten die Amerikaner und stärker noch die Briten eine Politik der Nichteinmischung – bis dahin, daß sie in ihrer Zone auch den Zusammenschluß von Deutschen Christen tolerierten. Gleichwohl verfügten überall allein die Kirchen über das Privileg, als Institutionen im wesentlichen unbehindert weiterarbeiten zu dürfen.

Bei den Amerikanern und Briten spielte bei dieser Politik zum einen die Überzeugung eine Rolle, daß die Kirchen sich als relativ widerstandsfähig gegenüber dem Nationalsozialismus erwiesen hatten. Zum andern hoffte man, daß sie – entsprechend der angelsächsischen Tradition – an der Demokratisierung der Gesellschaft in Deutschland mitwirken würden. Schon bald gab es dementsprechend Kontakte zwischen ausländischen kirchlichen und politischen Persönlichkeiten – zumeist aus den USA – und deutschen Kirchenführern[4]. In einem weiteren Sinn gehört auch die Wiederaufnahme der deutschen evangelischen Kirchen in die Ökumene in diesen Zusammenhang. Nachdem der wenige Monate zuvor in Treysa[5] gegründete Rat der Evangelischen Kirche in Deutschland (EKD) auf seiner 2. Sitzung in Stuttgart gegenüber Vertretern der Ökumene am 18. und 19. Oktober – zunächst mündlich und danach auch schriftlich – eine Schulderklärung abgegeben hatte, waren die deutschen evangelischen Kirchen wieder in die ökumenische Gemeinschaft aufgenommen worden[6]. Sicherlich sollte man das politische Gewicht dieses Vorgangs nicht überschätzen. Aber für das Selbstverständnis und Selbstbewußtsein vieler Deutscher – keineswegs nur der Christen – war es von außerordentlicher Bedeutung, nicht nur Objekt und vielleicht sogar Opfer der Siegermächte

---

[3] Eine Gesamtdarstellung fehlt, einzelne Hinweise bei C. Vollnhals, Zusammenbruch (Anm. 1), XIII–XXXVII, sowie bei Jörg Thierfelder in: G. Besier u. a. [Hrsgg.], Kirche nach der Kapitulation, Bd. 1, Stuttgart 1989, 10–17; Ders., Die Kirchenpolitik der vier Besatzungsmächte und die evangelische Kirche nach der Kapitulation, in: GuG 18, 1992, 5–21.

[4] Vgl. dazu Vollnhals, Zusammenbruch (Anm. 1), bes. XXIX–XXXII.

[5] Einen ersten Überblick dazu bietet Wolf-Dieter Hauschild, Die Kirchenversammlung von Treysa 1945, Hannover 1985 (zitiert: Hauschild).

[6] Martin Greschat, Die Schuld der Kirche. Dokumente und Reflexionen zur Stuttgarter Schulderklärung vom 18./19. Oktober 1945, München 1982 (zitiert: Greschat, Schuld der Kirche).

zu sein, sondern einerseits im Papst und andererseits im nun entstehenden Weltrat der Kirchen in Genf moralische Anwälte der eigenen Nöte und Leiden zu haben, zu denen man direkt und offen reden konnte. Auf der Sitzung des Vorbereitungskomitees des Weltrates der Kirchen in Genf im Februar 1946 wurde u.a. eine Resolution verabschiedet, in der man die Alliierten aufforderte, „ihre Politik gegenüber Deutschland und den Bevölkerungsverschiebungen zu überdenken"[7]. Im internen Kommentar dazu hieß es: „So stammt, bezeichnenderweise, die erste Stellungnahme, die von einer größeren Kirchenversammlung angesichts der Entscheidungen der führenden politischen Mächte in Potsdam gefällt wurde, von der ökumenischen Ebene." Die Anwesenheit der beiden Deutschen, Wurm und Niemöller, erregte natürlich großes Aufsehen – obwohl sie bei den Sitzungen keine besondere Rolle spielten. In einer Zeit, in der die Weltöffentlichkeit Deutschland und allem Deutschen wenn nicht mit Haß, so doch mit Abscheu und Verachtung begegnete, wurden die Repräsentanten der EKD in der Ökumene als Gleichberechtigte, ja als Brüder angesehen und behandelt[8].

II.

Natürlich waren Wurm und Niemöller, der Ratsvorsitzende der EKD also und sein Stellvertreter, nicht die einzigen kirchlichen Ansprechpartner für die Alliierten oder die Ökumene. Die EKD, der Rat und die übrigen Organisationen – z. B. die Kirchenkanzlei oder das Außenamt – spielten in diesem Zusammenhang nur eine untergeordnete Rolle. Erst 1948 wurde die Grundordnung der EKD nach langen, zähen und teilweise recht unerquicklichen Verhandlungen angenommen[9]. In diesem Prozeß rangen unterschiedliche und z. T. entgegengesetzte Konzepte miteinander: das Leitbild einer gesamtdeutschen vereinigten lutherischen Kirche – wofür sich besonders der bayerische Landesbischof Meiser engagierte[10]; die Vorstellung einer an der Theologischen Erklärung von Barmen orientierten Kirche, die auf den Erfahrungen des Kirchenkampfes basieren und sich von

---

[7] The Provisional Committee Meeting of the World Council of Churches, February 1946, in: Archiv des Ökumenischen Rates, Genf: JCA, Germany, Various Documents, 45–47.

[8] Instruktiv dazu Martin Niemöller, Der Weg ins Freie, in: M. N., Reden 1945–1954, Darmstadt 1958, 23–42, bes. 38ff.

[9] Einen ersten Überblick dazu bietet Annemarie Smith-von Osten, Von Treysa 1945 bis Eisenach 1948. Zur Geschichte der Grundordnung der EKD, Göttingen 1980.

[10] Vgl. dazu neben Hauschild (Anm. 5), auch Armin Boyens, Treysa 1945 – Die Evangelische Kirche nach dem Zusammenbruch des Dritten Reiches, ZKG 82, 1971, 29–53; Michael Renner, Nachkriegsprotestantismus in Bayern, München 1991.

den Gemeinden her aufbauen sollte – Martin Niemöller und Teile der alten Bruderräte kämpften dafür, auch die Theologische Sozietät in Württemberg[11]; und schließlich das auf die Integration möglichst breiter Kreise angelegte Modell einer Volkskirche – das in sachlicher ebenso wie in personaler Hinsicht die Fortsetzung von Bischof Wurms 1941 eingeleiteten Kirchlichem Einigungswerk bildete[12]. Diese Linie fand die breiteste Unterstützung, vor allem in kirchlichen Kreisen in Deutschland, aber verhüllt auch bei den westlichen Siegermächten sowie insbesondere den führenden Köpfen der Ökumene in Genf, die sehr bewußt auf Wurm und nicht auf Niemöller setzten[13].

Begleitet wurde diese kirchenpolitische Entwicklung der Nachkriegsjahre von leidenschaftlichen und erbitterten theologischen Auseinandersetzungen, in deren Mittelpunkt die Ekklesiologie stand, ohne sich doch hierauf zu beschränken[14]. Jetzt setzte man in allen genannten Lagern – vornehmlich jedoch zwischen konfessionellen Lutheranern und bruderrätlich gestimmten Barthianern – die Kontroversen fort, die durch die politische Entwicklung während des „Dritten Reiches" behindert und schließlich abgebrochen worden waren.

Dieser Hintergrund erklärt manche Härten und Feindseligkeiten der Diskussion. Doch so wichtig die Probleme waren, die hier angesprochen wurden: als mindestens ebenso folgenschwer erwiesen sich die Vorgänge auf der – wie ich sie nennen möchte – kirchenpraktischen Ebene. Denn hier – und das heißt: auf der regionalen, landeskirchlichen Ebene – vollzog sich der entscheidende kirchliche Neuaufbau. Er vollzog sich in allen „zerstörten" Landeskirchen prinzipiell nach demselben Muster: einige Männer der Bekennenden Kirche traten in die Leitungsgremien ein, übernahmen dort die Führungspositionen – und arbeiteten im übrigen mit den Vertretern der alten „neutralen Mitte" zusammen. Es entstanden also kirchliche „Koalitionsregierungen", in denen die Anhänger der Bekennenden Kirche in der Regel in der Minderheit waren[15]. Natürlich ging es

---

[11] Vgl. außer der genannten Literatur noch Martin Greschat, Weder Neuanfang noch Restauration, in: M. Büttner [Hrsg.], Das Unrechtsregime. Festschrift für Werner Jochmann, Bd. 2, Hamburg 1986, 326–357.

[12] Jörg Thierfelder, Das kirchliche Einigungswerk des württembergischen Landesbischofs Theophil Wurm, Göttingen 1975; Ders., Theophil Wurm und der Weg nach Treysa, BWKG 85, 1985, 149–174.

[13] Vollnhals, Zusammenbruch (Anm. 1), XXIVf.

[14] Vgl. außer der genannten Literatur auch Martin Greschat, Zwischen Aufbruch und Beharrung. Die evangelische Kirche nach dem Zweiten Weltkrieg, in: V. Conzemius u. a. [Hrsgg.], Die Zeit nach 1945 als Thema kirchlicher Zeitgeschichte, Göttingen 1988, 99–126 (zitiert: Greschat, Aufbruch und Beharrung).

[15] Besonders instruktiv ist Joachim Beckmann, Der Kampf der bekennenden Kirche im Rheinland um die Presbyterial-Synodale Kirchenordnung II, ZEvKR 1951, 261–279, bes. 261–264.

dabei auch um die Wahrung der Rechtskontinuität und, ebenso wie im politischen Raum, um das Zusammenspannen aller verfügbaren Kräfte für die Bewältigung der bedrängenden Probleme ringsum. Doch viel wichtiger ist, daß die Bekennende Kirche rein zahlenmäßig nicht in der Lage war, alle Führungspositionen mit eigenen Leuten zu besetzen. Zu viele waren im Krieg gefallen; viele saßen, oft noch jahrelang, in den Gefangenenlagern der Siegermächte[16].

Infolgedessen läßt sich eine relativ ähnliche mentale Prägung bei dieser kirchenleitenden Schicht feststellen, trotz aller theologischen Unterschiede und sonstigen schroffen Gegensätze. Zu dieser kirchlichen Elite – im soziologischen Sinn – gehörten vor allem Bischöfe und Präsides, ebenso die anderen Persönlichkeiten in den Kirchenleitungen, ferner auch Pfarrer und Synodale auf den verschiedenen kirchlichen Ebenen. Berücksichtigt man weiter, daß unmittelbar nach 1945 keine kirchlichen Neuwahlen stattfanden, daß also in aller Regel der Personenkreis, der den Kirchenkampf miterlebt und mitgetragen hatte, jetzt auch die kirchliche Neuordnung gestaltete, wird die weitreichende Homogenität dieser Schicht noch einmal deutlich. Der äußere Druck durch die Kriegsereignisse einerseits und andererseits durch die zunehmende Einengung, gesellschaftliche Ausgrenzung und Unterdrückung der Kirchen und Christen seitens der Nationalsozialisten hatten die kirchlichen Eliten überall enger zusammenrücken lassen. Man war – oft über erhebliche Unterschiede und Differenzen hinweg – zusammengewachsen. Dazu gehörte generell eine massive Verkirchlichung[17]: sowohl im Blick auf die beträchtlich gewachsene Bedeutung des Gottesdienstes, der Bibel und der Sakramente für das kirchliche Leben als auch hinsichtlich der Konzentration bzw. der Eingrenzung des Blickfeldes und der Interessen sowie nicht selten aller Kräfte auf die real gegenwärtige und so erlebte Kirche mit ihren Belangen, nicht selten eben gerade auf der lokalen oder regionalen Ebene.

Aus der Konfrontation dieser kirchlichen Eliten mit der neuen Situation nach dem 8. Mai 1945 resultierte dementsprechend nicht selten eine beträchtliche Überschätzung der eigenen Fähigkeiten und Möglichkeiten. Wo man lediglich die Kirche im Blick hatte, konnte man wohl meinen, man sei aufgrund der eigenen geistlichen und moralischen Kraft nicht vom Nationalsozialismus überwältigt worden[18]. Und ebenso nahe lag bei

---

[16] Dazu gehörte u. a. Helmut Gollwitzer. Eine genauere Darstellung fehlt.

[17] Vgl. dazu meine in Anm. 14 genannte Studie. Auf die gewachsene Bedeutung des Pfarrhauses verweist Werner K. Blessing, „Deutschland in Not, wir im Glauben ..." Kirche und Kirchenvolk in einer katholischen Region 1933–1949, in: M. Broszat u. a. [Hrsgg.], Von Stalingrad zur Währungsreform, München 1988, 3–111, 61f (zitiert: Blessing). Diese Beobachtung dürfte interkonfessionelle Gültigkeit besitzen. Gründliche Untersuchungen zum Thema fehlen leider.

[18] Charakteristisch dafür sind die Rückblicke der Kirchenleitungen nach 1945. Vgl.

einer solchen Verzerrung der Optik die mangelnde Berücksichtigung der eigenen numerischen Schwäche. Denn es war doch lediglich eine kleine Minderheit, die nun mit ihrem durch den Kirchenkampf geformten Bild einer prinzipiell einheitlichen und geschlossenen, am Modell der Kerngemeinde orientierten Kirche an die Öffentlichkeit trat[19]. Das bedeutete zugleich: Hier definierte man sich – in der Fortsetzung der Einstellung im „Dritten Reich", aber auch schon in der Weimarer Republik – im Gegenüber zur Gesellschaft. Diese Kirche und ihre führende Schicht beanspruchten Autorität. Sie sahen sich befähigt und dementsprechend berechtigt, Weisungen zu erteilen, Forderungen zu erheben, mithin Gehorsam zu verlangen.

III.

Ihren geradezu klassischen Ausdruck fand diese Überzeugung im Anspruch, nun „Stimme" und „Mund" des eigenen Volkes gegenüber den Siegermächten sein zu sollen; und insgesamt, also auch gegenüber der deutschen Bevölkerung, ein „Wächteramt" wahrnehmen zu müssen[20]. Diese Auffassung wurde gegenüber den Alliierten, speziell im Westen, umso klarer und drängender ausgesprochen, je weiter der Mai 1945 zurücklag, je schwieriger sich die wirtschaftlichen und sozialen Verhältnisse gestalteten, umso düsterer und hoffnungsloser die Zukunft Deutschlands und der Deutschen erschien[21]. Es war ein beim einzelnen und im einzelnen kaum säuberlich aufzulösendes Gemisch aus Patriotismus und moralischem Verantwortungsbewußtsein, aus Wissen um das eigene Versagen, ja um Schuld in der Vergangenheit – und der entschlossenen Bereitschaft, daraus zu lernen, also nie wieder zu schweigen, wann und wo auch immer Unrecht geschah, was hier trug: und was diese Männer dazu brachte, sich gegen die alliierte Deutschlandpolitik generell und gegen vielfältige politische und wirtschaftliche Maßnahmen, anscheinende und scheinbare Ungerechtigkeiten sowie Übergriffe wortreich zu wenden[22]. In diesen

---

z. B. Die Landessynode in Ansbach, 9. – 13. 7. 1946, München 1946, 10; E. Brinkmann/ H. Steinberg [Hrsgg.], Die Verhandlungsniederschriften der Westfälischen Provinzialsynode vom Juli 1946, Bielefeld 1970, passim.

[19] Exemplarisch ist die Feststellung der Westfälischen Provinzialsynode: „Es geht darum, die Erkenntnisse und Erfahrungen, die der Bekennenden Kirche im vergangenen Jahrzehnt geschenkt worden sind, festzuhalten und auszuwerten." A.a.O. (Anm. 18), 52.

[20] Vgl. dazu auch Martin Greschat, Kirche und Öffentlichkeit in der deutschen Nachkriegszeit, in: A. Boyens u. a., Kirchen in der Nachkriegszeit, Göttingen 1979, 100–124.

[21] Ebd.

[22] Vgl. auch dazu Martin Greschat, Schuld der Kirche (Anm. 6), passim.

Zusammenhang gehören auch die nicht selten sehr scharfen kirchlichen Stellungnahmen gegen die Entnazifizierung, sowohl der Bevölkerung als auch speziell der Geistlichen[23]. Jene kirchliche Elite, die in den Jahren des Kirchenkampfes gelernt hatte – wahrlich mühsam und nicht ohne Schmerzen –, mit einer sehr langen und selbstverständlichen protestantischen Tradition der politischen Unterordnung und des Gehorsams gegenüber der „Obrigkeit" zu brechen, neigte jetzt sicherlich dazu, vielerlei und allzuviel zu reden. Doch diese Männer haben andererseits auf ihre Weise auch daran mitgewirkt, in der Bevölkerung eine hochgradige Sensibilität für Rechtssicherheit zu schaffen – und dann auch für die Notwendigkeit des politischen Schutzes und der Verteidigung des Rechts.

Neben der Wahrnehmung solcher „außenpolitischen" Funktionen existierten die Herausforderungen durch die riesigen wirtschaftlichen, sozialen und nicht zuletzt bewußtseinsmäßigen Nöte im eigenen Land[24]. Rund 8 Millionen Deutsche, Soldaten und Zivilisten, waren bis zum Mai 1945 umgekommen. 9 Millionen Deutsche wurden jetzt aus ihren z. T. jahrhundertelang angestammten Siedlungsgebieten in Osteuropa verjagt – wobei durch Russen und Polen, Tschechen, Kroaten und Serben etwa 20 % dieser Menschen starben. Viele Millionen Deutsche lebten auf den Straßen: auf der Suche nach einem Dach über dem Kopf oder nach Arbeit; nach der Familie oder nach Freunden und Verwandten; nach einer Möglichkeit, dem Verhungern zu entgehen – oder gar die Voraussetzungen für ein neues, sinnvolles Leben zu finden. Hier haben die Frauen und Männer der Kirche – ich konzentriere mich auch weiterhin auf die Protestanten[25] – eine überaus wichtige und hilfreiche Rolle gespielt. Männer der Kirche gehörten sodann zu den Beratern, Beigeordneten und Bürgermeistern der ersten Stunde nach 1945[26]. Darüber hinaus organisierte Eugen Gerstenmaier alsbald im Rahmen – und doch am Rande – der EKD das groß angelegte Evangelische Hilfswerk[27]. Immense Anstrengungen wurden un-

---

[23] Eine kleine Auswahl dazu bei Günter Heidtmann [Hrsg.], Hat die Kirche geschwiegen? Berlin 1954; Friedrich Merzyn [Hrsg.], Kundgebungen, Worte und Erklärungen der Evangelischen Kirche in Deutschland 1945–1959, Hannover 1959.
[24] Instruktive Informationen bieten u. a. Richard Löwenthal/Hans-Peter Schwarz [Hrsgg.], Die zweite Republik, Stuttgart 1974; Josef Becker u. a. [Hrsgg.], Vorgeschichte der Bundesrepublik Deutschland, München 1979; Wolfgang Benz, Von der Besatzungsherrschaft zur Bundesrepublik, Frankfurt a. M. 1984.
[25] Zum Katholizismus vgl. Blessing a. a. O. (Anm. 17); Heinz Hürten, Kurze Geschichte des deutschen Katholizismus 1800–1960, Mainz 1986; Ders. [Hrsg.], Katholizismus, staatliche Neuordnung und Demokratie 1945–1962, Paderborn 1991; Klaus Schatz, Zwischen Säkularisation und Zweitem Vatikanum, Frankfurt a. M. 1986.
[26] Einzelnes dazu auch bei Frederic Spotts, Kirchen und Politik in Deutschland, Stuttgart 1976, bes. 50–78.
[27] Johannes Michael Wischnath, Kirche in Aktion. Das Evangelische Hilfswerk 1945–1957 und sein Verhältnis zu Kirche und Innerer Mission, Göttingen 1986.

ternommen, um die Flüchtlinge und Vertriebenen zu integrieren[28]. Der Sinn dieser notgedrungen sehr knappen Hinweise kann nur darin bestehen, auf die großen wirtschaftlichen und sozialen Leistungen der evangelischen Kirchen und Christen in der unmittelbaren Nachkriegszeit nachdrücklich hinzuweisen.

Mit solchen Feststellungen kommt allerdings nur *eine* Seite der Vorgänge in den Blick. Daneben ging es der kirchlichen Elite immer auch um die Beantwortung der entscheidenden Frage, wie der Abfall des deutschen Volkes von Gott – der so offenkundig in die Katastrophe geführt hatte – geheilt werden könnte. Was mußte geschehen, um die säkularisierte Gesellschaft wiederum in eine christliche zu verwandeln? Es ist hier nicht der Ort, näher auf die Problematik dieser Säkularisationstheorie einzugehen – die im übrigen auch in weiten Kreisen der Ökumene vertreten wurde, also keineswegs allein von Deutschen[29]. Deren Zuversicht gründete allerdings in der Überzeugung, daß gegenwärtig in ihrem Land, also in Deutschland, die allergünstigsten Voraussetzungen existierten, um das Volk erneut und umfassend mit dem Geist des Christentums zu erfüllen. Von der „Stunde der Kirche" war vielerorts die Rede[30]. Nicht nur alle Ideologien, sondern auch sämtliche säkularen Werte und Ideale schienen – nach der Überzeugung vieler kirchlicher Repräsentanten – endgültig zerbrochen. Umfassend bewährt hatte sich dagegen offenkundig das Christentum. Und die Kirche verfügte nun endlich auch über die notwendige Freiheit, um sich dem Fragen und Suchen der geschlagenen und verwirrten deutschen Bevölkerung umfassend zuwenden zu können. Behindern müßte diesen Prozeß der Wandlung und Umkehr allerdings eine auf Rache und Strafe angelegte Politik der Besatzungsmächte. Dagegen machten die Kirchenführer dementsprechend Front. Bei der bereits erwähnten Tagung des Rates der EKD in Stuttgart im Oktober 1945 fragte Bischof Wurm mahnend und drängend zugleich: „Was kann geschehen, daß eine große Stunde für die Rechristianisierung der europäischen Welt nicht vorübergeht?"[31]

Eine umfassende Rechristianisierung des deutschen Volkes: darauf zielten alle Vorstellungen und Aktivitäten der kirchlichen Eliten. Die Frage kann hier auf sich beruhen, in welchem Ausmaß es dabei *auch* um die

---

[28] Hartmut Rudolph, Evangelische Kirche und Vertriebene 1945 bis 1972, 2 Bde. Göttingen 1984–1985.

[29] Martin Greschat, „Rechristianisierung" und „Säkularisierung". Anmerkungen zu einem europäischen interkonfessionellen Interpretationsmodell, in: J.-Ch. Kaiser/A. Doering-Manteuffel [Hrsgg.], Christentum und politische Verantwortung, Stuttgart 1990, 1–24.

[30] Vgl. dazu u. a. Kurt Jürgensen, Die Stunde der Kirche. Die Evangelisch-Lutherische Landeskirche Schleswig-Holsteins in den ersten Jahren nach dem Zweiten Weltkrieg, Neumünster 1976.

[31] Martin Greschat, Schuld der Kirche (Anm. 6), 95.

20

Fortsetzung älterer Traditionen ging, aus dem Kaiserreich und auf jeden Fall aus der Zeit der Weimarer Republik[32]. Eindeutig wurden jedoch nun nicht nur neue Akzente gesetzt, sondern es entstand auch Neues: vor allem in den Evangelischen Akademien[33], den Studentengemeinden[34], schließlich auch in der Einrichtung des Kirchentages[35]. Durchweg spielte dabei die Intention eine Rolle, möglichst breite und auch unterschiedliche Gruppen der Bevölkerung mit dem Geist des evangelischen Christentums zu durchdringen.

Derselben Zielsetzung diente die Mitarbeit am Auf- und Ausbau der CDU. Sollte das Christentum in sämtlichen Bereichen des öffentlichen Lebens regieren, mußte man die Ebene der Politik betreten. Das war dann auch der leitende Gedanke in dem „Wort zur Verantwortung der Kirche für das öffentliche Leben", das den Teilnehmern der Kirchenversammlung in Treysa im August 1945 vorlag[36]. Der Text wurde, eher zufällig, nicht offiziell verabschiedet, erwies sich aber als ungemein wirksam, weil er die Überzeugungen, Sorgen und Hoffnungen der kirchlichen Eliten unmittelbar nach dem Ende des Nationalsozialismus und des Weltkriegs vorzüglich bündelte. Da ging es um die Folgerungen, die aus der zurückliegenden Zeit gezogen werden müßten: nämlich um die Bewahrung der Menschen „vor der Gefahr dämonischer Entartung" – was nur mittels der Durchsetzung christlicher Grundsätze in der Gesellschaft möglich wäre; von der Aktivierung der Laien war die Rede, die die politische Arbeit in eigener Verantwortung leisten sollten – wohingegen die Pfarrer sich tunlichst aus der Politik herauszuhalten hätten, freilich beauftragt blieben mit der „geistlichen Leitung" des Ganzen; die parteipolitische Neutralität der Kirche wurde sodann unterstrichen – und gleichwohl kaum verhüllt die Zustimmung und Unterstützung für die CDU gefordert, d.h. für die „an vielen Orten bereits in Gang gekommenen Bestrebungen, politische Gegensätze zwischen Protestantismus und Katholizismus auszuräumen, die Gemeinsamkeit des Kampfes gegen den Säkularismus zu betonen und so eine gegenseitige geistige und politische Annäherung beider Konfessionen vorzubereiten".

---

[32] Vgl. dazu auch meinen in Anm. 29 genannten Artikel.

[33] F. Martiny, Die evangelischen Akademien – Kirche zwischen Anpassung und Parteilichkeit, Frankfurt a. M./Bern 1977.

[34] Materialreich dazu M. Feist, Die rechtliche Situation der Evangelischen Studentengemeinden, 2 Bde., Frankfurt a. M./ Bern 1982.

[35] Friedebert Lorenz, Die Gründung des Deutschen Evangelischen Kirchentages durch Reinold von Thadden-Trieglaff und die kirchenpolitische Situation der EKD im Jahre 1949, JHKGV 33, 1982, 357–370; Harald Schroeter, Kirchentag als vor-läufige Kirche, Stuttgart 1993, bes. 43ff.

[36] Text bei Fritz Söhlmann [Hrsg.], Treysa 1945. Die Konferenz der evangelischen Kirchenführer, 27.–31. August 1945, Lüneburg 1946, 102–104.

IV.

Von den öffentlichen und politischen Möglichkeiten der evangelischen Kirche nach 1945 war die Rede, vom Selbstverständnis ihrer Repräsentanten sowie von deren Aktivitäten und Zielsetzungen. Welche Wirkungen von alledem ausgingen, läßt sich natürlich kaum greifen. Doch zumindest in Umrissen wird erkennbar, wie sich dieses Phänomen „evangelische Kirche" von außen darstellte, bzw. welche Reaktionen dadurch ausgelöst wurden. Hierbei macht es durchaus Sinn, auch die Stellungnahmen von evangelischen Menschen mit einzubeziehen, die nicht zu den kirchlichen Eliten gehörten. Sie dachten und urteilten häufig nicht viel anders als kirchenferne Zeitgenossen.

Besonders deutlich tritt das bei der Diskussion um die Schuld der Deutschen zutage. Eine wesentliche Herausforderung bedeutete dafür die bereits erwähnte Stuttgarter Schulderklärung[37]. Daß dieser Text mit irreführenden Überschriften publiziert wurde – z. B. „Evangelische Kirche bekennt Deutschlands Kriegsschuld"–, kann hier ebenso auf sich beruhen wie die Tatsache, daß die Kirchenführer in dem Maße – vorsichtig, aber doch unübersehbar – von der Schuldfrage abrückten, in dem die Not der deutschen Bevölkerung wuchs. Sicherlich empörten sich viele, auch überzeugte evangelische Christen[38], gegen ein Wort, das mit der These der Westmächte – der Briten und insbesondere der Amerikaner – übereinzustimmen schien, wonach alle Deutschen kollektiv schuldig geworden seien. Aber die breite öffentliche Ablehnung einer besonderen deutschen Schuld stützte sich doch, wie bereits die Zeitgenossen sahen[39], keineswegs allein auf dieses Argument. Unübersehbar war die rasch zunehmende Abwehr gegenüber diesem Thema in der deutschen Bevölkerung. Weit verbreitet ist deshalb auch die These, es habe im Nachkriegsdeutschland keine wirkliche Besinnung auf die eigene Schuld gegeben – wofür man sich dann auf entsprechende Äußerungen von Niemöller und Heinemann beruft[40]. Aber abgesehen davon, daß diese Urteile im Zusammenhang von überaus kritischen Stellungnahmen zur gesamten politischen Entwicklung in Westdeutschland stehen, kennzeichnet sie der für unser Empfinden doch sehr problematische Anspruch, beim ganzen deutschen Volk Gehör nicht nur, sondern auch Gefolgschaft für ihr Drängen auf die Anerkennung von Schuld zu finden. Protestantismus wurde auch hier wieder mit der

---

[37] Martin Greschat, Schuld der Kirche (Anm. 6), passim.

[38] Als Fragehinsicht erscheint die These von Hans Asmussen interessant, daß die Proteste gegen die Stuttgarter Schulderklärung umso heftiger gewesen seien, je unkirchlicher eine Gegend war (Ebd., 232).

[39] Ebd., 278.

[40] Ebd., 311.

Führung des gesamten Volkes bzw. einer diesem Grundgedanken verpflichteten Volkskirche gleichgesetzt – die es nun genauso umfassend zu rechristianisieren galt. Wen wundert es, wenn das mißlang?

Die Auswirkungen der Stuttgarter Schulderklärung sind weder innerhalb noch außerhalb der evangelischen Kirche auf einen einfachen Nenner zu bringen[41]. Leichter scheint das beim „Darmstädter Wort" zu sein, das eine kleine bruderrätliche Minderheit am 8. August 1947 veröffentlichte[42]. Der Text fand wenig Verbreitung, und dementsprechend gering war seine Wirkung. Das hing sicherlich damit zusammen, daß die Verantwortlichen für dieses Wort versuchten, angesichts der sich schnell verhärtenden Fronten des Kalten Krieges eine Position oberhalb dieser Gegensätze einzunehmen. Aber unbestreitbar ist auch, daß das Darmstädter Wort viel zu dicht argumentierte und allzu theologisch redete, um eine echte Breitenwirkung entfalten zu können: Ausgehend von der zweiten These der Barmer Theologischen Erklärung von 1934 mit der Aussage, daß Gott in Christus die Welt mit sich versöhnt habe, wurde hier in vier Abschnitten die umfassende Abkehr vom politischen, theologischen und kirchlichen Weg der Deutschen seit dem 19. Jahrhundert gefordert. Erst wenn das geschehe, wenn die eigene Schuld wie auch die „Schuld der Väter" erkannt und angenommen worden sei, bestehe eine Chance zum „Aufbau eines besseren deutschen Staatswesens"[43].

Gab es wirklich breite oder gar tiefgreifende Wandlungen innerhalb der Kirche? Wer trotz allem mit verhaltenem Optimismus auf die Auseinandersetzungen um die Schuldfrage blickt, kann wohl kaum anders als mit großem Pessimismus die Haltung betrachten, die die kirchlichen Eliten im Blick auf die Entnazifizierung an den Tag legten[44]. Hier dominierte fraglos der traditionelle soziale und politische Konservatismus der deutschen evangelischen Kirchen, der sich nun bis zur Selbstpreisgabe mit den Angehörigen der eigenen Schicht identifizierte. Welchen enormen Verlust nicht nur an sittlicher Autorität, sondern schlicht an Glaubwürdigkeit die Kirche durch ihre allzu große Bereitwilligkeit erfuhr, sog. „Persilscheine" auszustellen, wurde kaum bedacht. „Die Untersuchungsausschüsse beachten solche Zeugnisse überhaupt nicht, und die Zuhörer lachen nur", berichtete betroffen im Sommer 1946 ein englischer Pfarrer[45]. Trotzdem muß man auch hier differenzieren – nicht im Blick auf die verheerenden Auswirkungen solchen Verhaltens, wohl aber hinsichtlich seiner Begrün-

---

[41] Vgl. dazu Martin Greschat, Aufbruch und Beharrung (Anm. 14), bes. 114–118.

[42] Greschat, Schuld der Kirche (Anm. 6), 220.

[43] Martin Greschat [Hrsg.], Im Zeichen der Schuld, Neukirchen 1985, 85f.

[44] Clemens Vollnhals, Evangelische Kirche und Entnazifizierung 1945–1949. Die Last der nationalsozialistischen Vergangenheit, München 1989.

[45] Berichte von Rev. K. Emmerich über einen Besuch vom 17. 5. – 1. 8. 1946 in der US-Zone. Archiv des Ökumenischen Rates, Genf, London Office, Box 2.

dung. Denn es gab eine ganze Reihe Theologen und Pastoren, die erbitterte Gegner des Nationalsozialismus gewesen waren, die deswegen im Gefängnis und sogar im KZ gesessen hatten: und die nun davon ausgingen, daß man als Christ jedem die Vergebung zusagen müsse, der darum bat – ohne Wenn und Aber; oder umgekehrt: die von allen Deutschen die andauernde Besinnung auf die eigene Schuld verlangten. Das wohl berühmteste Beispiel einer solchen problematischen Theologisierung bildet Martin Niemöller mit seiner am 1. Februar 1948 von den Kanzeln der Evangelischen Kirche in Hessen und Nassau verlesenen schroffen Stellungnahme gegen die Entnazifizierungsmaßnahmen der Amerikaner, vor allem aber gegen die Mitwirkung von Pfarrern in den Spruchkammern[46]. Denn – so lautete Niemöllers Argumentation bereits 1946 – „die Richter und öffentlichen Ankläger würden dadurch Schritt um Schritt dahin gebracht, ihren eigenen Anteil an der gemeinsamen Schuld der Nation zu vergessen"[47]. Einmal mehr wird das Erscheinungsbild dieser Kirche also durch genaueres Hinsehen ambivalenter.

Das gilt schließlich auch im Blick auf ihre Verkündigung und somit ihre Anziehungskraft insgesamt. Der große Rückstrom der im „Dritten Reich" Ausgetretenen fiel bescheidener aus, als erwartet. 1949 war die Zahl derer, die ihre Kirche verließen, schon wieder doppelt so groß wie die der Eintretenden[48]. Vielerorts ging es eben auch in der Kirche weiter wie eh und je – langweilig und unbeholfen, ohne echte Ausstrahlung und ohne die Fähigkeit, auf die Fülle der religiösen und theologischen Fragen, Probleme und Schwierigkeiten ringsum angemessen zu antworten. Oft fehlte auch schlicht die Bereitschaft dazu – schien das eigene traditionelle Denken und Reden doch so offenkundig durch das Erlebte legitimiert. Gewiß fehlten die Männer nicht völlig, die fähig waren, neue Gedanken sowohl zu entwickeln als auch in eine Sprache zu kleiden, die nicht diejenige Kanaans war und die dementsprechend Menschen traf. Im übrigen wissen wir nach wie vor allzu wenig über die Wirkung überkommener biblischer und dogmatischer Texte, Bilder oder auch vertraut gewordener bzw. gebliebener festgefügter theologischer Wendungen auf die Menschen im Nachkriegsdeutschland. Immerhin gibt es Indizien dafür, daß Frauen und Männer, die – wenn auch in einem weiteren Sinn – noch in einem Zusammenhang mit ihrer Kirche gestanden hatten oder standen, solches Reden als tröstend und tragfähig und vielleicht sogar sinnstiftend erlebten, liturgischen Stücken vergleichbar, denen man sich anvertrauen konnte.

---

[46] Text bei Clemens Vollnhals [Hrsg.], Entnazifizierung und Selbstreinigung im Urteil der evangelischen Kirche, München 1989, 202f.

[47] Wie Anm. 44.

[48] Kirchliches Jahrbuch 1951, 381–383; Statistische Beilage Nr. 4 zum Amtsblatt der EKD, Nr. 8, 1952.

Trotzdem reichte das alles natürlich nicht aus, schon gar nicht auf die Dauer. Sehr früh begegnen dementsprechend Stimmen der Enttäuschung, des – häufig leisen – Rückzugs[49] von einer Institution, die insgesamt wohl doch allzusehr mit sich selbst beschäftigt war, um aufmerksam hinhören zu können. „Wenn das Paradox erlaubt ist – das wie alle Paradoxa nur eine halbe Wahrheit bildet" – schrieb der bereits erwähnte englische Pfarrer 1946 in seinem Bericht –, „wäre ich versucht zu sagen, daß im heutigen Deutschland das Heil eher außerhalb als innerhalb der Kirche liegt".[50] Solche Urteile über die evangelische Kirche im Nachkriegsdeutschland bildeten damals sicherlich die Ausnahme. Aber sie machen die Veränderungen verständlich, die sich in – und vollends seit – den fünfziger Jahren auch in der Bundesrepublik im Verhältnis von Kirche und Gesellschaft vollzogen haben.

---

[49] Vgl. z. B. Waldemar Besson, Wie ich mich geändert habe, VZG 19, 1971, 398–403.
[50] Wie oben, Anm. 45.

Die Entnazifizierung in der Braunschweigischen Landeskirche nach 1945

Von Klaus Erich Pollmann

1. Die Landeskirche in der NS-Zeit

Der Zusammenbruch der nationalsozialistischen Herrschaft stellte die evangelischen Kirchen vor die Frage, ob und in welchem Umfang ihre Leitungen durch Verstrickung in den Nationalsozialismus kompromittiert und für die Übernahme eines führenden Amtes in der Nachkriegszeit noch länger tragbar seien. Im Hinblick auf die „zerstörten Kirchen", in denen deutsch-christliche Kirchenführer das Regiment übernommen hatten, war dies 1945 kein Problem: dort ging die Leitung an Theologen und Kirchenjuristen über, die überwiegend der Bekennenden Kirche (BK) zuzurechnen waren.

Weniger eindeutig stellte sich diese Frage bei den „intakten" lutherischen Kirchen dar. Bischöfe wie Meiser, Wurm und Marahrens waren einerseits bewährte Kirchenführer in der Zeit des Kirchenkampfs – sie waren, so Meiser und Wurm, vom Naziregime bedrängt und bedroht worden, sie waren andererseits aber durch ihr Verhalten zwischen 1933 und 1945 nicht unerheblich belastet. In stärkerem Maße galt dies noch für den Bischof der Hannoverschen Nachbarkirche, August Marahrens, der im April 1947 schließlich den überfälligen Rücktritt vom Amt des Landesbischofs vollzog[1].

Wenn schon der Hannoversche Landesbischof nicht mehr tragbar war, und zwar nicht nur aus der Sicht der Britischen Militärregierung, die seit 1945 unablässig auf diesen Rücktritt gedrängt hatte, so mußte dies für den Braunschweigischen Landesbischof, Dr. Helmuth Johnsen[2], erst recht gelten. Daran lassen die Dokumente der Besatzungsbehörden[3] keinen Zweifel, auch wenn das zeitweilig kursierende Gerücht einer unverzüglichen Verhaftung Johnsens nach der erwarteten Rückkehr aus jugoslawischer Kriegsgefangenschaft von britischen Stellen dementiert wurde[4]. Solange Johnsen aber zwangsweise von seiner Landeskirche ferngehalten wurde, richtete sich die Frage der Kompromittierung für ein Führungsamt in erster Linie an den Mann, der als stellvertretender Landesbischof seit 1940, während der freiwilligen Kriegsteilnahme Johnsens, die Leitung übernommen hatte: Pfarrer Wilhelm Röpke[5].

Diese Frage hatte – zwei Monate nach der Kapitulation – der Mann aufgeworfen, der als Mitbegründer der Bekenntnisgemeinde dazu in besonderer Weise berufen war: Pfarrer Heinrich Lachmund[6]. In einem Brief an Röpke hatte er unmißverständlich erklärt: „Es ist eine unbedingte Forderung, daß die Kirchenregierung Braunschweigs in Hände gelegt wird,

---

[1] Gerhard Besier, „Selbstreinigung" unter britischer Besatzungsherrschaft. Die Evangelisch-Lutherische Landeskirche und ihr Landesbischof Marahrens 1945–1947, Göttingen 1986.

[2] Dietrich Kuessner, Landesbischof Dr. Helmuth Johnsen 1891–1947. Nationaler Lutheraner und Bischof der Mitte in Braunschweig, Darmstadt 1982 (Kuessner, Johnsen).

[3] „Military Government have requested the Landeskirche to depose Bischof Johnsen [...]". Religious Affairs Report, 30–8–46, Public Record Office London (PROL: FO 1050/1503).

[4] Protokoll der Kirchenregierung (KR-Prot.) Nr. 85 v. 19. 3. 1946 u. Nr. 86 v. 28. 3. 1946. Landeskirchliches Archiv Braunschweig (LAB: acc. 11/75 Nr. 41 u. 42).

[5] Wilhelm Röpke, Jg. 1892, gest. 1970; 1922–1934 Pfarrer in Beddingen, 1931 Kirchenrat des Kirchenkreises Thiede-Engelnstedt, 1934 Oberkirchenrat in Wolfenbüttel (ab 1939 mit dem Titel Oberlandeskirchenrat), 1939–1945 Stellvertreter des Landesbischofs, 1963 emeritiert.

[6] Dietrich Kuessner, Geschichte der Braunschweigischen Landeskirche 1930–1947 im Überblick, Blomberg 1981, 36ff (Kuessner, Überblick).

die gegenüber den Gewalten, mit denen wir jetzt zu verhandeln haben, völlig vorwurfsfrei dastehen"[7].

Der Frage nach persönlicher Kompromittierung, nach Schuld und Versagen, aber auch nach Bewährung und Verdiensten ist eine Bewertung der Kirchenkampfzeit in der Braunschweigischen Landeskirche voranzustellen. Dabei kann von Einschätzungen der Sprecher der BK ebenso wie der Kirchenregierung selber ausgegangen werden. Die letzteren sind nicht nur erste Versuche einer historischen Standortbestimmung, sondern bilden ganz unverkennbar die Grundlage für das Bemühen, das Verhalten der Inhaber der leitenden Ämter zu legitimieren und unter den Leitbegriffen Widerstand und Kirchenkampf einzuordnen.

Der durch und durch deutschnational denkende Landesbischof D. Alexander Bernewitz[8] hatte seine Kirche zur Mitarbeit im nationalsozialistischen Staat aufgefordert. Nach den Kirchenwahlen vom 23. 7. 1933 und dem Rückzug von Bernewitz im September 1933 hatten die Deutschen Christen (DC) die Leitung der Landeskirche übernommen. Landesbischof war ein junger unerfahrener Pfarrer geworden, der zu einem durchschnittlichen SA-Führer taugen mochte, den aber zu einem so hohen Amt nichts befähigte, Wilhelm Beye[9]. Unter seinem Einfluß nahm der Landeskirchentag die 28 deutsch-christlichen Thesen an[10], die rassische Prinzipien aufnahmen. Seine Amtszeit endete aber ebenso plötzlich, wie sie begonnen hatte, da er eine Anschuldigung wegen Betruges und Untreue nicht zweifelsfrei entkräften konnte (März 1934). Nur wenige Wochen nach der pomphaften Amtseinführung durch den Reichsbischof Ludwig Müller mußte er seinen Platz räumen. Er verließ die Landeskirche im Frühjahr 1934 und hat hier nie wieder eine Funktion innegehabt. Eine seiner folgenreichsten Maßnahmen war die Aufforderung an die jüngeren Geistlichen der Landeskirche, der SA beizutreten. Die Angesprochenen haben diesen Appell in großer Zahl befolgt.

Mit Beye hatte der Pfarrer der St. Katharinengemeinde in Braunschweig, Johannes Schlott[11], als Oberkirchenrat Einzug in die Kirchenlei-

---

[7] Lachmund an Oberlandeskirchenrat Röpke, 23. 7. 1945 (LAB: Pfarrernotbund 1942–1946).

[8] Dietrich Kuessner, Landesbischof D. Alexander Bernewitz 1863–1935. Vom Baltikum nach Braunschweig, Blomberg 1985.

[9] Kuessner, Überblick (Anm. 6), 44ff.; Die ev.-luth. Landeskirche in Braunschweig und der Nationalsozialismus. Materialsammlung zur Ausstellung, Braunschweig 1982, 122ff.

[10] Am 18. 12. 1933 bei der „3. Sitzung des 1. Landeskirchentags im Dritten Reich". Verfasser der deutsch-christlichen Thesen war der Theologieprofessor Walter Grundmann, Kuessner, Überblick (Anm. 6), 54f.

[11] Dietrich Kuessner, Johannes Schlott 1878–1953. Ein Beispiel deutsch-christlicher Theologie in der Stadt Braunschweig, Braunschweig 1983.

tung gehalten, ein Exzentriker, der als führender Kopf der DC in der Braunschweigischen Landeskirche angesehen werden kann.

Zu dem DC-Regiment gehörten ferner die 6 Kreispfarrer, zugleich Obleute der DC, die auf Kreisebene die DC-Linie durchzusetzten versuchten, wenn auch mit unterschiedlichem Eifer.

Wenige Monate nach dem unrühmlichen Abgang Beyes wurde der damalige Lübecker Hauptpastor, Dr. Helmuth Johnsen, vom Reichsbischof Müller als kommissarischer Kirchenführer nach Braunschweig entsandt und dort im November 1934 von einem Rumpf-Landeskirchentag zum Landesbischof gewählt, eine Wahl, die rechtlich ebenso fragwürdig war wie alle Maßnahmen der Deutschen Evangelischen Kirche (DEK) im Jahre 1934, also auch schon der an Johnsen ergangene kommissarische Auftrag. Diese Rechtsmängel hat der Vizepräsident des Lutherrats, D. Fleisch, schon 1935 in einer langen Denkschrift hervorgehoben[12]. Darin ist ihm Oberkirchenrat Dr. Reinhold Breust gefolgt, der auch nach 1945 keine Gelegenheit ausließ, die Rechtswidrigkeit aller Maßnahmen zu behaupten, die Johnsen als Kirchenkommissar und Bischof gemeinsam mit Kirchenregierung und Landeskirchentag beschlossen und ausgeführt hatte[13].

Breusts Attacken auf die Rechtsstellung Johnsens kamen nicht von ungefähr. Hatte dieser doch unmittelbar nach seinem Amtsantritt Breust zusammen mit Schlott und dem Kreispfarrer Friedrich Müller[14] vom Amt des Oberkirchenrats suspendiert und bis 1940 seine Wiederanstellung strikt abgelehnt; erst seit diesem Zeitpunkt konnte Breust – ohne Stimmrecht – ins Landeskirchenamt zurückkehren[15]. Der peinliche Grund für die Amtsentsetzung war der Verkauf eines kleinen Landstücks aus kirchlichem Besitz an einen jüdischen Kaufmann in Schöppenstedt, den Breust zu verantworten hatte, ohne von der jüdischen Identität des Käufers zu wissen. Die Entlassung Breusts kam Johnsen offenbar zur Ausbalancierung der Absetzung der DC-Führer Schlott und Müller gelegen. Zwar war auch Breust seit 1933 Parteigenosse und DC – was er beides auch bis 1945 blieb! –, zwar war er mitverantwortlich für die Beurlaubung bzw. Absetzung der führenden Geistlichen des Pfarrernotbundes, Lachmund, Palmer und von Schwartz – doch ist er ein Mann der konservativen Bernewitz-

---

[12] „Gutachten zu der Frage, ob Dr. Johnsen rechtmäßiger Landesbischof der Braunschweigischen Ev.-luth. Landeskirche ist", D. P. Fleisch, Vicepräsident, Hannover, den 4. 3. 1935. Das Gutachten schloß mit den Schlußfolgerungen: „[...] 2. Dieser LKT [Landeskirchentag] konnte eine rechtsgültige Wahl nicht vornehmen. 3. Dr. Johnsen ist also nicht rechtmäßiger LB [Landesbischof] der Brschw. ev. luth. LK. [Landeskirche]" (LAB: acc. 46/76 Nr. 285).

[13] Breust an öffentl. Kläger, 11. 5. 1949 (LAB: E19).

[14] S. u. S. 63.

[15] KR-Prot. Nr. 31 v. 12. 4. 1940 (LAB: acc. 11/75 Nr. 40).

Ära und schon 1923 ins Amt gekommen. Auch nach der Kriegsamnestie von 1939 verweigerte Johnsen noch die Rückkehr Breusts – mit dem unbegreiflichen Argument, dieser habe – mit dem Landverkauf – ein „Verbrechen an Führer, Volk und Staat" begangen[16].

Johnsen verfolgte in Braunschweig entsprechend seinem Auftrag einen Befriedungskurs[17]. Diesem Zweck diente die Ausschaltung der kompromittierten DC-Führer und die partielle Aufhebung der gegen die Führer der Pfarrernotbundes verhängten Sanktionen. Nur die Rückkehr Ottmar Palmers nach Blankenburg und des Dompredigers von Schwartz in sein Dompfarramt kam für ihn nicht in Frage. 1935 trat er sogar aus der DC-Bewegung aus, wenn auch mit dem Hinweis, daß dies an seiner Einstellung zu dieser Richtung nichts ändere. Das Amt des Kreispfarrers wurde durch das Propstamt ersetzt; die fanatischen Kreispfarrer wurden abgelöst und auf Dorfpfarrstellen abgeschoben[18]. Johnsen suchte ein gutes Verhältnis zum Landespredigerverein zu gewinnen und damit den Zugang zur kirchlichen Mitte[19]. Die in landeskirchliche Ämter neu berufenen Pfarrer standen meistens der BK näher als den DC. Diese hatten durchaus Anlaß, über die relative Bevorzugung der BK zu klagen, was einige von ihnen veranlaßte, offen gegen Johnsens kirchenpolitische Linie Front zu machen[20]. Allerdings darf man dabei nicht übersehen, daß dieser Befriedungskurs auf einer festen nationalsozialistischen Grundüberzeugung beruhte und von einem Mann verkörpert wurde, der sich schon in den zwanziger Jahren als völkisch-antisemitischer Extremist politisch betätigt hatte[21]. Die Annäherung an die BK beruhte auf einem pragmatisch-taktischen Kalkül und war kaum das Resultat einer fundierten theologischen Auseinandersetzung. Allerdings wurden durch die Kooperation mit der BK emotionale Brücken, gestützt auf wechselseitige Wertschätzung, gebaut.

Aus der Sicht der BK war die „Umarmungstaktik" Johnsens ambivalent zu bewerten. Zwar hielt Johnsen zu den DC, aus denen er selbst hervorgegangen war, eine größere Distanz als zum Pfarrernotbund. Doch behandelte er im Zweifelsfall beide Richtungen als formal gleichberechtigt,

---

[16] Ebd., KR-Prot. Nr. 26 v. 8. 12. 1939 (LAB: acc. 11/75 Nr. 38).

[17] Klaus Scholder, Die Kirchen und das Dritte Reich, Bd. 2, Berlin 1985, 87ff.

[18] Friedrich Müller, Kreispfarrer in Helmstedt, wurde Ende 1934 nach Timmenrode versetzt; Teichmann, Kreispfarrer in Wolfenbüttel, wurde 1935 Strafanstaltspfarrer in der gleichen Stadt.

[19] Kuessner, Überblick (Anm. 6), 67ff.

[20] Die Pröpste Adolf Kellner und Otto Gremmelt am 13. 4. 1937 in einem offenen Brief (LAB: G 711). 1934 waren beide nach Berlin und Lübeck gefahren, um Johnsen für Braunschweig zu gewinnen. Entnazifizierungsakten (in den Quellenangaben zitiert als Bestand E) Nr. 5 (LAB: E 5).

[21] Kuessner, Johnsen (Anm. 2), 3ff.

so z. B. Anfang 1937, als er beide Gruppen zur Selbstauflösung aufforderte[22].

Den Anlaß dazu gab der im Januar 1937 erfolgte Beitritt der Braunschweigischen Landeskirche zum Lutherrat, dem bis dahin nur die Braunschweigische BK angehörte. Im Rückblick hat die Kirchenleitung diesen Schritt als Beitritt zur BK gewertet[23]. Sie konnte sich dabei durchaus auf zeitgenössische Stimmen berufen, nicht zuletzt auch auf Seiten der Notbundpfarrer selbst[24]. Dabei darf aber weder die scharfe Abgrenzung von *Dahlem*, d. h. der sowohl theologisch wie politisch entschiedenen Haltung gegenüber staatlichen Übergriffen in den kirchlichen Raum, übersehen werden, noch die Tatsache, daß der Beitritt eine eigenmächtige Entscheidung Johnsens und seiner Umgebung war, nicht aber das Ergebnis kirchlicher Willensbildung, außer acht gelassen werden. Der Braunschweiger Bruderrat blieb auch weiterhin Mitglied, empfand seine Zugehörigkeit zum Lutherrat also offenbar nicht als obsolet. Die spätere Bewertung des Johnsen-Beitritts als Entscheidung für den „neutralen Lutherrat", wie sie aus britischer Sicht vorgenommen wurde[25], trifft die Sache eigentlich besser.

Seit dieser Zeit hatte der Pfarrernotbund auch Teil an der Verantwortung für den Kurs der Landeskirche. Denn ihr Mitglied, der Pfarrer Hans Eduard Seebaß[26], war ins Landeskirchenamt berufen worden. Dieser verbindliche Mann war schon bei seinem Naturell eher auf den Ausgleich mit Johnsen und Röpke als auf Konfrontation ausgerichtet.

Daß die Entscheidung Johnsens für den Beitritt zum Lutherrat nicht überschätzt werden sollte, macht der überraschende Austritt im Jahre 1939 deutlich, ohne daß die Gründe dafür überzeugen können[27]. Der Anschluß wie der Austritt zweieinhalb Jahre später sind kirchenpolitische Entscheidungen gewesen, nicht der Ausdruck einer theologischen Neubesinnung.

---

[22] Johnsen an Lachmund u. Wolter, 23. 1. 1937; dazu die Antwort Lachmunds an Johnsen, 28. 1. 1937 (LAB: G 711).

[23] Kurzer Bericht über die Geschichte der Braunschweigischen evangelisch-lutherischen Landeskirche unter der Herrschaft des Nationalsozialismus (LAB: G 150).

[24] „Unsere Landeskirche muß klar die Linie des Luth. Rats, das ist der Weg der bekennenden Kirche, gehen [...]" Lachmund an Johnsen, 20. 4. 1937, (LAB: G 711).

[25] Religious Affairs Report, 30–8–46 (PROL: FO 1050/1503).

[26] Hans Eduard Seebaß, Jg. 1894, gest. 1957; 1922 Pfarrer in Groß Dahlum, 1925 in Schöppenstedt, 1930–1957 2. Pfarrer am Marienstift in Braunschweig und ab 1936 nebenamtlich Oberkirchenrat in Wolfenbüttel (ab 1939 mit dem Titel Oberlandeskirchenrat).

[27] In dem „Report about Landesbischof Dr. Johnsen-Wolfenbüttel (1945)" wird der Austritt als Versuch dargestellt, die Stellung der Kirchenleitung gegenüber der Finanzabteilung zu stärken (LAB: G 150).

Die Zugehörigkeit zum Lutherrat wie auch der Rückzug aus diesem Gremium stehen in Zusammenhang mit einer anderen Institution der Kirchenkampfzeit, der Finanzabteilung, die durch die 15. Durchführungsverordnung des Kirchengesetzes zur Sicherung der DEK vom 24. 9. 1935 in der Braunschweigischen Landeskirche eingerichtet wurde, als eine nachgeordnete Behörde des Reichskirchenministeriums. Sie war also keine Braunschweiger Besonderheit, hat aber hier wie sonst nur in wenigen Landeskirchen zu ständigen Konflikten mit dem Landeskirchenamt geführt[28], aus dem sie ausgegliedert worden war. Insoweit ist die Bildung von Finanzabteilungen einer der regimetypischen Ansätze zur Zentralisierung, die letztlich nur zu Kompetenzüberlagerungen führten. Sie ermöglichten ferner dem NS-Staat über das Reichskirchenministerium die Kontrolle und den Zugriff auf die Kirchenfinanzen, die je nach Opportunität zur Einschränkung des kirchlichen Freiraums angezogen oder gelockert werden konnten. Besonders gefährdet waren dadurch die Finanzen des Pfarrernotbundes, des kirchlichen Männerwerks, der evangelischen Frauenhilfe und sonstiger kirchlicher Aktivitäten, die über die engere Kirchenverwaltung hinausgingen.

Schließlich hing es auch immer von den beteiligten Personen ab, wie das Instrument der Finanzabteilung genutzt wurde. Unter der Leitung des Oberregierungsrats Ludwig Hoffmeister[29] nahm sie in Braunschweig unverkennbar antikirchliche Züge an – nicht in dem Sinne, daß die Existenz der Kirche gefährdet wurde, wohl aber, daß Staatsinteressen zu Lasten der Kirche und unter Verletzung von eindeutigen Rechtstiteln begünstigt wurden. Die Kirche bekam nun auch in diesem Bereich die Folgen eines totalitären Staatsverständnisses und des Verlusts der Rechtsstaatlichkeit, von der sie gerade in Braunschweig während der ungeliebten Weimarer Republik so sehr profitiert hatte, zu spüren.

Vordergründig waren die Auswirkungen besonders kraß für den kirchlichen Immobilien- und Grundbesitz. Nach ihren internen Berechnungen verlor die Landeskirche zwischen 1936 und 1945 ein Achtel ihres Grundbesitzes, ferner Friedhöfe, eine Stiftskirche und – als spektakulärsten Verlust – den Dom St. Blasii[30]. Allerdings hatte Johnsen dem „Domraub" zunächst zugestimmt und erst dann Widerspruch angemeldet, als es zu

---

[28] Kurt Meier, Der evangelische Kirchenkampf, Bd. 2 u. 3, Göttingen 1984.

[29] Ludwig Hoffmeister, Jg. 1906, gest. 1993; Parteigenosse und SS-Angehöriger, wurde 1938 Leiter der Finanzabteilung.

[30] Das ist ausführlich und plakativ („nur ein kleiner Ausschnitt aus dem Leidensweg der Braunschweigischen Landeskirche") dargestellt in: Beiträge zur Tätigkeit der vormaligen Finanzabteilung beim Landeskirchenamt in Wolfenbüttel vom 2. Juni 1938 bis zum Schluß des 3. Reiches, als amtliche Drucksache herausgegeben vom Landeskirchenamt Wolfenbüttel, 1948 (zitiert: Beiträge FA). Zu ihrer Entstehung S. u. S. 34.

spät war. Das Schlagwort vom „Ausverkauf des Kirchenbesitzes"[31], das nach 1945 für diesen Vorgang in Umlauf gesetzt wurde, überzeichnet allerdings die tatsächlichen Besitzveränderungen erheblich. Außerdem wurde diese Form der Verstaatlichung nicht als generelles Merkmal des Regimes gewertet, das auch Privatbesitzer und Kommunen in Mitleidenschaft zog, wenn staatliche Industrieansiedlungen und Infrastrukturmaßnahmen in kürzester Zeit verwirklicht werden sollten, die einschließlich ihrer bedingungslosen rüstungspolitischen Priorität zu keinem Zeitpunkt von der Kirche in Frage gestellt wurden. Ferner läßt sich fragen, ob das ständige Lamentieren über den verlorenen Kirchenbesitz nach 1945 dem Ansehen der Kirche gut tat und der genuine Auftrag der Kirche darüber nicht vernachlässigt wurde.

Je mehr der kirchliche Alltag von der Abwehr dieser Übergriffe des NS-Staates gekennzeichnet war und das Bedürfnis wuchs, staatlichen Stellen den Einblick in innerkirchliche Einrichtungen zu verwehren, desto stärker schob sich der Dualismus Finanzabteilung-Landeskirchenamt in den Vordergrund; desto stärker traten die richtungspolitischen Gegensätze zwischen den kirchlichen Gruppen in den Hintergrund, zumal die Mehrheit ohnehin der kirchlichen Mitte zuzurechnen war, die sich in dieser Zeit jenseits des Gegensatzes DC-BK programmatisch zu Wort meldete. So ist es durchaus plausibel, daß der Beitritt zum Lutherrat auch aus dem Motiv erfolgte, einen stärkeren Rückhalt gegenüber der Finanzabteilung zu gewinnen. Auch für Johnsens Austritt im Jahre 1939 wird die taktische Überlegung geltend gemacht, sich durch diese Frontbegradigung nach außen hin weniger angreifbar zu machen. Überschätzen sollte man aber dieses Motiv weder für den Beitritt noch für das Ausscheiden.

Erst recht ist seit Mitte 1945 das Feindbild Finanzabteilung überdimensional wahrgenommen worden[32]. Daß dies eine legitimatorische Funktion hatte und fast den einzigen gemeinsamen Nenner für die kirchliche Selbstdarstellung bildete, vor allem gegenüber der Militärregierung, wird noch zu zeigen sein. Ungeachtet dieser Ausgangslage glich die offizielle Version der kirchenpolitischen Linie einem Balanceakt, da die Repräsentanten hier durchaus verschiedene Funktionen ausgeübt hatten, die sich nicht problemlos in das Konfrontationsmuster des heroischen Abwehrkampfs gegen die Finanzabteilung einordnen ließen. Verdienst und Angreifbarkeit wegen Kollaboration lagen häufig nahe beieinander. Davon gibt der Be-

---

[31] So lautet eine Kapitelüberschrift in Beiträge FA (Anm. 30); der gleiche Ausdruck wird auch in der für die Militärregierung angefertigten Darstellung (LAB: G 150, s. Anm. 23) verwendet. In der Denkschrift über die Grundstücksverkäufe der vormaligen Finanzabteilung beim Landeskirchenamt vom 18. 6. 1948 ist sogar von „systematische[m] Raub von kirchlichen Grundvermögen" die Rede (PROL: FO 1050/1483).

[32] „[...] daß hier Zustände geherrscht haben, wie sie auch im 3. Reich in Deutschland nicht zum 2. Male vorgekommen sind". Beiträge FA (Anm. 30), 188.

richt des Landeskirchenamts an die Militärregierung nur wenig wieder. Er soll wegen seiner einschlägigen Bedeutung hier im Wortlaut folgen:

„[...] Als der Versuch der Partei, durch die DC die Kirche zu zerstören, gescheitert war, versuchte man es auf andere Weise. Es wurde eine ‚Finanzabteilung‘ beim Landeskirchenrat gebildet. Diese war zuerst mit kirchlichen Männern besetzt, wurde aber 1938 dem Oberregierungsrat Hoffmeister übertragen. Dieser schädigte die Kirche durch seine Finanzverwaltung in ganz außerordentlicher Weise; der genaue Umfang dieser Schäden kann noch nicht festgestellt werden. Er begünstigte außerdem in jeder Weise die DC, die vorher zu einer völlig bedeutungslosen Gruppe in der Kirche herabgesunken waren. Ehe der Landesbischof Dr. Johnsen zum Heeresdienst eingezogen wurde, veranlaßte er den Austritt der Landeskirche aus dem Lutherrat in der Meinung, dadurch von der Herrschaft der Finanzabteilung befreit zu werden. Das erwies sich als ein Irrtum, und gerade die Kriegszeit wurde dazu benutzt, um den Einfluß der Kirche systematisch zurückzudrängen, z. B. wurde die kirchliche Presse verboten, und es gab keine Möglichkeit mehr, kirchlich notwendige Bücher zu drucken.

Der Stellvertreter des Landesbischofs, Oberlandeskirchenrat Röpke, hatte einen schweren Kampf zu führen, um die Lebensrechte der Kirche nach Möglichkeit zu wahren, konnte jedoch nur wenig erreichen. Erst nach dem Umschwung ist der Kirche wieder die Freiheit der Betätigung gegeben."[33]

Diese Tendenz wurde in der Folgezeit vor allem von Breust fortgesetzt, dessen ausführliche Darstellung von der Kirchenregierung erst nach deutlichem Zögern in geänderter Fassung als offiziöser Text akzeptiert wurde. Ferner war ein komplementärer Auftrag an Röpke ergangen, seinerseits eine Denkschrift unter dem Titel zu verfassen: „Die Finanzabteilung, ein dunkles Kapitel braunschweigischer Kirchengeschichte." Beide Darlegungen sind offenbar in die Broschüre: „Beiträge zur Tätigkeit der vormaligen Finanzabteilung beim Landeskirchenamt Wolfenbüttel"[34] aufgenommen worden.

2. Die Besetzung der kirchenleitenden Ämter 1945/46

Der Landesbischof Johnsen war – daran konnte es keinen Zweifel geben – nicht in seinem Amt zu halten. Die Britische Militärregierung hätte dies – bei allem, kirchlichen Kreisen gegenüber bewiesenem Langmut – nicht hingenommen. Dazu war auch das Ansehen Johnsens – im Vergleich zu

---

[33] LAB: G 150 (s. Anm. 23).
[34] Beiträge FA (Anm. 30).

Marahrens – zu gering[35]. Aus der Sicht der landeskirchlichen Pfarrer belasteten ihn vor allem zwei Momente: der Austritt aus dem Lutherrat sowie die Vernachlässigung der Landeskirche nach seiner Meldung zum Heeresdienst[36] [die er übrigens schon 1938 angekündigt hatte!]. Demgegenüber trat seine größte Belastung, seine nie ernsthaft angezweifelte Auffassung von der Vereinbarkeit des bischöflichen Auftrags und des lutherischen Bekenntnisses mit einer durch und durch nationalsozialistischen Gesinnung, im Bewußtsein der Landeskirche auffällig zurück.

Aber Johnsen wurde in einem jugoslawischen Kriegsgefangenenlager festgehalten, die Kommunikation mit ihm war nahezu abgerissen, so daß keine Regelung mit ihm getroffen werden konnte. Der neu gebildete Landeskirchentag, der im Februar 1946 erstmals zusammentrat, schreckte zunächst vor einer Absetzung zurück und traf eine Übergangslösung: Pfarrer Martin Erdmann, ein bisher nicht sonderlich in Erscheinung getretener Mann des Pfarrernotbundes, wurde provisorisch zum Bischofsvertreter unter dem Titel Landeskirchenpräsident gewählt[37].

Zur endgültigen Regelung der Bischofsfrage wurde ein Bischofsausschuß eingesetzt. Als Johnsen ein Jahr später noch nicht zurückgekehrt war, wurde er dann seines Amtes enthoben[38] und Erdmann – allerdings erst nach heftigen inneren Auseinandersetzungen – definitiv zum Landesbischof gewählt[39].

Wenn aber Johnsen nicht länger tragbar war, so stellte sich unabweisbar die Frage der Belastung der 1945 noch amtierenden Mitglieder der Kirchenregierung und des Landeskirchenamts, mit Ausnahme des unbestrittenen Oberkirchenrats Seebaß. Keine Frage war dies im umgekehrten Sinne im Falle des 1934 suspendierten Oberkirchenrats Schlott, der nach dem Scheitern diverser Versuche, ihn an eine andere Landeskirche zu empfehlen, 1935 Pfarrer in der NS-Mustersiedlung Lehndorf geworden war. Schlott wurde im Mai 1945 für einige Wochen interniert und im August 1945 pensioniert, was ihm weitere Entnazifizierungssanktionen ersparte[40]. Erheblich länger wurde das Mitglied der Kirchenregierung, der

---

[35] In einem Bericht über die Kirchen im Raum Hannover wird Johnsen („a blood thirsty army officer") gegenüber Marahrens negativ abgesetzt. Report on churches in Hanover Region, 16–8–45 (PROL: FO 1050/1503). S. a. Anm. 3.

[36] Report about Landesbischof Dr. Johnsen-Wolfenbüttel (LAB: G 150).

[37] Durch den Landeskirchentag vom 12./13. 2. 1946 (LAB: Syn 187).

[38] Der Landeskirchentag vom 14./15. 11. 1946 beschloß mit großer Mehrheit ein Kirchengesetz, wodurch „die Ausübung des Bischofsamtes durch Landesbischof Dr. Johnsen für beendet erklärt" wird. Landeskirchliches Amtsblatt der Braunschweigischen ev.-luth. Landeskirche (LKABl.), 1946, 7 (LAB: Syn 188).

[39] Landeskirchentag vom 22. 4. 1947 (LAB: Syn 188).

[40] LAB: Personalakten Schlott.

Bankkaufmann Bertram, interniert, wie aus dem Bittschreiben Erdmanns hervorgeht[41].

Hätte die Landeskirche ein Signal der Entschlossenheit zu einem Neuanfang mit unbelasteten Männern geben wollen, so hätte sie sich von Oberkirchenrat Röpke trennen und darauf verzichten müssen, Dr. Breust als ihren ersten Kirchenjuristen zurückzuholen. Im Hinblick auf Röpke hatte Lachmund dies unmißverständlich formuliert[42]. Was sprach gegen Röpke? Er war nicht als dezidierter Vertreter der DC ins Amt gekommen, aber er verkörperte den Johnsen-Kurs der Landeskirche mit, wenn er gewiß auch seinen Anteil an der Annäherung an die BK hatte[43]. Aber Röpke, der sich während der Kriegszeit als stellvertretender Bischof anerkannte Verdienste um die seelsorgerliche Betreuung der an der Front eingesetzten Pfarrer wie auch um die verwaisten Heimatgemeinden erworben hatte, war bis 1945 Mitglied der NSDAP geblieben. Er trug als Mitglied des Landeskirchenamts Mitverantwortung für die „Lex Goetze" vom 29. Dezember 1939[44], die die geräuschlose Pensionierung „nichtarischer" Geistlicher ermöglichte und im Falle des Pfarrers der St. Pauli-Gemeinde Braunschweig, Alfred Goetze, auch angewendet wurde, sowie für ein Glückwunsch-Telegramm an den Führer nach dem gescheiterten Attentat vom 20.7.1944[45]. Andererseits hat er sich der Finanzabteilung entgegengestellt und 1942 eine Erklärung der lutherischen Kirchen mitunterzeichnet, in der kritische Worte an die Adresse Hitlers gerichtet waren[46].

Nach längerem Zögern legte Röpke schließlich im September 1945 das Amt des stellvertretenden Landesbischofs nieder, blieb aber im Rang eines Oberlandeskirchenrats im Landeskirchenamt. Darin wurde er sowohl von seinen Gesprächspartnern der Evangelischen Kirche in Deutschland (EKD), erst recht aber von einer Pfarrerversammlung bestärkt, die am

---

[41] Staatsrat Kurt Bertram gehörte seit 1933 der Kirchenregierung an und war durch seine Mitgliedschaft in der SS belastet. KR-Prot. Nr. 85 v. 19. 3. 1946 (LAB: acc. 11/75 Nr. 41 u. 42); Eingabe der Kirchenregierung vom 11. 3. 1947 (LAB: acc. 11/75, Nr. 22).

[42] LAB: Pfarrernotbund 1942–1946 (s. Anm. 7).

[43] Röpke hat nachträglich, 1958, auf die Berufung von Brandmeyer, Lic. Dr. Schäfer und Stracke in landeskirchliche Ämter, Herdieckerhoffs als Vereinsgeistlicher der Inneren Mission, und Lehmbergs ins Propstamt verwiesen. (LAB: NL Röpke 3).

[44] LKABl. 1939, Nr. 5339, 61. Die Finanzabteilung hatte die Kirchenregierung dazu aufgefordert und sich für verpflichtet gehalten, „für das Ansehen der Kirche, das schon wegen der säumigen Erledigung der Judenfrage genug gelitten hat, in einer der nationalsozialistischen Weise entsprechenden Weise einzutreten" (LAB: G 342).

[45] Dazu die nachträgliche Stellungnahme Röpkes an den Obersten Gerichtshof in Köln, 9. 8. 1950 (LAB: NL Röpke 2).

[46] „Im Dezember 1942 habe ich eine Eingabe an den Führer und Reichskanzler seitens des Lutherrats mitunterzeichnet, die in ihrer Klarheit, Schärfe und eindeutigem Bekenntnis zum Auftrag der Kirche seinerzeit weitestes Aufsehen erregte." Röpke am 7. 2. 1958 (LAB: NL Röpke 3).

26. 9. 1945 in der St. Magni-Gemeinde stattfand und mit einem klaren Vertrauensvotum für Röpke endete[47]. Seit diesem Tag konnte kein Zweifel daran bestehen, daß die große Mehrheit der landeskirchlichen Pfarrer Röpkes Verbleiben im Landeskirchenamt wünschte. Bei den Nichtgeistlichen dürfte das kaum anders gewesen sein, zumal in einer Landeskirche, die nur vereinzelte Bekenntnisgemeinden aufzuweisen hatte, die mittlerweile kaum noch existierten. Der Ruf nach einem personellen Neuanfang an der Spitze der Landeskirche war zweifellos eine Minderheitsposition!

Im Juli 1945 hatte auch Breust seine Ansprüche auf Einsetzung in seine früheren Ämter in der Kirchenregierung (Stellvertreter des Landesbischofs) und im Landeskirchenamt geltend gemacht[48]. Was sprach dafür außer seiner krass rechtswidrigen Vertreibung aus seinem Amt im Juni 1934? Breust war wie viele bis zum Ende Parteigenosse geblieben, dazu – und das war ungewöhnlich – auch bis 1945 Mitglied der DC, wenn dies vielleicht auch zumindest teilweise als Fehlreaktion auf seine Kaltstellung durch den Kirchenführer, der die DC-Bewegung verlassen hatte, verstanden werden kann[49]. Hinzu kam seine Verpflichtung zu Dienstleistungen für die kirchenfeindliche Finanzabteilung, die ihn eine Zeitlang in eine taktische Frontstellung mit Hoffmeister zusammen gegen Johnsen und Röpke brachte. Allerdings konnte Breust darauf verweisen, daß er zur Wahrnehmung dieser Aufträge rechtlich verpflichtet war. Johnsen und Röpke hätten es außerdem in der Hand gehabt, Breust vor der Annahme dieser Dienstleistung in seine alte Stellung zurückzuholen. Sosehr dieser sich in das Feindbild Johnsen hineingesteigert hat, so läßt sich doch nicht belegen, daß er auf der Seite der Finanzabteilung gegen das Landeskirchenamt gearbeitet oder kirchliche Interessen verleugnet hätte. Wenn die nachträglichen Beteuerungen Breusts auch nur annähernd zutreffen, so war das Gegenteil der Fall[50].

Ein Wiedergutmachungsanspruch gegen Johnsen begründete bei seiner Belastung als Parteigenosse und DC allerdings kein moralisches Recht auf eine führende Rolle in der Kirche der Nachkriegszeit. Dennoch kehrte

---

[47] „Am 26. 9. 1945 hat sich die gesamte Pfarrerschaft der Kirche in einer Versammlung hinter die Kirchenregierung gestellt." Dabei spielte das „Feindbild Finanzabteilung" wiederum eine Rolle, da das Braunschweigische Staatsministerium sich bis zu diesem Zeitpunkt noch nicht zu seiner Auflösung entschieden hatte. Bericht über die Braunschw. ev.-luth. Landeskirche (LAB: G 248). Die Auflösung erfolgte wenige Tage später. KR-Prot. Nr. 80 v. 10. 10. 1945 (LAB: acc 11/75 Nr. 41).
[48] Ebd., KR-Prot. Nr. 75 v. 4. 7. 1945 (LAB: acc. 11/75 Nr. 41 u. 42).
[49] In einem Schreiben v. 21. 8. 1939 erklärte Breust eine Zusammenarbeit mit Johnsen für nicht möglich. „Das gilt heute noch mehr als früher, weil Herr Dr. Johnsen sich inzwischen der Bekenntnisfront angeschlossen hat und ich heute noch wie schon 1934 zu den DC gehöre." (LAB: Personalakten Dr. Breust).
[50] Dazu die ausführliche Stellungnahme Breusts an den öffentlichen Kläger v. 11. 5. 1949 (LAB: E 19).

Breust im November 1945 als Oberlandeskirchenrat ins Landeskirchenamt zurück[51], und er wurde im Februar 1946 sogar als Stellvertreter Erdmanns in die Kirchenregierung berufen[52]. Das war nicht nur die Fortsetzung einer Traditionslinie, die vom Weimarer Antirepublikanismus in die Unterstützung des Nationalsozialismus geführt hatte, sondern zugleich eine Erschwernis für die notwendige Auseinandersetzung der Kirche mit ihrer Rolle in der NS-Zeit. Denn diese war ohne massive Kritik an den gerade zurückberufenen oder im Amt bestätigten Exponenten gar nicht möglich. Da eine positive Beurteilung des Breustschen Verhaltens häufig einer Belastung Röpkes gleichkam bzw. umgekehrt[53], so glich die Darstellung der NS-Zeit manchmal einem Lauf über ein Minenfeld. Das für die Rückkehr Breusts geltend gemachte Argument seiner Unentbehrlichkeit für die anstehenden Rechtsauseinandersetzungen mit dem Staat der Nachkriegszeit verdeutlicht, wie stark die Kirchenleitung in die Schützengräben der zwanziger Jahre zurückgekehrt war und welche Prioritäten sie setzte.

Nachdem schon im Mai 1945 Amtsgerichtsrat Linke in die Kirchenregierung aufgenommen worden war[54], wurde im September 1945 – nach dem Teilrückzug Röpkes – eine neue Kirchenregierung provisorisch gebildet, mit der BK als stärkster Kraft sowie aus der kirchlichen Mitte[55]. Den Vorsitz übernahm mit Ottmar Palmer eine der Führungsfiguren der BK, die ferner mit Erdmann und Studienrat Schwarz vertreten war. Propst Ernesti stand als Vorsitzender des Pfarrervereins für die kirchliche Mitte[56]. Linke von der St. Magni-Gemeinde entstammte einer BK-nahen Gemeinde[57].

---

[51] Die Kirchenregierung hatte das Gesuch Breusts seit Juli 1945 mehrmals vertagt. S. Jürgens S. 163 mit Anm. 81.

[52] Breust hat wiederholt auf seine Rechte aus der Wahl von 1923 als stellvertretender Vorsitzender der Kirchenregierung „auf Lebenszeit" hingewiesen! 26. 9. 1950 (LAB: G 646).

[53] Am 17. 2. 1942 hatte Röpke an Frau Oberkirchenrätin Schwarzhaupt geschrieben: „[...] nach den Ausführungen Breusts bin ich lediglich ‚ehemaliger Pastor', also noch nicht einmal Pfarrer der Braunschweigischen Landeskirche. Auch für Landesbischof Dr. Johnsen sieht Dr. Breust die Rechtslage ähnlich" (LAB: NL Röpke).

[54] „[...] unter Anerkennung des gegebenen kirchlichen Notstands". KR-Prot. Nr. 74 v. 28. 5. 1945 (LAB: acc. 11/75 Nr. 41 u. 42). Zu Linke S. u. S. 89.

[55] Diese Besetzung entsprach weitgehend einem Ersuchen, mit dem sich der Braunschweiger Pfarrernotbund in einer Forderung am 8. 8. 1945 an Röpke gewandt hatte. Hier war außer Palmer, Erdmann und Schwarz noch Oberlandeskirchenrat Seebaß für die Kirchenregierung vorgeschlagen worden. Röpke ging also mit Verzögerung darauf ein. Einer der Bruderrats-Mitglieder, Pfarrer Barg, hatte Ende Mai ultimativ die Umbesetzung gefordert und sich am 25. 7. 1945 an die Militärregierung gewandt (LAB: acc. 25/73, Akten des Landesbischofs).

[56] S. dazu den Beitrag von Jürgens, S. 158.

[57] Propst Leistikow hatte sich selbst für die Kirchenregierung empfohlen. Er wurde immerhin für einen Propsteibeirat berücksichtigt, den das Landeskirchenamt einsetzen

Die Kirchenregierung in dieser Besetzung ließ sich als „Systemwechsel" durchaus beschreiben und hätte die Chance zu einem Neuanfang geboten, wenn sie denn für längere Zeit im Amt geblieben wäre und wenn sie dem Landeskirchenamt ihren Stempel hätte aufdrücken können! Beides war aber nicht der Fall. Denn im Februar 1946 wurde eine neue siebenköpfige Kirchenregierung durch den Landeskirchentag gewählt[58]. In diese war die BK mit Landeskirchenpräsident Erdmann und Pfarrer Rohlfs zwar eingebunden; ihre dominante Position aber hatten sie verloren. Zudem waren mit Breust und Propst Strothmann[59] zwei starke Persönlichkeiten in der Kirchenregierung vertreten, die als Gegner eines Kurses im Sinne des Bruderrats einzuschätzen waren. Die Chance für einen personellen Neubeginn von der Spitze her war also vertan, bevor sie hätte genutzt werden können.

Gewählt wurde die neue Kirchenregierung von dem neuen Landeskirchentag, der ersten legitimen synodalen Körperschaft seit dem deutsch-christlich beherrschten Landeskirchentag von 1933/34, der 1934 zunächst auf ⅓ seiner Mandatszahl reduziert worden war und im November 1934 – nach der Wahl Johnsens zum Landesbischof – in der Versenkung verschwunden war. Insofern war die Zusammensetzung des neuen Landeskirchentags ein wichtiges Anzeichen für den Willen und die Fähigkeit zur Erneuerung und zum Brückenschlag zu den wichtigen gesellschaftlichen Gruppen und Organisationen. Beides ging nicht notwendig zusammen, und es gab nicht viele Laien, die allen Anforderungen gerecht wurden.

Zunächst stellte sich die Frage nach dem Wahlmodus. Hierbei ergab sich das Dilemma, daß die notwendige breite Beteiligung des Kirchenvolks nur möglich war, wenn die unterschiedlichen theologisch-kirchenpolitischen Richtungen sich auf konkurrierenden Wahllisten sammeln konnten. Das aber hätte den Rückfall in die alten Gräben der Kirchenparteien bedeutet und vermutlich die Liste der BK mit einer diffusen Sammelbewegung der kirchlichen Mitte, geschart um einige umstrittene Leitfiguren, konfrontiert. Das wollten weder der Notbund noch die maßgeblichen Kräfte im Landeskirchenamt bzw. der Kirchenregierung.

Eine andere Möglichkeit wäre die Wahl des Landeskirchentags durch Gemeindevertretungen gewesen, die zuvor allerdings neu hätten gewählt werden müssen. Diese waren dringend erneuerungsbedürftig. Die sukzessive Ergänzung und Ersetzung der Kirchenvorstände seit 1941 konnte den notwendigen radikalen Verjüngungs- und Erneuerungsprozeß nicht auf-

---

wollte – offenbar als Gegengewicht zur BK! Leistikow an Linke, 9. 9. 1945 (LAB: G 309).

[58] Landeskirchentag v. 12./13. 2. 1946 (LAB: Syn 187). Den glatten Abstimmungen im Plenum waren „schwere und spannende Auseinandersetzungen" vorangegangen. Palmer an die Brüder, Ende März 1946 (LAB: Pfarrernotbund Rohlfs).

[59] Dazu s. u. S. 68.

wiegen[60]. Ernsthaft ist dieser Modus aber nicht in Aussicht genommen worden – ein deutliches Symptom für das wenig rege Gemeindeleben, wenn man von wenigen Stadtgemeinden absieht.

Allerdings war nicht von vornherein gesichert, daß es zu einer Einigung zwischen Notbund, kirchlicher Mitte und den Pröpsten, moderiert durch Kirchenregierung und Landeskirchenamt, kommen würde[61]. Die Wahl war Mitte Oktober in 4 Wahlkreisen, unter Ausschluß der in der russischen Zone gelegenen Propsteien und Gemeinden, ausgeschrieben worden, und zwar als Direktwahl innerhalb der den 4 Wahlkreisen zugeordneten Gemeinden. Es gelang aber, die Wahlvorbereitung so zu steuern, daß in allen 4 Wahlkreisen nur je ein Listenvorschlag eingereicht worden war. Die auf den Listen aufgeführten Kandidaten wurden daraufhin von der Kirchenregierung für gewählt erklärt, der Wahlvorgang wurde abgesetzt[62].

Infolge der Einigung auf die 4 Wahlvorschläge wurden 36 Synodale, 12 Geistliche und 24 Laien, berufen. Dabei hatte der Notbund mit 6 Mandaten für Palmer, Erdmann, Padel, Wiesenfeldt, Rohlfs und Herdieckerhoff die Hälfte der für die Theologen vorgesehenen Sitze erhalten. Die übrigen 6 gingen an Pröpste, die zumeist der kirchlichen Mitte zuzuordnen waren, darunter mit Ernesti der Vorsitzende des Pfarrervereins. Der umstrittenste Bewerber, von den einen ebenso entschieden abgelehnt wie von den anderen verlangt, war Propst Lic. Strothmann, der offenbar in letzter Minute[63] in den Kompromißvorschlag eingereiht worden ist. Außer Strothmann waren 2 weitere Pröpste durch ihre Mitgliedschaft in der NSDAP belastet,

---

[60] Ernennungen und Ergänzungen der Kirchengemeinderäte erfolgten
1941 in 45 Gemeinden
1942 in   9 Gemeinden
1943 in 10 Gemeinden
1944 in 29 Gemeinden
1945 (1. 1.–8. 5.) in 7 Gemeinden
1946 in 70 Gemeinden
Die Ersetzung der ausgeschiedenen, überalterten, längst inaktiven und belasteten Kirchenältesten substituierte nicht den notwendigen Erneuerungsprozeß aus einem Guß. Die Militärregierung hatte zunächst die politische Säuberung der Kirchenvorstände und Kirchengemeinderäte gefordert, dann aber doch nicht darauf bestanden (LAB: G 87).

[61] KR-Prot. Nr. 80 v. 10. 10. 1945 (LAB: acc. 11/75 Nr. 41 u. 42). Allerdings war dies im Dezember 1945 noch nicht sicher; Propst Ehrhorn schrieb ans Landeskirchenamt: „[...] falls es wirklich zu einer Urwahl zum Landeskirchentag kommen sollte, was im Interesse des kirchlichen Lebens höchst unerwünscht wäre". 11. 12. 1945 (LAB: Syn 187).

[62] Am 4. 1. 1946 nahm die Kirchenregierung davon Kenntnis, daß der Landeskirchentag auf Grund einer Einheitsliste als gewählt anzusehen ist. KR-Prot. Nr. 82 v. 4. 1. 1946 (LAB: acc. 11/75 Nr. 41 u. 42).

[63] Auf der Liste III Wolfenbüttel waren zunächst Kammerer, Palmer und Leistikow vorgesehen; Palmer wurde auf die Liste des II. Wahlkreises placiert, Kammerer und Leistikow wurden zurückgezogen. Daß diese Umdisposition im Interesse eines Mandats für Strothmann erfolgte, bestätigt Oberlandeskirchenrat i.R. H. Kammerer.

aber von der großen Mehrheit einschließlich der BK-Pfarrer durchaus akzeptiert.

Bei den nicht theologischen Mitgliedern des Landeskirchentags läßt sich in wenigen Fällen zwar eine gewisse BK-Nähe vermuten; insgesamt aber wurde die BK durch die Laien-Vertretung kaum verstärkt. Die im Kirchenkampf bewährten Gemeindeglieder waren eher dünn gesät. Erkennbar und bis zu einem gewissen Grad gelungen ist das Bemühen um eine breite Repräsentation der Gesellschaft:

- 4 Fabrikanten/leitende Angestellte aus Industrie und Bankgewerbe
- 5 aus Lehrerberufen, darunter zum damaligen Zeitpunkt entlassene Lehrer
- 1 Arzt, 3 Richter, 1 Rechtsanwalt, 1 höherer Beamter
- 2 Handwerksmeister
- 4 Bauern (darunter ein „Kreisbauernführer")
- 2 Arbeitnehmer und
- 1 Frau.

In Bezug auf die letzte Gruppe hatte die Landeskirche der Mut verlassen; denn unter den Ersatzkandidaten finden sich 4 weitere Frauen.

Unter den 3 Richtern befand sich auch der im Mai 1945 aus der Justiz entlassene Landgerichtsdirektor Dr. Walter Lerche[64]. Ein halbes Jahr danach hatten die maßgeblichen Kräfte der Landeskirche also keine Bedenken, einen so schwer belasteten Richter in das höchste Synodalorgan der Landeskirche zu entsenden.

3. Schuldfrage, Selbstreinigung und Entnazifizierung

Der (vermutlich) erste Aufruf der provisorischen Kirchenregierung an die Gemeinden, verfaßt von Ottmar Palmer, war am Reformationstag des Jahres 1945, „in den dunkelsten Stunden der deutschen Geschichte" ergangen[65]. Das deutsche Reich, so heißt es hier, liege „ohnmächtig, ehrlos und wehrlos" am Boden. Dieses Schicksal wird als Heimsuchung verstanden, nicht als die Folge eines verbrecherischen, selbstzerstörerischen Regimes, dem sich auch die Kirche nicht in den Weg gestellt hat. Jetzt gelte es die Volkskirche zu bewahren, die zu ihrer Stärkung auf die „lebendige Schar", den „wahren Kern der Gemeinde", angewiesen sei.

Am Reformationstag wird aber auch vor dem äußeren Feind gewarnt, der die Existenz der Volkskirche bedrohe. „Vielleicht wird die Kirche

---

[64] S. u. S. 85ff.
[65] Aufruf an die Gemeinden zum Reformationstag 1945 (LAB: Pfarrernotbund Rohlfs).

schon bald wieder kämpfen müssen um die Heiligkeit des Sonntags, um die wahrhaft christliche Erziehung der Jugend, gegen den moralischen Zerfall, der offen zu Tage liegt." Dagegen müsse das „Königsaufgebot unseres Gottes", müßten die Kerntruppen mobilisiert werden, die allein einen Damm gegen die Fluten des Unglaubens errichten könnten.

Das war – ein halbes Jahr nach dem Zusammenbruch – nicht die Stimme einer an sich selbst zweifelnden, innerlich ins Mark getroffenen Kirche. Vielmehr einer Kirche, die sich kühl auf die neuen, aber von den alten kaum unterschiedenen Feindbilder, einstellte.

Das Stuttgarter Schuldbekenntnis[66] hat in der Braunschweigischen Landeskirche nur eine geringe Resonanz gehabt. Eine Anweisung, die Gemeinden davon in Kenntnis zu setzen, ist nicht ergangen. Auch ist von Stellungnahmen dazu nichts bekannt. Erst reichlich später, zu Pfingsten 1946, hat sich die Kirchenregierung mit einem ähnlichen Wort des Landeskirchentags an die Gemeinden gewandt. Die lange Dauer ist ein Symptom für ihre ausgehöhlte Autorität. Das gilt am wenigsten für Palmer, der offenbar dabei die Feder geführt hat. Das Wort wurde in der 1. Ausgabe des von der Militärregierung freigegebenen Braunschweiger Volksblatts[67] veröffentlicht, allerdings in Kleindruck und auf der letzten Seite.

Das Wort beginnt mit einem allgemein gehaltenen Hinweis auf den 1933 einsetzenden „Irrweg unseres Volkes", auf den rasch die Erwähnung des für das Feindbild wichtigen Kirchenkampfinstruments folgt, „das ungesetzliche Gewaltregiment der Finanzabteilung". Daran schließt sich die Kernaussage an, angelehnt an das Stuttgarter Schuldbekenntnis:

„Vor Gott bekennen wir: es hat unter uns gefehlt an Klarheit der christlichen Erkenntnis und an der Treue gegen die unverrückbaren Grundlagen der Kirche, an der Kraft des Gebets, am rechten Widerstand gegen falsche Lehre und am Geist der Liebe." Dieses Versagen wird nicht nur als Irrweg der dreißiger Jahre ausgemacht, sondern in der Kontinuität der weit in die Vergangenheit zurückreichenden notorischen Unkirchlichkeit der Landeskirche gesehen, wie dies vielfach belegt ist. „Schwer lastet auch heute noch – und nicht erst seit dreizehn Jahren! – auf unserem Lande der Bann der kirchlichen Gleichgültigkeit und der Verachtung des heiligen Gottes-Wortes."

Für die Kirche, die sich zur Umkehr rufen läßt, wird der Verkündigungsauftrag bekräftigt. Als dringliche Aufgaben der Bewährung nennt das Wort die Sonntagsheiligung, christlichen Lebenswandel in Ehe und Familie, die Gesinnung der Jugend, die Arbeit des Hilfswerks, die Integra-

---

[66] Gerhard Besier und Gerhard Sauter, Wie Christen ihre Schuld bekennen. Die Stuttgarter Erklärung 1945, Göttingen 1985.
[67] Braunschweigisches Volksblatt (BVBl.), 1, Nr. 1, Pfingsten 1946.

tion der Flüchtlinge sowie die Fürbitte für die Kriegsgefangenen und die Not unseres deutschen Vaterlandes.

Keine Aussage machte das „Wort an die Gemeinden" zu dem Problem, das im Frühjahr 1946 immer drängender wurde: Selbstreinigung und Entnazifizierung. Gerade in den Wochen, in denen die Pfingstbotschaft entstand, hat ein Vertreter des Pfarrernotbundes einen Antrag auf Überprüfung der Pfarrer hinsichtlich ihrer Stellung zum Bekenntnis und hinsichtlich ihrer Amtsführung in den Jahren des Nationalsozialismus eingebracht[68].

Auf die Bruderratskreise geht auch die entschiedenste Stellungnahme zu diesem Komplex zurück. Sie entstand zwar erst zu Beginn des folgenden Jahres, in einer bestimmten Phase des Entnazifizierungsprozesses[69], sie kann aber in den wesentlichen Zügen auch 1946 als Auffassung des Notbundes gelten. Das bestätigt auch ein Vergleich dieser von Pfarrer Ulrich, Berel, formulierten Position mit den Richtlinien des Rats der EKD zur Durchführung der Selbstreinigung der Kirche vom 1. 5. 1946[70] sowie der Entschließung des Bruderrats zur Reinigung der Kirche vom Nationalsozialismus vom 20. 3. 1946[71].

Die Braunschweiger Erklärung der BK-Pfarrer hebt den grundlegenden Unterschied zwischen kirchlicher Selbstreinigung und staatlicher Entnazifizierung hervor; beides zu vermischen berge eine schwere Belastung und Gefahr, sowohl für die Kirche als auch für den Staat. Die Entnazifizierung sei eine politische Maßnahme, die sich gegen die politischen Führer und ihre Gefolgschaft richte. Die Selbstreinigung müsse der Entnazifizierung vorangehen und mit vollem Ernst durchgeführt werden, „weil [...] ein lebensgefährlicher Einbruch von Irrlehre völkischer Provenienz in den Raum der Kirche erfolgte".

Die Selbstreinigung sollte durch einen dreiköpfigen Ausschuß (2 Geistliche, 1 weltliches Mitglied) in nur einer einzigen Instanz und in einem durch Kirchengesetz geregelten Verfahren erfolgen und sich auf folgende Untersuchungsfälle beziehen:

— Pfarrer, die der nationalkirchlichen Einung DC, der Deutschen Pfarrergemeinde u. ä. Vereinigungen angehört oder nahegestanden haben
— Pfarrer, die – in der Verkündigung oder in ihrer amtlichen Tätigkeit – in

---

[68] Antrag Pfarrer Wiesenfeldt auf Überprüfung der Pfarrer hinsichtlich ihrer Stellung zum Bekenntnis und hinsichtlich ihrer Amtsführung in den Jahren des Nationalsozialismus, Protokoll des Landeskirchentags v. 4./5.4.1946 (LAB: Syn 187).

[69] Thesen zur Selbstreinigung der Kirche sowie Entwurf eines Gesetzes zur Selbstreinigung der Kirche, 25. 2. 1947 (LAB: Pfarrernotbund Rohlfs).

[70] Erklärung zur Entnazifizierung, Rat der EKD und Leitungen der Landeskirchen, 2. 5. 1946 (LAB: E 1).

[71] Erklärung des Bruderrats der EKD, Darmstadt, 20. 3. 1946 (LAB: G 415).

die Abhängigkeit von der nationalsozialistischen Weltanschauung geraten seien
- Pfarrer, die sich einer Pflichtverletzung schuldig gemacht und ihres Vertrauens „im Zusammenhang mit den politischen Verhältnissen des nationalsozialistischen Staates" nicht würdig erwiesen hätten
- Pfarrer, die aufgrund ihrer Parteistellung in kirchliche Aufsichtsämter aufgerückt seien
- Pfarrer, welche die Arbeit der Finanzabteilung gefördert hätten
- Pfarrer, die bis zum Ende der NS-Diktatur ihre Parteizugehörigkeit aufrechterhalten hätten
- schließlich in Fällen, wo Militärregierung oder staatliche Stellen ein Vorgehen gegen einzelne Pfarrer forderten.

Die Kirchenregierung sollte dabei als eine Art Ermittlungsinstanz fungieren und über die Eröffnung eines Verfahrens entscheiden.

Die Sanktionen sollten sich, sofern ein Verschulden festgestellt wurde (in begründeter schriftlicher Entscheidung, nach mündlichen Verhandlungen), zwischen Zwangsversetzung in ein anderes Pfarramt, Versetzung in den einstweiligen oder endgültigen Ruhestand, vorläufige Beurlaubung und schließlich Eröffnung eines Dienststrafverfahrens bewegen.

Was die Entnazifizierung betrifft, so wird das Recht des Staates dazu nicht bestritten, und zwar auch nicht in Bezug auf kirchliche Amtsträger, sofern sie sich von einer Aberkennung des Pfarramtes und einer Beschränkung der geistlichen Tätigkeit fernhielten.

Andererseits sei es Aufgabe der Kirche, unablässig auf die Fragwürdigkeit der Entnazifizierung hinzuweisen. Denn die Kirche habe Unrecht zu mindern, nicht größer zu machen und für Beschuldigte einzutreten, solange es christlich verantwortet werden könne.

In den letzten Sätzen kam eine mehr oder weniger pauschale Disqualifizierung der Entnazifizierung zum Ausdruck, die mit der zuvor postulierten „Solidarität der Schuld mit dem ganzen Volk" kaum in Einklang zu bringen war.

Eine ganz andere Grundeinstellung läßt sich mit einer Entschließung beschreiben, die von einer Pfarrerkonferenz der Propstei Königslutter am 5. 9. 1945[72] gefaßt worden ist. Namentlich in der Beurteilung des Verhaltens der Kirche ist sie grundlegend verschieden von der Haltung, die sich in dem Vorschlag von Pfarrer Ulrich widerspiegelt. Die Kirche sei nicht schuldig geworden, sondern sie habe sich im Gegenteil als der wichtigste Hort der Resistenz und des Widerstands bewährt. So ähnlich hat damals der größte Teil der Pfarrer gedacht, nicht nur in dieser Landeskirche.

---

[72] Entschließung einer Konferenz der Pfarrer der Propstei Königslutter v. 5. 9. 1945 (LAB: G 19).

Die für die Einstellung der Pfarrerschaft in der unmittelbaren Nachkriegszeit so aufschlußreiche Entschließung soll hier im Wortlaut folgen:

„Anläßlich der Einforderung von Fragebogen auch seitens der evangelischen Pfarrer erlaubt sich die unterzeichnete Pfarrerkonferenz, dem Landeskirchenamt folgende Entschließung vorzulegen, mit der Bitte, den darin umrissenen Tatbestand in geeigneter Form der Militärregierung zur Kenntnis zu geben:

Der Haß, mit dem Kirche und Christentum im Verlaufe der Jahre in immer steigendem Maße vom Nationalsozialismus bekämpft und verfolgt wurden, ist dem deutschen Volke ebenso bekannt wie der außerdeutschen Welt. Ebenso besteht nirgends ein Zweifel darüber, daß man nach einem siegreichen Kriegsende versucht hätte, die Kirche als Trägerin der unverfälschten und unverkürzten Christusbotschaft auf eine der hinlänglich bekannten Methoden zu liquidieren.

Dennoch scheint es notwendig zu sein, noch einmal mit allem Nachdruck auf die Bedeutung hinzuweisen, die der kirchliche Widerstand während der nat.soz. Regierungszeit mehr und mehr gewann, so daß die Kirche – die evangelische wie die katholische – schließlich die einzigen Gegner von Format und einheitlicher Geistesstruktur darstellte.

Und zwar ist von der Gesamtheit der evangelischen Kirche die Rede, angefangen von der ‚Bekenntniskirche‘ bis zu dem überwiegenden Teil der ‚Mitte‘, abgesehen nur von dem aufgesplitterten radikalen Flügel der ‚Deutschen Christen‘, der sich in den letzten Jahren immer weiter von der bekenntnismäßig verkündigenden Kirche fortentwickelte. Eingeschlossen sind auch jene Pfarrer, die 1933 der Partei beitraten in der aufrichtigen Hoffnung, die nat.soz. Weltanschauung christlich umformen zu können und sie somit einerseits nach innen zu einer ihrem Gott wirklich verantwortlichen und dem Volk dienenden Führung und andererseits nach außen zu einem vertrauenswürdigen, verhandlungsfähigen Mitglied der Völkerfamilie auszurichten, eine Hoffnung, die übrigens viel später noch außerhalb des deutschen Volkes gehegt wurde.

Alle diese Hoffnungen erwiesen sich aber schon bald nach der Machtergreifung durch den Nationalsozialismus als trügerisch. Die Entthronung Gottes, Seiner Ordnungen und Seiner Gebote begann. Der damit jedes Maß und jede Verantwortung verlierende Mensch trat an Seine Stelle. Wenn irgendwo gegen diese unheilvolle Entwicklung klarer Widerstand geleistet wurde, dann in der Kirche und von ihren Pfarrern. Und daß dieser Widerstand nicht vereinzelt oder wirkungslos, sondern wirklich auf den Zentralpunkt gerichtet war, zeigt die Welle des Hasses, die – immer höher anschwellend – die ganze Kirche, jede Gemeinde und vor allem jeden einzelnen Pfarrer umbrandete. Amtliche und persönliche Behinderungen, Schikanen und Angriffe aller Art waren an der Tagesordnung. Wo die Partei damit nicht weiterkam, wurden Polizei (diese oft gegen ihre Überzeugung) und Gestapo angesetzt.

In all diesen Jahren waren die Pfarrämter der einzige Ort in Deutschland, wo sich der deutsche Mensch frei und ungestraft seine politische, weltanschauliche und religiöse Not vom Herzen reden konnte. In welchem Ausmaße davon Gebrauch gemacht wurde, weiß allein der Pfarrer. Jede dieser zahllosen Unterredungen hätten bei Bekanntwerden sowohl den Pfarrer wie auch das Gemeindeglied ins Konzentrationslager gebracht. In einer Umwelt, in der einer vor dem anderen mißtrauisch jedes Wort sorgfältig erwog, ist der Wert solcher seelsogerlichen Aussprachen gar nicht abzumessen. Kaum erwähnt braucht es zu werden, daß wohl kein einziger Fall bekannt ist, in dem ein Pfarrer ein Gemeindeglied wegen der sogenannten ‚politischen Unzuverlässigkeit' angezeigt hat, obwohl in jedem anderen Kreise – selbst unter Bekannten, ja sogar unter Familienmitgliedern – solche Denunziationen an der Tagesordnung waren.

Nimmt man dazu die eindeutige mutige Verkündigung in Predigt, Unterricht, Frauen-, Männer- und Jugendarbeit, woran es kaum ein Pfarrer hat fehlen lassen und die notwendigerweise um der Christusbotschaft willen im klaren Gegensatz zum Nationalsozialismus stehen mußte, so ergibt sich als Gesamtfeststellung, daß kein anderer Stand in Deutschland den Kampf gegen die nationalsozialistische Herrschaft so entschlossen und ungeachtet der damit verbundenen Nachteile, Nöte und Gefahren geführt hat wie die deutsche Pfarrerschaft.“

Unter den 7 Verfassern der Entschließung waren übrigens auch zwei Mitglieder des Pfarrernotbundes, darunter auch der spätere Landeskirchenpräsident bzw. Bischof Martin Erdmann. Hier wurde deutlich, daß die BK in dieser Frage keine einheitliche Auffassung vertrat, geschweige denn ihren Standpunkt entschieden verfolgt hat. Als Vorsitzender der Kirchenregierung hat Erdmann keinem der beiden Standpunkte gemäß gehandelt bzw. handeln können. Der Antrag Wiesenfeldt wurde vom Rechtsausschuß des Landeskirchentags als erledigt betrachtet[73], nachdem die Entnazifizierung in Gang gekommen war, – mit dem Einverständnis des Antragstellers.

Die Kirche beanspruchte, ihre Selbstreinigung autonom zu regeln, und diese hatte Vorrang. Darin stimmten die neuen kirchenleitenden Organe, der Bruderrat und die Pfarrer und Synoden vor Ort, weitgehend überein. Allenfalls darin gingen die Meinungen auseinander, ob denn nach erfolgter kirchlicher Selbstreinigung eine staatliche Entnazifizierung überhaupt noch erforderlich sei. Das bewertete der Bruderrat ganz anders als etwa die Mehrheit der betroffenen Pfarrer.

Die Kirche leitete diesen Anspruch einmal aus ihrem besonderen Auftrag und ihrer Verpflichtung auf Bibel und Bekenntnis ab; zum andern – ungeachtet der in Stuttgart bekannten Mitschuld – daraus, daß sie als nahezu einzige gesellschaftliche Großinstitution dem Nationalsozialismus widerstanden habe, und drittens, daß die kirchliche Selbstreinigung weit über das staatliche Entnazifizierungsziel hinausgehe, nämlich die Abwehr

---

[73] Niederschrift über die in Gemeinschaft mit der Kirchenregierung abgehaltene Sitzung des Rechtsausschusses des Landeskirchentages am 29. 10. 1946 (LAB: G 646).

und Prävention des lebensgefährlichen Einbruchs der völkischen Irrlehre in den Raum der Kirche als Ziel verfolge. Die Kirche nahm sich also ein besonders strenges Überprüfungsverfahren vor und leitete daraus das Privileg der Freistellung von der allgemeinen Entnazifizierung ab. Wer sein Amt in Übereinstimmung mit Bekenntnis und Lehre der Kirche geführt hat, sei einfach dadurch schon in Widerspruch zum Nationalsozialismus geraten, ungeachtet formaler Zugehörigkeiten und politischer Verhaltensweisen. Das hätte in der Praxis eine Generalamnestie für alle politischen Aktivitäten bedeutet, soweit sie den innerkirchlichen Raum nicht berührten, und damit das Gegenteil eines besonders rigiden Vorgehens.

Allerdings bestand nicht die geringste Aussicht, diesen Standpunkt gegenüber den Besatzungsmächten durchzusetzen. Diese respektierten zwar die kirchliche Besonderheit, die Engländer sehr viel stärker als die Amerikaner[74], aber sie stellten keinen Freibrief aus[75]. Und die Ultimo ratio war dann die Überstellung der Entnazifizierung des Kirchenpersonals in die Zuständigkeit politischer Ausschüsse, womöglich mit kirchenfeindlicher Besetzung! Dies mußte aber unter allen Umständen verhindert werden. Dies ist der eigentliche Grund dafür, daß die Kirchenregierung und das Landeskirchenamt – entgegen ihrer wirklichen Überzeugung – der staatlichen Entnazifizierung keinen Widerstand entgegensetzten[76].

Nachdem die im aktiven Dienst stehenden Pfarrer schon im Spätsommer 1945 von der ersten Fragebogenwelle, wie so viele im Berufsleben stehende Deutsche, erfaßt worden waren, stand Mitte 1946 die Bildung von Spruchkammern an, die die eingereichten Fragebogen zu untersuchen hatten. Ohne jeden kirchenöffentlichen Protest, wenn auch offensichtlich mit erheblichen inneren Reserven, berief Erdmann „im Einvernehmen mit der Kirchenregierung" zwei Ausschüsse: eine Spruchkammer sowie einen Berufungsausschuß[77].

Anders als im Vorschlag von Ulrich postuliert worden war, spielte die Frage, wie die Pfarrer und Kirchenbeamten am besten davon kamen, für die Kirchenregierung durchaus eine Rolle[78]. Die Aussicht auf eine milde

---

[74] Dazu Clemens Vollnhals, Evangelische Kirche und Entnazifizierung 1945–1949. Die Last der nationalsozialistischen Vergangenheit, München 1989; ders., Entnazifizierung und Selbstreinigung im Urteil der evangelischen Kirche. Dokumente und Reflexionen 1945–1949, München 1989 (zitiert: Vollnhals).

[75] Dazu Irmgard Lange (Bearb.), Entnazifizierung in Nordrhein-Westfalen. Richtlinien, Anweisungen, Organisation, Siegburg 1976; Wolfgang Krüger, Entnazifiziert! Zur Praxis der politischen Säuberung in Nordrhein-Westfalen, Wuppertal 1982; Jill Jones, Preparations for Denacification in the British Zone of Germany, Phil. Diss. Manchester 1988.

[76] KR-Prot. v. 9. 8. 1946 (LAB: acc. 11/75 Nr. 41 u. 42); Konzept für eine Ansprache an die betroffenen Geistlichen von Erdmann, 18. 9. 1946 (LAB: E 7).

[77] KR-Prot. v. 24. 5. 1946 (LAB: acc. 11/75 Nr. 41 u. 42).

[78] S. Anm. 53.

Behandlung konnte über die Enttäuschung darüber hinweghelfen, daß sich kirchliche Selbstreinigung und staatliche Entnazifizierung eben doch nicht trennen ließen. Hatte sich dies als Illusion erwiesen, dann mußte die Zielsetzung darauf beschränkt werden, die Intentionen der kirchlichen Selbstreinigung im Rahmen der staatlichen Entnazifizierung zu verwirklichen. Das war zunächst das erklärte Ziel des Vorsitzenden der landeskirchlichen Spruchkammer[79].

4. Die Besetzung der Ausschüsse

Die Entnazifizierung in der Braunschweigischen Landeskirche ist zu großen Teilen das Werk von Pfarrer Hans Buttler[80]. Er hatte den Vorsitz der kirchlichen Spruchkammer von der ersten bis zur letzten Sitzung im Jahre 1950 inne[81]. Buttler hat die Entnazifizierung allen berechtigten Einwänden zum Trotz bejaht und ernstgenommen. Ebenso deutlich wie die Unterschiede zwischen Selbstreinigung und Entnazifizierung war ihm die Tatsache, daß viele Kirchenmänner die Selbstreinigung wie einen Schild vor sich hertrugen, um die Folgen der Entnazifizierung zu vermeiden. Buttler hat auch die immer wieder erforderlichen Verhandlungen mit der Militärregierung, mit staatlichen Stellen, dem Landeskirchenamt sowie vielen Betroffenen und deren Befürwortern geführt. Das hat nicht nur eine im-

---

[79] Bericht der kirchl. Spruchkammer an die Kirchenregierung, 2. 9. 1946 (LAB: E 1).

[80] Dem Verf. wurde für diese Studie ein Akten-Ordner zum „Fall Hans Buttler" von dessen Sohn, Pfarrer Hans-Martin Buttler, Alfeld, freundlicherweise zur Verfügung gestellt.

[81] Das Kernstück des – hier erstmals ausgewerteten – Bestandes über die Entnazifizierung der Braunschweigischen Landeskirche ist das 80 Seiten umfassende Protokollbuch der Spruchkammer (LAB: E 3), das, von Buttler geführt, sämtliche Beschlüsse enthält, die in den 77 Sitzungen zwischen Juni 1946 und September 1950 gefaßt worden sind. Außerdem enthält der Bestand (mit 2 Ausnahmen) die Protokolle des Berufungsausschusses, Dokumente zur Selbstreinigung/Entnazifizierung anderer Landeskirchen, der EKD und des Reichsbruderrats, die umfangreiche Korrespondenz Buttlers sowie die Entnazifizierungsakten der Pfarrer der Landeskirche, des Personals des Landeskirchenamt, der Akademie-Dozenten sowie einiger Pfarrer der kirchlichen Werke. Die Entnazifizierungsakten der Studenten der Akademie finden sich im Akademie-Bestand. Die langwierige, von vielen rechtlichen Unklarheiten begleitete Prozedur hat sich in dem Bestand niedergeschlagen. Vor allem die Einzelfälle sind sehr unterschiedlich dokumentiert. Ein Teil der Unterlagen ist Anfang 1947 (bei der Rückgabe der Akten aus der Hand der Militärregierung an die Spruchkammer) verloren gegangen. Außerdem ist der Bestand nachträglich im Landeskirchenamt umgeordnet worden, was die Nachprüfung seiner Vollständigkeit erheblich erschwert. Eine umfassende Bewertung des Entnazifizierungsvorgangs wird dadurch aber nicht in Frage gestellt. Aktenübersicht Buttlers v. 19. 9. 1951 (LAB: E 6).

mense Zeit und Mühe gekostet, sondern – in einer Landeskirche, wo jeder jeden kannte, – ihm Feinde geschaffen und Freundschaften belastet. Buttler hat den Auftrag geradlinig, beharrlich und nicht selten zornig, soweit es die Verhältnisse inner- und außerhalb der Landeskirche zuließen, ausgeführt. Bei allen Anfeindungen, die ihm nicht erspart blieben, ist seine Integrität von keiner Seite in Frage gestellt worden.

Für diesen Auftrag war auch kein anderer so berufen wie der Landpfarrer aus Alvesse, ein schlichter und nach eigenem Verständnis eher unpolitischer Mann. Er hatte dem Stahlhelm angehört, war aber zu keinem Zeitpunkt der NSDAP, der SA oder den DC beigetreten[82]. Er hatte die NS-Weltanschauung, speziell Alfred Rosenbergs Mythus des zwanzigsten Jahrhunderts, bekämpft und war der BK beigetreten, gehörte aber nicht zu deren Wortführern. Wie viele seiner Amtsbrüder hatte er wiederholt Anfeindungen und Gehässigkeiten örtlicher Parteigrößen zu ertragen. So war es auf eine Denunziation aus örtlichen Kreisen zurückzuführen, daß Buttler am 11. 10. 1938 durch die Gestapo verhaftet und bis kurz vor seinem Prozeß vor dem Sondergericht am 8. 11. 1939 in Untersuchungshaft gehalten wurde. Das Braunschweiger Sondergericht hatte ihn unter dem Vorsitz des Landgerichtsdirektor Höse[83], einem Kirchenältesten der St.-Pauli-Gemeinde, so entgegenkommend wie möglich behandelt und freigesprochen; doch wurde seine Freilassung durch die Gestapo vereitelt, „wegen Gefährdung der Sicherheit von Volk und Staat, indem er durch staatsfeindliche Äußerungen Unruhe in die Bevölkerung bringt". Buttler wurde ins KZ gebracht, zunächst nach Sachsenhausen, danach nach Flossenbürg und schließlich nach Dachau, wo er 5½ Jahre später am 3. 4. 1945 befreit wurde. Seine am 12.11.1938 erfolgte Suspendierung wurde vom Landeskirchenamt am 5. 5. 1945 aufgehoben[84].

Mit den Pfarrern Georg Althaus, Karl von Schwartz, Gustav Wurr, Hans Leistikow und Waldemar Hille sowie den Gemeindehelferinnen Ingeborg Klünder und Elfriede Randau steht Hans Buttler für die Frauen und Männer der Landeskirche, die zu Opfern der Willkürherrschaft und des Totalitätsanspruchs des Nationalsozialismus geworden sind, – nicht, weil sie das Regime politisch oder gar mit konspirativen Methoden bekämpft hätten, sondern weil sie an ihrem Platz, im Pfarramt und in der Gemeinde, offen und couragiert, ihre Meinung geäußert haben[85].

---

[82] Fragebogen Buttler, ebd.; Aktenordner „Fall Hans Buttler".

[83] S. dazu den Beitrag von Friedrich-Wilhelm Müller, S. 302ff.

[84] KR-Prot. Nr. 74 v. 28. 5. 1945 (LAB: acc. 11/75 Nr. 41 u. 42).

[85] Näheres dazu in: Ottmar Palmer, Material zur Geschichte des Kirchenkampfes in der Braunschweigischen Landeskirche, hektogr. Ms. 1957, bes. 99–108 (zitiert: Palmer); Kuessner, Überblick (Anm. 6), 78f.

Neben Buttler wurden Propst Lehmberg, Pfarrer Reischauer, Baurat Schadt und der Arzt Dr. Isemer von Erdmann in die Spruchkammer berufen[86]. Reischauer gehörte wie Buttler zum Pfarrernotbund; der Vorsfelder Propst Lehmberg war der kirchlichen Mitte zuzurechnen.

Die Spruchkammer hat in dieser Besetzung allerdings nie getagt. Dr. Isemer hat kein einziges Mal an einer ihrer Sitzungen teilgenommen. Er wurde in der 9. Sitzung am 5. 8. 1946[87] durch den Justizinspektor Brandes ersetzt, der zur Zeit der Weimarer Republik Landesvorsitzender der DVP war[88]. Der Harzburger Pfarrer Reischauer trat nach wenigen Sitzungen „wegen Gewissensbedenken" aus der Spruchkammer aus[89]. Er wurde durch Pfarrer Wurr, ebenfalls Mitglied des Pfarrernotbunds, der infolge einer Denunziation eines Amtskollegen (!)[90] 1943 zweieinhalb Monate in Schutzhaft genommen worden war, substituiert. Pfarrer Klapproth, ebenfalls vom Pfarrernotbund, gehörte der Spruchkammer seit der 6. Sitzung am 15. 7. 1946 zunächst als Stellvertreter, später als ordentliches Mitglied an.

Nachdem die Spruchkammer bereits ein Dreivierteljahr getagt hatte, wurde sie vorübergehend durch die Militärregierung suspendiert, da die erforderliche Genehmigung nie erteilt worden war[91]. Die Suspendierung endete in dem Ausschluß von Schadt, der Parteianwärter gewesen war, und von Wurr, der eine Zeitlang der SA angehört hatte. Vor der Alternative Demissionierung oder Ernennung zweier formell makelloser Mitglieder entschied sich die Spruchkammer für das letztere, nachdem sie ein Vierteljahr in Rumpfbesetzung getagt hatte. Im Juni 1947 kehrte der seit September 1946 erkrankte Propst Lehmberg zurück; zusätzlich trat Pfarrer Burmester (Pfarrernotbund) in die Spruchkammer ein[92]. Diese Besetzung blieb bis zur Schlußsitzung am 18. 9. 1950 konstant. Damit hatte sich nicht nur der Anteil der Geistlichen auf das Verhältnis 4:1 verstärkt, sondern die Mehrheit wurde vom Pfarrernotbund gestellt – für eine Tätigkeit,

---

[86] KR-Prot. Nr. 89 v. 24. 5. 1946 (LAB: acc. 11/75 Nr. 41 u. 42).

[87] Protokollbuch der Spruchkammer (SK-Prot.), 19 (LAB: E 3).

[88] Albert Brandes war von 1925 bis 1930 Vorsitzender der DVP im Freistaat Braunschweig. Dazu Ursula Schelm-Spangenberg, Die Deutsche Volkspartei im Lande Braunschweig, Braunschweig 1964.

[89] SK-Prot. 11. Sitzung v. 19. 8. 1946 (LAB: E 3); Denkschrift zur Beendigung der Entnazifizierung in der ev.-luth. Landeskirche Braunschweig v. 18. 9. 1950 (LAB: E 1).

[90] Ein Teilnehmer der Pfarrkonferenz Seesen hatte die Mitschrift einer Andacht von Pfarrer Wurr im Jahr 1943 der Gestapo zugänglich gemacht. Der Fall konnte nicht vollständig aufgeklärt werden. Vernehmung Pfarrer Wurr, 15. 7. 1946 (LAB: E 12).

[91] Bericht von Rel. Affairs Branch v. 19. 5. 1947 (PROL: FO 1050/1620); SK-Prot. 31. Sitzung v. 24. 3. 1947 (LAB: E 3).

[92] SK-Prot. 39. Sitzung v. 23. 6. 1947 (LAB: E 3).

die in wesentlichen Punkten dessen grundsätzlichen Vorstellungen widersprach[93].

Ein ähnliches Engagement wie bei der von Buttler angetriebenen Spruchkammer ist bei der Revisionsinstanz nicht erkennbar. Sie wurde zum gleichen Zeitpunkt und auf den ersten Blick nach den gleichen Kriterien besetzt: 2 prominente Notbundpfarrer (Palmer und Clemen); ein Vertreter der Mitte (Propst Ernesti) und 2 kirchlich ausgewiesene und als unbelastet geltende Laien (Landeskirchentagspräsident Mackensen und der BK-Vertreter Studienrat Schwarz)[94]. Gewiß kein Zufall ist aber, daß diese Instanz eine hohe Identität mit der Kirchenregierung aufwies. So ist dann auch nie eine Differenz zwischen Revisionskammer und Kirchenregierung wahrzunehmen, ganz im Gegensatz zur Spruchkammer erster Instanz. Das gilt für die Berechtigung von Sanktionen generell wie vor allem für die sog. „Pröpsteentscheidung"[95].

In der angegebenen Besetzung hat die Berufungsinstanz allenfalls einmal getagt, da Palmer sich bereits am 12. 10. 1946 aus dieser Kammer zurückzog. Zwischen Oktober und dem 19. 2. 1947 hat sie 7 Sitzungen abgehalten[96].

Danach traf sie der Bannstrahl der Militärregierung. Sie wurde suspendiert, weil ihre Mitglieder mit Ausnahme Mackensens nicht den Vorstellungen der Militärregierung von einer eindeutigen Gegnerschaft gegen den Nationalsozialismus entsprachen[97]. Anders als die Spruchkammer blieb die Revisionsinstanz außer Funktion, auch wenn die Kirchenregierung ihre definitive Aufhebung anderthalb Jahre lang immer wieder hinauszögerte, nachdem sie am 17. 4. 1947 noch schnell die Pröpste-Entscheidung der längst suspendierten 2. Instanz bestätigt hatte[98]. Die Absicht war eindeutig: die Kirchenregierung wollte die letzte Entscheidung über die Entnazifizierung in der Hand behalten. Schließlich wurde im Oktober 1948 – im Rahmen der Niedersächsischen Entnazifizierungsverordnung vom 3. 7. 1948[99] – eine gemeinsame Berufungsinstanz für die

---

[93] Ein Beleg für das Wunschdenken und die Verkennung der Realität ist der Brief an Johnsen von Oberlandeskirchenrat Seebaß vom 30. 9. 1946: „Wir sind dankbar dafür, daß wir die Erlaubnis bekommen haben, diese Fragen durch einen kirchlichen Ausschuß und nach kirchlichen Gesichtspunkten regeln zu dürfen" (LAB: G 342).

[94] KR-Prot. Nr. 89 v. 24. 5. 1946 (LAB: acc. 11/75 Nr. 41 u. 42).

[95] S. u. S. 65ff.

[96] Die Protokolle dazu in LAB: E 1.

[97] SK-Prot. 31. Sitzung v. 24. 3. 1947 (LAB: E 3).

[98] KR-Prot. Nr. 119 v. 31. 5. 1948 u. Nr. 125 v. 30. 9. 1948 (LAB: acc. 11/75 Nr. 41 u. 42).

[99] Clemens Vollnhals, Entnazifizierung. Politische Säuberung und Rehabilitierung in den vier Besatzungszonen 1945–1949, München 1991, 24ff.

Landeskirchen Hannover und Braunschweig eingesetzt[100], in die für die letztere Mackensen und Clemen berufen wurden. Ihre Tätigkeit fällt in die Phase, die man generell als die rasche Liquidierung der Entnazifizierung bezeichnen kann. Die Kammer ist dieser Tendenz in großem Umfang gefolgt, so daß ihre Urteilspraxis im einzelnen kaum Interesse verdient.

Ursprünglich hatte die Militärregierung schon im Oktober 1946 eine einheitliche (kirchliche) Berufungsinstanz für das Land Niedersachsen einsetzen wollen[101]. Dafür war der Lichtenberger Pfarrer Otto Lohmann vorgesehen[102]. Dies war aber eine schlechte Wahl. Einmal deshalb, weil die Militärregierung nachträglich über ihn erfuhr, daß er sich zweimal, 1937 und 1938, um die Aufnahme in die NSDAP bemüht hatte, und ihn deshalb nicht akzeptierte. Zum anderen hat es unter den Braunschweiger Pfarrern kaum einen vehementeren Gegner der Entnazifizierung gegeben als Lohmann, der alles tat, um die Spruchpraxis der Kammer zu desavouieren und vor der Politisierung der Kirche und vor demokratischer Mißwirtschaft zu warnen[103]. Die von den Briten beabsichtigte Schaffung einer obersten Revisionsinstanz blieb unverwirklicht, offenbar deshalb, weil sie das dafür geeignete Personal nicht zu rekrutieren vermochten.

5. Vier Phasen des Entnazifizierungsverfahrens

Das Entnazifizierungsverfahren kann man nur richtig einschätzen, wenn man die unterschiedlichen Vorgaben und gesetzlichen Bestimmungen im Blick behält. Für die Braunschweigische Landeskirche lassen sich 4 Phasen unterscheiden:

Phase 1: Juni – November 1946.

In dieser Phase verfügte die Kirche im Vergleich zu den späteren Phasen über einen gewissen Freiraum für ihre Entscheidungen. Folgende Sanktionen standen zur Disposition:

Entlassungen, Pensionierungen, Versetzungen, Predigtüberwachungen, Aberkennung von Leitungsämtern und übergemeindlichen Funktionen, Geldstrafen. Die Spruchkammer ließ sich dabei von dem Grundsatz leiten, „keinen Geistlichen der Braunschweigischen Landeskirche der Mi-

---

[100] KR-Prot. Nr. 125 v. 30. 9. 1948 (LAB: acc. 11/75 Nr. 41 u. 42); SK-Prot. Nr. 64 v. 8. 11. 1948 (LAB: E 3).
[101] Das geht aus einem Schreiben Erdmanns an die Militärregierung v. 14. 10. 1946 hervor (PROL: FO 1050/1620).
[102] Lohmann an Erdmann, 19. 10. 1946 (LAB: E 1).
[103] Lohmann an Wurr, 8. 10. u. 10. 10. 1946. Ebd.

litärregierung zur Entlassung auszuliefern, für den wir mit unserem Gewissen, in Verantwortung der Gesamtkirche und der Wahrhaftigkeit, einstehen konnten"[104]. Die Beurteilungen wurden von der landeskirchlichen Spruchkammer auf der Grundlage der seit Sommer 1945 eingeforderten Fragebogen zunächst im schriftlichen Verfahren erkannt. Von den dieser Phase vorangegangenen Eingriffen der Besatzungsmacht, Verhaftungen oder Amtsenthebungen ohne verfahrensmäßige Überprüfung, war die Landeskirche weitgehend verschont geblieben; Ausnahmen sind die Verhaftung Schlotts[105] im Mai und die vorrübergehende Amtsenthebung des Goslarer Propstes Rauls im August 1945[106]. Die Spruchkammer legte ihre Urteile über die Pfarrer, das Personal des Landeskirchenamts sowie der kirchlichen Werke innerhalb weniger Monate der Kirchenregierung zur definitiven Entscheidung und Ausführung vor. Diese veranlaßte die mündliche Anhörung der Betroffenen vor der Spruchkammer in den Fällen, wo schwerwiegende Sanktionen ausgesprochen worden waren[107]. Die gravierenden Entscheidungen, in denen auf Entlassung, Pensionierung oder Verzicht auf ein Leitungsamt – im Falle der belasteten Pröpste – erkannt worden war, wurden der kirchlichen Berufungskammer vorgelegt.

Zuvor hatte die Kirchenregierung ihre starken Bedenken gegen die verhängten Sanktionen und darüber hinaus gegen die Grundsätze, die die Spruchkammer befolgte, generell geltend gemacht[108]. Nicht bewußt war der Spruchkammer, daß sie für ihre Tätigkeit die Überprüfung und Genehmigung der Militärregierung benötigte. Unklar war auch die Reichweite ihres Auftrags. Nach den Regelungen der Militärregierung bezog sich dieser nur auf die Geistlichen. Doch hat die Kirche auch die Entnazifizierung des nichttheologischen Personals des Landeskirchenamts und anderer kirchlicher Einrichtungen vorgenommen. Das ist zwar immer wieder beanstandet, aber schließlich doch toleriert worden. Anfang September 1946 hatte die Spruchkammer die Überprüfung der Geistlichen abgeschlossen, Anfang November die des sonstigen Personals. Sie glaubte, ihre Arbeit abgeschlossen zu haben[109].

---

104 Bericht der Spruchkammer für die Kirchenregierung v. 2. 9. 1946 (LAB: E 1).
105 S. o. S. 35.
106 S. u. S. 67.
107 SK-Prot. Nr. 15 v. 16. 9. u. Nr. 16 v. 23. 9. 1946 (LAB: E 3).
108 KR-Prot. Nr. 92 v. 6. 9. 1946 (LAB: acc. 11/75 Nr. 41 u. 42).
109 SK-Prot. Nr. 22 v. 4. 11. 1946 (LAB: E 3).

2. Die Formalisierung des Instanzenwegs: Spruchkammer – Kirchenregierung/Landeskirchenamt – Militärregierung, Dezember 1946 – Mai 1947.

Zu Beginn dieser Phase forderte die Militärregierung von der Landeskirche die erneute Überprüfung der Fragebogen nach den allgemein geltenden Kriterien[110]. Die Spruchkammer erklärte sich dazu erst nach Überwindung erheblicher Demissionsneigungen bereit. Unterschieden wurde nun nach drei Gruppen: keine Bedenken – nominelle Nazi-Unterstützer – eifrige Nazi-Unterstützer, woraus sich die Konsequenzen ergaben: Weiterbeschäftigung (employed) – Entlassung zu erwägen (discretionary removal) – Entlassung zwingend geboten (mandatory removal).

Das Verfahren wurde nun entsprechend der generellen Praxis formalisiert, d. h. die Spruchkammer vermerkte ihre Beurteilung nun durchgängig auf „opinion sheets"; die Militärregierung setzte die Beurteilungen in „action sheets" um.

Dabei traten erhebliche Spannungen auf. Die Spruchkammer weigerte sich nun, auch nur einen einzigen Pfarrer oder Beamten des Landeskirchenamts zur Entlassung vorzuschlagen. Die britische Militärregierung, und zwar selbst die den Kirchen so wohlgesonnene Abteilung für Education and Religious Affairs, beklagte die „leniency of Lutheran-Panels": Es blieben Männer im Amt, die von Posten mit öffentlichem Einfluß und geistiger Führung entfernt werden sollten. Dieses Versäumnis könne zu Zynismus und Skeptizismus gegenüber der Militärregierung führen und den Eindruck stützen, daß die Kirche ihre Privilegien dazu mißbrauche, die Entnazifizierungsfolgen von den Geistlichen fernzuhalten, was schließlich auch die Kluft zu den Linksparteien vergrößern müsse[111].

Darauf reagierte die Militärregierung einmal mit der Drohung des Internierungs-Camps für das Spruchkammer-Personal, wenn diese nachträglich auch als Scherz heruntergespielt wurde[112].

Spektakulärer Ausdruck der Unzufriedenheit über die mangelnde Bereitschaft zu entschiedenem Vorgehen war die überraschende Mitteilung der bevorstehenden Entlassung in 17 Fällen. 11 Pfarrer sowie 6 Beamte und Angestellte des Landeskirchenamts erhielten eine „notice of exclusion"[113]. Der vergleichsweise wahllose Zugriff spricht eher für einen Warnschuß an die Adresse der Landeskirche, als für ein definitives Berufsver-

---

[110] Ebd., Nr. 23 v. 2. 12. 1946.

[111] Education and Religious Affairs Hanover an das Hauptquartier Bünde, 4. 11. 1946 (PROL: FO 1050/1596).

[112] SK-Prot. Nr. 26 v. 20. 1. 1947 (LAB: E 3).

[113] „Die Mitglieder erhalten Kenntnis von der Entlassung von 17 Personen seitens des Publ. Safety, gegen die der nunmehrige Landesbischof Erdmann Protest bei der Mil. Reg. erheben wird." Ebd., Nr. 35 v. 28. 4. 1947. Bei einem der betroffenen Pfarrer führte diese Mitteilung zum Suicid (LAB: E 11).

54

bot, zumal die Betroffenen zunächst im Amt bleiben durften. Die Militärregierung hatte den Eindruck gewonnen, daß die Kirche nicht gewillt war, ihr Haus in Ordnung zu bringen. Wenn in diesen Fällen auch die Berufung noch ausstand, so sah sich doch die Spruchkammer im Mai 1947 ein zweites Mal am Ende ihrer Tätigkeit[114].

3. Anfang Juni 1947 – Ende 1947: die Kategorisierung.

In dieser Phase ging es vorrangig nicht um die Erlaubnis der Berufsausübung, verbunden mit politischen und wirtschaftlichen Konsequenzen, sondern um die Einstufung aller Überprüften in drei von fünf Kategorien (Kat.)[115]. Diese Auflage der Militärregierung verschärfte den erwähnten Konflikt um die Zulässigkeit und theologische Rechtfertigung der Indienstnahme von Mitgliedern der Kirche zur Mitwirkung an der Entnazifizierung. Wie sollte die Spruchkammer ihre Verpflichtung gegenüber Kirche und Bekenntnis mit der Verantwortung gegenüber der Militärgierung und ihrem Entnazifizierungsauftrag in Einklang bringen? Buttler und Brandes vertraten den Standpunkt: Die Spruchkammer sei in letzter Konsequenz nicht der Kirchenregierung, sondern der Militärregierung für eine ordnungsgemäße Entnazifizierung verantwortlich. Diese Frage erwies sich als Zerreißprobe für die Spruchkammer. Ihre Mehrheit bat – gegen das Votum Buttlers und Brandes – die Kirchenregierung, ihr das Mandat für die Kategorisierung zu verweigern[116]. Sie wurde darin durch den Landesbischof bestärkt, der dies für kirchlich untragbar erklärt hatte, wobei er hinzugefügt hatte, daß, wenn man sich denn auf die Kategorisierung einlasse, alle Geistlichen in die Kat. V = entlastet bzw. nicht betroffen gehörten[117]. Schließlich hatte die Kirchenregierung aber doch keine Bedenken, der Spruchkammer das Mandat zur Kategorisierung (gegen die Stimme des Notbundpfarrers Rohlfs) zu erteilen[118], – waren die Folgen des „Ausstiegs" aus der Entnazifizierung allen Beteiligten doch hinlänglich klar![119]

Das hieß aber, erneut von vorn anzufangen – zum dritten Mal! Die

---

[114] Die Spruchkammer stimmte einem Schreiben ihres Vorsitzenden über den Abschluß der Entnazifizierung zu. SK-Prot. Nr. 37 v. 2. 6. 1947 (LAB: E 3).

[115] Nämlich III=Minderbelastete, IV=Mitläufer, V=Entlastete; die Einstufung nach I=Hauptschuldige und II=Belastete behielt sich die Militärregierung vor.

[116] SK-Prot. Nr. 39 v. 23. 6. 1947 (LAB: E 3).

[117] Ebd. Die Spruchkammer wies dies als ein „unwahrhaftiges Vorgehen" zurück. Denkschrift der Spruchkammer v. 23. 6. 1947 (LAB: E 1).

[118] KR-Prot. Nr. 103 v. 26. 6. 1947 (LAB: acc. 11/75 Nr. 41 u. 42).

[119] „Im Fall einer Nichtdurchführung der Kategorisierung ist mit der Möglichkeit zu rechnen, daß die englische Militärregierung von sich aus diese Kategorisierung vornimmt, die sich auf einen nicht unbeträchtlichen Teil der Pfarrerschaft verhängnisvoll auswirken könnte." Denkschrift v. 23. 6. 1947 (LAB: E 1)

problematischen Fälle mußten neu bewertet und in die entsprechenden Kategorien eingereiht werden; sofern sie belastet waren, in der Regel nach Kat. IV mit oder ohne weitere Sanktionen (Vermögens- und Kontensperre; Entzug des politischen Wahlrechts; Beförderungsverbot), in (selteneren) schweren Fällen nach Kat. III.

Auch die in eigener Regie verhängten Sanktionen von August 1946 im Rahmen der 1. Phase wurden jetzt in Kategorisierungen transformiert, in schwierigen Fällen nach mehrmaligem Hin und Her mit der Militärregierung.

Der Abschluß der Entnazifizierung war nunmehr für den 31. 12. 1947 vorgesehen. Die Spruchkammer hielt ihre Tätigkeit auch zu diesem Zeitpunkt für abgeschlossen, zum dritten Mal! Zuletzt war die Kategorisierung der 17 Empfänger der „Notice of Exclusion" und der sonstigen „schweren" Fälle vorgenommen worden[120].

Phase 4: Die Entnazifizierung in deutscher Zuständigkeit, Anfang 1948 – 18. 9. 1950[121].

Zu Beginn dieser Phase war ein großer Teil der Verfahren zwar abgeschlossen, doch stand für andere ein rechtsgültiger Bescheid noch aus. Zudem waren beim Übergang der Kompetenzen auf deutsche Verwaltungsstellen große Teile der Akten verlorengegangen. Das hatte zur Folge, daß ein beträchtlicher Teil der Betroffenen erneut zum Ausfüllen des Fragebogens aufgefordert wurde, worauf diese mit wachsender Verständnislosigkeit reagierten. Die – nun in großen Abständen tagende – Spruchkammer war in erster Linie mit der abschließenden Behandlung der komplizierten Fälle sowie mit Berufungsfällen beschäftigt. Ab 1. 10. 1948 wurde das Verfahren stärker justizförmig ausgestaltet: der nun in „Entnazifizierungshauptausschuß" umgenannten Spruchkammer wurde ein öffentlicher Kläger vorgeschaltet. Dazu berief die Kirchenregierung den Senatspräsidenten i. R. Dr. Herbst[122]. Die Einschaltung eines öffentlichen Klägers war dazu angetan, die Kontroverse über die Mitwirkung der Kirche bei einem solchen Verfahren erneut zu entfachen. Anders als in Oldenburg, wo Hermann Ehlers einen Verzicht auf die weitere Beteiligung der Kirche an dem Entnazifizierungsverfahren empfahl[123], wurde in der

---

[120] SK-Prot. Nr. 55 v. 15. 12. 1947 (LAB: E 3).
[121] Allgemein dazu: Wolfgang Jacobmeyer, „handover to the Germans" 1947/48. Ausgangslagen für die zweite Entnazifizierung in Niedersachsen, in: Geschichte und Geschichtsbewußtsein. Festschrift Karl-Ernst Jeismann, Münster 1990, 467–491.
[122] KR-Prot. Nr. 119 v. 30. 9. 1948 (LAB: acc. 11/75 Nr. 43). Dazu der Bestand Akten des öffentlichen Klägers (LAB: E Nr. 4–6).
[123] Ev.-luth. Oberkirchenrat Oldenburg v. 18. 8. 1948 (LAB: E 1).

Braunschweigischen Landeskirche ein Rückzug aber nicht mehr in Erwägung gezogen[124].

Am 30. 6. 1949 waren alle Geistlichen bis auf die noch in Gefangenschaft befindlichen und bis auf die meisten pensionierten Geistlichen, die überwiegend nicht in das Überprüfungsverfahren einbezogen worden waren, entnazifiziert.

Was nun folgte, war der kollektive Rückstufungsprozeß und die weitgehende Annullierung der Entnazifizierungssanktionen.

Ab 1. 7. 1949 wurden, zunächst auf Antrag, danach automatisch, die Einstufungen in Kat. IV nach Jahresfrist in die Kat. V umgewandelt; bei den nach Kat. III Eingestuften dauerte es zwei Jahre bis zur Entlastung. Die im Entnazifizierungsverfahren vorgenommenen Einstufungen haben also nur bis zum 1. 7. 1949 einen Aussagewert. Diese Verfahrensweise hat einmal mehr Hans Buttler in eine resignative Stimmungslage getrieben, der in dem Satz zum Ausdruck kam: „In letzterem Falle wäre alle Entnazifizierung wieder einmal glatter Unsinn."[125]

Auch wenn man von der Kollektiventlastung seit Sommer 1949, die ja für das Entnazifizierungsrecht generell zutrifft, absieht, so muß man feststellen, daß die Bewertungen durch die landeskirchliche Spruchkammer milde ausfielen, und zwar sowohl im Vergleich mit den Einstufungen der Berufskollegen in der amerikanischen Zone[126] als auch mit anderen Berufsgruppen innerhalb der britischen Zone[127]. Und dabei war die Spruchkammer zunächst von dem Grundsatz ausgegangen, daß die Mitgliedschaft in NS-Organisationen bei Geistlichen schwerer ins Gewicht falle als bei Laien. Bei den Einstufungen hat sich diese Einschätzung aber nicht niedergeschlagen. Die Spruchkammer hatte nur in der ersten Phase einen gewissen Spielraum für die Anwendung spezifisch kirchlicher Kriterien; später hat sie sich notgedrungen dem Kategorisierungsrahmen anpassen müssen, und sie war im Interesse der Betroffenen gelegentlich sogar dazu bereit, die Einstufung mit der Militärregierung auszuhandeln. Allerdings, eine Farce waren die Einstufungen im Entnazifizierungsverfahren bis 1948 doch nicht. Die Einstufung in Kat. IV, als Mitläufer, ist von vielen Pfarrern, erst recht von den Pröpsten oder Mitgliedern des Landeskirchenamts, als Stigmatisierung empfunden worden. Die Annahme, daß man darüber achtlos zur Tagesordnung übergegangen sei, trifft nicht zu.

---

[124] Landeskirchl. Spruchkammer an den ev.-luth. Oberkirchenrat Oldenburg v. 11. 10. 1948, ebd.

[125] SK-Prot. Nr. 75 v. 12. 9. 1949 (LAB: E 3).

[126] Dazu Vollnhals (Anm. 74).

[127] Z. B. im Vergleich zu den Lehrern. Dazu der Aktenbestand „Dienstentlassungen von in der NSDAP aktiv gewesenen Lehrern" (LAB: G 201).

6. Maßstäbe für die Spruchkammerurteile

Für die Anfangsphase lassen sich die Bewertungskriterien, die von der Spruchkammer im Laufe ihrer Beratungen entwickelt wurden, etwa wie folgt beschreiben:

Belastet und für den aktiven kirchlichen Dienst nicht mehr oder nur mit schweren Bedenken tragbar war,

- wer als Deutscher Christ der nationalkirchlichen (Thüringer) Richtung vom Bekenntnis abgewichen war und die Glaubwürdigkeit vor der Gemeinde verloren hatte;
- wer Amtsbrüder an die Gestapo denunziert oder sonst in Gefahr gebracht hatte;
- wer als Mitglied der Kirchenregierung, als Kreispfarrer oder DC-Obmann den kurzzeitigen radikalen DC-Kurs des Landesbischofs Beye aktiv mitgetragen hatte;
- wer die seit 1934 immer offener zutage tretende Kirchenfeindschaft des NS-Regimes sowie die 1936 eingerichtete Finanzabteilung gegen Kirchenregierung und Landeskirchenamt unterstützt hatte[128].

Was die Formalbelastung durch Partei- oder DC-Mitgliedschaft betrifft, so galt als unbelastet, wer als Parteigenosse nach dem 1. 4. 1933 oder DC'ler nach der Sportpalastkundgebung vom November 1933 wieder ausgetreten war; das gleiche galt für fördernde Mitglieder der SS und der SA[129]; die letzteren wurden zusätzlich dadurch als entlastet betrachtet, daß sie von Bischof Beye in die SA hineinkommandiert worden seien[130], – eine etwas fatale nachträgliche Respektierung der fraglichen Autorität dieses Mannes.

Wer vor 1933 der Partei beigetreten war, galt als Entlassungskandidat[131]. Das ist allerdings in keinem Fall praktiziert worden – hätte im übrigen die Altersgruppe, die sich als junge Studenten der NS-Bewegung angeschlossen haben, auch übermäßig hart getroffen.

Stattdessen wurde sehr bald schon im Gegenteil ein späterer Eintritt angesichts der manifesten Feindseligkeit des NS-Regimes gegenüber der Kirche als belastender angesehen, wenn dies auch kaum zu entsprechenden Sanktionen führte. Auf der gleichen Linie lag es, wenn weniger in dem Parteibeitritt 1933 als in der zwölfjährigen Zugehörigkeit, bis zum

---

[128] Bericht der Spruchkammer an die Kirchenregierung, 2. 9. 1946 (LAB: E 1).

[129] SK-Prot. Nr. 3 v. 24. 6. u. Nr. 11 v. 19. 8. 1946 (LAB: E 3).

[130] Kurzer Bericht über die Geschichte der Braunschw. ev.-luth. Landeskirche unter der Herrschaft des Nationalsozialismus (LAB: G 150).

[131] „[...] wenn nicht ganz besondere Entlastungsgründe vorliegen!" SK-Prot. Nr. 11 v. 19. 8. 1946 (LAB: E 3).

bitteren Ende 1945, ein hoher Grad an Belastung gesehen wurde. Die Spruchkammer hat diesen Gesichtspunkt in einzelnen Fällen geltend gemacht, aber nicht konsequent befolgt; dafür lassen sich einige Gründe nennen:

– es hat keine autoritative kirchliche Aufforderung zum Parteiaustritt gegeben – außerhalb Braunschweigs im Gegenteil in den Reihen der BK die Empfehlung, nicht freiwillig auf die Parteizugehörigkeit zu verzichten[132]
– es hätte die Stellung des Pfarrers vor Ort häufig erschwert, sei es als Mitglied der BK bei den zahlreichen Aktionen am Rande oder außerhalb der Legalität, sei es im Kampf gegen die örtliche Militanz des Ortsgruppenleiters, HJ-Führers oder rachedurstigen Nazifunktionärs, der als Organist entlassen worden war
– für die Soldaten an der Front spielte die Parteizugehörigkeit häufig keine Rolle.

Natürlich war das Verbleiben in der Partei nur in wenigen Fällen Ergebnis eines solchen taktischen Kalküls; die meisten haben nie an einen Parteiaustritt gedacht.

Die Spruchkammer hat trotz gewisser gegenteiliger Neigungen darauf verzichtet, die Formalbelastung infolge Parteimitgliedschaft mit der Zugehörigkeit zur BK oder unerschrockenem Auftreten gegenüber antikirchlichen Übergriffen nationalsozialistischer Parteifunktionäre zu verrechnen. Das hätte große Ermessensspielräume geschaffen[133] und erhebliche Ressentiments erzeugen können, zumal die zwölfjährige Parteimitgliedschaft (abgesehen von der eher symbolischen Geldstrafe im Jahre 1946) nur mit der Kategorie IV bedacht wurde. Natürlich hat es den Landesbischof Martin Erdmann geschmerzt, auf diese Weise formal auf eine Stufe mit solchen gestellt zu werden, deren nationalsozialistische Einstellung über den gesamten Zeitraum nie ins Wanken geraten war[134].

---

[132] So z. B. Präses Koch, Westfalen, an die Militärregierung Münster, 7. 12. 1945 (PROL: FO 1013/2146).

[133] Das wäre z. B. bei Pfarrer Rudolf Brinckmeier in Betracht gekommen, der wegen seines Amts als Reichsfrauenhilfspfarrer in der Partei geblieben war; er selbst hat aber einen solchen Anspruch nicht erhoben. Brinckmeier an Rohlfs, 11. 9. 1946 (LAB: Pfarrernotbund Rohlfs).

[134] „[...] kannst Du nicht erwarten, daß wir um Deiner Person willen eine Ausnahme machen und das ganze Werk, das wir mühsam beendet haben, wieder umstoßen. Auch bei der Anerkennung der Tatsache, daß Du später der Bek. Kirche Dich anschlossest, konnte es nicht aus dem Wege geräumt werden, daß Du sowohl PG als auch DC zwei Jahre hindurch gewesen bist [...]" Buttler an Erdmann, 17. 1. 1949 (LAB: E 1).

7. Bilanz der Einstufungen

Eine Bilanz der Einstufungen kann immer nur unter Berücksichtigung der Phase, in der sie erfolgt ist, Aussagekraft beanspruchen; sie soll deshalb differenziert für die einzelnen Phasen erfolgen.

Für Phase 1: Für belastet gehalten wurden 52, darunter 7 Pröpste, 2 Oberlandeskirchenräte, 3 Religionslehrer, 1 Jurist im kirchlichen Dienst; darunter waren 41 Parteigenossen; 9 von ihnen waren vor 1933 in die NSDAP eingetreten, 6 gehörten der SA für längere Zeit an, 8 für längere Zeit den DC, davon 4, ohne Parteigenossen zu sein[135]. Die empfohlenen Sanktionen lauteten:

- in einem Fall Entlassung; 2 weitere, hier nicht aufgeführte Entlassungen sind zu ergänzen[136];
- 4 Versetzungen;
- 3 Pensionierungen[137];
- 2 Predigtüberwachungen;
- in 7 Fällen Verlust des Propstamts – in einem Fall Verlust der kirchenleitenden Funktion, zusätzlich zum Propstamt;
- in einem Fall Verlust der übergemeindlichen Funktion;
- ferner Geldstrafen in 37 Fällen.

Für Phase 2: Für diese Phase ist eine Liste der genehmigten Geistlichen der Landeskirche bezeichnend, die von der Britischen Militärregierung ausgegeben worden ist. Sie enthält 74 Namen, die allerdings keinen Schluß auf die Gesamtzahl der ca. 230 Geistlichen zulassen: 18 ohne Bedenken, 19 DR (Discretionary removal, but may be employed), 37 MR (Mandatory removal, but may be employed)[138].

Für Phase 3: Für diese Phase gibt es eine Liste mit den Namen sämtlicher Betroffener innerhalb der Braunschweigischen Landeskirche, soweit sie als Mitläufer (Kat. IV) oder Minderbelastete (Kat. III) eingestuft worden sind[139]. Kategorisierungen nach II oder I, die der Militärregierung vorbehalten waren, hat es nicht gegeben.

Kat. III:
- 8 Pfarrer, von denen 6 vor 1945 in der Braunschweigischen Landeskirche tätig waren;

---

[135] Bericht der Spruchkammer an die Kirchenregierung v. 26. 8. 1946. Ebd.

[136] Neben Ziegenmeyer noch Schwaab sowie der als Gefängnispfarrer aus dem Staatsdienst entlassene frühere Kreispfarrer Teichmann. Dazu s. u. S. 62f.

[137] Die „Zwangspensionierungen" Schlotts und Wißmanns sind dabei nicht berücksichtigt.

[138] Liste der Geistlichen der ev.-luth. Landeskirche Braunschweig, genehmigt von M. Gallagher, Ed. and Rel. Aff., vom 27. 3. 1947 (PROL: FO 1050/1596).

[139] Diese undatierte Liste stammt von Ende 1947 (LAB: E 2).

– 5 Beamte/Angestellte des Landeskirchenamts;

Kat. IV:
– 66 Pfarrer (darunter 6 Pröpste, der Landesbischof und sein Stellvertreter);
– 5 Beamte/Angestellte des Landeskirchenamts;
– 6 Beamte/Angestellte des Stadtkirchenamts Braunschweig;
– 10 Angehörige der Inneren Mission;
– 41 Angehörige der Evangelischen Akademie;
– 2 vom Personal der Neuerkeröder Anstalten;
– 1 Angehöriger des Frauenwerks;
– 1 Diakon.

Die übrigen sind als unbelastet im Sinne des Entnazifizierungsrechts zu betrachten. Da von wenigen Ausnahmen (noch nicht zurückgekehrte Gefangene!) abgesehen die Kategorisierung zu diesem Zeitpunkt erfolgt war (wenn auch nicht überall in rechtskräftiger Weise), ist davon auszugehen, daß etwa ein Drittel der Pfarrer der Landeskirche mit den Kategorien III und IV belastet, etwa zwei Drittel unbelastet waren. Damit hebt sich die braunschweigische Pfarrerschaft, soweit exakte Zahlen vorliegen, nicht signifikant von anderen Landeskirchen ab. Eine genauere zahlenmäßige Erfassung ist schon im Hinblick auf die beträchtliche personelle Fluktuation (infolge der Zahl der Gefallenen und Vermißten, Ostpfarrer und Pensionierungen, Zu- und Abwanderungen) nicht möglich und auch nur begrenzt sinnvoll.

Im Detail abweichend ist die Aufstellung, die von der Spruchkammer zum 31. 12. 1947 vorgelegt worden ist und ebenfalls das Landeskirchenamt, kirchliche Werke und die Evangelische Akademie mit umfaßt[140]:

in 12 Fällen Kat. III = 2 %
in 104 Fällen Kat. IV = 20 %
in 407 Fällen Kat. V = 78 %[141]

Für Phase 4: Die Abschlußliste der Entnazifizierung in der Braunschweigischen Landeskirche[142] zu einem Zeitpunkt (1949/50), als die geordneten massenhaften Entlastungen schon in vollem Gange waren, umfaßt:

---

[140] SK-Prot. Nr. 57 v. 9. 2. 1948 (LAB: E 3). Dabei wird der Befund noch dadurch verzerrt, daß unter den Überprüften eine besonders problematische Gruppe war: die Bewerber um eine Dozentenstelle bzw. einen Ausbildungsplatz an dem „jüngsten Kind der Landeskirche", der im Herbst 1946 gegründeten Evangelischen Akademie der Braunschweigischen Landeskirche. Dazu s. u. S. 78ff.
[141] Eine genauere zahlenmäßige Erfassung ist schon im Hinblick auf die beträchtliche personelle Fluktuation (Zahl der Gefallenen und Vermißten, der Ostpfarrer und pensionierten, zu- und abgewanderten Pfarrer) nicht möglich.
[142] LAB: E 5.

232 Geistliche, davon waren
- 36 von der Entnazifizierung nicht betroffen;
- 167 von vornherein oder doch mittlerweile in die Kat. V eingestuft;
- 25 (immer noch) in die Kat. IV eingestuft;
- 4 Fälle nicht entschieden.

Auch die 3 entlassenen Geistlichen waren noch vor Abschluß der Entnazifizierung in ein Pfarramt der Landeskirche zurückgekehrt.

a. Die Entlassungsfälle

Wilhelm Ziegenmeyer, Jg. 1889, Pfarrer in Gehrenrode, war nicht mehr tragbar, weil er von 1932–1944 Mitglied der NSDAP war und sich innerhalb der Partei „nach eigenen Angaben stark propagandistisch betätigt habe; die Glaubwürdigkeit seiner gegenwärtigen Verkündigung sei deshalb zweifelhaft. Sein Ausschluß aus der Partei habe politische, nicht kirchliche Gründe. Von 1934 bis zu seinem Ausschluß hatte er die Funktion eines Propagandaleiters inne." Vom 1. 6. 1933 bis 1945 gehörte er den DC an und hat sich dabei „als Judenhetzer" erwiesen. Ziegenmeyer hatte zusammen mit Schwaab, Kellner, Bechler und Breust an einer Reichstagung der Gesellschaft zur Erforschung des jüdischen Einflusses in der evang.-luth. Kirche in Eisenach teilgenommen[143].

Schon im Oktober 1945 hatte die Kirchenregierung, ausgerechnet durch den ebenfalls erheblich belasteten Oberlandeskirchenrat Steffen, eine Disziplinaruntersuchung gegen ihn aufgenommen. Nachdem die Spruchkammer am 7. 10. 1946 in seine Pensionierung eingewilligt hatte, empfahl sie am 17. 12. 1947 der Militärregierung die Einstufung in Kat. III mit allen Sanktionen und seine Entlassung aus dem Kirchendienst. 1949/50 wurde er wieder zum Pfarramt zugelassen.

Erich Schwaab, Jg. 1905, Pfarrer in Astfeld, war 1934 aus Österreich in die Landeskirche gekommen. Er hatte sich vergeblich um die Aufnahme in die Partei bemüht, hat sich aber nationalsozialistisch betätigt, u.a. mit Reden an Hitlers Geburtstag (Thema: Die Auferstehung Christi); Schwaab hat seit 1934 den DC, ab 1937 ihrer Nationalkirchlichen Richtung angehört. Ferner belasteten ihn drei Dinge: 1. ein Verdacht der Denunziation eines Amtskollegen, 2. seine Mitarbeit bei der Finanzabteilung, wo er sich für die DC verwandt hatte und gegen das Landeskirchenamt gearbeitet hatte, 3. seine Stellungnahme „Die Betreuung kirchlicher Minderheiten" vom 6. 4. 1943 an den Vorsitzenden der Finanzabteilung beim Landeskirchenamt.

Von der Kirchenregierung wurde er zum 1. 2. 1947 entlassen.

Obwohl ihm in einer Entnazifizierungsentscheidung vom 16. 8. 1949 noch einmal bescheinigt wurde, den Nationalsozialismus wesentlich gefördert zu haben, wurde er 1949/50 wieder zum Pfarramt zugelassen[144].

---

[143] Buttler an Erdmann, 2. 9. 1946 (LAB: E 13).
[144] LAB: E 12.

Hermann Teichmann, Jg. 1890, 1935–1945 Strafanstaltspfarrer in Wolfen-büttel, war am 25. 9. 1934 von Johnsen von seinen Aufgaben im Landeskir-chenamt enthoben worden. Seine Entlassung als Kreispfarrer war wieder rückgängig gemacht worden, doch hatte er sich dem „Befriedungskurs" Johnsens widersetzt und war „aus Gewissensgründen" in den Staatsdienst übergewechselt. Am 11. 6. 1945 war er wegen Zugehörigkeit zur NSDAP seines Amtes enthoben worden und 1947 in die Kat. III ohne Pensionsan-spruch eingereiht worden.

Nach mehrjähriger Tätigkeit als Bauhilfsarbeiter wurde er am 1. 8. 1949 als Pfarrverweser in Eitzum zugelassen; das volle Pfarrgehalt erhielt er erst 1952, nachdem der Generalstaatsanwalt ihm die Stellung eines Pfarrers zur Wiederverwendung zuerkannt hatte[145].

b. Die Versetzungsfälle

Davon waren die früheren Kreispfarrer Müller und Kellner sowie die Pfar-rer Brackhahn und von Wernsdorff betroffen.

Friedrich Müller, Jg. 1895, bis 1934 Kreispfarrer in Helmstedt, von 1934 – 1942 Pfarrer in Timmenrode, war Mitglied der NSDAP und der DC von 1933–1945, als Kreispfarrer – wie seine damaligen Amtskollegen – auch zugleich Kreisobmann der DC. Als Amtswalter in Velpke und Ortswart der NS-Kulturgemeinde Timmenrode hatte er sich aktiv als Nationalsozialist be-tätigt. Anläßlich des Beitritts zum Lutherrat Anfang 1937 hatte er Bischof Johnsen vorgeworfen, die Pfarrerschaft zur Feier „kommandiert" zu haben; Johnsens Stellungswechsel beruhe auf „halben Wahrheiten und Unklarhei-ten".

Die Spruchkammer hatte ihn 1947/48 nach Kat. III eingestuft; am 20. 6. 1949 wurde diese Einstufung in IV m.S. [mit Sanktionen] ermäßigt[146]. Das hatte die Kirchenregierung nicht daran gehindert, seine Wahl als Pfarrer in Sauingen schon am 15. 1. 1948 zu bestätigen[147].

Adolf Kellner, Jg. 1881, 1933 Kreispfarrer, 1935 Propst in Blankenburg, Pfarrer in Wienrode, NSDAP 1933–1945 („Parteimann führender Art") und DC 1933–1937; Kellner war als Kreispfarrer in Blankenburg an der Strafver-setzung Palmers nach Helmstedt beteiligt; er hatte sich mit Propst Gremmelt dem „Hin-und-Her-Kurs" Johnsens widersetzt und für die DC in Anspruch genommen, „das eigentliche Luthertum" zu vertreten. Am 15. 4. 1947 hatte er den Entlassungsbescheid der Britischen Militärregierung erhalten, am 8. 3. 1948 die Entlassung von einer politischen Entnazifizierungskommission in Blankenburg, also in der sowjetisch besetzten Zone. Die Spruchkammer bat am 17. 12. 1947 um Revision des auf Entlassung lautenden Urteils[148].

---

[145] LAB: Personalakten Teichmann.
[146] LAB: E 11.
[147] KR-Prot. Nr. 111 v. 15. 1. 1948 (LAB: acc. 11/75 Nr. 43).
[148] LAB: E 11.

Hans-Georg von Wernsdorff, Jg. 1902, 1934–1945 Pfarrer an St. Katharinen in Braunschweig, war zwar kein Parteigenosse, wohl aber von 1939–1945 DC der nationalkirchlichen Richtung. Die Spruchkammer hielt ihn für einen der führenden DC'ler in Braunschweig. Auch er gehört zu den 11 Pfarrern, die am 15. 4. 1947 die „Notice of Exclusion" erhielten. Die Spruchkammer erhob dagegen Einspruch und schlug die Einstufung in Kat. III vor; am 7. 6. 1949 stufte ihn der Berufungsausschuß als entlastet (V) ein, da er sich den DC „allein aus religiösen Gründen" angeschlossen habe[149].

Walter Brackhahn, Jg. 1901, Pfarrer in Süpplingen, hatte der NSDAP von 1932–1940, den DC von 1933–1936 angehört. Außer der Formalbelastung lag gegen ihn nichts vor, so daß seine Eingruppierung an dieser Stelle etwas verwundert. Am 17. 2. 1948 erhielt er einen Einreihungsbescheid mit Kat. IV; am 5. 10. 1949 wurde er nach Kat. V überführt[150].

c. Die Pensionierungsfälle

Davon waren – alternativ – Propst Kellner sowie die Pfarrer Evers und Schultz betroffen; ferner Pfarrer Wißmann.

Ernst Evers, Jg. 1873, Pfarrer in Glentorf, NSDAP 1933–1945 und DC 1933–1935, und Friedrich Schultz, Jg. 1874, kein Parteigenosse, aber DC 1934–1943, wurden wegen ihres hohen Alters zur Pensionierung vorgeschlagen. Schultz hatte wegen „Wehrkraftzersetzung" 1944 fünf Monate in Untersuchungshaft zubringen müssen[151].

August Wißmann, Jg. 1884, Pfarrer in Salzgitter, NSDAP 1933–1945 und führender Mann der nationalkirchlichen Richtung, Leiter der NS-Kulturgemeinde. Wißmann hatte bei seinem Einsatz für die DC-Richtung in Salzgitter die Tätigkeit eines Amtskollegen hintertrieben und stand in enger Fühlung mit der Finanzabteilung. Die Spruchkammer empfahl am 7. 10. 1946 seine Pensionierung, andernfalls die Entlassung[152]. Nach seiner Pensionierung schlug die Spruchkammer am 17. 12. 1947 seine Einstufung nach Kat. III vor[153].

---

[149] LAB: E 13.

[150] LAB: E 14.

[151] Bericht der Spruchkammer v. 26. 8. 1946 (LAB: E 1).

[152] LAB: E 13. Kirchenrat Bötcher sagte über Wißmann aus: „W. trat in Uniform auf, redete auf Parteiversammlungen. Er änderte den Charakter der Gottesdienste völlig, veranstaltete mit bekannten DC-Rednern als ‚Kündern' allerlei Gottesdienstformen [...]" Ebd. – Nicht aufgeführt sind hier die bereits 1945 erfolgten Zwangspensionen von Oberkirchenrat Schlott und Pfarrer Nümann, „ein fanatischer DC im Sinne nationalkirchlicher Einung". Spruchkammer an die Kirchenregierung, 2. 9. 1946 (LAB: E 1).

[153] Ebd. Die Predigtüberwachungen betrafen Pfarrer v. Wernsdorff und Pfarrer Finck, der von 1933–1945 Mitglied der DC-Bewegung war; der Ausschluß von der Kirchenleitung Lic. Strothmann, der Ausschluß von einem übergemeindlichen Amt Pfarrer Harborth, Geschäftsführer der Evangelischen Frauenhilfe.

d. Die Geldstrafen

Die Geldstrafen – 100 RM pro Jahr der NSDAP-Mitgliedschaft – waren aus Sicht der Spruchkammer nichts anderes als ein Notbehelf, nicht zuletzt mit der Absicht, die „an sich Belasteten, die vielleicht durch die Militärregierung noch zur Entlassung kommen könnten", zu schützen[154]. Zudem waren sie als symbolische Sanktionen gedacht, die gerade in ihrer evidenten Unangemessenheit die Gelegenheit zu einer solidarischen Sühne geboten hätten, wenn Pfarrerschaft und Kirchenleitung der Spruchkammer darin gefolgt wären. – Daran aber hat es gefehlt. Die mit der Kirchenregierung weitgehend identische Berufungsinstanz hielt die Spruchkammer nicht für befugt, „wegen Zugehörigkeit zu einer politischen Partei Strafen oder strafähnliche Maßnahmen zu verhängen. Beide haben ihre Aufgabe darin zu erfüllen, daß sie entscheiden, ob ein zur Rechenschaft gezogener Pfarrer in seinem Amt bleiben oder entlassen werden muß"[155]. Das entsprach dem Konzept der kirchlichen Selbstreinigung. Die Kirchenregierung hatte es aber bewußt unterlassen, die von ihr eingesetzte Spruchkammer darauf zu verpflichten. Nun aber wurden „starke Bedenken" gegen die Grundsätze der Spruchkammer vorgebracht, „die kirchlich gesehen [...] nicht tragbar" seien[156].

Mit keiner Entscheidung ist die Spruchkammer auf so massiven Widerspruch gestoßen wie mit der, daß 7 Pröpste der Landeskirche angehalten werden sollten, ihr kirchliches Aufsichtsamt niederzulegen[157]. Die Spruchkammer blieb in allen Fällen bei ihrer Empfehlung, auch nachdem sie auf Drängen der Kirchenregierung jeden einzelnen der Pröpste angehört hatte. Darauf unterrichtete Erdmann die Kirchenregierung von seiner Rundfrage in den Propsteien. Diese habe ergeben, daß sämtliche 6 Pröpste (Kellner war schon nicht mehr in seinem Propstamt) das Vertrauen der Mehrzahl ihrer Pfarrer besäßen. Die Kirchenregierung überließ die Entscheidung zunächst der Berufungsinstanz; diese hob am 6. und 19. 2. 1947 in allen 6 Fällen, über die sie zu entscheiden hatte, den Spruch auf und empfahl der Kirchenregierung ein weiteres Verbleiben in ihren Propstämtern[158]. Diese entsprach am 17. 4. 1947 dieser Empfehlung[159].

---

[154] Spruchkammer an die Kirchenregierung, 2. 9. 1946 (LAB: E 1).

[155] 2. Sitzung der Berufungsinstanz, 14. 10. 1946 (LAB: E 1).

[156] KR-Prot. Nr. 91 v. 9. 8. 1946 (LAB: acc. 11/75 Nr. 41 u. 42).

[157] Die sog. Bußgelder und die Amtsenthebungen der Pröpste würden einen Sturm im Lande wecken, so Erdmann und Linke vor der Spruchkammer. SK-Prot. Nr. 15 v. 16. 9. 1946 (LAB: E 3).

[158] 6. u. 7. Sitzung der Berufungsinstanz (LAB: E 4–6).

[159] KR-Prot. Nr. 100 v. 17. 4. 1947 (LAB: acc. 11/75 Nr. 41 u. 42.).

e. Die Pröpste

Gewiß ließ sich vieles gegen die Auffassung der Spruchkammer anführen. Einige, nämlich Kellner, Gremmelt, Bechler und Strothmann, waren als ehemalige Kreispfarrer, DC'ler oder Assistenten der Kirchenregierung in die kirchlichen Verirrungen des Kirchenkampfs verstrickt. Andere, nämlich Diestelmann, Rauls und Jürgens, standen mit ihrer Person für die Überwindung des Kreispfarrer-Regiments und waren im Zuge der Ablösung ihrer schlimmsten Vertreter (Müller, Teichmann, Wagner) berufen worden, Jürgens sogar erst nach 1945. Kein Zweifel also, daß die Belastungsgrade unterschiedlich waren. Aber auch die drei letztgenannten waren ungeachtet ihrer nach 1945 nicht bestrittenen kirchlichen Autorität belastet, zumindest durch die bis 1945 aufrechterhaltene Parteimitgliedschaft. Insofern durfte sich niemand der 7 Pröpste durch die Empfehlung der Spruchkammer brüskiert fühlen. Wären die Pröpste widerspruchslos diesem Spruch gefolgt, so hätten sie nach innen und außen ein Zeichen gesetzt und zugleich für die anderen Ämter der Kirchenleitung ein Beispiel gegeben. Diese Chance ist nicht genutzt worden. So befanden sich die Pröpste in der Gruppe, die als letzte, erst 1949, entlastet wurden. Ein Teil von ihnen hat die Spruchkammer wiederholt beschäftigt. Das hat die Aufgabe der Spruchkammer nicht erleichtert und das Ansehen der Kirchenleitung nicht gestärkt. Auch das Argument von der Unersetzbarkeit zumindest einiger der Pröpste (Rauls, Jürgens, Strothmann) kann letztlich nicht überzeugen. Denn wenn die Landeskirche über so wenige Persönlichkeiten verfügte, daß die Pröpste nicht gleichwertig ersetzt werden konnten, so stellte sich ernsthaft die Frage, ob die Landeskirche einen Anspruch hatte, auch weiterhin als eigenständige Einheit zu existieren.

Die einzelnen Pröpste

Richard Diestelmann, Jg. 1889, seit 1931 Stiftspfarrer, seit 1935 Propst in Königslutter; war die ganze Zeit NSDAP-Mitglied und bis Ende 1934 DC. Er ist weder politisch noch kirchenpolitisch hervorgetreten und hatte mehrfache Zusammenstöße mit der Partei, wie dies auch die übrigen Pröpste von sich bezeugen[160].

Otto Gremmelt, Jg. 1893, Pfarrer in Ölper, 1934–1936 Kreispfarrer, seitdem Propst in Vechelde, war kein Parteigenosse gewesen, obwohl er sich um den Beitritt bemüht hatte; er hatte 1933–1938 den DC angehört und war von 1934–1936 als Kreispfarrer zugleich Kreisobmann. Wie weit sich das auf seine Arbeit als Propst und Gemeindepfarrer ausgewirkt hat, wurde widersprüchlich beurteilt. Einerseits sei ein Riß in der Propstei entstanden; Pfarrer Dodt und Pfarrer Althaus hätten eine Teilnahme an den amtlichen Konferen-

---

[160] LAB: E 9.

66

zen abgelehnt. Andererseits will seine Gemeinde von seiner DC-Zugehörigkeit gar nichts bemerkt haben. Mit Bechler und Kellner ist er im Juni 1934 bei der Reichskirchenregierung gewesen, um „Ordnung zu schaffen" und Johnsen ins Land zu holen. 1936/37 hatte er dann mit Kellner gegen Johnsens Schwenk in der Kirchenpolitik in einem offenen Brief protestiert, bestritt aber den Vorwurf, ihn einen „Verräter" genannt zu haben[161].

Hermann Bechler, Jg. 1894, Pfarrer in Seesen, 1933–1935 Kreispfarrer, seitdem Propst in Seesen, Parteizugehörigkeit 1933–1945, DC 1933–1936. Bechler hatte Johnsens Befriedungskurs anders als die beiden vorgenannten schon im April 1935 für richtig gehalten. Die Berufungsinstanz hatte ihm bescheinigt, „in Lehre und Wandel auch in seinem kirchlichen Führungsamt nach rein kirchlichen Gesichtspunkten" gehandelt zu haben. Gegen Bechler sprach, daß er unter Beye Kreispfarrer geworden war[162].

Wilhelm Rauls, Jg. 1896, seit 1943 Pfarrer und Propst in Goslar, vorher seit 1933 Pfarrer an St. Magni, war über die ganze Zeit NSDAP-Mitglied und kurzzeitig DC („mit den Mitgliedern des Magni-Kirchenvorstands, um den DC nicht das Feld zu überlassen"). In der Magni-Gemeinde hatte er – in scharfem Gegensatz zum DC-Pfarrer Brutzer – der BK nahegestanden, ohne ihr beigetreten zu sein.

Im August 1945 hatte seine spektakuläre Entlassung durch die Militärregierung für großes Aufsehen gesorgt; diese Entlassung wurde aber wenig später, im September 1945, rückgängig gemacht. Diese Korrektur wurde nun in einer falschen Schlußfolgerung als Rehabilitierung und Argument gegen die Spruchkammerentscheidung gewertet. Auch seine Mitgliedschaft in der Kirchenregierung (1939–1945) galt nicht als Belastung, da „Rauls die Verpflichtung im Glauben stets gewahrt hat"[163].

Otto Jürgens, Jg. 1895, Pfarrer an St. Johannis in Braunschweig, Propst seit 1. 3. 1946. Gegen ihn sprach nur die 12jährige Partei- und kurzfristige DC-Zugehörigkeit bis zum 15. 11. 1933. Er galt als einziger in der Stadt Braunschweig, der „die ganze schwierige Materie beherrsche"[164].

f. Die Kirchenregierung und das Landeskirchenamt

Die Erneuerung der Kirchenleitung war – wie dargestellt – zunächst zwischen den Wortführern des Notbunds, den Amtsinhabern und der Pfarrerschaft ausgetragen worden. Daß dabei die Haltung der Militärregierung nicht außer acht bleiben durfte, war bei der Abberufung Johnsens und der vorübergehenden Amtsenthebung von Rauls deutlich geworden[165]. Auch bei allen anderen – neuberufenen oder bestätigten – Mitgliedern der Kir-

---

[161] LAB: E 5.
[162] LAB: E 8.
[163] LAB: E 12.
[164] LAB: E 10. SK-Prot. Nr. 15 v. 16. 9. 1946 (LAB: E 3).
[165] S. o. S. 34f.

chenregierung bzw. den höheren Beamten des Landeskirchenamts war die Zulassung zu ihrem Amt letzten Endes von ihrer Entlastung im Entnazifizierungsverfahren abhängig.

Besonders schwierig, langwierig und voller Animositäten war das Entnazifizierungsverfahren bei zwei Mitgliedern der Kirchenregierung, die nach 1945 in die Kirchenregierung gewählt bzw. zurückberufen wurden: Pfarrer Lic. Dr. Strothmann und Oberlandeskirchenrat Dr. Reinhold Breust. Um beide sind in dieser Zeit immer wieder scharfe persönliche Konflikte entstanden, die sich zumeist nur aus ihrer umstrittenen Vergangenheit erklären[166]. Ein schwerer Konflikt in der Propstei Bleckenstedt veranlaßte Strothmann dazu, für längere Zeit seine Leitungsfunktionen niederzulegen.

Werner Strothmann, Jg. 1907, 1938–1962 Pfarrer in Ahlum und 1938–1949 Propst der Propstei Bleckenstedt, Parteimitglied vom 1. 5. 1933 bis 1945, Mitglied der SA bis 1936, DC bis 1934. Die Spruchkammer hielt ihn für belastet durch seine Pressetätigkeit für Landesbischof Johnsen, wenn sie auch die Bezeichnung „Adjutant" zurückzog. Noch im März 1949 verweigerte die Spruchkammer ihm die Entlastung, „da Strothmann als Parteiredner maßgeblichen Einfluß auf die Entwicklung des Nationalsozialismus gehabt hat"[167].

In der Sicht des Notbunds wurde Strothmann als Exponent der Pfarrerschaft angesehen, für die die BK das „rote Tuch" ist[168]. Unbestreitbar war seine imponierende Aufbauleistung in der Propstei Bleckenstedt vor und nach 1945, seine Ausstrahlung und seine Befähigung als Theologe, die ihm in den 50er Jahren eine Universitätskarriere an der Theologischen Fakultät in Göttingen ermöglichte. Der Entnazifizierungsausschuß beschränkte die Vorwürfe auf den Bereich seiner politischen Tätigkeit: „Im kirchlichen Dienst und in seiner Verkündigung hat er nur nach kirchlichen Gesichtspunkten und nach seinem Ordinationsgelübde gehandelt, hat auch den Maßnahmen der Finanzabteilung entgegengewirkt."[169]

Eine zwölfjährige Mitgliedschaft in der NSDAP und etwa einjährige Zugehörigkeit zu den DC (bis Ende 1934) galt auch für Wilhelm Röpke, Jg. 1892, seit 1934 Oberlandeskirchenrat. Röpke hat immer darauf bestanden – auch die Spruchkammer hat dem wenigstens nicht explizit wi-

---

[166] Strothmann wurde im August 1948 von der Kirchenregierung ersucht, seine Funktionen vorerst ruhen zu lassen. KR-Prot. Nr. 122 v. 14. 8. 1948 (LAB: acc. 11/75 Nr. 43). Er trat erst im Juli 1949 wieder in die Kirchenregierung ein. Ebd., Nr. 139 v. 26. 7. 1949.

[167] Entnazifizierungs-Hauptausschuß (EHA) an öfftl. Kläger, 14.3.1949 (LAB: E 13).

[168] Pfarrer Lachmund an Rohlfs, 18. 7. 1946. Am 16. 8. 1947 schrieb Lachmund: „Also behalten wir ihn noch, den ‚kirchlichen Generalbevollmächtigten für das Hermann-Göring-Werk'. Schon diese Bezeichnung müßte ihn ja für alle Zeiten lächerlich machen". An Rohlfs, 16. 8. 1947 (LAB: Pfarrernotbund Rohlfs).

[169] Öfftl. Kläger an EHA, 19. 5. 1949 (LAB: E 4–6).

dersprochen –, daß er seine Berufung Bischof Bernewitz und keinen nationalsozialistischen Kirchenführern verdankte[170]. Allerdings erfolgte die Berufung nach dem Ausscheiden von Bernewitz. – Allgemein anerkannt war auch sein Abwehrkampf gegen die Finanzabteilung[171].

Keine Rolle haben bei seiner Einstufung seine Handlungen als stellvertretender Landesbischof und Mitglied der Kirchenregierung, weder seine Bemühungen um Freilassung inhaftierter Pfarrer und Gemeindehelferinnen noch seine Mitwirkung bei Maßnahmen gegen politisch verfolgte Pfarrer gespielt. Röpke wurde also genauso eingestuft wie Landesbischof Erdmann, nämlich nach Kat. IV (1948), aufgrund seiner Parteimitgliedschaft und bei den DC (bis 1. 2. 1934).

Nach den Entnazifizierungsrichtlinien war es offenbar zu keiner Zeit statthaft, daß die kirchlichen Spruchkammern auch das nichttheologische Personal in kirchlichen Dienststellen behandeln durften. Die örtlichen Verbindungsoffiziere haben dies aber ebenso wie später die deutschen Stellen hingenommen, ab 1948 allerdings nur noch in Bezug auf die Berufungsfälle.

Demnach hat die Spruchkammer sich auch mit Dr. Breust beschäftigen müssen. Dabei blieben scharfe persönliche Zusammenstöße vor allem mit Hans Buttler nicht aus, bei denen die Schatten der Vergangenheit stets präsent waren. Während Buttler vermutlich bewußt war, daß Breust 1942 als Anklagevertreter in dem gegen ihn beabsichtigten Disziplinarverfahren vorgesehen war (das Verfahren wurde dann doch nicht aufgenommen), sah sich Breust als Opfer des Nationalsozialismus und in seiner Tätigkeit bei der Finanzabteilung als ein Partisan, der in einsamer Stellung ausgeharrt und die Kirche vor schwerem materiellen Schaden bewahrt hatte.

Die Spruchkammer aber nahm daran Anstoß, daß Breust sich nach dem offenen Bruch zwischen Johnsen und Hoffmeister „doch irgendwie auf die Seite Hoffmeisters stellte[n], [...] indem Sie einen Auftrag als Finanzbevollmächtiger der Stadt [richtig: des Stadtkirchenverbandes] Braun-

---

[170] Röpke hat später behauptet, er habe seinen Eintritt ins Landeskirchenamt an folgende Bedingungen geknüpft: Wiedereinsetzung der gemaßregelten Pfarrer; Beseitigung der Institution der Kreispfarrer und des DC-Systems insgesamt. 5. 6. 1962 (LAB: NL Röpke). Dagegen steht die Aussage von Pfarrer Alfred Goetze, daß Röpke als ausgesprochener DC in sein Amt gekommen sei. Goetze an Buttler, 12. 5. 1948 (LAB: E 19).

[171] Aufschlußreich für den raschen Wandel in der Bewertung sind die folgenden Beispiele. Im Opinion Sheet v. 6. 12. 1948 ist zu lesen: „[...] (Röpkes) völlige Entlastung konnte nicht anerkannt werden, da auch R. jederzeit die Möglichkeit gehabt hätte, sich von der Partei zu lösen, zumal nach 1937 der Weg der Partei eindeutig gegen die Kirche eingestellt war". (LAB: E 12). Dagegen urteilt der öfftl. Kläger am 3. 3. 1949: „[...] Es ist bekannt, daß er gegen die kirchenschädigenden Maßnahmen des Leiters der Finanzabteilung, des Oberregierungsrats Hoffmeister, schwere Kämpfe geführt und damit in Opposition gegen die Partei gestanden hat." (LAB: E 12).

schweig annahmen"[172]. Ist dieser Vorwurf zumindest zweifelhaft, da
Breust bei einem anderen Verhalten von Johnsen und Röpke nicht in dieses Zwielicht geraten wäre, so erregte es damals selbst bei Erdmann Anstoß, daß Breust auf der einen Seite in der Denkschrift massive Beschuldigungen gegen Hoffmeisters kirchenfeindliche Finanzpolitik erhob, sich
aber auf der anderen Seite um dessen Freilassung aus dem Internierungs-
lager bemühte[173].

In der ersten „kirchlichen" Phase hatte die Spruchkammer Breust relativ günstig beurteilt und seine Weiterbeschäftigung ohne alle Sanktionen
befürwortet, da die zwölfjährige Zugehörigkeit zu Partei und DC bei Juristen weniger gravierend zu bewerten sei. Das änderte sich in der Phase der
Kategorisierung, als die Militärregierung stärker auf eine vergleichbare
Einstufung, wie sie andere Spruchkammern vornahmen, drang.

Aufgrund seiner formellen Belastung aber war jetzt nach den Hinweisen von Public Safety eine Pensionierung bzw. Entlassung Breusts nicht
auszuschließen[174]. Als Begründung dafür wurden sowohl seine DC-Mitgliedschaft als auch seine Tätigkeit bei der Finanzabteilung nunmehr stärker berücksichtigt. Um diese Konsequenz zu verhindern, hat die Spruchkammer bei ihm auf die Kat. IV mit Vermögenssperre erkannt[175].

Breust hat – in Unkenntnis der Auflagen von Public Safety – das nicht
mehr rechtskräftig ausgestellte Urteil als ein „rechtliches Nihil" disquali-
fiziert und Buttler als voreingenommen hingestellt[176]. Außerdem setzte er
nun die Kirchenregierung mit der Androhung unter Druck, beim Landeskirchentag den Antrag auf Einsetzung eines Untersuchungsausschusses zu
stellen, wodurch das Verhältnis zur Finanzabteilung, aber auch das Verhalten der Kirchenleitung in der NS-Zeit, mit den Hauptakteuren in gegensätzlichen Rollen, aufgedeckt worden wäre. Dem aber suchte die Kirchenregierung mit allen Mitteln, u.a. auch durch Kontakte zu den
zuständigen Abteilungen der Militärregierung, vorzubeugen; ja, sie behielt sich sogar vor, „Dr. Breust von sich aus eine Rechtfertigungserklä-
rung zu geben"[177].

In der Neuauflage des Verfahrens im Jahre 1949 hat zwar die Spruchkammer dem Antrag des öffentlichen Klägers auf die Kat. V entsprochen;
doch macht die Beurteilung deutlich, daß sie Breust nach wie vor für be-

---

[172] Buttler an Dr. Breust, 15. 3. 1948 (LAB: E 19).
[173] Zumal er diesen Schritt nicht mit dem Landesbischof abgestimmt hatte! KR-Prot.
Nr. 54 v. 8. 12. 1947 (LAB: acc. 11/75 Nr. 41 u. 42).
[174] Spruchkammer an Goetze, 7. 6. 1948 (LAB: E 19).
[175] Spruchkammer an Public Safety, 17. 12. 1947. Ebd.
[176] S. Breusts ca. 30-seitiges Schreiben an den öfftl. Kläger v. 11. 5. 1949. Ebd.
[177] KR-Prot. Nr. 111 v. 15. 1. 1948 (LAB: acc. 11/75 Nr. 43).

lastet hielt[178]. Damit war das ungleiche Duell des aufrechten Landpfarrers gegen den versierten, lautstarken und polemischen 1. Juristen der Landeskirche nach drei Jahren endlich zu Ende. Der Einsicht in die Notwendigkeit der Spruchkammer hat es nicht gedient.

Die Verfahren gegen die anderen nichttheologischen Mitglieder des Landeskirchenamts sind ein Beleg dafür, daß diese Fälle besser einer nichtkirchlichen Spruchkammer überlassen worden wären. So wurde z. B. Oberlandeskirchenrat Fritz Steffen zur Weiterbeschäftigung vorgesehen, obwohl er 1932 Parteigenosse geworden war, als Schulungsleiter gewirkt hatte und in seine derzeitige Stellung durch die Finanzabteilung befördert worden war[179]. In ähnlicher Weise waren 4 Angestellte des Landeskirchenamts durch langjährige und frühe Parteimitgliedschaft, SA-Ränge und Beförderungen infolge ihrer Nazi-Aktivitäten belastet. Sie alle wurden rückgestuft oder auf ein kleineres Gehalt gesetzt, aber nicht entlassen[180].

Mit 5 weiteren Landeskirchenamtsangestellten hatte Steffen am 15. 4. 1947 den Entlassungsbescheid von der Britischen Militärregierung erhalten[181]. Diese Entlassung wurde aber nicht vollstreckt. Am 28. 1. 1948 wurde Steffen in die Kat. III eingereiht[182]. 1949 rückte er dann aber rasch wieder in die Kat. IV und V vor. Die Begründung für diesen letzten Entscheid ist bezeichnend für die auf Hochtouren laufende Entlastungsmaschinerie im Gründungsjahr der Bundesrepublik[183].

8. Die Reaktion der Pfarrer

Erhebt man die Reaktion der Geistlichen auf die Entnazifizierung zum Maßstab ihrer Beurteilung, so ist das Ergebnis eindeutig. Die dargelegten

---

[178] „So hat er einerseits den Nationalsozialismus gefördert, aber praktisch gegen ihn gearbeitet". Entnazifizierungsentscheidung des EHA v. 20. 6. 1949. Ebd.

[179] Die Spruchkammer hielt Steffen für so belastet, „daß an sich grundsätzlich nur seine Entlassung auszusprechen wäre. Da Steffen aber in Zukunft als Jurist der Landeskirche noch manchen Dienst leisten kann, (sei) von einer Entlassung abzusehen." Spruchkammer an die Kirchenregierung, 21. 10. 1946 (LAB: E 19).

[180] Ebd.

[181] S. o. S. 54f.

[182] Das bedeutete den Verlust des Titels und der Stellung eines Oberlandeskirchenrats. Ferner wurde ihm eine dreijährige Bewährungsfrist und ein sechsjähriges Beförderungsverbot auferlegt (LAB: E 19).

[183] Als belastend galt nur noch „seine Tätigkeit als Ortsgruppenschulungsleiter, die jedoch infolge seiner Einberufung zum Heeresdienst 1939 ihr Ende fand. Dieser mäßig zu wertenden Förderung der Parteiwirksamkeit steht gegenüber seine ganze dienstliche Tätigkeit, während der er sich vor allem der kirchlichen Gewaltherrschaft der Partei widersetzt hat". Entnazifizierungsentscheidung v. 8. 6. 1949 (LAB: E 19).

Einwände, namentlich die Abgrenzung der Selbstreinigung von der Entnazifizierung, erleichterten den Betroffenen die schroffe Ablehnung. Da war von Diffamierung[184], von der Rache der Siegermächte[185], von Unterwürfigkeit gegenüber der Militärregierung[186] und von der Politisierung der Kirche die Rede, die schlimmer sei als in der Nazi-Zeit[187]. Einige Pfarrer empfanden sich als Märtyrer „gegen Fremdbesetzung und eigenvölkisch marxistisch drohende Obrigkeit"[188]. Die Parteizugehörigkeit sei rein formell und ohne jede Bedeutung gewesen[189], soweit nicht der Eintritt in die Partei geradezu aus dienstlich-kirchlichem Interesse erfolgt sei[190].

Von dieser inneren Auflehnung ist ein Pragmatismus zu unterscheiden, der von depressiven Stimmungen geprägt war. Einige wollten die Entnazifizierung schnell hinter sich bringen, um nicht länger als Deutsche zweiter Klasse dazustehen[191]; sie waren z. T. durchaus bereit, die ihnen auferlegte Buße zu zahlen, sofern die Militärregierung diese als Sanktion akzeptierte und die Sache damit abgeschlossen sei[192].

In wenigen Fällen wird das Verbleiben in der Partei als Schuld anerkannt, in einem Fall mit dem Hinweis auf den 10. November 1938, nach welchem spätestens der Austritt fällig gewesen wäre[193].

Die große Mehrheit der Pfarrer hat auf die Entnazifizierung, wenn sie davon negativ betroffen waren, ablehnend, zumindest aber mit großen Vorbehalten reagiert[194]. Die diversen autoritativen Aussagen zur kirchlichen Selbstreinigung lieferten den Pfarrern die Argumente dafür, alles als einen ungerechtfertigten Übergriff anzusehen, was nicht als Verstoß gegen das Ordinationsgelübde der Geistlichen gewertet werden konnte. Ein solcher kam nur bei Irrlehren und Verstößen gegen das Bekenntnis, zum Beispiel bei den Extremisten der nationalkirchlichen Einung, in Betracht. Die politische Einstellung, erst recht die Mitgliedschaft in Parteiorganisationen berührte den Bereich von Bekenntnis und Ordinationsgelübde nicht.

---

[184] „[...] würde m. E. die bisherige Diffamierung unseres Standes besonders durch die marxistischen Freidenker verewigen helfen und dadurch den gemeinsamen Interessen aller wertvollen Deutschen, der westlichen Siegermächte und nicht zuletzt auch der Gesamtkirche schwerstens schaden." Pfarrer Brackhahn an Erdmann, 20. 9. 1946 (LAB: E 7).

[185] Pfarrer Peineke an Erdmann, 20. 9. 1946. Ebd.

[186] Pfarrer Rüß an Erdmann, 26. 9. 1946. Ebd.

[187] Pfarrer Lohmann an Pfarrer Wurr, 8. u. 10. 10. 1946; Propst Strothmann an die Amtsbrüder, 13. 9. 1946 (LAB: E 1 bzw. 7).

[188] 5 Pfarrer der Propstei Bleckenstedt an Erdmann, 10. 9. 1946 (LAB: E 1).

[189] 25 Pfarrer der Propstei Bleckenstedt, o.D. (LAB: E 13).

[190] Pfarrer Rudolf Lerche, Ergänzung zum Fragebogen (LAB: E 11).

[191] Pfarrer Schrader an Erdmann, 2. 10. 1946 (LAB: E 1).

[192] Pfarrer Denecke an Erdmann, 20. 9. 1946 (LAB: E 7).

[193] Pfarrer Schwarze an Erdmann, 3. 10. 1946. Ebd.

[194] Pfarrer v. Wernsdorff an 8 Amtsbrüder, 5. 6. u. 14. 6. 1947 (LAB: E 1). Die 8 Adressaten hatten wie er selbst den Entlassungsbrief der Militärregierung erhalten.

Besonders apodiktisch haben das die Pfarrer der Propstei Bleckenstedt bei ihrem Protest gegen die ihren Propst Strothmann betreffende Spruchkammerentscheidung zum Ausdruck gebracht[195].

Die Auflehnung gegen diese politischen Einflüsse diskreditierte in der Sichtweise dieser Kritiker den demokratischen Neuanfang und vergrößerte die ohnehin vorhandenen psychischen Sperren gegenüber demokratischen Verfahren und Einrichtungen. Otto Lohmann hegte die „größten Befürchtungen für die demokratische Mißwirtschaft der Zukunft" und fühlte sich achtzehn Monate nach der Katastrophe berufen, vor der Wiederkehr eines neuen Hitler zu warnen[196].

Im Unterschied dazu war Erdmann darum bemüht, die Amtsbrüder zu einer realistischen Einsicht in die Lage zu bringen. Er bekräftigte zwar den Rechtsstandpunkt, daß die Frage der Amtsenthebung nur durch kirchliche Stellen nach Maßgabe des Vordringens von Nazi-Ideologie in die Verkündigung und das Amt generell entschieden werden könne. Auch im Rahmen der laufenden Entnazifizierung vertraute er darauf, daß die Militärregierung „auf ein verantwortliches Wort des Kirchenleiters eingehen" werde, sofern dieser sich für einen zur Entlassung vorgesehenen Pfarrer einsetzte[197].

Er warnte die Pfarrerschaft eindringlich davor, sich auf staatliche Entnazifizierungsausschüsse, die kirchlichem Denken fern, wenn nicht feindlich gegenüberstünden, einzulassen. „Sämtliche Parteigenossen in der Pfarrerschaft wären damit aufs höchste gefährdet!"[198]

Schon aus diesem Grunde, wenn nicht aus Solidarität mit allen Betroffenen, sei es geboten, „daß wir uns als frühere Pg's [Parteigenossen] nicht distanzieren können von dem Schicksal der Staatsbürger, die aus ihrem Amt entfernt wurden, weil sie Pg. waren"[199].

Erdmann regte an, die Geldsanktionen nicht als Strafen aufzufassen, sondern als freiwillige Zahlungen zu leisten[200]. Ferner empfahl er ein persönliches Schuldbekenntnis von der Kanzel oder den Weg des Bußgottesdienstes, worin die größere Mehrheit schließlich einwilligte.

---

[195] „Bei dem Gegensatz zwischen nationalsozialistischem Staat und christlicher Kirche war eine etwaige Parteizugehörigkeit eines Geistlichen eine rein formelle Angelegenheit ohne jede Bedeutung: die Frontstellung war immer klar und eindeutig." S. Anm. 188.

[196] Pfarrer Lohmann an Pfarrer Wurr, 10. 10. 1946 (LAB: E 1).

[197] Tätigkeitsbericht des Landeskirchenpräsidenten vor dem Landeskirchentag am 14./15. 11. 1946 (LAB: Syn 188).

[198] Konzept Erdmanns für die Ansprache am 18. 9. 1946 (LAB: E 7).

[199] Ebd.

[200] Von den betroffenen Pfarrern erklärten sich 21 zu der Zahlung bereit, 4 lehnten es ab, 3 ließen es offen (LAB: E 7). Dringend davon abgeraten hatte u.a. die Pfarrkonferenz Blankenburg v. 17. 10. 1946.

Die Diskussion darüber hielt allerdings so lange an, bis die kirchlichen Sanktionen vom September/Oktober 1946 obsolet wurden, – und mit ihnen die hier erwogenen Bußmaßnahmen.

In diesem Zusammenhang ist die Bereitschaft von drei der am stärksten belasteten Pfarrern der Landeskirche, von Wernsdorff, Schwaab und Ziegenmeyer, zu erwähnen, für ein halbes Jahr den seelsorgerlichen Dienst in Gefangenenlagern in England bzw. Frankreich zu übernehmen[201]. Sie taten dies in der Erwartung, dadurch die Aussichten für ihre Wiederanstellung (Schwaab und Ziegenmeyer) bzw. ihre Bewährung (von Wernsdorff) zu verbessern. Diese Rechnung ging dann auch auf. Ob sie für diese schwierige Aufgabe die richtigen Leute waren, mag man dagegen bezweifeln.

Im Zuge ihrer Auseinandersetzungen mit den verhängten Sanktionen haben die Pfarrer meist Rechenschaft über die Gründe ihres Beitritts zu Partei, SA, DC u.a. gegeben. Daß dabei aus der Rückschau nach der Katastrophe der Grad der inneren Zustimmung zum Nationalsozialismus verdrängt wurde, liegt auf der Hand. Das spielte vor allem eine Rolle für die Frage, die sowohl von der Spruchkammer als auch von Erdmann gestellt wurde, warum die Pfarrer die Mitgliedschaft zur NSDAP auch von der Zeit an, als die kirchenfeindliche Einstellung des Regimes immer deutlicher wurde, nicht gelöst hätten[202]. Das dagegen angeführte Argument, daß die Pfarrer sich dadurch selbst gefährdet hätten und sie noch stärker in Bedrängnis durch kirchenfeindliche Parteivertreter vor Ort geraten wären, läßt sich einmal mit dem Hinweis auf den Anteil der tatsächlich vorzeitig ausgetretenen oder ausgeschlossenen Pfarrer entkräften[203]. In der Tat gewinnt man den Eindruck, daß sich manche lokale Nazigrößen durch die Parteimitgliedschaft des Pfarrers zu Übergriffen geradezu provoziert sahen. Andererseits gab es in der Landeskirche kaum so exponierte BK-Pfarrer, denen die formelle Mitgliedschaft einen gewissen Schutz gegen eine drohende Verhaftung bot. Für Pfarrer Brinckmeier, damals Potsdam, war das Verbleiben in der Partei von der Leitung der Reichsfrauen-

---

[20] Denkschrift zur Beendigung der Entnazifizierung ... v. 18. 9. 1950 (s. Anm. 89); Pfarrer v. Wernsdorff an Erdmann, 30. 6. 1948 (LAB: E 1 bzw. 13).

[202] „Wenn es richtig ist, daß der Nationalsozialismus die Vernichtung der Kirche beschlossen hatte, warum wir Pfarrer, die wir PG's waren, uns nicht doch von ihr getrennt haben." (LAB: E 7).

[203] 17 Pfarrer geben auf ihren Fragebögen eine vorzeitige Beendigung ihrer Parteizugehörigkeit an, sei es infolge förmlichen Austritts oder durch Ausschluß. Allerdings sind die Austritte nicht in allen Fällen ganz unzweifelhaft. Die Austritte/Ausschlüsse verteilen sich wie folgt auf die Zeitphasen:
1933–1935   3
1937–1939   4
1940–1944   10

hilfe gewünscht worden[204]. In den meisten Fällen ist die nachträglich gestellte Frage nach den Gründen des Verbleibs eine Fiktion, da die Möglichkeit des Austritts gar nicht ernsthaft in Betracht gezogen wurde. Die
Mitgliedschaft in der Partei bot nach Meinung eines Teils der Pfarrerschaft eine bessere Position zur Abwehr antikirchlicher Maßnahmen.
Wichtiger aber dürfte sein, daß sich die Mehrheit nicht in der nationalsozialistischen Überzeugung erschüttert sah, sondern die Kirchenfeindschaft als einen Auswuchs der NS-Politik, gegen die man am besten von
innerhalb der Partei vorgehen könne, einschätzte. Als Gründe für den Eintritt, der in vielen Fällen in die Studenten- oder Vikarszeit fiel, werden
genannt: Idealismus, jugendliche Begeisterung, soziale Gründe[205], das
Bekenntnis zu der Partei, die das „positive Christentum" gegen Kommunismus und Freidenkertum verteidige[206]. Andere erklären ihren Eintritt
geradezu aus christlicher und kirchlicher Verantwortung[207] oder als Ge-
wissensentscheidung.

Für den Beitritt zur DC-Bewegung wurden, soweit dieser nicht als Kol-
lektivvorgang, veranlaßt durch Bischof Beye, erfolgte, sondern auf einer
individuellen Entscheidung beruhte, folgende Gründe angegeben:

1. nationalkirchliche Gründe; die Hoffnung, diese Gruppe würde der
   evangelischen Kirche in Deutschland die Einheit geben[208];
2. volksmissionarische Gründe; der Vorsatz, ein „neues Leben in unsere
   weithin toten evang.-luth. Gemeinden zu tragen"[209];
3. theologische Gründe; die Besinnung auf „schöpfungsmäßige Eigenart
   deutschen Christentums mit seiner Gemütstiefe, Innerlichkeit und
   Sachlichkeit"[210];
4. konfessionalistische Gründe, weil die BK eine Fusion von Katholiken
   und Protestanten auf ihre Fahnen schreibe[211].

---

[204] S. Anm. 133.

[205] Besonders aufschlußreich ist dazu der Bericht von Walter Staats, Kirchenrat an
St. Johannis, der Aufschluß darüber gibt, wie er als Wohlfahrtspfarrer in Braunschweig
in die Braunschweiger Notgemeinschaft (Vorsitz: Dietrich Klagges) und von dort in die
NSDAP geriet. Zuvor war er als Mitglied der Gesellschaft für Eugenik in handgreifliche
Konflikte mit NS-Aktivisten geraten. 1935 hatte ihn die Landeskirche mit der Leitung
des Landeskirchlichen Amtes für Volkstum- und Rassenfragen beauftragt. Staats an die
Kirchenregierung, 10. 3. 1949 (LAB: E 13).

[206] Pfarrer Brackhahn, s. Anm. 184.

[207] Pfarrer Denecke berief sich auf die verbreitete Meinung, daß Partei und Kirche
das deutsche Volk zu Gott führen könnten. S. Anm. 192.

[208] Propst Strothmann an öfftl. Kläger, 10. 5. 1949; Pfarrer Wehrstedt, 2. 9. 1945
(LAB: E 13 bzw. 1).

[209] Propst Gremmelt an die Berufungskammer, 13. 2. 1947; ähnlich Pfarrer v. Wernsdorff am 6. 5. 1949 (LAB: E 10 bzw. 13).

[210] Pfarrer Schultz an EHA, 24. 3. 1948; Ebd.

[211] Pfarrer Schwaab an Spruchkammer, 27. 7. 1946. Ebd.

Ein Sonderfall ist das Motiv von Rauls, der mit dem Vorstand der St. Magni-Gemeinde kurzfristig den DC beigetreten ist, um der Nazifizierung der Gemeinde durch den DC-Kern um Pfarrer Brutzer entgegenzuwirken[212].

Wenig glaubwürdig ist die Begründung Hempels, der der DC-Bewegung deshalb beigetreten sein wollte, weil er darin den einzigen Weg gesehen habe, ein Absinken des Nationalsozialismus in das Antichristentum zu verhindern[213].

Prof. Hempel gehörte mit Prof. Schmidt-Japing und Pfarrer Hottenbacher zu den besonders belasteten Theologen, die nach 1945 von der Braunschweigischen Landeskirche aufgenommen wurden – gegen den nachdrücklichen Protest der Spruchkammer. Diese vertrat den Standpunkt, daß die Landeskirche nicht noch zusätzlich weitere Personen mit hohem Belastungsgrad verkraften könne. Davon machte die Spruchkammer im Oktober 1947 sogar die Fortsetzung ihrer Tätigkeit abhängig[214]. Es kam hinzu, daß diese Männer für wichtige landeskirchliche Aufgaben vorgesehen waren[215].

Schmidt-Japing[216], der in der Landeskirche bei Verwandten Aufnahme gefunden hatte, war 1934 – nach der Amtsenthebung Karl Barths – in die Bonner Fakultät eingerückt und hatte Barths laufende Vorlesung übernommen. Er war also zumindest Nutznießer der Barthschen Relegation und insoweit diskreditiert[217]. Jedenfalls war die Braunschweigische Landeskirche gewiß nicht die geeignete Instanz, über Schmidt-Japing zu befinden und ihn in den Kirchendienst zurückzuholen, wenngleich der Kirchenleitung der Rheinischen Landeskirche daran durchaus gelegen war[218]. 1947 wurde er nicht nur für den normalen Pfarrdienst, sondern für eine Tätigkeit an der Evangelischen Akademie eingesetzt, was aber bei der Militärregierung auf Widerspruch stieß. Daraufhin wurde er von dieser Tätigkeit wieder suspendiert[219], und auf Drängen der Spruchkammer wurde seine Entnazifizierung in Bonn betrieben[220].

---

[212] Anlage zum Fragebogen, 1949 (LAB: E 12).

[213] Prof. Johannes Hempel an den Kirchenvorstand Salzgitter, 4. 10. 1948 (LAB: E 10).

[214] Spruchkammer an die Kirchenregierung, 7. 10. 1947 (LAB: E 1).

[215] SK-Prot. Nr. 61 v. 31. 5. u. 66 v. 13. 12. 1948 (LAB: E 3).

[216] LAB: Personalakten Prof. Wilhelm Schmidt-Japing; darin Fragebogen v. 23. 1. 1947. Schm.-J. war 1934 – als Stahlhelm-Mitglied – in die SA aufgenommen worden und gehörte von 1937 bis 1944 der NSDAP an. 1933–1934 gehörte er zu den DC .

[217] Dazu umfangreiche Stellungnahmen der Theologen Kahle, Iwand u. Ernst Wolf sowie Entgegnungen Schmidt-Japings in: LAB: Ev.Ak. 8.

[218] Oberkirchenrat Prof. Joachim Beckmann an Kirchenpräs. Dr. Erdtmann (sic!), 15. 4. 1947. Ebd.

[219] Dr. Ritter an Schmidt-Japing, 28. 8. 1947 (LAB: Ev.Ak. 6).

[220] SK-Prot. Nr. 47 v. 15. 9. u. Nr. 48 v. 22. 9. 1947 (LAB: E 3). Die Entnazifizierung brachte – so läßt sich sicher schlußfolgern – für Schmidt-Japing Kat. IV.

Das Berufungsverfahren fand dann vor dem Berufungsausschuß der Landeskirchen Hannover und Braunschweig statt und endete mit seiner Entlastung[221]. Schmidt-Japing wurde darauf zunächst mit der Verwaltung der Pfarrstelle von Groß Flöthe beauftragt, danach wurde er Pfarrer für die Männerarbeit der Landeskirche.

Johannes Hempel, Jg. 1891, Professor für Altes Testament in Greifswald (1925), Göttingen (1928) und Berlin (1937) war von einem Lazarett in Ostfriesland im März 1947 nach Braunschweig gelangt[222]. Hempel war von 1933 an DC, und zwar später der nationalkirchlichen Richtung, ferner war er Mitarbeiter am Institutum judaicum. Gegen sein Wirken innerhalb der Landeskirche kam es mehrfach zu Protesten aus Kreisen der BK[223]. Die Spruchkammer sträubte sich lange gegen seine Entnazifizierung, hielt es vielmehr für angemessen, das Gutachten einer theologischen Fakultät über Hempels Lehrerlaubnis einzuholen[224]. Andererseits wünschten die Pfarrer der Propstei Bleckenstedt seine Anstellung und Überführung in das Beamtenverhältnis[225]. Schließlich nahm die Spruchkammer die Einstufung Hempels vor: Kat. III mit den Beschränkungen: Ausschluß von einem städtischen Pfarramt; 6 Jahre kein Aufsichtsamt; für diesen Zeitpunkt (22. 11. 1948) war dies eines der härtesten ihrer Urteile[226]. Im März 1949 wurde der Spruch nach IV mit Sanktionen ermäßigt[227]. Hempel wurde darauf Pfarrverweser in Lebenstedt, also der Propstei Strothmanns, 1955 Honorarprofessor in Göttingen; dort wurden ihm 1958 die Rechte eines em. o. Professors wieder zuerkannt, was ihm die Übersiedlung nach Göttingen ermöglichte[228].

Pfarrer Karl Hottenbacher, Jg. 1900, kam erst später zur Landeskirche und sollte eine Pfarrstelle in Wenden übernehmen. Dagegen protestierte die Spruchkammer[229]; noch 1950 hätte sie ihn nach IV eingestuft, wenn er hier einen Entnazifizierungsantrag gestellt hätte[230].

---

[221] KR-Prot. Nr. 143 v. 14. 9. 1949 (LAB: acc. 11/75 Nr. 43).
[222] LAB: Personalakten Prof. Johannes Hempel.
[223] Pfarrer Burmester, 13. 8. 1947 u. Pfarrer Damrow, 9. 2. 1949 (LAB: Pfarrernotbund Rohlfs).
[224] SK-Prot. Nr. 60 v. 24. 4. 1948 (LAB: E 3).
[225] Propst Strothmann an das Landeskirchenamt, 6. 6. 1948 (LAB: Personalakten Hempel).
[226] SK-Prot. Nr. 65 v. 22. 11. 1948 (LAB: E 3).
[227] SK-Prot. Nr. 69 v. 28. 3. 1949 (LAB: E 3).
[228] LAB: Personalakten Hempel.
[229] Hottenbacher sei alter Parteigenosse, Zellen- und Schulungsleiter gewesen. KR-Prot. Nr. 112 v. 10. 2. 1948 (LAB: acc. 11/75 Nr. 43). Das Interesse an seiner Berufung in die Gemeinde Wenden läßt Rückschlüsse auf den dortigen Kirchengemeinderat zu; die SPD-Wenden hatte um dessen „Bereinigung und Ergänzung" beim Landeskirchenamt nachgesucht. KR-Prot. Nr. 106 v. 10. 9. 1947 (LAB: acc. 11/75 Nr. 41 u. 42).
[230] SK-Prot. Nr. 76 v. 4. 9. 1950 (LAB: E 3).

9. Die Evangelische Akademie der Landeskirche

Ein neuer Ansatz im deutschen Nachkriegsprotestantismus war die Gründung von Evangelischen Akademien[231]. Mit Hermannsburg/Loccum und Bad Boll an der Spitze bildeten sie Foren für aktuelle Themen der Zeit. Sie suchten namentlich mit den Funktionseliten in Wissenschaft, Wirtschaft, Parteien, Verbänden und Staat ins Gespräch zu kommen. Manche wichtige gesellschaftspolitische Weichenstellung der fünfziger Jahre ist in den Räumen Evangelischer Akademien vorbereitet worden.

Diesem Akademie-Typ ist die Braunschweiger Gründung vom November 1946 nicht zuzuordnen, auch wenn sie sporadisch Tagungen dieser Art veranstaltet hat[232]. Im Kern war die Braunschweiger Akademie etwas anderes, nämlich eine Ausbildungsstätte für Religionslehrer, Katecheten und Gemeindehelfer[233]. Daran bestand generell großer Bedarf, besonders auch in der Braunschweigischen Landeskirche. Im Zuge der Rechristianisierung sollte die Arbeit in den Gemeinden intensiviert werden. Dafür wurden Gemeindehelfer und Katecheten gebraucht. Religionslehrer wurden benötigt, weil der Religionsunterricht nun wieder – gemessen an der Zeit seit 1918 – einen höheren Stellenwert beanspruchen konnte; andererseits aber war eine große Zahl von Religionslehrern und kirchennahen Volksschullehrern, häufig zugleich auch Organisten, 1945 suspendiert worden und nicht zu ersetzen. Die Kirchenleitung setzte sich für die wegen ihrer NS-Vergangenheit entlassenen Lehrer bei der Militärregierung nicht nur deshalb ein, weil sie deren Kirchentreue belohnen wollte, sondern auch, weil sie über diese Lehrer Einfluß auf den Schulunterricht gewinnen wollte.

---

[231] Der Verf. betreut zur Zeit – gemeinsam mit Hans Bolewski, Martin Greschat und Jochen-Christoph Kaiser – ein Projekt zur Geschichte der Evangelischen Akademien nach 1945, finanziert von der Volkswagenstiftung.

[232] Die größte Tagung dieser Art fand vom 30. 3. – 3. 4. 1947 zum Thema: „Arzt und Seelsorger" statt, mit Referaten von Pasqual Jordan, Peter Petersen und Bischof Otto Dibelius. Prof. Hans Iwand sagte seinen vorgesehenen Beitrag aus Protest gegen die Mitwirkung von Schmidt-Japing ab („[...] daß Schm. J. eine sehr große Belastung Ihres Institutes sein wird"). An Erdmann, 22. 3. 1947 (LAB: Ev. Ak. 8).

[233] Kirchenverordnung über die Errichtung einer Evangelischen Akademie der Braunschweigischen Landeskirche vom 19. 3. 1947 (LKABl. Nr. 5679). Deren Aufgaben wurden in § 2 wie folgt beschrieben:
– die Ausbildung von evangelischen Religionslehrern und Gemeindehelfern
– die Veranstaltung von Fachwissenschaftlichen Arbeitstagungen für die einzelnen Berufsstände und Werke der Kirche
– die wissenschaftliche Betreuung der Religionspädagogischen Arbeitsgemeinschaften in den Propsteien
– die Veranstaltung von Volksmissions-Sonntagen und Rüstfreizeiten in den Propsteien (LAB: Ev. Ak. 41).

Ihre Studenten, die je nach Bildungsgrad ein- oder zweijährige Ausbildungsgänge absolvierten[234], rekrutierte die Akademie zu großen Teilen aus dem Bereich der Vertriebenen; dabei handelte es sich oft um junge Menschen ohne Familie und ohne Arbeits- und Ausbildungsplatz, die z. T. in bitterer Armut lebten[235]. Unter den anderen ragen diejenigen heraus, die wegen ihrer NS-Belastung aus ihrer beruflichen Laufbahn gerissen worden waren. Darunter waren mehrere frühere Richter an Sondergerichten des Oberlandesgerichtsbezirks Braunschweig, was auch damals schon Aufsehen erregte. Bei manchen Beobachtern verkürzte sich in der Rückschau die Akademiegründung auf den letztgenannten Zweck[236]. Schließlich ist eine weitere Funktion zu nennen. Die Akademie kümmerte sich um die Lagergemeinden in einigen Internierungscamps[237], namentlich um die Versorgung von kirchlich aufgeschlossenen Lagerinsassen mit Verteidigern bei deren Bemühen um Freilassung[238]. Der Leiter der Akademie, Dr. Gerhard Ritter, kam selbst aus der Arbeit in einer solchen Lagergemeinde und hatte die Verbindungen zur Landeskirche in Braunschweig hergestellt.

Erste Überlegungen zur Gründung einer Akademie bzw. eines Katechetisch/Religionspädagogischen Seminars lassen sich auf den Sommer 1946 zurückverfolgen. Sie sind eng mit der Person des ersten Leiters der Evangelischen Akademie, Dr. Gerhard Ritter, verbunden. Dieser hatte sich im Sommer 1946 für die Männer- und Volksmissionsarbeit, insbesondere auch zur Betreuung der entlassenen Lagerinsassen, zur Verfügung gestellt[239].

Von Anfang an hat Ritter die Akademie klar dominiert und ihr Erscheinungsbild nach außen bestimmt. Sehr bald stellte es sich als Problem heraus, daß dem Psychologen und Theologen ohne Examen kein ordinierter

---

[234] Einjähriger Lehrgang für Männer und Frauen aller Berufe mit abgeschlossener höherer Schulbildung; zweijähriger Lehrgang für Männer und Frauen aller Berufe mit guter Volksschulbildung und sehr guter Berufsausbildung (LAB: acc. 11/75, Nr. 42).

[235] 3. Semester-Rundbrief an die Freunde der Akademie vom 1. 8. 1947 (LAB: acc. 46/76, Nr. 118).

[236] Pfarrer Johann-Heinrich Wicke an Prof. Hammelsbeck, 22. 6. 1948 (LAB: Ev. Ak. 26, 1).

[237] Tätigkeitsbericht im 3. Semester-Rundbrief, a. a. O. (Anm 235).

[238] Im Auftrag der Akademie waren die Rechtsanwälte Dr. Kurt Niekrens u. Diether Karwiese in dem Lager der DJC Fallingbostel v. 1. 6. 1947 bis zum 31. 8. 1948 tätig. Ritter bedankte sich am 2. 12. 1947 bei Niekrens dafür, „daß Sie in der dunkelsten Zeit unserer deutschen Geschichte durch Ihren Hilfsdienst Glaubensgenossen unserer Kirche Licht in ihr Lebensdunkel bringen [...]" (LAB: Ev. Ak. 5). Sie ließ ferner Rechtsgutachten für eine Rechtsaushilfsstelle des 3. Civilian Internment Camp Fallingbostel erstellen, u.a. durch Strothmann, Niekrens u. Will. Die Mittel für diese Arbeit wurden vom Ev. Hilfswerk zur Verfügung gestellt.

[239] Gemeinsam mit Dr. Hans Jürgen v. Bülow, KR-Prot. Nr. 91 v. 9. 8. 1946 (LAB: acc. 11/75 Nr. 41 u. 42).

Theologe in leitender Funktion gegenüberstand, der ein Gegengewicht zu Ritters schwärmerischem Eklektizismus[240] hätte bilden können. Für diese Aufgabe hatte die Kirchenregierung zunächst Professor Hempel vorgesehen, diesen Vorschlag dann aber doch aufgrund dessen Belastung wieder aufgegeben[241]. Nach Hempel wurde Schmidt-Japing für diese Rolle vorgesehen. Dieser war auch seit Anfang November an der Akademiearbeit beteiligt, mußte die Tätigkeit aber im August 1947 aufgeben, nachdem die Militärregierung an seiner fehlenden Entnazifizierung Anstoß genommen hatte. Aus allen diesen Gründen wurde die Akademie in Theologenkreisen außerhalb der Landeskirche als „etwas suspekt" und als „seltsame Rettungsanstalt für fragwürdige Existenzen" apostrophiert[242].

Auf Schmidt-Japing folgte dann zu Beginn des zweiten Studienjahres Pfarrer Rienecker, mit dem Auftrag, an der Evangelischen Akademie die Stelle für Religionspädagogik zu übernehmen[243]. Es gelang ihm aber nicht, ein Gegengewicht zu Ritter zu bilden, da dieser ihn konsequent von der Akademieleitung fernhielt. Der sich daraus entwickelnde Konflikt[244] hat die Zusammenarbeit beider unmöglich gemacht und die Akademie in die Krise gestürzt, von der sie sich nicht mehr erholen sollte.

Anfang November 1946 hatte die Akademie ihre Tätigkeit aufgenommen mit einem zwei- und einem viersemestrigen Ausbildungsgang für Gemeindehelfer bzw. Katecheten. Die Kurse wurden mit einer Abschlußprüfung beendet, ein zweiter Examensabschluß folgte nach einer Bewährung in der Praxis. Insgesamt wurden während der dreijährigen Tätigkeit der Akademie 151 Studenten ausgebildet und die meisten von ihnen auf Arbeitsplätze im kirchlichen Bereich, innerhalb und außerhalb der Landeskirche, vermittelt.

Schon bald aber ergaben sich Schwierigkeiten, die sich im Laufe der Zeit steigerten und zuspitzten. Die Pfarrer der Landeskirche fühlten sich

---

[240] Prof. Oskar Hammelsbeck an Ritter u. v. Bülow, 9. 4. 1948 (LAB: Ev. Ak. 238).

[241] KR-Prot. Nr. 92 v. 6. 9. u. Nr. 93 v. 4. 10. 1946 (LAB: acc. 11/75 Nr. 41 u. 42).

[242] So der Göttinger Theologe Ernst Wolf, zitiert nach einem Schreiben von Dr. Clara Wicke v. 31. 3. 1947 (LAB: Ev. Ak. 2). Diese war wegen ihrer NS-Belastung nicht für den Schuldienst zugelassen worden. Als Mitarbeiterin der Akademie hat sie sowohl unter der Leitung Dr. Ritters wie – seit April 1948 – unter Pfarrer Rienecker die Kooperation erheblich erschwert. Rechenschaftsbericht 30. 8. 1949 (LAB: acc. 46/76, Nr. 118).

[243] Fritz Rienecker war einer der ganz wenigen unbelasteten Dozenten der Evangelischen Akademie. Als theol. Schriftleiter (1924–1941) war er zuletzt mit Berufsverbot belegt worden. Er war weder Parteigenosse noch DC und gab an, der BK angehört zu haben (LAB: E 12). „Bericht über meine politische Verfolgung" (LAB: Personalakten Rienecker).

[244] Rienecker an das Landeskirchenamt, 1. 11. 1947. Noch vor Ausbruch des Konflikts hatte Rienecker darum gebeten, dem Landeskirchenamt unmittelbar, und nicht Ritter, unterstellt zu werden. Das Landeskirchenamt bestätigte Rienecker diese Stellung. 7. 1. 1948 (LAB: Personalakten Rienecker).

ungenügend informiert und beteiligt an dieser von der Kirchenregierung beschlossenen Institution[245]. Der Landeskirchentag war zunächst damit nicht befaßt worden. Im März 1947 wurden von der Kirchenregierung zwei Kirchenverordnungen über die Errichtung einer Evangelischen Akademie bzw. einer Johannes-Bugenhagen-Stiftung als Träger der Akademie beschlossen. Das Kuratorium der Stiftung sollte die Akademietätigkeit beaufsichtigen; die Stiftung sollte Finanzmittel einwerben für Stipendien, Ausstattung usw.[246] Am 24. 11. 1947 weigerte sich der Landeskirchentag jedoch, zwei Planstellen für die Akademie zu schaffen[247].

Die Akademie war sicherlich die anspruchsvollste Neugründung der Nachkriegszeit innerhalb der Landeskirche, aber sie erfolgte ohne hinreichende Vorbereitung, mit unzulänglichen Mitteln, und vor allem mit den falschen Leuten.

Sehr bald schon erwies sich der Akademieleiter als höchst problematisch, und zwar wegen seines Renommees[248], seines Verfolgungssyndroms[249] und seines Schwärmertums[250]. Ritter hat in kürzester Frist mit seinem Stellvertreter Dr. von Bülow und dem übrigen Dozentenstab einen umfangreichen Akademiebetrieb aufgebaut. Die Aktivität der Akademie beschränkte sich nicht auf den Ausbildungsbetrieb, sondern drang bis in die einzelnen Gemeinden vor. So bemühten sich volksmissionarische Trupps um die Belebung des Gemeindelebens[251]. Der naiv-schwärmerische Missionseifer[252], gepaart mit Lagerfeuerromantik, Fahnenkult und hohem Sendungsbewußtsein[253], stieß in der Landeskirche auf große Reserven. Immerhin hatte es Ritter verstanden, die jungen Leute (die Braunschweiger „Herrgottsstudenten") zu begeistern und zu großer Einsatzbereitschaft zu motivieren. Zudem hatten die Gruppen offenbar eine starke

---

[245] Pfarrer Althaus an Erdmann, 28. 1. 1947 (LAB: Ev. Ak. 2).

[246] KR-Prot. Nr. 97 v. 29. 1. u. Nr. 98 v. 19. 3. 1947 (LAB: acc. 11/75 Nr. 41 u. 42).

[247] Das eindeutige Stimmenverhältnis (23 : 1) war als Mißtrauensvotum zu verstehen, auch wenn die Ablehnung mit der „erschreckend fortschreitenden Verarmung" begründet wurde. Landeskirchentag v. 4. 11. 1947 (LAB: Syn 188).

[248] Der Akademieleiter von Bad Boll, Dr. Eberhard Müller, hielt Ritter aufgrund seiner Vergangenheit für ungeeignet und monierte seine „Neigung zum Propagandistischen". An Erdmann, 15. 6. 1948 (LAB: Ev. Ak. 238).

[249] 3. Semester-Rundbrief, a. a. O. (Anm 235); an Erdmann, 14. 2. 1948, PA Ritter.

[250] Ritters hochfliegende Pläne machten auf kritische Gemüter sofort den Eindruck eines Mannes, der zuviel versprach. J. H. Wicke an Hammelsbeck, 22. 6. 1948 (LAB: Ev. Ak. 26, 1).

[251] 3. Semester-Rundbrief, a. a. O. (Anm 235).

[252] Pfarrer Dr. Plathow, Bericht über die Volksmissionstrupps in der Gemeinde Oker, 4. 3. 1948 (LAB: acc. 46/76, Nr. 118). 1 Jahr Evangelische Akademie, BVBl. v. 26. 10. 1947. Darin war von „Jesusgreifern" und „Himmelslotsen" die Rede.

[253] 3. Semester-Rundbrief, a. a. O. (Anm 235); Lachmund an Rohlfs, 29. 9. 1947, der J. H. Wicke mit dem Satz zitiert: „Die Evangelische Akademie taugt in Grund und Boden nichts" (LAB: Pfarrernotbund Rohlfs).

innere Kohäsion, bedingt sicher auch durch die extreme Notlage, in der sich viele befanden. Dabei muß offenbleiben, wie weit die „Problemfälle" in den Grupppenzusammenhang integriert werden konnten.

Dr. phil. Gerhard Ritter[254], Jg. 1903, hatte 1924 ein Lehrerexamen absolviert und 1926 ein Studium in Theologie, Medizin und Philosophie aufgenommen. Zugleich war er 1924 Jugendsekretär beim CVJM geworden. Er schloß sein Studium 1933/34 mit einer Promotion zum Thema: kindliche Geschlechtserziehung ab, für die er die Druckerlaubnis erhielt. Durch die Auflösung der christlichen Jugendorganisationen ist er Anfang 1934 in eine schwere innere und äußere Krise geraten, „aus der er sich erst nach über 2 Jahren Erwerbslosigkeit mühsam durch einen bescheidenen beruflichen Neuanfang herausarbeiten konnte". In dieser Zeit wurde er HJ-Gefolgschaftsführer. Später hat er die Leitung eines Jugendgefängnisses übernommen. Aus dem Jugendstrafvollzug mußte er Ende November 1940 wieder ausscheiden. Er wurde dann zum Kriegsdienst berufen und 1944 als Marinepsychologe im Range eines Regierungsrats eingesetzt.

Nach dem Zusammenbruch ist er, wie er sagte, „aufgrund von Denunziationen" für einige Monate (Oktober 1945 – April 1946) interniert worden. Während dieser Zeit hat er eine evangelische Lagergemeinde aufgebaut und ist zu deren Leiter geworden. Dabei ist ihm der Landeskirchenpräsident Erdmann begegnet. Die Militärregierung hat ihm danach die Erlaubnis für die Akademietätigkeit in Braunschweig erteilt. Die kirchliche Spruchkammer hat ihn 1947 in die Kat. IV eingereiht[255].

Die Biographie Ritters war in dieser Zeit von diversen Gerüchten, Verdächtigungen und Spekulationen umgeben. Diese erhielten Nahrung von seinem Namenswechsel, den seine Familie 1934 (von Goldmann auf Ritter) vornahm. Die gutachtliche Aussage des Rechtsanwalts Dr. Will[256] führt das in der Hauptsache auf die Verwechslung Ritters mit dem „seinerzeitigen Leiter des kriminalbiologischen Instituts des Reichssicherheitshauptamts" Dr. phil. et med. Ritter zurück[257]. Danach wäre er vom „Schwarzen Korps" zwar rezensiert worden, aber nicht Autor dieses Blattes. Nach einer anderen Information soll er seine Dissertation „seinen lieben SA-Kameraden" gewidmet haben.

Zu den zwei- bzw. einjährigen Ausbildungskursen wurden im 1. Studi-

---

[254] LAB: Personalakten Dr. Ritter.

[255] Kategorisierungsliste, o. D. (LAB: E 2).

[256] Gutachten von Rechtsanwalt und Notar Dr. Ernst Will v. 18. 10. 1946 (LAB: Ev. Ak. 42). Will war als Lehrbeauftragter und Syndikus für die Akademie tätig. Davon erhoffte er sich die Wiederzulassung bei der Anwaltskammer, die ihm als ehemaligem Parteigenossen bis dahin verwehrt worden war. S. das Schreiben Erdmanns an den Präs. der Anwaltskammer beim OLG Celle, o. D. [Anfang 1947] (LAB: Ev. Ak. 2).

[257] Generalstaatsanwalt Staff hatte sich offenbar bereits nach Dr. Ritter erkundigt. Erdmann an Staff, 10. 11. 1946 (LAB: Ev. Ak. 2).

enjahr[258] 100 junge Menschen, in der Regel in der Altersgruppe zwischen 20 und 24 Jahren, aber auch ältere Bewerber zugelassen; unter den letzteren waren 6 Volljuristen, darunter 4 Sonderrichter(!); ferner

- 2 Studienräte
- 15 Volksschullehrer u. -lehrerinnen
- 3 Berufssoldaten
- 10 Beamte und Angestellte des öffentlichen Dienstes
- 15 mit Büroberufen
- 6 aus Banken und Versicherungen

sowie von den Jüngeren u.a.

- 21 Abiturienten ohne Berufsausbildung
- 10 Volks- und Mittelschüler ohne Berufsausbildung;

75 % der Studenten waren männlich, 25 % weiblich. Über 50 % waren Vertriebene, z. T. in größter Armut lebend![259]

Unter den Akademiestudenten war ein nicht geringer Anteil aus politischen Gründen aus ihren beruflichen Positionen entlassen worden. Die Akademieleitung sah dies nicht als Ausschließungsgrund an, sondern hielt es im Gegenteil für ihre Aufgabe, diesen Personenkreis zu resozialisieren und in ein kirchliches Berufsfeld zu reintegrieren. Von dieser Absicht wich die Spruchkammer nicht ab. Sie hielt diesen Personenkreis mit ihrer Entlassung genügend bestraft und plädierte grundsätzlich für die Wiederbeschäftigung im kirchlichen Dienst – „bis auf ganz schwere Fälle"[260]. Allerdings machte sie dabei zwei Einschränkungen:

1. bei solchen, die früher aus der Kirche ausgetreten waren,
2. bei Bewerbern, die nicht „frei von NS-Gedankengut" seien, was aus dem Fragebogen nicht ohne weiteres zu erschließen war.

Besonders anfällig erschien ihr dafür die Lehrergruppe.

Die Spruchkammer riskierte hier auch einen ernsten Konflikt mit der Militärregierung, die vor allem daran Anstoß nahm, daß entlassene Staatsbeamte von einer kirchlichen Spruchkammer, und noch dazu unter deutlich abweichenden Gesichtspunkten beurteilt wurden. Buttler konnte aber schließlich in persönlichen Verhandlungen mit der Militärregierung den

---

[258] Von ca. 500 Bewerbern waren 100 aufgenommen worden. Abschlußbericht von Pfarrer Herdieckerhoff, 1954 (LAB: Ev. Ak. 41).

[259] 3. Semester-Rundbrief, a. a. O. (Anm 235).

[260] SK-Prot. Nr. 28 v. 3. 2. 1947 u. Nr. 46 v. 11. 8. 1947 (LAB: E 3). Buttler an Rienecker, 15. 9. u. 11. 10. 1948. Wegen der besonderen Brisanz hatten Erdmann, Buttler und Ritter sich auf eine Vorprüfung der problematischen Fälle verständigt (LAB: Ev. Ak. 42).

„Kompromißvorschlag" durchsetzen: entlassene Staatsbeamte bleiben in Kat. III, dürfen aber an der Akademie zugelassen werden[261].

Nach einer anderthalbjährigen stürmischen Gründungs- und Aufbauphase zeichnete sich rasch ein Ende der Akademie ab. Neben wachsenden inneren Intrigen und Rivalitäten[262] war dafür das gestörte Verhältnis der Akademieleitung zum Landeskirchenamt ausschlaggebend. Seit Herbst 1947 mißbilligte das Landeskirchenamt die eigenmächtige Amts- und Geschäftsführung Ritters und behielt sich die Berufung der Dozenten an der Akademie selbst vor[263].

In dieser sich zuspitzenden Krise suchte Ritter die Flucht nach vorn zu ergreifen. In Anknüpfung an das Interesse, das andere Landeskirchen und die EKD an der Braunschweiger Ausbildung von Katecheten und Gemeindehelfern bekundet hatten, trug sich Ritter mit Plänen, die Braunschweiger Akademie zu einer Einrichtung der EKD anzuheben, wobei er abermals jeden Realitätssinn vermissen ließ. Immerhin bekundete die Bremer Landeskirche Interesse an einem Umzug der Akademie. Zur Vorbereitung eines solchen Standortwechsels und Gewinnung größerer Unabhängigkeit von kirchlichen Aufsichtsinstanzen gründete er eine Studiengesellschaft für Ev. Jugendunterweisung e.V., die als Trägerorganisation für eine Kirchlich-Pädagogische Akademie dienen sollte[264].

Im Zusammenhang dieser sträflich optimistischen Pläne hatte die Kammer für Erziehung und Unterweisung im Rat der EKD einen Lokaltermin in der Landeskirche anberaumt[265]. Nicht, wie Ritter annahm, um dort das neue Projekt vorzustellen, sondern mit dem Ziel, die Akademiearbeit einer näheren Prüfung zu unterziehen. Die „Evaluierung" fiel vernichtend aus und nahm dieser Einrichtung alle Zukunftschancen.

Prof. Oskar Hammelsbeck und die Kammermitglieder hatten ein deutliches Auseinanderklaffen von Anspruch und dem, was tatsächlich geboten wurde, bemerkt[266]. Sie vermißten die „klare theologische Linie",

---

[261] SK-Prot. Nr. 53 v. 24. 11. 1947 (LAB: E 3); zuvor hatte die Spruchkammer die Bewerber um einen Studienplatz, die von politischen Entnazifizierungsausschüssen Kat. III erhalten hatten, nach Kat. IV eingestuft.

[262] Ritter sah sich von „vergiftete[n] Pfeilen mitten ins Herz getroffen [...] Es sind Mächte am Werk, die aus Neid und Haß sich mit schwerer Schuld beladen". Ritter an Erdmann, 14. 2. 1948 (LAB: Personalakten Ritter).

[263] Am 10. 9. 1947 war Ritter verpflichtet worden, keine Verhandlungen mit staatlichen Stellen ohne Beteiligung des Landeskirchenamts zu führen. KR-Prot. Nr. 106 v. 10. 9. 1947 (LAB: acc. 11/75 Nr. 41 u. 42). Ritter an Buttler, 11. 7. 1947 (LAB: Ev. Ak. 42).

[264] LAB: acc. 46/76, Nr. 118. Dazu das Schreiben Erdmanns an Pfarrer Urban, Bremen, v. 24. 4. 1948 (LAB: Ev. Ak. 238). Erdmann blieb einer der wenigen, die Ritter und die Arbeit der Akademie bis zuletzt stützten.

[265] Am 1. u. 2. 4. 1948 in Lebenstedt.

[266] Prof. Hammelsbeck an Ritter u. v. Bülow, 9. 4. 1948 (LAB: Ev. Ak. 238).

die „theologische und kirchliche Fundamentierung" und kritisierten die „leichte" und ungebrochene Erfolgssicherheit, den Dilettantismus und die hochstaplerische Überbewertung. Anerkennenswert war in seinen Augen „die Verbindung von katechetischem und volksmissionarischem Dienst". Aber – so Hammelsbeck in Anknüpfung an diesen Hinweis: „Warum muß Akademie genannt werden, was ein Seminar ist und dann bei richtiger Selbsteinschätzung ein gutes [...] Seminar sein könnte?"[267]

Mit dieser Stellungnahme waren nicht nur die hochfahrenden Pläne Ritters wie ein Kartenhaus in sich zusammengebrochen, sondern auch das Schicksal der Evangelischen Akademie in der Landeskirche besiegelt[268]. Ritter wurde wenige Tage später von der Leitung suspendiert, die Akademie selbst wurde nach Wolfenbüttel verlegt[269]. Nicht nur die räumliche Nähe zum Landeskirchenamt verbürgte nun die landeskirchliche Aufsicht. Unter der Leitung Rieneckers, den Ritter für das Desaster in Lebenstedt verantwortlich machte, rekrutierten sich auch die Dozenten in großem Umfang aus Pfarrern der Landeskirche und des Landeskirchenamts[270]. Es gelang Rienecker zwar, die Akademie zu einem solide arbeitenden Religionspädagogischen Seminar umzugestalten. Auch wurde er – im Gegensatz zu Ritter – in den „Leiterkreis" der Akademien berufen, trotz der Korrektur ihres Profils im Sinne der Religionspädagogik[271].

Am 15. 2. 1949 beschloß die Kirchenregierung, keine Neuaufnahmen mehr vorzunehmen, sondern die Arbeit der Evangelischen Akademie mit dem Abschlußexamen der jetzigen Studenten zu beenden. Bis dahin übernahm Pfarrer Herdieckerhoff die Leitung.

10. Dr. Walter Lerche

Zu den Studenten der Evangelischen Akademie gehörte – neben drei weiteren Richterkollegen[272] – der suspendierte Landgerichtsdirektor im Ober-

---

[267] Ebd.

[268] Ritter und der Dozentenstab wurden zum 1. 4. 1948 gekündigt, das Kuratorium am 4. 6. 1948 aufgelöst.

[269] Vorschläge zu einem Satzungsentwurf des sich neubildenden Religionspädagogischen Seminars der Evangelischen Akademie der Braunschw. ev.-luth. Landeskirche (LAB: acc. 46/76, Nr. 118).

[270] Rechenschaftsbericht Rieneckers v. 30. 8. 1949. Ebd.

[271] Zuvor hatte Dr. Eberhard Müller die Usurpation der Bezeichnung Akademie durch Ritter in dem zitierten Brief scharf kritisiert. Rundbrief Erdmanns v. Nov. 48 (LAB: Ev. Ak. 26, 1).

[272] Herbert Eilers, Dr. Rudolf Grimpe u. Karl Höse. Grimpe wurde nach dem 1. Akademie-Examen Gemeindehelfer in der St. Magni-Gemeinde (Pfarrarchiv St. Magni Braunschweig: Tätigkeitsbericht Grimpes, 1950). Höse wurde beim Stadtkirchenverband beschäftigt.

landesgerichtsbezirk Braunschweig, Dr. Walter Lerche, Jg. 1901. Die Aufnahme in die Akademie sollte den Richtern für ihre Bemühungen um die Wiederzulassung zum Justizdienst eine moralische Stütze bilden, zugleich aber – nach Absolvierung der einjährigen Ausbildung – eine berufliche Alternative für den schlimmsten Fall. Lerche hat bis 1951 seine Rückkehr in den Justizdienst oder die Zulassung als Rechtsanwalt betrieben[273]. Das wäre ihm auch gelungen, wenn nur seine formelle Belastung (Parteigenosse seit 1. 5. 1933, Mitglied im NS-Rechtswahrerbund, für kurze Zeit in der SA, Blockwalter der NSV) in Betracht gekommen wäre[274], zumal seine Beförderung zum Landgerichtsdirektor im Jahre 1937 dem üblichen Karrieremuster eines tüchtigen Richters entsprach[275].

Seine hauptsächliche Belastung ergab sich aus seiner Tätigkeit als Beisitzer und seit 1943 als Vorsitzender Richter am Braunschweiger Sondergericht. Lerche hat sich danach nicht gedrängt, sogar mehrfach versucht, von dieser Aufgabe wieder entbunden zu werden. Ans Sondergericht kam man zumindest in Braunschweig nicht wegen einer besonders fanatischen Nazi-Gesinnung, auch nicht in der Endphase des Krieges, als das Landgericht infolge der zahlreichen Einberufungen an die Front personell dezimiert war[276]. Durch die Berufung ans Sondergericht ist Lerche nicht in besonderer Weise negativ herausgehoben, jedenfalls nicht mehr als alle Richter, die damals nach den Kriegsrechtsverordnungen Urteile verhängten und sich der Justizlenkung durch das Reichsjustizministerium und die Generalstaatsanwaltschaft nicht widersetzten. Gegen diese Verletzung der richterlichen Unabhängigkeit hat sich kaum ein Richter verwahrt. Im Braunschweiger Bezirk ist eine einzige Ausnahme verbürgt: der Amtsgerichtsrat Herbst aus Königslutter hat bei einer Dienstbesprechung im Herbst 1942 offen gegen die politische Manipulation der Justiz protestiert[277].

---

[273] Der EHA hielt am 20. 1. 1949 das Verbot der Anstellung im OLG-Bezirk Braunschweig aufrecht, ließ aber eine Beschäftigung in einem anderen Bezirk zu. Niedersächsisches Staatsarchiv Wolfenbüttel (SAW): 3 Nds 92/1, Nr. 33169. Schon am 30. 6. 1947 hatte ihm der Justiz-Berufsausschuß die Ausübung des Rechtsanwaltsberufs gestatten wollen, doch lehnte die Kammer Lerches Gesuch v. 5. 10. 1947 mit der grundsätzlichen Überlegung ab, „daß für den Richterstand abgelehnte frühere Richter nicht als Rechtsanwälte zugelassen werden sollten" (SAW: Nds 54, Personalakten Lerche). Lerche war im Mai 1945 von seinem Amt suspendiert und 1946 aus dem Justizdienst entlassen worden (LAB: Personalakten Lerche).

[274] Die Angaben sind den Entnazifizierungsakten Dr. Lerche (SAW: 3 Nds 92/1, Nr. 33169), den Personalakten Dr. Lerche (SAW: Nds 54) und den kirchlichen Entnazifizierungsakten Lerches (LAB: E 18) entnommen. Ausführlich dazu F. W. Müller in diesem Band.

[275] OLG-Präs. Mansfeld am 24. 6. 1947 (LAB: E 18).

[276] S. den Beitrag v. H. U. Ludewig in diesem Bd., S. 277.

[277] Oberstaatsanwaltschaft Braunschweig an den Generalstaatsanwalt, 2. 10. 1946 (SAW: 62 Nds FS 2, Nr. 492).

Das Braunschweiger Sondergericht fiel zunächst in bestimmten Phasen auch bei bestimmten Delikten eher durch vergleichsweise milde Urteile auf. Das hat dazu geführt, daß das Reichsjustizministerium zweimal in schriftlicher Form die Urteile dieses Gerichts gerügt hat. Lerche hat sich durchaus innerhalb dieser Linie bewegt und an zahlreichen Urteilen bei Delikten wie Schwarzschlachten, kleineren Fälschungen, sogar „Abhören feindlicher Rundfunkmeldungen" mitgewirkt, die erheblich unter den Anträgen der Staatsanwaltschaft lagen. In einigen Fällen ist die Staatsanwaltschaft dagegen mit Nichtigkeitsbeschwerden vorgegangen[278]. Noch im Jahre 1945 hat der Generalstaatsanwalt in einer vom Vizepräsidenten des Oberlandesgerichts angesetzten Besprechung mit den Richtern des Sondergerichts Kritik an zu milden Urteilen geübt[279].

Das ist ein Indiz dafür, daß Lerche nicht als Einzelfall zu betrachten ist, auch wenn die Justiz-Spruchkammer 1946 sich in dieser Weise geäußert hat[280].

Andererseits erscheint es geradezu unbegreiflich, daß Justizstellen in der Endphase des Krieges die Meinung vertreten konnten, daß das Braunschweiger Sondergericht es an der für erforderlich gehaltenen Härte hat fehlen lassen. Denn allein unter dem Vorsitz von Dr. Walter Lerche hat das Sondergericht etwa 54 Todesurteile, von denen wir wissen, gefällt[281] – Todesurteile, die größtenteils nach rechtsstaatlichen Maßstäben als Justizmorde bezeichnet werden müssen. Die Verantwortung dafür trugen Lerche und die an diesen Prozessen beteiligten Sonderrichter, trotz der Justizlenkung, trotz geltender Rechtsbestimmungen, wie die Volksschädlings-Verordnung vom 5. 9. 1939, ohne die solche Todesurteile nicht möglich gewesen wären. Das relativiert zwar nicht die Schuld der Sonderrichter, begründet aber eine Mitschuld aller derjenigen Instanzen, die bei der Entstehung und Durchsetzung dieser Verordnung beteiligt waren, und aller weiteren, die gegen solche inhumanen Verschärfungen des Strafrechts nicht protestiert haben. Ganz besonders mitbelastet ist der amtierende Präsident des Oberlandesgerichts Döring, der selber schon 1946 in den Justizdienst zurückkehrte und sich für befähigt hielt, ein Entlastungszeugnis für Lerche auszustellen[282]. Die meisten Todesurteile des Braunschwei-

---

[278] Lerche hat zur Begründung seiner Berufung gegen die Einstufung in Kat. III 31 Sondergerichtsurteile unter seinem Vorsitz aufgeführt, die als Beispiele für „menschliches Verständnis zugunsten der Angeklagten und größte Objektivität" gelten sollten. 22. 6. 1947 (SAW: 3 Nds 92/1, Nr. 33169).

[279] Eidesstattliche Versicherung des damaligen Vizepräs. am OLG-Braunschweig Dr. Paul Döring v. 30. 9. 1946. Ebd.

[280] F. W. Müller, S. 303.

[281] Diese Zahl hat H. U. Ludewig ermittelt, der eine größere Untersuchung über das Sondergericht Braunschweig vorbereitet.

[282] S. Anm. 279.

ger Sondergerichts sind auf der Grundlage dieser Verordnungen getroffen worden. Hier gab es in den meisten Fällen, wie sich an den Richterbriefen[283] belegen läßt, wenig Spielraum.

Allerdings muß man auch konstatieren, daß Lerche den eingeengten Spielraum, den ein Sonderrichter auch damals hatte, nicht in allen Fällen genutzt hat, um das Leben der Angeklagten zu retten.

Ein Fall soll dafür exemplarisch hier angeführt werden: das Todesurteil gegen den Hilfsmonteur Georg Malek[284]. Dieses Urteil hat 1946 den Braunschweiger Generalstaatsanwalt dazu veranlaßt, gegen Lerche als Vorsitzenden sowie die beiden Beisitzer Amtsgerichtsdirektor Angerstein und Amtsgerichtsrat Spies ein Ermittlungsverfahren wegen Rechtsbeugung nach § 336 Reichsstrafgesetzbuch in Eintat mit einem Verbrechen gegen die Menschlichkeit nach Art. II, 1, c des Kontrollratsgesetzes Nr. 10 einzuleiten[285].

Der zur Tatzeit noch nicht zwanzigjährige, nicht vorbestrafte Hilfsmonteur Georg Malek, nach eigenen Angaben Volksdeutscher, hatte gemeinsam mit zwei polnischen Zwangsarbeitern „fortlaufend schwere Einbruchdiebstähle unter Ausnutzung der Verdunkelung" begangen. Dabei waren Zigaretten, Tabak und Textilien entwendet worden. Obwohl das Gericht eingeräumt hatte, daß Malek von den beiden älteren Mittätern angestiftet worden war, wurde dieser als „gefährlicher Gewohnheitsverbrecher und Volksschädling" gemäß den Paragraphen 2 und 4 der Volksschädlings-Verordnung und dem § 1 der Kriegswirtschafts-Verordnung am 27. 3. 1945 zum Tode verurteilt.

Dieses Urteil wurde vom Generalstaatsanwalt wie folgt rechtlich gewürdigt: „Das Gericht hat sich hier bewußt zu Ungunsten des Verurteilten über Rechtsvorschriften hinweggesetzt, sich also einer Rechtsbeugung schuldig gemacht. Es handelt sich hier um die Verletzung so selbstverständlicher und klarer Vorschriften, daß von einem Rechtsirrtum nicht die Rede sein kann. Verstehen läßt sich dieses als typisches Beispiel der richterlichen Willfährigkeit gegenüber nationalsozialistischer Willkür und Grausamkeit anzusehende Urteil nur so, daß es dem Gericht darauf angekommen ist, auf jeden Fall den damaligen Angeklagten als Halbpolen und als Mittäter zweier Polen zum Tode zu verurteilen. Bei diesem Bestreben hat es sich nicht die Mühe gemacht zu prüfen, ob die gesetzlichen Voraussetzungen für ein Todesurteil auch in jeder Hinsicht vorliegen. Es hat sich bewußt über die in Betracht kommenden rechtlichen Bestimmungen hinweggesetzt."

---

[283] Heinz Boberach (Hrsg.), Richterbriefe. Dokumente zur Beeinflussung der deutschen Rechtsprechung 1942–1944, Boppard 1975.

[284] SAW: 42 Neu Fb 7, Nr. 1610, 1 Sond Kls 67/64.

[285] Der Generalstaatsanwalt an Oberstaatsanwalt beim LG Braunschweig, 7. 10. 1946. Ebd.

Die Anklage in dem Verfahren gegen Malek hatte Amtsgerichtsrat Linke geführt, der schon im Mai 1945 in die Kirchenregierung berufen wurde, also für geeignet gehalten wurde, dieser neue Reputation zu verleihen[286].

Der Vorsatz der Rechtsbeugung ließ sich bei keinem der drei Richter nachweisen. Gemeinsam mit einer Reihe von anderen Rechtsbeugungsfällen wurde das Ermittlungsverfahren am 10. 9. 1948 eingestellt[287].

Wie läßt es sich erklären, daß ein als sorgfältig abwägender und kirchlich eingestellter Richter eine solche Rechtsbeugung begehen konnte? Diese Frage, bei der es sich letztlich um einen Fall der Verführbarkeit der deutschen Justiz durch ein Regime handelt, das aus der Geringschätzung des Juristenstandes kein Hehl gemacht hat, läßt sich in einem ersten Zugriff am besten mit Lerches eigenen Worten beantworten. Im Rahmen seiner Berufung gegen seinen Entnazifizierungsbescheid erster Instanz hat Lerche zu den ihm zugeschriebenen Urteilen wie folgt Stellung genommen: „[...] darf man niemals außer Acht lassen, daß die Urteile in den letzten Kriegsjahren gefällt wurden. Die Kriminalität nahm erschreckend zu. Zur Aufrechterhaltung der Ordnung im Innern und zur Bekämpfung der immer bedrohlicher werdenden Unsicherheit mußte gegen die Rechtsbrecher schärfer vorgegangen werden als in gewöhnlichen Zeiten. Das ist im allgemeinen gültiges Gesetz in jedem Krieg in jedem Lande. Daraus erklären sich auch eine Reihe von Urteilen gegen junge Rechtsbrecher. Wenn der junge deutsche Soldat mit oft kaum 18 Jahren täglich sein Leben an der Front einsetzte, so hatten diejenigen jungen Leute, die hier im Innern glaubten, sich auf Kosten ihrer Mitmenschen in verbrecherischer und gewinnsüchtiger Weise bereichern zu können, keinen Anspruch auf Milde, und ihr Leben mußte vielfach als verwirkt angesehen werden. [...] war es damals ganz allgemeine Auffassung, daß gegen Plünderer und Verbrecher, die sich an der letzten Habe ausgebombter Deutscher oder an Luftschutzgepäck vergriffen, gar nicht scharf genug vorgegangen werden könne."[288]

Die ganz große Mehrheit der Deutschen, gerade auch in den besitzenden Schichten, dürfte in der Tat ähnlich gedacht haben. So hat es u.a. Lerches Bruder, Pfarrer der Landeskirche, zum Ausdruck gebracht:

„Daß oft Härte notwendig war, um unsauberen Elementen eine Bereicherung unmöglich zu machen und ein Weitergreifen von Diebstahl zu verhindern, ist

---

[286] Friedrich Linke, Jg. 1912, war 1931 Parteigenosse geworden, aber schon 1932 wieder ausgetreten, nach dem Potempa-Mord. 1939 trat er der SA bei. Nach der Aussage von OLG-Präs. Mansfeld v. 31. 7. 1945 durfte Linke als Staatsanwalt keine politischen Fälle vertreten (SAW: 3 Nds 92/1, Nr. 21606).

[287] SAW: 42 Neu Fb 7, Nr. 1610.

[288] Lerche an Denazifiz. Ausschuß f. Justiz, 31. 10. 1946 (SAW: 3 Nds 92/1, Nr. 33169).

damals doch Allgemeinforderung gewesen. Wer wäre nicht mit Recht empört gewesen, wenn durch Feldpostpäckchendiebstähle unsere Soldaten draußen oder ihre Kinder daheim um Sachen gebracht würden, die man sich [...] buchstäblich vom Munde abgespart hätte; wer hätte nicht schärfste Bestrafung derer gefordert, die nach Luftangriffen sich an der letzten Habe der Bombengeschädigten vergriffen [...] ."[289]

Lerche hatte seine Aufgabe als Vorsitzender eines Sondergerichts als eine Art Bewährung an der inneren Front aufgefaßt. In einer solch extremen Situation, wo Chaos und Untergang drohten, mußte sich ein Richter das äußerste an Härte und Pflichterfüllung abverlangen, mußte sich am Vorbild und den Anforderungen der Frontsoldaten messen, um die Ordnung und die bedrohte staatliche Existenz zu wahren. Diese gnadenlose Härte diente auch dazu, die unterschwellige Angst vor dem Zusammenbruch und dem moralischen Abgrund zu verdrängen.

In den zitierten Schreiben gibt Lerche an, „unter der Schwere des Amtes seelisch gelitten zu haben". Außerhalb von Aussagen im Zuge der Entnazifizierungsvorgänge ist davon aber nie die Rede gewesen. – Nach 1945 wurde der „seelische Druck" als weit gravierender empfunden, den die berufliche Diskriminierung und die im Berufungsverfahren 1947 bestätigte Einstufung in die Kategorie III verursachte. Darin hat ihn seine Umgebung einschließlich der Kirche voll bestätigt.

Zur Karriere Walter Lerches im Rahmen der Landeskirche:

Lerche war ja bereits ein Mann der Kirche; als – 1940 gewähltes – Kirchenvorstandsmitglied in St. Magni; als Vorstand des Knabenhofs bei St. Leonhard; als stellvertretender Vorsitzender der landeskirchlichen Disziplinarkammer (1939–1942); 1937 stand er sogar auf der engeren Kanidatenliste für die nebenamtliche Berufung in die Kirchenregierung[290].

Was seine Anstellung im Landeskirchenamt betrifft, so gab es hier offenbar von langer Hand her eine Absprache von Kirchenregierung und dem Justizentnazifizierungsausschuß[291]. Lerche stand nach Absolvierung des Akademiekurses als Gemeindehelfer zur Verfügung, und in der Grundstücksabteilung wurde dringend ein Jurist gebraucht. Oberlandeskirchenrat im Landeskirchenamt wurde er erst 1951 – zu einer Zeit, als er außerhalb des Oberlandesgerichtsbezirks Braunschweig auch wieder

---

[289] Pfarrer R. Lerche, 8. 10. 1946 (LAB: E 18).
[290] KR-Prot. Nr. 8 v. 30. 9. 1936 (LAB: acc. 46/76 Nr. 456). Die Stelle wurde dann doch nicht besetzt.
[291] In einem „Certificate" v. 9. 11. 1946 äußerte Dr. Holland „not the slightest objection to declare Dr. Lerche supportable for church service in every respect and urgently want to recommend his appointement" (LAB: E 18).

Richter hätte werden können. 1953 wurde er Finanzreferent und erst 1957 stimmführendes Mitglied im Landeskirchenamt.

Der entscheidende Schritt ist schon 1946 erfolgt; denn Lerche wurde in den Landeskirchentag gewählt, als völlig unumstrittener Kandidat auf der gemeinsam verabredeten Liste.

Lerche wurde Mitglied des Rechtsausschusses, bereitete zahlreiche Anträge vor, vor allem solche mit vermittelndem Charakter, war ein angesehener Synodaler, sehr bald auch auf der Ebene der EKD, 1949 als Mitglied der Generalsynode. Oberlandeskirchenrat Seebaß bescheinigte ihm schon am 30. 10. 1945: Lerche habe sich als treues Glied der Kirche bewährt. „Wir können uns nicht denken, daß er bei seiner amtlichen Tätigkeit diese Gesinnung verleugnet hat."[292]

Ähnlich lauten Beurteilungen von dem Pfarrer seiner Gemeinde Johann Heinrich Wicke, Professor Rudolf Smend, Propst Rauls, Dr. Vermeil und vielen anderen[293]. Diese Belastung wurde aber letztlich als kriegsbedingte Ausnahmesituation gewertet. Die Kirche hatte das Bedürfnis, sich schützend vor ein geächtetes Glied der Gemeinde zu stellen, dem Berufsverbot erteilt worden war, das diskriminiert wurde, und zwar in letzter Instanz durch die früheren Feindmächte. Ein offenes Wort der Kritik an den schrecklichen Urteilen Lerches, eine Distanzierung von dieser eklatanten Rechtsbeugung hat es nicht gegeben, nicht einmal ein Wort des Bedauerns. Die Opfer, Zwangsarbeiter, durch den Kriegsverlauf aus der Bahn geworfene Straftäter, vernachlässigte Jugendliche, rückten erst gar nicht ins Blickfeld.

Obwohl der Fall eines anderen Opfers des Sondergerichts unter Lerches Vorsitz in den fünfziger Jahren wieder aufgerollt wurde[294], hat es in der Landeskirche einen „Fall Lerche" über Jahrzehnte hinweg nicht gegeben.

---

[292] Am 30. 10. 1945. Ebd.

[293] Ebd.

[294] Das Todesurteil gegen die 19-jährige Rüstungsarbeiterin Erna Wazinski v. 21. 10. 1944 (SAW: 42 Neu Fb 7 Nr.1610, 1 Sond Js 835/44), wegen Plünderns nach einem Fliegerangriff gemäß § 1 der „Volksschädlings"-Verordnung v. 5. 9. 1939. Dabei war die Plünderung nicht einwandfrei erwiesen. Lerche hatte am 29. 10. vermerkt: „Bei der Jugend der Angeklagten hält das Gericht es für die Beurteilung der Gnadenwürdigkeit für erforderlich, über ihre Führung in ihrer Arbeitsstelle und über das Verhältnis zu ihrer Mutter [...] noch schleunige Ermittlungen anzustellen." Das war die Empfehlung, das Urteil im Gnadenweg zu mildern. Doch der Staatsanwalt ging darauf nicht ein. Das Urteil wurde vollstreckt. In einem Wiederaufnahmeverfahren wurde das Urteil 1952 in eine Freiheitsstrafe von 9 Monaten umgewandelt. Eine neuerliche Wiederaufnahme wurde 1961 durch das Landgericht Braunschweig abgelehnt. Nachdem sich 1989 (!) im Anschluß an eine Rundfunksendung ein neuer Zeuge für den angeblichen Plünderungsfall im Herbst 1944 gemeldet hatte, wurde das Todesurteil von 1944 aufgehoben und Erna Wazinski durch das LG Braunschweig am 20. 3. 1991 freigesprochen. Dazu Helmut Kramer, Der Fall Erna Wazinski. Ein Fall von richterlichem Versagen, in: Vorgänge, hrsg. v. d. Humanist. Union, Nr. 134/Juni 1991.

Erst seit den siebziger Jahren, als sich die Justiz endlich mit ihrer NS-Vergangenheit und den jahrzehntelangen Versäumnissen ihrer rechtlichen Würdigung zu beschäftigen begann, kamen Fragen innerhalb der Landeskirche danach auf, wie Lerche eine solche Rolle in der Kirche hat spielen können. Eine Antwort auf diese Frage suchen die Beiträge dieses Bandes von verschiedenen Seiten zu geben.

11. Bischofsfrage und Fusionspläne

Drei Jahre vor dem Zusammenbruch des Nazi-Regimes war die Landeskirche gezwungen worden, einen vorausgegangenen staatlichen Gebietsaustausch nachzuvollziehen: die Braunschweigischen Propsteien Holzminden und Eschershausen wurden der Hannoverschen Landeskirche angeschlossen; umgekehrt fielen die Propsteien Goslar und Vienenburg an die Braunschweigische Landeskirche. Kirchlichen Wünschen entsprach diese durch die Industrialisierung in Salzgitter veranlaßte Gebietsveränderung[295] weder hüben noch drüben. Es ist deshalb nicht verwunderlich, daß nach 1945 in den betroffenen Kreisen – in Goslar allerdings sehr viel deutlicher als in Holzminden – über einen Rücktausch nachgedacht wurde. Einem Teil der Notbundpfarrer gab dieses Bestreben Veranlassung, die selbständige Existenz der Braunschweigischen Landeskirche zur Disposition zu stellen und eine Fusion mit Hannover anzustreben[296]. Der größeren Landeskirche wurde eher zugetraut, den neuen Aufgaben in der Nachkriegszeit gerecht zu werden. Vor allem aber ließ sich so, und vermutlich nur so, die überfällige personelle Erneuerung an der Spitze der Landeskirche in die Wege leiten.

Auch die „Bischofsfrage" stand in engem Zusammenhang mit diesem Problem. Zwar sollte auch im Falle einer Fusion der beiden Landeskirchen nicht auf die Berufung eines Bischofs für Braunschweig verzichtet werden; doch wäre dessen Gewicht deutlich vermindert worden, wenn es darüber noch einen für die Gesamtkirche zuständigen gemeinsamen Landesbischof geben würde.

Nach der in zwei Schritten erfolgten Entscheidung für eine Abberufung Johnsens war eine Personaldiskussion um dessen Nachfolge entstanden. Offenbar hielten namentlich die BK-Pfarrer den interimistischen Landes-

---

[295] Dazu Michael Siano, Die evang.-luth. Landeskirche im gesellschaftlichen Umbruch 1930–1950 am Beispiel Salzgitter, Magisterarbeit TU Braunschweig 1992.

[296] Denkschrift betr. Zusammenschluß der evang. Landeskirchen Hannover und Braunschweig, 30. 3. 1946. Der Verf. war Pfarrer Wiesenfeldt. Die Kirchen sollten die gegenwärtige Unabhängigkeit von staatlicher Gewalt zum Handeln nutzen (LAB: Pfarrernotbund Rohlfs).

kirchenpräsidenten für zu schwach, sich intern gegen die Beharrungskräfte im Landeskirchenamt und der Kirchenregierung durchzusetzen, und nach außen von zu geringem Format, um neue Impulse für das kirchliche Leben zu geben. Deshalb wurde in einigen Kreisen der BK-Pfarrer die Berufung eines von außerhalb der Landeskirche kommenden Mannes in das Bischofsamt favorisiert, und zwar unabhängig von dem Zustandekommen der Fusion.

Die Bischofsfrage stellte sich ernsthaft seit der Jahreswende 1945/46, als die Überprüfung der Pfarrer vor dem Abschluß zu stehen schien und der Landeskirchentag sich konstituiert hatte. Sie wurde bald darauf von zwei Seiten dringlich gemacht: der Militärregierung, die die Absetzung Johnsens forderte, und einigen entschiedenen Notbundpfarrern, die mit der Forderung nach einer baldigen Bischofswahl zugleich ihre Unzufriedenheit über die Zusammensetzung der gerade neue eingesetzten Kirchenregierung zum Ausdruck brachten. Im Februar 1946 hatte der Landeskirchentag zur Lösung dieser Angelegenheit einen Bischofsausschuß eingesetzt. Dieser wandte sich am 12. 4. 1946 an Bischof Johnsen mit der Bitte, sein Amt niederzulegen[297]. Es gelang jedoch nicht, mit dem in einem jugoslawischen Kriegsgefangenlager festgehaltenen Johnsen eine Kommunikation herzustellen, die einen intensiven Gedankenaustausch ermöglicht hätte. Dadurch verzögerte sich die Ausführung des Auftrags bis zum Spätsommer. Nachdem ein freiwilliger Rücktritt Johnsens auf absehbare Zeit nicht in Betracht kam, blieben drei Handlungsmöglichkeiten offen:

– die Feststellung, daß die Berufung und Tätigkeit Johnsens als Kirchenkommissar und Landesbischof von Anfang an einer Rechtsgrundlage entbehrte
– die Aufhebung aller Berufungen in kirchenleitende Ämter, entsprechend dem von Pfarrer Wiesenfeldt gestellten Antrag
– die Amtsenthebung Johnsens[298].

Der Ausschuß lehnte es ab, „Dr. Johnsen wegen Illegalität seines Amtes zu entheben". Stattdessen schlug er die sofortige Abberufung Johnsens und die Wahl eines neuen Bischofs vor, votierte aber gleichzeitig für den Antrag Wiesenfeldt, „nach welchem sämtliche seit 7. 7. 1933 in führende Ämter der Landeskirche geschehenen Berufungen mit sofortiger Wirkung für aufgehoben erklärt würden"[299]. Die Kombination der beiden letzten Vorschläge hätte den Charakter des Affronts gegenüber dem damals schwer geprüften Johnsen beseitigt.

[297] LAB: G 31.
[298] Bischofsausschuß v. 20. 9. 1946 (LAB: NL Ernesti).
[299] Bischofsausschuß v. 4. 11. 1946. Ebd.

Doch nach der Aufhebung der Pröpste-Entscheidung der Spruchkammer kam sie nicht mehr in Betracht. Deshalb blieb nur die Verabschiedung eines Kirchengesetzes, welches das Bischofsamt Johnsens für beendet erklärte. Dieses Gesetz war unvermeidlich und verdiente nicht die nachträgliche Schelte aus BK-Kreisen, die ja selbst zu seinen Initiatoren gehört hatten[300].

Daß der neue Landesbischof Martin Erdmann heißen würde, verstand sich keineswegs von selbst. Gerade die BK-Kreise, denen Erdmann selbst angehörte, haben nachdrücklich die Berufung einer Persönlichkeit, von der eine größere Autorität ausging, gewünscht. Da Hanns Lilje ernsthaft für eine Kandidatur nicht in Betracht kam[301], wurde in erster Linie der Betheler Pfarrer Brandt ins Auge gefaßt. Dieser sagte zwar schon im August 1946 „definitiv" ab[302]; doch sein Name blieb auf der Kandidatenliste obenan. In der Suche nach einer Alternative zu Erdmann drückte sich die Enttäuschung der Notbundpfarrer über die Halbheiten des Neuanfangs und die Rückverlagerung des Einflusses auf die belasteten Kirchenmänner aus. Die Beziehungen zu Erdmann wurden dadurch stark belastet. Außerdem erhob sich innerhalb der BK-Kreise entschiedener Widerspruch gegen diese Haltung, z. B. der Blankenburger Pfarrkonferenz mit Lachmund an der Spitze, die um Aufschub der Bischofswahl bis zu einem Zeitpunkt bat, zu dem sie sich an der Wahl beteiligen könne. In der Tat war es bedenklich, Erdmanns Stellung zu unterminieren, wenn die Alternative einer auswärtigen Kandidatur nicht mit der erforderlichen Konsequenz verfolgt wurde. Da die Mehrheit für einen von außen gewonnenen BK-Mann keineswegs als gesichert angesehen werden konnte, so konnte am Ende nach Meinung der Erdmann-Befürworter die Wahl von Leistikow oder gar von Strothmann stehen[303].

Die Möglichkeit, daß die Braunschweigische Landeskirche in einer größeren, sei es hannoverschen, sei es niedersächsischen Kircheneinheit aufgehen könnte, ergab sich allein schon aus der anstehenden politischen Gebietsregelung. Es war davon auszugehen, daß von einer eventuellen Zusammenfassung der kleinen Staaten mit der Provinz Hannover zu ei-

---

[300] Brinckmeier an die Brüder, 17. 6. 1949 (LAB: Pfarrernotbund Rohlfs).

[301] Für Lilje, der allerdings schon Anfang 1946 wegen der ungeklärten Stellung Johnsens absagte, trat besonders Palmer ein (6. 9. u. 4. 9. 1947; 4. 1. 1948). Ebd.

[302] Palmer an Rohlfs, 18. 8. 1946. Ebd. Der geeignetste Kandidat für die Übergangszeit wäre zweifellos Palmer gewesen, der aufgrund seines Alters nur für begrenzte Zeit in Betracht kam. Rauls an Ernesti, 30. 1. 1946. Ebd.

[303] „Ob es wirklich ernst zu nehmen ist, wenn immer gesagt wird: Besser Erdmann als Leistikow oder Strothmann? Diese beiden – gegen Brandt! Sollte es zu dieser Entscheidung kommen, dann meine ich allerdings: laß sie ihre Wege gehen und ihren Willen haben. Dann hat der NB auch einen klaren Weg vor sich. Dann heraus aus aller Verantwortung, heraus aus Landeskirchentag – Kirchenregierung[...]!" Palmer an Rohlfs, ebd.

nem neuen Land Niedersachsen ein gehöriger Druck auf die Kirchen entstehen könnte, diesen Schritt nachzuvollziehen.

Umso erleichterter registrierte das Landeskirchenamt in Wolfenbüttel die Zurückhaltung der Hannoverschen Kirchenleitung in dieser Frage[304]. Vor dem Landeskirchentag im November 1946 riet Erdmann zu einem behutsamen Vorgehen. Es sei nicht das leiseste Ansinnen einer Aufgabe der Selbständigkeit an Braunschweig gestellt worden!

Das Thema blieb aber auf der Tagesordnung des Landeskirchentags. Bei der Wahl Erdmanns unterlagen die Befürworter des Zusammenschlusses mit dem Antrag, die Amtsbezeichnung Bischof (statt Landesbischof) festzulegen[305]. Im Sommer 1947 wurde Erdmann deutlicher. Unter Hinweis auf einen Anfang des Jahres allen Pfarrern zugegangenen Brief stellte er fest, es gebe keinen Grund für die Preisgabe der Selbständigkeit. Entweder würden alle in Frage kommenden Kirchen zu einer niedersächsischen Landeskirche fusioniert, oder sie sollten selbständig bleiben[306].

Eine entsprechende Erklärung billigte der Landeskirchentag am 4. 11. 1947 mit deutlicher Mehrheit (21:9)[307]; lediglich die Propsteien Goslar, Vienenburg und die zur Britischen Zone gehörenden Gemeinden Blankenburgs hielten einen Zusammenschluß für erstrebenswert[308]. Das Thema schien fürs erste erledigt zu sein.

Umso überraschender kam die Kehrtwende im Mai 1948, eingeleitet von Erdmann selber, der sich vermutlich an die Spitze eines an Stärke gewinnenden Trends setzte; jedenfalls beschloß der Landeskirchentag am 24. 5. 1948 nahezu einstimmig (23:1) ein grundsätzliches Einverständnis damit, daß die beiden Landeskirchen Braunschweig und Hannover „sich beiderseits unter Aufgabe ihrer bisherigen Selbständigkeit zu einer neuen einheitlichen Landeskirche vereinigen"[309].

Bei vorherigen Verhandlungen mit der Hannoverschen Kirchenleitung war deutlich geworden, daß die größere Landeskirche nicht etwa an einen

---

[304] Niederschrift über die am 18. 9. 1946 in Hildesheim stattgefundene Besprechung von Vertretern des Landeskirchentags, 14./15. 11. 1946 (LAB: Syn 188). Aus Hannoverscher Sicht jetzt: Christian Simon, Die Vereinigungsbestrebungen zwischen der Hannoverschen und der Braunschweigischen Landeskirche 1945 bis 1947 und die Entstehung der Vereinigten Evangelisch-Lutherischen Kirche Deutschlands, in: Jahrbuch der Gesellschaft für Niedersächsische Kirchengeschichte, Bd. 91/1993, 151–162. Simon hebt die Rolle von Marahrens hervor, der dies als Ansatzpunkt zur Festigung seiner Position nutzte.

[305] Antrag Rohlfs, Schwarz u. Wiesenfeldt, Landeskirchentag v. 22. 4. 1947 (LAB: Syn 188).

[306] KR-Prot. Nr. 104 v. 2. 8. u. 105 v. 18. 8. 1947 (LAB: acc. 11/75 Nr. 41 u. 42).

[307] „Eine restlose Fusion der Landeskirche mit der Hannoverschen Landeskirche hielt die Kirchenregierung zur Zeit für nicht diskutabel." Ebd.

[308] Anlagen 3 u. 4, Landeskirchentag v. 4. 11. 1947 (LAB: Syn 188).

[309] Landeskirchentag, 24. 5. 1948 (LAB: Syn 188).

Anschluß, sondern an „ein völliges Novum" dachte und keinesfalls die Braunschweiger bedrängen wollte, – was ein gewisses Indiz dafür ist, daß die Frage für die Hannoversche Landeskirche nicht vordringlich war und man sich dort nicht ernsthaft mit den Implikationen einer Fusion beschäftigte.

Zu einem weiteren Treffen mit Hannoverschen Kirchenmännern ist es nicht mehr gekommen, weil es von Braunschweig abgesagt wurde. Dort formierte sich mittlerweile der Widerstand gegen eine Fusion, einmal um das Landeskirchenamt[310], das den Verlust an Kompetenzen und alleiniger Entscheidungsbefugnis befürchtete, zum anderen um die von Propst Jürgens mobilisierten „Freunde der Braunschweigischen Landeskirche".

Diese Ablehnungsfront setzte sich auf einem der folgenden Landeskirchentage durch. Der Beschluß vom 25. 5. 1948 wurde – allerdings mit der knappen Mehrheit von 18:16 Stimmen – wieder aufgehoben[311]. An einen positiven Beschluß mit ⅔-Mehrheit, den die Hannoverschen Ausschußmitglieder nunmehr wünschten, um alle Zeifel auszuschließen[312], war gar nicht mehr zu denken. Zusätzlich ins Gewicht fiel ein Beschluß der Propsteisynode Blankenburg. Die Synode beschwor die Landeskirche, von einer Fusion unbedingt abzusehen, da sie sonst eine zwangsweise erfolgende Eingliederung Blankenburgs in die Kirchenprovinz Sachsen befürchtete[313].

Das Scheitern des Zusammenschlusses kam am Ende nicht überraschend, auch wenn dies für einen Moment anders aussehen mochte. Aber das Aktionsbündnis Goslar/Vienenburg mit einem Teil der Notbundpfarrer konnte sich nicht gegen die zielgerichteten Befürworter der Eigenständigkeit behaupten, zumal von außen kein Druck auf den Zusammenschluß ausgeübt wurde. Gewiß ließ sich darüber streiten, ob der Zusammenschluß die erhofften Früchte: Belebung der Gemeinden, Stärkung der Volksmission, die Inspiration durch einen mit großer Autorität ausgestatteten Bischof an der Spitze, getragen hätte. So ist das gescheiterte Bemühen nichts weiter als ein Symptom für das Unbehagen an der eigenen Landeskirche, insonderheit seiner Spitze. Die BK-Pfarrer wollten mit dem Neubeginn in einer größeren Landeskirche das nachholen, was in Braunschweig zuvor, nicht ohne ihr eigenes Zutun, versäumt worden war.

Für Pfarrer Wiesenfeldt, einen der entschiedensten Fusions-Befürworter, war ein wichtiger Gesichtspunkt der sich hier bietende Ansatz zur

---

[310] Stellungnahme v. 20. 9. 1948. KR-Prot. Nr. 123 v. 19. 8. 1948 (LAB: acc. 11/75 Nr. 43).

[311] Landeskirchentag, 7./8. 11. 1949 (LAB: Syn 189).

[312] Abschlußerklärung der gemeinsamen Ausschüsse in Goslar, 27. 5. 1949. Ebd.

[313] Lachmund an das Landeskirchenamt, 2. 6. 1948. Daß diese Bedenken nicht von der Hand zu weisen waren, hatte eine Unterredung mit dem sowjetischen Kreiskommandanten v. 27. 10. 1947 deutlich gemacht (LAB: Varia G).

Förderung eines engeren Zusammenhalts der EKD. Was in Treysa im August 1945 versäumt worden war, sollte nun schrittweise nachgeholt werden. Die Präferenz für die EKD[314] als der vorrangigen Integrationsebene des deutschen Protestantismus legt den Blick auf einen weiteren Dissens in der Braunschweigischen Landeskirche frei. Die Kirchenleitung und ein großer Teil der Pfarrer sah dagegen in dem Verbund der lutherischen Landeskirchen, der Vereinigten Evangelisch-Lutherischen Kirche in Deutschland (VELKD), das wichtigere Klammerorgan. Die Braunschweigische Landeskirche war einer der wärmsten Befürworter eines Ausbaus der VELKD und hat sich an deren Sitzungen rege beteiligt. Dahinter stand das Selbstverständnis als bewußt lutherische Kirche, das zwar prinzipiell nicht strittig war. Kontrovers war aber die Rigorosität des lutherischen Konfessionalismus, der beispielsweise in der Frage der Zulassung zum Abendmahl praktische Konsequenzen hatte[315], namentlich im Hinblick auf die zahlreichen Vertriebenen aus der unierten preußischen Landeskirche. Wenn *Barmen* und *Dahlem* zudem als überwiegend reformierte Bekenntnisse aufgefaßt wurden, dann drohte eine Ausgrenzung der entschiedenen Richtung der BK, – dann hielt man sich ferner die politischen Konsequenzen aus dem Kirchenkampf fern, die mit dem Darmstädter Wort vom 8. August 1947 gezogen wurden.

Auch in dieser Frage traten allerdings die BK-Pfarrer nicht einheitlich auf, vielmehr zogen sich einzelne ihrer Mitglieder gerade mit Hinweis auf diesen Punkt von ihnen zurück[316].

Die politische Schlußfolgerung ist in Braunschweig nicht nachvollzogen worden. Pfarrer Lic. Wenzel, der als Vereinsgeistlicher der Inneren Mission den Weg zum Pazifismus und zur SPD fand[317], ist ein Einzelfall, im übrigen auch nicht der BK zuzurechnen. Parteien und Landeskirche blieben in Braunschweig getrennte, stark abgeschottete Milieus, auch

---

[314] Palmer: „[...] darf nichts geschehen, was den engeren Zusammenschluß der EKD stören würde". An Rohlfs, 10. 7. 1946 (LAB: Pfarrernotbund Rohlfs).

[315] Den Bruderrat-Sprechern schien es grotesk, wenn Niemöller oder Dibelius von den landeskirchlichen Abendmahlsfeiern ausgeschlossen werden konnten, während ein ehemaliger DC-Pfarrer wie selbstverständlich zugelassen wurde (LAB: Pfarrernotbund Rohlfs).

[316] H. E. Seebaß an Rohlfs, 16. 4. 1949; Wurr an Rohlfs, 7. 10. 1947; Hoerschelmann verurteilte die Annäherung der BK an den marxistischen Sozialismus, an Rohlfs (1947). Ebd.

[317] „Kreisbauernführer" Wätjen fragte auf dem Landeskirchentag 1949, wie sich die Kirchenleitung zu der Kandidatur des Pfarrer Wenzel bei der SPD stelle? „Von wem erhalte er sein Gehalt? SPD und Evangelium paßten doch nicht zusammen [...]" Landeskirchentag v. 7./8. 11. 1949 (LAB: Syn 189). Das Kirchengesetz von 1955 schloß dann eine Parlamentskandidatur eines amtierenden Pfarrers aus (LAB: acc. 46/76, Nr. 418).

wenn einige Pfarrer auf lokaler Ebene – überwiegend in der CDU – tätig waren[318].

In einer anderen Hinsicht gaben BK-Pfarrer wichtige Anstöße, nämlich der Gemeindereform. Damit hing die Reform des kirchlichen Wahlrechts zusammen, wozu aus diesen Kreisen immer wieder Vorschläge vorgelegt wurden. Aber sie hatten hier ebenso wenig eine klare, einheitliche Position wie die kirchlichen Gremien insgesamt – Ausdruck einer Übergangszeit, als die Kirche nicht mehr Volkskirche, aber noch nicht als Freiwilligkeitskirche gelten konnte. Dem Bereler Kreis, um Pfarrer Ulrich geschart, blieb angesichts seiner begrenzten Außenwirkung häufig nur der Rückzug in die Innerlichkeit eines kleinen Zirkels gleichgesinnter Theologen. Darin steckte ein gehöriger Teil an Resignation und Enttäuschung.

Der mißtrauischen Distanz gegenüber demokratischen Prozessen und Normen steht andererseits ein Pragmatismus in der Interaktion mit staatlichen Stellen gegenüber, den die kirchlichen Werke Innere Mission und kirchliches Hilfswerk, aber auch das Landeskirchenamt bewiesen. Dieser bestätigte sich im allgemeinen auch im Umgang mit der Militärregierung[319], die als Verhandlungspartner ohne größere Vorbehalte (wenn man von Breust absieht) akzeptiert wurde. Die Kontakte wurden anfangs von Seebaß, der gegenüber der Militärregierung als Repräsentant der BK galt, später auch von Erdmann und – im Rahmen der Entnazifizierungsvorgänge – von Buttler wahrgenommen.

Im Rahmen der Zusammenarbeit der Kirchen der Britischen Zone hat vor allem Breust eine Rolle gespielt – als Experte für alle zwischen Staat und Kirche strittigen Rechtsfragen sowie bei der Begutachtung der Verfassungsentwürfe der neu entstehenden Länder[320]. Allerdings hat er auch

---

[318] Die Pfarrer Glow, Gennrich u. Krüger; Staats stand den Gründern der Braunschweiger CDU nahe; Deppe war Kreisvorsitzender der CDU Blankenburg.

[319] Zweimal hatten Pfarrer der Landeskirche die Militärregierung gegen die Kirchenleitung zur Hilfe gerufen: Pfarrer Barg, St. Andreas Braunschweig, am 25. 7. 1945 mit der Aufforderung, die Kirchenregierung unter Röpke abzusetzen und Erdmann zum Bevollmächtigten zu ernennen (was ihm 1948 die Zulassung zur Wahl in St. Marien Wolfenbüttel kostete!). Akten des Landesbischofs (LAB: acc. 25/73) und KR-Prot. Nr. 127 v. 15. 10. 1948 (LAB: acc. 11/75 Nr. 43); der „Ostpfarrer" Krupp richtete am 15. 4. 1946 ein Schreiben an die Militärregierung betr. Einfluß der Nazis in der Braunschweigischen Landeskirche (LAB: Personalakten Krupp).

[320] Am 7. 1. 1946 informierte Breust vor der Kirchenkonferenz der Brit. Zone in Bethel über die „Rechtsstellung der Kirche im heutigen Staat"; 1947 über „Staat und Kirche in den kommenden Landesverfassungen"; am 19. 3. 1948 belehrte er die Landeskirchenämter in Niedersachsen, Hamburg u. Westfalen über den Entwurf der Nds. Verfassung. Am 28. 8. 1947 hatte er an Präses Koch, Bielefeld, geschrieben: „Der Verfassungsentwurf für Nordrhein-Westfalen [sei] das Tollste, was man der Kirche bis jetzt geboten hat, einschließlich des 3. Reiches" (LAB: acc 46/76 Nr. 285 und Nr. 277, „Verfassungsfragen").

hier von dem auftrumpfenden Gestus nicht ablassen können und seine Rolle z. T. über jedes realistische Maß hinaus überschätzt. In theologisch-kirchlicher Hinsicht sind dagegen aus Braunschweig damals keine großen Anstöße gekommen.

12. Schluß

In der Denkschrift vom 18. 9. 1950[321], die Buttler im Namen der kirchlichen Spruchkammer verfaßt hat, ist von den großen Schwierigkeiten die Rede – keine Richtlinien für die Tätigkeit durch Landeskirchentag oder Kirchenregierung; je nach Instanz und Zeitraum verschiedene Vorgaben der Militärregierung; mangelndes Verständnis bei Mitgliedern der Kirchenregierung; vor allem aber die Vermischung von Geistlichem und Weltlichem, unter der namentlich die Kammermitglieder selbst gelitten haben. Doch knüpfte Buttler daran die Schlußfolgerung, „daß vielleicht die Art unserer Entnazifizierung dem geistlichen Anliegen mehr entsprochen hat, als es sonst der Fall gewesen wäre". Sofern man zugesteht, daß ein absolut einwandfreies, gerechtes, die große Mehrheit im Kirchendienst belassendes Verfahren nicht vorstellbar ist, ist diese verblüffende Konsequenz nicht abwegig.

Allerdings ist zwischen den Absichten und Beschlüssen der Spruchkammer (bzw. des Entnazifizierungs- und Hauptausschusses) und den letztendlichen Resultaten zu unterscheiden. In dem Abschlußbericht beklagte Buttler noch einmal, „daß nicht immer die Konsequenzen gezogen worden sind, die durch das frühere Verhalten von offenen oder heimlichen Nazi-Aktivisten tatsächlich zu ziehen waren". Dafür wurden, bei Buttler etwas überraschend, über die Landeskirche hinaus gewandelte Einstellungen und Feindbilder verantwortlich gemacht: „Indes ist durch den Kommunismus als Weltgefahr die Entnazifizierung zwar nicht gegenstandslos geworden, aber sie ist unter ganz anderen Gesichtspunkten als 1945 zu sehen".

Es erscheint wie ein entschiedener Widerspruch, wie ein trotziges Aufbegehren gegen den Zeitgeist, unter dessen Herrschaft das Kapitel der Entnazifizierung nicht schnell genug ad acta gelegt werden konnte, wenn Buttler abschließend resümiert: „[...] so war [die Arbeit von 5 Jahren] trotz vieler Enttäuschungen doch nicht sinnlos und umsonst".

---

[321] LAB: E 1. Dort auch die folgenden Zitate.

Bekennen und Vergeben in der Nachkriegszeit. Ein Beitrag zum Verständnis der Auseinandersetzung von Landesbischof D. Martin Erdmann mit Max Witte und Georg Althaus

Von Dietrich Kuessner

Pfarrer Martin Erdmann war von 1947 bis 1965 der vierte Bischof der Braunschweigischen Landeskirche, so lange wie kein Bischof vor ihm und nach ihm. Diese Zeit war geprägt von der Neuordnung der kirchlichen Strukturen (Landeskirchentag, Propstei, Kirchenvorstand) und der betonten Hinwendung zum lutherischen Bekenntnis, von einer Öffnung zu den Kirchen im Ausland und einer neuen Hoffnung auf Belebung des kirchlichen Gemeindelebens, vom enormen Wachstum der landeskirchlichen Haushaltsmittel und einem ungewöhnlich starken kirchlichen Bauboom, von der Frage der Zeitgemäßheit der Verfassung von 1922 und des Kirchengesangbuchs von 1902. Auch die kirchliche Sitte hatte sich seit der Jahrhundertwende stark verändert und erforderte die Formulierung einer verbindlichen evangelischen Lebensordnung. Im folgenden sollen einige jener Fragen dargestellt werden, die für die Nachkriegsgeschichte typisch waren: die Auseinandersetzung um die Bekenntnisgrundlage der Landeskirche und um die Rolle der Landeskirche während des Nationalsozialismus. In diesen Bereichen war Bischof Erdmann persönlich stark beteiligt. Ich beginne mit einer Skizze, wie der unauffällige Landpfarrer Martin Erdmann Bischof seiner Heimatkirche wurde.

1. Vom Dorfpfarrer zum Landesbischof

Martin Erdmann war 1945 ein nach außen hin kaum in Erscheinung getretener Pfarrer in den Elmdörfern Räbke und Lelm gewesen. Die fünfköpfige Pfarrfamilie (zwei Söhne, eine Tochter) hatte sich durch alle Widrigkeiten des Dritten Reiches durchgeschlagen. Im Sommer 1924 hatte der frisch ordinierte Pfarrer die neunzehnjährige Ingeborg Salomon aus Holzminden geheiratet und mit ihr das Räbker Pfarrhaus bezogen. 1933 waren sie in das andere Pfarrhaus des Pfarrbezirkes nach Lelm umgezogen, und das Räbker Pfarrhaus wurde zu einem Jugendfreizeitheim der Landeskirche umgebaut. Die Pfarrfamilie gehörte zum festen Stamm der sonntäglichen Gottesdienstgemeinde. Martin Erdmann hielt Hausandachten, in der Freizeit wurde musiziert, das Pfarrhaus stand der Gemeindearbeit offen, an der täglichen Morgenandacht für die Hausgemeinde nahmen auch Gemeindeglieder teil. Vom Großvater, der Kaufmann in Helmstedt gewesen war, hatte er den praktischen Sinn. Erdmann war ein Mann der praktischen Gemeindearbeit, weniger des kritischen Analysierens kirchlicher Fragen und Probleme. Von seinem Elternhaus her hatte er einfache christliche Grundsätze vermittelt bekommen. Die Kenntnisse der biblischen Geschichten und das tägliche Gebet waren ihm selbstverständlich. Auch sein Vater war Theologe. Er wirkte als Dorfpfarrer südlich des Elm im Heeseberggebiet, zunächst in Ingeleben (1890–1903), wo Martin Erdmann am 23. Juli 1896 geboren wurde, dann in Jerxheim (1903–1914) als Superintendent des aufstrebenden Kirchenkreises Schöningen-Jerxheim. Hier war Erdmann aufgewachsen, hatte die dörfliche Volksschule besucht und war von seinem Vater durch häuslichen Privatunterricht für die Aufnahmeprüfung in die Quarta des Helmstedter humanistischen Gymnasiums vorbereitet worden. Das Elternhaus, so betonte Erdmann später einmal in einem Referat über „Tauferziehung im Elternhaus" vor der Landessynode, habe den absoluten Vorrang vor Schule und Kirche, das Elternhaus sei „ein Stück Gemeinde"[1]. So hatte er es zu Hause erlebt. Für die christliche Erziehung seien nicht nur die Mutter, sondern auch der Vater verantwortlich. „Es kommt sehr auf die ganze Atmosphäre an, die im Haus herrscht." Sie solle nicht frömmelnd, aber frei und ohne viele Worte sein. Und er fügte im zweiten Teil dieses Referates noch einige praktische Ratschläge an: die Hausbibel dürfe nicht jene Stellen enthalten, die die Kinder nur verwirren, Kinder müßten beten lernen, die Eltern sollten darauf gefaßt sein, daß Kinder außerhalb des Hauses auch etwas Böses lernen könnten. Dann könnte ein Schlag an der rechten Stelle durchaus Wunder bewirken. Kinder müßten zu Opfer und Ehrfurcht erzogen werden. Erdmann verband seine Ratschläge mehrfach mit Lutherzitaten. Der Bischof hatte bei diesem Referat im Jahre 1954 offenbar sein eigenes behütetes Elternhaus in Ingeleben und Jerxheim aus der Zeit vor dem Ersten Weltkrieg vor Augen.

Die häusliche Familienidylle war für den siebzehnjährigen Martin Erdmann wie für die ganze Familie mit dem frühen Tod des Vaters im Mai 1914 vorbei. Nach dem vorgezogenen Abitur im August 1914 nahm er als Kriegsfreiwilliger am Ersten Weltkrieg an der Front auf dem Balkan und in Frankreich teil und begann als vierundzwanzigjähriger Leutnant der

---

[1] Landeskirchliches Archiv Braunschweig (LAB) Syn 197: Verhandlungen der Landessynode vom 6./7. Mai 1954. In der Anlage befindet sich das vollständige Manuskript vom Referat Erdmanns.

Reserve im Februar 1919 ein erstes verkürztes Wintersemester, setzte im Sommer 1919 jedoch erneut aus, „da die Unruhen im Frühjahr und Sommer 1919 die akademische Jugend nochmals zu den Waffen riefen"[2], wie er in einem Lebenslauf später schrieb. Die folgenden fünf Semester waren vollgestopft mit Vorlesungen. Der Theologiestudent trat auch der schlagenden Turnerschaft der Ghibellinen bei, wo er sich bei einer Mensur seinen Schmiß im Gesicht holte. Die Hast, mit der sich Erdmann zum Examen meldete, war auch durch die prekäre finanzielle Lage seiner Mutter bedingt, die sich in Helmstedt mit einer Schülerpension mühsam über Wasser hielt. Die Pfarrwitwen in den Städten waren von der Inflation besonders hart betroffen. Das Studium von Martin Erdmann war von einem Onkel mitfinanziert worden. Bei den Bewerbungen zu beiden Examina wies Martin Erdmann auf diese notvolle Lage seiner Mutter auch hin. Er habe die ganze Schwere eines ungesicherten Lebens schon früh spüren müssen, sagte er später in seiner Einführungspredigt als Landesbischof. Nach dem Examen erhielt er zunächst keine Stelle in der Landeskirche, sondern mußte sich auf zwei Hauslehrerstellen bei den Familien v. Grone an der Weser und v. Petersdorff bei Seesen durchschlagen. Nachdem er im Sommer 1923 von der Prüfung zurückgetreten war, legte er im November 1923 auch sein zweites Examen ab, wurde am 6. April 1924 ordiniert und auf die Pfarrstelle Räbke und Warberg gesandt. Die Kirchenvorstände wählten ihn im Sommer 1924 einstimmig zum Pfarrer des Ortes. Erdmann wurde bald ein beliebter Pfarrer, er machte sich durch Hausbesuche bekannt, leitete noch im selben Jahr den gemischten Chor des Dorfes, aktivierte die Jugendarbeit und gründete einen Posaunenchor, in dem er selbst ein Instrument blies. Man kannte ihn jenseits der Grenzen seiner Kirchengemeinde eher als Posaunenobmann der Landeskirche. Die militärischen Ereignisse des Zweiten Weltkrieges verfolgte er als gedienter Soldat und vermerkte in der Kirchenchronik: „1939 ist das Jahr des Kriegsbeginns am 2. September. Die jungen Männer rücken aus zum Feldzug in Polen und zum Schutz der Reichsgrenze. Die Welt hält den Atem an. In 18 Tagen ist der Polenfeldzug siegreich beendet. Ein erstes Geschenk der Kriegszeit ist eine Bibelstunde."[3] Erdmann erinnert sich an den geistlichen Aufbruch zu Beginn des Ersten Weltkrieges und dachte an eine Wiederholung. Es wird auch eine leise Wehmut spürbar, daß er nicht selber eingezogen worden war, weil, wie er selber vermutet, seine Frau dem Ariernachweis nicht genügte. Unter 1941 notierte Erdmann: „In Rußland ist der Vormarsch gewaltig, nachdem der Frankreichfeldzug siegreich beendet," oder: „Auch in unserer Gemeinde wie in ganz Deutsch-

---

[2] Handgeschriebener Lebenslauf von Martin Erdmann ohne Datum, etwa aus dem Sommer 1921, in den Personalakten Erdmann (LAB: acc. 19/82).

[3] PA Lelm: Kirchenchronik Räbke.

land steht der Name Stalingrad wie ein Mahnmal in aller Herzen."[4] Er hatte gehofft, Wehrmachtsgeistlicher wenigstens in der Etappe zu werden, aber diese Hoffnungen hatten sich zerschlagen. Wegen des enormen Pfarrermangels zwischen 1939 und 1945 versah er ohne Murren eine Vielzahl anderer umliegender Kirchengemeinden bis weit in die Propstei Schöppenstedt. Die nationalsozialistischen Dorfeliten hatten an ihm keine Freude, denn seine schlichte Frömmigkeit widerstrebte dem in Lelm offensichtlichen kirchenfeindlichen Kurs des Bürgermeisters Behme, obwohl Erdmann mit vielen anderen Pfarrern im Mai 1933 in die NSDAP eingetreten war. Seine Mitgliedschaft wurde indes 1935 getilgt, vermutlich weil die Partei daran Anstoß genommen hatte, daß seine Frau von Vaters Seite im Sinn der Nürnberger Rassegesetze als „jüdisch versippt" galt. Diesen Tatbestand konnte die Gestapo in Braunschweig anhand der Personalakten von Erdmann kontrollieren, die Oberlandeskirchenrat Röpke auf Nachfrage hin der Gestapo zur Einsichtnahme überließ. Wie auch in vielen anderen Kirchengemeinden wurde der Bürgermeister oder Ortsgruppenleiter als Finanzbevollmächtigter in die Kirchengemeinde eingeschleust. Dabei spielte Bürgermeister Behme in Lelm eine besonders unerfreuliche Rolle. Er versuchte, ohne Wissen des Ortspfarrers den Kirchenvorstand einzuberufen und Beschlüsse zu fassen. Allerdings gelang es Behme nicht, auf diese Weise den kirchlichen Friedhof zu kommunalisieren. Erdmann wurde auf Anzeige hin zur Gestapo nach Braunschweig vorgeladen und scharf verwarnt. Er hatte eine Einladung zu einem Mädchenabend verbotenerweise nicht nur auf rein kirchliche Kreise beschränkt. Das ist sicher noch nicht als Ausdruck einer konsequenten Opposition gegen das Naziregime zu werten, immerhin wurden dieser Tatbestand und die Herkunft seiner Frau nach dem verlorenen Krieg dem Gemeindepfarrer Erdmann zugute gehalten. Martin Erdmann hatte im Sommer 1945 noch nicht ahnen können, daß er zum Jahresende den Pfarrern seiner Landeskirche als Stellvertreter des Landesbischofs bekannt sein würde. Für die zweite Jahreshälfte 1945 vermerkte Erdmann in seiner Kirchenchronik bescheiden: „Durch eine Vereinbarung in der Kirchenleitung wird der Chronist einen großen Teil seines Dienstes in Wolfenbüttel tun müssen."[5]

Erdmann nahm am 8. August 1945 an der ersten Sitzung des braunschweigischen Pfarrernotbundes nach Kriegsende teil. Im zerstörten Braunschweiger Dom hielt er den Brüdern eine Morgenandacht, Paul Barg von St. Andreas Braunschweig sprach über die Frage: „Was wird aus unserer Landeskirche?" Die Sitzungsteilnehmer stellten einen Antrag an das Landeskirchenamt, Kirchenrat Palmer, Oberlandeskirchenrat Hans

---

[4] Ebd.
[5] PA Lelm: Kirchenchronik Lelm, 77.

Eduard Seebaß, Studienrat Schwarz aus Helmstedt und Martin Erdmann in die Kirchenregierung aufzunehmen. Mit dieser Besetzung sollte ein ganz neuer Anfang mit unbelasteten Namen gesetzt werden. Oberlandeskirchenrat Seebaß, der seit 1936 auf Vorschlag des Pfarrernotbundes dem Kollegium des Landeskirchenamtes angehörte, gewährleistete dabei das kontinuierliche Element. Er kannte den kirchlichen Apparat von innen. Oberlandeskirchenrat Röpke griff diesen Vorschlag Anfang September auf und lud die vorgeschlagenen Mitglieder Palmer, Erdmann, Schwarz, außerdem Propst Ernesti, den Vorsitzenden des Pfarrervereins, sowie Amtsgerichtsrat Linke zu einer Sitzung am 10. September nach Wolfenbüttel ein. Palmer leitete als Dienstältester die Sitzung und wurde zum Vorsitzenden der Kirchenregierung gewählt, Erdmann zu seinem Stellvertreter und als Nachfolger Röpkes auch zum Stellvertreter des Landesbischofs. Es wirkt merkwürdig, daß beide Stellvertreterposten auf Erdmann entfallen. Es hätte nahe gelegen, daß sich an der Aufgabe des Stellvertreters etwa Propst Ernesti beteiligte. Der Verlauf dieser Sitzung vom 10. 9. 1945 stellte die Weichen für die Zukunft Röpkes, Erdmanns und der braunschweigischen Bekennenden Kirche (BK). Eine resolute und selbstbewußte BK hätte sich aus eigener Kraft konstituiert und sich nicht von Röpke berufen lassen. Auf einem Pfarrertag am 26. September 1945 im Magnigemeindesaal in Braunschweig, bei dem Palmer, Röpke und Seebaß grundsätzlich zur gegenwärtigen Lage der Kirche referierten, hielt Erdmann als Stellvertreter des Landesbischofs Johnsen die einleitende Andacht. Innerhalb von 14 Tagen war damit Martin Erdmann, ohne daß er sich dazu gedrängt oder es irgendwie eingefädelt hätte, zu einer herausragenden Figur der Landeskirche geworden.

1945 war zum Wendejahr für Erdmann geworden: die Gemeindearbeit war sprunghaft gestiegen. Im Räbker Pfarrhaus war wieder ein evangelischer Kindergarten eröffnet worden. Außerdem entstand hier ein Treffpunkt für Pfarrer, die schwarz über die Zonengrenze bei Harbke wollten. „Gott gebe, daß die Not ein Ende gewinne, daß wir es tragen können", schrieb Erdmann in die Räbker Kirchenchronik[6]. Neben seiner Lelmer und Räbker Gemeindearbeit hatte er die Stelle eines Stellvertreters des Landesbischofs zu versehen. Kirchenpolitische Schachzüge waren ihm bis dahin fremd. Seine Lieblingsbeschäftigung neben seinem Amt war die Musik. Nun waren seinem Wesen und seinen bisherigen Erfahrungen völlig neue Aufgaben zugewiesen worden.

Der erste Landeskirchentag schuf auf seiner Sitzung am 12./13. Februar 1946 das Übergangsamt eines Landeskirchenpräsidenten und wählte hierzu einstimmig Martin Erdmann. Im März 1946, am Volkstrauertag, hielt Erdmann seine Abschiedspredigt in Räbke und Lelm und zog mit der Fa-

---

[6] PA Lelm: Kirchenchronik Räbke.

milie nach Wolfenbüttel in das Bischofshaus am Neuen Weg ein. Die Familie Johnsen blieb im Erdgeschoß wohnen, die Familie Erdmann zog oben ein.

Martin Erdmann nahm im Laufe des Jahres 1946 alle bischöflichen Aufgaben wahr, leitete die Sitzungen der Kirchenregierung, arbeitete sich in den Apparat des Landeskirchenamtes ein, visitierte die Gemeinden, stellte sich der Frauenhilfe vor, suchte Kontakt zum Bischofskollegen in Hannover, empfing den englischen Bischof. Bei seinem ersten Tätigkeitsbericht am 14. November 1946 konnten die Mitglieder des Landeskirchentages den Eindruck gewinnen, daß sich Erdmann gut eingearbeitet hatte und ihm gut zugearbeitet wurde. Größte Sorge machte sich Erdmann um den inneren Zustand der Pfarrerschaft. Mit einem „Wort des Landeskirchenpräsidenten zur Weihnachtszeit 1946" hatte er sich an die braunschweigischen Pfarrer gewandt. Ihn beschäftigten die Predigt und die Gemeinschaft innerhalb der Pfarrerschaft. Er habe in vielen Predigten zwar eine saubere und exegetisch einwandfreie Christologie gehört, „aber es fehle doch oft das packende Zeugnis, wie ich es bei manchem fand, der aus dem Christuserlebnis eines Gefangenenlagers kam oder der dem Herrn Christus ganz persönlich in anderer Weise begegnet war"[7]. Erdmann wollte damit gewiß nicht den Pfarrern anraten, die exegetischen Studien einzustellen, aber er warb auch nicht für eine ausgewogene Balance von Exegese und Zeugnis. Das konnte sich später als Defizit herausstellen, zumal die bereits 1941 entfachte Diskussion um die Theologie Rudolf Bultmanns durch die Kriegsereignisse nur überlagert und noch lange nicht abgehandelt war. Erdmann litt außerdem unter dem heiß entbrannten Streit zwischen den Anhängern der BK und den aktiven Mitläufern unter den Pfarrern während der nationalsozialistischen Zeit. Er warb für einen Neuanfang durch einen Pfarrerbuß- und Abendmahlsgottesdienst. „Dabei werden wir nichts von der Wahrheit verschweigen dürfen, die eine Schuld zum Gegenstand hat, unter die wir uns alle beugen."[8] Darüber gab es in der Pfarrerschaft keine Klarheit und kein einmütiges Urteil, was denn als Schuld anzusehen sei: etwa die feierliche Eidesleistung vom 20. April 1938 in der Sakristei der Martinikirche Braunschweig, an der die ganze Pfarrerschaft teilgenommen hatte, oder das Telegramm Röpkes im Namen der Kirchenregierung und für die ganze Landeskirche für die gnädige Bewahrung Hitlers am 20. Juli 1944, das erst zwei Jahre zurücklag. Erdmann erkannte den Zusammenhang von der Wirksamkeit eines neuen Anfangs mit dem Eingeständnis schuldhaften Mitläufertums: „Aber das weiß ich doch: ehe wir ein Neues pflügen können, müssen wir wissen, daß wir solange in unseren Gemeinden unter die

---

[7] Landeskirchliches Amtsblatt (LKABl.) 1947, 1ff.
[8] Ebd.

Hecken säen, bis die persönliche und gemeinsame Hinkehr zu der Buße vor dem Herrn Christus ernsthafte Wirklichkeit geworden ist"[9]. Dieses Wort Erdmanns war der aufrichtige und ehrliche Versuch, von der Mitte der Verkündigung her mäßigend und schlichtend auf die Zerrissenheit der Pfarrerschaft einzuwirken. Mit diesem Wort präsentierte sich Erdmann als pastor pastorum und künftiger Landesbischof.

So war es keine Überraschung, daß auf dem Landeskirchentag im großen Sitzungssaal des Landeskirchenamtes am 22. April 1947 ein Antrag von Propst Ernesti vorlag, Martin Erdmann zum Bischof der Landeskirche zu wählen. Erdmann wurde bei wenigen Gegenstimmen mit sehr großer Mehrheit gewählt und am 29. Mai 1947 vom bayrischen Bischof Meiser in der Marienkirche Wolfenbüttel in einem festlichen, großartigen Gottesdienst als vierter Bischof der Braunschweigischen Landeskirche eingeführt. In seiner Predigt verband Erdmann seinen bisherigen Lebensweg mit dem Zeugnis für Jesus Christus aufgrund der Bibelstelle „Ich schäme mich des Evangeliums von Jesus Christus nicht [...]" (Röm. 1, 16). Über dieses Bibelwort hatte er auch im Jahr 1933 bei seinem Antrittsgottesdienst in Lelm gepredigt. Seinen Weg von Lelm nach Wolfenbüttel betrachtete er als Ruf in das Amt, wobei er nur den Ort seiner Wirksamkeit gewechselt habe, nicht seinen Dienst oder etwa seinen Herrn. Das Evangelium als Gotteskraft war ihm von früher Jugend an eine persönliche Glaubenserfahrung gewesen, die im Gegensatz stünde zur modernen Gleichgültigkeit und Oberflächlichkeit der Menschen nach dem Zusammenbruch. Hier fügte Erdmann für braunschweigische Hörer überraschend eine positive Würdigung des Stuttgarter Schuldbekenntnisses ein. Eben jenen oberflächlichen Menschen sei die Stuttgarter Erklärung „das größte Ärgernis. Er sieht in ihm nur vaterlandslose Politik"[10]. Überwältigend würde das Evangelium als Gotteskraft am Lebensende in der Todesstunde. In dieser Phase befände sich auch die Welt. „Darum wollen wir der Menschheit, der sterbenskranken und in ihre letzte Phase Eingetretenen, das Evangelium von Jesus bezeugen. [...] Kern und Ziel unseres rechten Zeugendienstes ist: die Menschen in die Entscheidung für Christus zu rufen."[11] Die Besonderheit des Bischofsamtes sah Erdmann darin, „über die rechte Ausrichtung dieses Dienstes zu wachen". Diesen Anspruch hatte Erdmann später vor der Landessynode auch geltend gemacht.

Der Bericht des Herausgebers des Braunschweigischen Volksblattes, Pfarrer Herdieckerhoff, über diesen Festgottesdienst 1947 entspricht nicht in jeder Hinsicht den Tatsachen. Dort hieß es: „Von Anfang des Kirchen-

---

[9] Ebd.
[10] Predigt von Landesbischof Erdmann, Artikel in: Braunschweigisches Volksblatt (BVBl.) vom 8. 6. 1947.
[11] Ebd.

kampfes an gehörte er zu den führenden Männern des Pfarrernotbundes."[12] Herdieckerhoff, der erst 1936 in die Landeskirche gekommen war, konnte es aus eigener Anschauung nicht wissen. Tatsächlich war Martin Erdmann zur Zeit der Gründung des braunschweigischen Pfarrernotbundes im November 1933 Mitglied der NSDAP und noch Mitglied der Deutschen Christen (DC) gewesen[13]. Beim Helmstedter Kreiskirchentag am 15. 12. 1933 ließ sich Erdmann sogar in Anwesenheit von Bischof Beye für die Seite der Deutschen Christen aktivieren und wurde auf der deutschchristlichen Liste zum stellvertretenden Mitglied des Kreiskirchenausschusses gewählt[14]. Die Kandidaten der Gegenliste des Pfarrernotbundes waren dagegen mit großer Mehrheit durchgefallen. Erdmanns Name steht auch nicht unter dem Protestbrief anläßlich des Dienststrafverfahrens gegen Heinrich Lachmund vom April 1934. Erdmann hat keine Angaben darüber gemacht, wann er in den Pfarrernotbund eingetreten ist und welche Gründe er hatte, die Seiten zu wechseln. In einer handgeschriebenen Mitgliederliste aus dem November 1934 ist sein Name verzeichnet. Es ist auch nicht ersichtlich, daß Erdmann im Pfarrernotbund eine besondere und hervorragende Rolle gespielt hätte. Er hat keine der entscheidenden Verhandlungen des Bruderrates mit der Braunschweigischen Kirchenleitung bis 1945 geleitet. Erdmann kann daher auch kaum „als führender Geistlicher des Pfarrernotbundes"[15], als „Symbol für Geradlinigkeit und Unbeugsamkeit gegenüber den nationalsozialistischen Machthabern"[16] in Anspruch genommen werden. Dieser Auffassung, die in der Landeskirche geradezu zu einer Legende geworden ist, widerspricht als gewichtiger Zeitzeuge Oberlandeskirchenrat Röpke, der an die Deutsche Evangelische Kirche am 9. Juni 1943 schrieb: „Daß Pastor Erdmann des öfteren mit staatlichen Stellen in Konflikt geraten ist, ist mir nicht bekannt."[17] Jene der Historie widersprechende Fiktion ist in den letzten 40 Jahren bei festlichen Anlässen und Jubiläen so oft wiederholt worden, daß sie das Geschichtsbild einer ganzen Pastorengeneration in der Braunschweigischen Landeskirche geprägt hat. Sie hat es mit großer Liebe und Anhänglichkeit gepflegt.

---

[12] Reinhard Herdieckerhoff, Die feierliche Einführung des Landesbischofs, BVBl. vom 8. 6. 1947.

[13] Fotokopie des Parteiausweises in: D. Kuessner, Geschichte der Braunschweiger Landeskirche 1930–1947 im Überblick (Separatdruck aus JGNKG 79, 1981), 171.

[14] Protokoll der Sitzung des Kreiskirchentages Helmstedt vom 15. 12. 1933 (LAB: S 490).

[15] Aus der Kraft des Evangeliums, [Nachruf auf Erdmann] in: Braunschweiger Evangelische Zeitung (EZ) vom 11. 9. 1977, 1.

[16] Ebd.

[17] Brief vom 9. 6. 1943 (LAB: Personalakten Erdmann acc. 19/82).

2. Die Auseinandersetzung um das Bekenntnis in der Nachkriegszeit

Schon eine Woche nach seiner Einführung als Landesbischof nahm Erdmann zusammen mit Amtsgerichtsrat Linke, dem Vorsitzenden des Rechtsausschusses, an der bedeutsamen Kirchenversammlung in Treysa vom 5./6. Juni 1947 teil. Auf dieser Kirchenversammlung, die die Verfassungsordnung der Evangelischen Kirche in Deutschland (EKD) vorbereitete, stießen die konfessionellen Gegensätze zwischen Lutheranern, Unierten und Reformierten scharf aufeinander. Für die Laienvertreter waren die Gegensätze meist unverständlich. Aber noch Jahrzehnte später erinnerte sich Linke an die Einstellung Erdmanns: „Treysa ergab für mich schon damals [...] eine deutlich erkennbare Blockbildung der sog. intakten lutherischen Landeskirchen unter Führung Bayerns (Meiser). Diese lehnten eine gemeinsame Feier des Abendmahls zum Abschluß mit Reformierten und Unierten (status confessionis) ab. Diese Blockbildung gewann Gestalt in der Vereinigten Evangelisch-Lutherischen Kirche Deutschlands (VELKD). Dieser war E. [Erdmann] sehr zugetan. Erdmann stand auf Seiten Meisers und brachte dies in einer von ihm gehaltenen Morgenandacht zum Ausdruck."[18] Immerhin einigte sich die Kirchenversammlung darauf, daß die kommende EKD ein Bund lutherischer, unierter und reformierter Kirchen sein und auf dem Boden der in Barmen getroffenen Entscheidungen stehen solle. Man wolle sich auch nicht gegenseitig vom Abendmahl ausschließen.

Erdmann hatte mit einer schroffen Betonung des Luthertums eine Position bezogen, die in der braunschweigischen Pfarrerschaft durchaus umstritten war. Oberlandeskirchenrat Seebaß hatte im Herbst 1946 den Pröpsten den Entwurf einer Verfassung der VELKD mit der Bitte um Diskussion in den Pfarrkonferenzen und um eine Stellungnahme zugeschickt. Daraufhin gab es in der braunschweigischen Pfarrerschaft um die Jahreswende 1946/47 eine erstaunlich breite Diskussion über die Frage der Zugehörigkeit zu einer Vereinigten Lutherischen Kirche. Die Rückmeldungen ergaben, daß die einen eine Zentrierung auf das lutherische Bekenntnis wünschten, die anderen befürchteten eine lutherische Blockbildung[19]. Die braunschweigische Pfarrerschaft tendierte 1946/47 in der Mehrheit für die Schaffung einer Evangelischen Kirche in Deutschland. Darin fand sie jedoch keine Unterstützung im Landeskirchenamt, wo neben Erdmann Oberlandeskirchenrat Seebaß eine enge lutherische Position einnahm. So erhielten noch im Sommer 1946 alle Pfarrer der Landeskir-

---

[18] Brief von Friedrich Linke an den Verfasser vom 11. 1. 1983.
[19] LAB: G 350.

che den Bescheid, daß im Gottesdienst die braunschweigische Agende einzuhalten sei. Es würde zwar begrüßt, daß die Gottesdienstgemeinde mehr am Gottesdienst beteiligt würde und das Glaubensbekenntnis und das Vaterunser laut mitspräche. Aber als Pfarrer Froese in Riddagshausen für Ostpreußen und Pommern einen Gottesdienst nach der aus der Heimat vertrauten Liturgie abhalten wollte, bat Oberlandeskirchenrat Seebaß, Froese möge doch den Text der Abendmahlsordnung vorlegen, „da die preußische Kirche ja wohl die Möglichkeit für lutherische und reformierte Abendmahlsfeiern bietet. Es kann für diesen Gottesdienst nur eine lutherische Form in Frage kommen."[20] Angst vor Verunreinigung der Lehre war offenbar ein bestimmendes und bedrückendes Motiv der lutherischen Theologen im Landeskirchenamt.

Erdmann und Linke erlebten eine Wiederauflage der scharfen konfessionellen Gegensätze bei der verfassungsgebenden Kirchenversammlung in Eisenach vom 10. bis 13. Juli 1948. Damals kam es nach dramatischen Auseinandersetzungen zwischen den preußischen Unierten und den bayrischen Lutheranern schließlich doch zu einer einstimmigen Verabschiedung der Grundordnung der EKD. Dem Braunschweigischen Landeskirchentag wurden die Verfassungstexte der EKD und der VELKD in der Sitzung am 1. 11. 1948 vorgelegt. Pfarrer Adolf Wischmann hielt eine Einführung in beide Verfassungstexte und spielte die herben konfessionellen Gegensätze herunter. Bischof Erdmann dagegen hatte in seinem Bericht als Endziel der kirchlichen Entwicklung eine lutherische Kirche in Deutschland genannt. Um den Eindruck der Privatheit dieses Wunsches zu entschärfen, holte Erdmann unter dem Tagesordnungspunkt „Verschiedenes" eine Eingabe der Brüderngemeinde in Braunschweig hervor, die vor der Bildung einer EKD dringend warnte und absichtsvoll mit dem Datum des Reformationsfestes versehen war. Die Eingabe war von 75 Gemeindemitgliedern unterzeichnet. „Wir meinen, es könne unseren Seelen nicht dienlich, sondern nur verderblich sein, wenn in Einer Kirche verschiedene Lehre gelehrt wird. Wir wollen gewiß keine unnötige Trennung von denen, die auch den Herrn Jesus als ihren Heiland bekennen. Aber solange sie in wichtigen Dingen irren und der Wahrheit des göttlichen Wortes widerstreben, dürfen wir nicht so tun, als ob ihr Irrtum belanglos sei."[21] Dem Präsidenten des Landeskirchentages war dieser Vorgang offenbar peinlich. Er hatte ihn bis zu diesem Zeitpunkt dem Landeskirchentag vorenthalten. Nun zerrte nach der glücklichen Zustimmung des Landeskirchentages zu beiden Verfassungswerken der Bischof persönlich diese Eingabe hervor und bat auch noch um „Stellungnahme oder

---

[20] Schreiben von Seebaß an Froese vom 4. 8. 1948 (LAB: G 140).
[21] Eingabe der Brüderngemeinde, Anlage 5 der Verhandlungen des Landeskirchentages vom 1. – 3. 11. 1948 (LAB: Syn 188).

Zustimmung". Linke warnte daraufhin die Abgeordneten, sich eine entsprechende Entschließung zu eigen zu machen, was Erdmann offenbar vorgeschwebt hatte. Da aber nur noch 23 Abgeordnete anwesend waren, wurde die Debatte wegen Beschlußunfähigkeit abgebrochen.

Damit war der Konflikt indes nur vertagt und wurde erneut durch Oberlandeskirchenrat Seebaß mit der Verordnung Nr. 2572 vom 10. 2. 1949 in die Landeskirche hineingetragen[22]. Darin hieß es: Prediger aus nicht-lutherischen Kirchen sollten sich verpflichten, nichts gegen das lutherische Bekenntnis zu sagen. Eine Sakramentsverwaltung sei ohne eine besondere Genehmigung nicht angängig. Auf diese Weise zogen der Bischof und Seebaß um die Landeskirche einen engen konfessionellen Zaun. Die Verfügung sollte zwar nicht die in der Landeskirche eingestellten Ostpfarrer treffen, aber dieser Ton der Selbstgerechtigkeit mußte sie doch kränken. Was würde zum Beispiel passieren, wenn Bischof Dibelius als Vorsitzender des Rates der EKD im Braunschweiger Dom einen Abendmahlsgottesdienst feiern wollte? Rohlfs stellte deshalb beim Landeskirchentag am 31. 3. 1949 den Antrag, diese Verordnung zurückzuziehen. Aber Seebaß und Erdmann verteidigten sie ausdrücklich. Es werde keine Trennungslinie zu den Lutheranern innerhalb der Union gezogen, beteuerten sie, wohl aber zu den Reformierten. Es wurde eine Sitzungsunterbrechung erzwungen und im Landeskirchentag die folgende, nicht nur im Ton, sondern auch in der Sache großzügigere Regelung durchgesetzt. „Wird es gewünscht, daß Pfarrer nicht ev.-luth. Kirchen den Dienst der Wortverkündigung und Sakramentsverwaltung übernehmen, so ist das Landeskirchenamt vorher zu benachrichtigen. Die Sakramentsverwaltung ist nach der Braunschweiger Agende zu vollziehen."[23] Mit dieser Regelung war es nun gestattet, daß Pfarrer aus jeder der EKD angeschlossenen Kirche in der Braunschweigischen Landeskirche predigen und das Abendmahl austeilen konnten. Genau dies jedoch war Oberlandeskirchenrat Seebaß unerträglich. Er unterlief den Beschluß des Landeskirchentages und veröffentlichte unter der Nr. 8407 am 2. Mai 1949 eine neue Verfügung, in der die Sakramentsverwaltung auf die Taufe beschränkt wurde. „Eine Verwaltung des heiligen Abendmahls kommt in diesen Fällen nicht in Betracht, da ja unsere Abendmahlsordnung einem Bekenntnis folgt, das von den Geistlichen nicht lutherischer Kirchen nicht geteilt wird."[24] Seebaß berief sich darauf, daß diese Neufassung der Verfügung mit dem Theologischen Ausschuß der VELKD abgesprochen wäre.

Hinter dieser Verfügung stand die Vorstellung von einem unüberbrückbaren Gegensatz zwischen lutherischem und reformiertem Bekenntnis.

---

[22] Verfügung des Landeskirchenamtes Nr. 2572 vom 10. 2. 1949 (LAB: G 765).
[23] LAB: Syn 189.
[24] Verfügung des Landeskirchenamtes Nr. 8407 vom 2. 5. 1949 (LAB: G 765).

Auf diesen Gegensatz sollte die braunschweigische Pfarrerschaft besonders aufmerksam gemacht werden, denn Bischof Erdmann empfahl für die Bearbeitung der Propsteipfarrertage im Jahr 1949 das Thema „Luthertum und Kalvinismus". Am ausführlichsten äußerte sich Ferdinand Hoerschelmann, ein aus Riga stammender, dreiundfünfzigjähriger Pfarrer in Bornhausen, der auch dem Lutherischen Bruderrat angehörte. Er beabsichtigte, so schrieb er am Anfang seines Vortragsmanuskripts, einen Frontalangriff gegen die Union. Der „Unionscalvinismus" habe „tödliche Einschränkungen" an wesentlichen Inhalten des Christentums vorgenommen. Die Unterschiede zwischen Calvin und Luther seien in den Lehrstücken von Gott, vom Gesetz, von Christus, von der Buße, von der Abendmahlslehre und von der Kirche so drastischer Natur, daß eben eine Union, wie sie im 19. Jahrhundert in den evangelischen Kirchen Preußens geschaffen worden war, völlig undenkbar und unannehmbar wäre. Diese befürchtete er in der Schaffung der EKD. Hoerschelmann dagegen hielt „an der substantiellen Objektivität des heiligen Gottesleibes" fest. Der lutherische Gottesdienst sei „noch bis in die Melodie, Gebärde und Schmuck eine Abwandlung des katholischen Gottesdienstes. So ehrerbietig sind wir."[25] Der Vortrag erreichte über die Bornhäuser Kirchengemeinde hinaus weitere Kreise der Landeskirche. Die aus den Gebieten der Kirchen der altpreußischen Union geflüchteten oder vertriebenen Pfarrersfamilien, die im Braunschweiger Raum hängen geblieben waren oder eine Arbeit gefunden hatten, mußten diesen Vortrag als eine unerträgliche Kränkung ihrer im Osten gepflegten Kirchlichkeit empfinden, die an Lebendigkeit und Widerstandskraft manche lutherische Gemeinden im Braunschweiger Land nun doch weit übertroffen hatte. Hans Joachim Iwand, Professor für systematische Theologie in Göttingen und vorher Kopf der ostpreußischen BK, wurde daher zu einem Korreferat eingeladen. Iwand zeigte sich von den Äußerungen Hoerschelmanns „aufs tiefste entsetzt und bestürzt"[26]. Iwand bedauerte die konfessionelle Verengung in der Nachkriegszeit als „konfessionelle Dschungelkämpfe des 20. Jahrhunderts". Er wies als profunder Lutherkenner die Vereinfachungen Hoerschelmanns zurück; die Union sei ja eine Verwaltungs- und keine Bekenntnisunion gewesen, die unbestreitbaren Gegensätze der reformierten und lutherischen Theologie des 16. Jahrhunderts wären aber nicht das brennende Thema der gegenwärtigen Kirche. Die Unterscheidungen von lutherisch – reformiert, positiv – liberal, evangelisch – katholisch hätten gegenüber den notwendigen Entscheidungen in der Hitlerzeit versagt. Man solle sich zwar von den erstrittenen Erkenntnissen der Väter nicht

---

[25] Ferdinand Hoerschelmann, Luther und Calvinismus, Eigendruck 1948, 23.
[26] Hans Joachim Iwand, Quousque tandem? Ein Wort wider den Bruderzwist im evangelischen Lager, in: Gesammelte Aufsätze, Bd. 2, München 1966, Nr. 10, 243.

ungestraft entfernen, aber darin auch nicht unbeweglich verharren. „Es ist das Peinliche und Uninteressante an dieser ganzen Diskussion, daß sie in der Ritterrüstung der Väter vollzogen wird und niemand das Visier herunterläßt und nun einmal seine Meinung zu der Sache sagt. Dadurch entfernt sich die ganze Streitfrage immer mehr von den Glaubensentscheidungen der lebendigen Gemeinde."[27]

Iwand hatte in seinem Vortrag die Befürchtung geäußert, daß die Hoerschelmannschen Ansichten in die Landeskirche eindringen würden. „Welche Kirche wird den Mut haben, ein solches Bouquet von wild zusammengepflückten Blumen und Gräsern, von ein paar schönen Blumen und so viel Disteln und Unkraut als ihr zugedacht entgegenzunehmen? Hoffentlich nicht die lutherische, hoffentlich auch nicht die lutherische in Braunschweig, trotz Corpus Julium."[28] Zweifellos waren in den lebendigen Gemeinden zu jener Zeit ganz andere Themen vorherrschend. Die oft leeren braunschweigischen Gotteshäuser waren von den Flüchtlingen nun überdurchschnittlich gut besucht. Erdmann selber berichtete vom ersten Weihnachtsgottesdienst 1945, die Lelmer Kirche sei seit zwanzig Jahren noch nie so voll gewesen wie in diesem Jahr. In den Kirchenvorständen saßen jetzt auch Vertriebene aus den unierten Ostkirchen. Sie hatten ihre Gesangbücher und ihre Frömmigkeit aus der Heimat mitgebracht. In diesen Kirchengemeinden konnte man nun fruchtbar miteinander lernen und sich von seinen Glaubenserfahrungen erzählen. Da ist es schwer verständlich, daß Bischof Erdmann die Reinheit der lutherischen Lehre vordringlicher erschien.

Allerdings war mit der Kontroverse dieser ungleichen Partner Hoerschelmann – Iwand der Anfang eines Konfliktes in der Landeskirche beschrieben, der sich bis in die Gegenwart auf immer neuen Schauplätzen fortsetzt. Seinen Ausgangspunkt nahm er von der Brüderngemeinde in der Stadt Braunschweig. Dort war seit 1942 Max Witte[29] (geboren 1909) Pfarrer, konnte aber erst nach der Rückkehr aus französischer Gefangenschaft die Linien seines theologischen Denkens in die pfarramtliche Praxis umsetzen. Es spricht manches dafür, Max Witte einen katholisierenden Barthianer zu nennen. Mit Karl Barth, den er 1931/32 ausgiebig in Bonn gehört hatte, teilte er den radikalen Offenbarungsbegriff, die strenge Trennung von Religion und Evangelium, das Dogma von der Verbalinspiration und der Jungfrauengeburt, die Liebe zu den Kirchenvätern und einen entschiedenen Antimilitarismus. In der Sakristei der zerstörten Brüdernkir-

[27] Ebd., 270.
[28] Ebd., 243.
[29] LAB: Personalakten Max Witte. Im März 1937 hatte sich Martin Erdmann um die Pfarrstelle der Brüderngemeinde Braunschweig beworben (s. LAB: Personalakten Erdmann).

che entfaltete Max Witte nun jene Gottesdienstformen, die jedem außenstehenden Besucher römisch-katholisch anmuten mußten: Er trug Meßgewänder statt des schwarzen Talars, nannte seine Gottesdienste Messe, hielt die Stundengebete, im Gottesdienst wurde zum Sündenbekenntnis und zum Abendmahlsempfang gekniet, das Kreuzeszeichen wurde geschlagen, es wurde Weihrauch geräuchert, am Altar hing eine Ewige Lampe, am Aschermittwoch wurde Asche auf den Kopf gestäubt. Der Altar war die Mitte des Gottesdienstes, weil durch die Konsekration die Elemente in Leib und Blut Christi vergegenwärtigt würden. Die Predigt Wittes dagegen war biblisch und reformatorisch. Witte sammelte bald eine anhängliche Gemeinde um sich. In der Woche hatte er 100 Abendmahlsgäste, eine für die Stadt Braunschweig außergewöhnlich hohe Zahl. Neben die ausgeprägt liturgische Gestaltung des Gottesdienstes trat eine starke missionarische Tätigkeit. Witte hielt Straßenpredigten und im Mai 1949 vier Wochen lang Missionsvorträge. Witte, der sich nicht schonte, erkrankte bereits 1950 ernsthaft, aber hatte die Freude, daß sich genügend Pfarrer für die Vertretung seiner ungewöhnlich geprägten Gottesdienste fanden. Dazu gehörten vor allem die Mitglieder des lutherischen Bruderkreises, dessen Vorsitzender Oberlandeskirchenrat Seebaß war. Der Bischof seinerseits förderte diesen nach seiner Meinung lutherischen Aufbruch nach Kräften. 1949 erschien eine von Witte für die Hand der Gemeinde und der an der Brüdernkirche amtierenden Pfarrer bestimmte siebenundfünfzigseitige Ordnung für die Messe und die Stundengebete, mit einem Anhang für Kollektengebete und Präfationen, einem Kalender der längst vergessenen Aposteltage und einem hilfreichen liturgischen Fremdwörterverzeichnis. Der Bischof schrieb dafür ein kurzes warmherziges Geleitwort. Oberlandeskirchenrat Seebaß hatte ihm ein Exemplar „zur Erhöhung Deiner Ferienfreude" in den Urlaub nachgeschickt und an Oberlandeskirchenrat Mahrenholz mit der zutreffenden Bemerkung „dahinter steht eine lebendige Gemeinde". Seebaß hatte Witte wenig vorher den förmlichen Auftrag des Landeskirchenamtes mitgeteilt, an der Erneuerung der lutherischen Gottesdienstordnung im Sinne der Arbeit des liturgischen Ausschusses der VELKD praktisch mitzuarbeiten. Erdmann und Seebaß sahen in Brüdern ein besonders hoffnungsvolles Zeichen kirchlicher Erneuerung, die für die ganze Landeskirche beispielhaft sein könnte.

Erdmann drängte immer wieder auf eine Grundsatzdebatte in der Landessynode. In seinem Lagebericht am 30. November 1950 fragte er die Abgeordneten: „Wollen wir wirklich eine luth. Kirche bleiben und was heißt das?"[30] Einen Tag später berichtete Propst Rauls im Plenum, ein katholischer Pfarrer habe ihn in Goslar erfreut darauf angesprochen, daß

---

[30] LAB: Syn 190.

in einer evangelischen Kirche in Braunschweig Messen gehalten würden. „Ist das, was dort geschieht, von der Landeskirche gebilligt und soll das Predigerseminar in dieser Richtung beeinflußt werden?"[31] Zu der vom Bischof gewünschten Besinnung über den theologischen Bekenntnisstand in der Landeskirche kam es erst nach Bildung der neuen Landessynode 1952. Name, Wahlordnung und Größe des Landeskirchentages waren im November 1951 verändert worden. Der Landeskirchentag gab sich nun den Namen Landessynode, die Propsteien bildeten je einen Wahlkreis und die Propsteisynoden wählten ihre Abgeordneten. Die Anzahl der Synodalen wurde auf 48 erhöht, davon vier berufene. Von diesen 48 Synodalen gehörten nur acht dem alten Landeskirchentag an. Diese neue Synode wagte ein Experiment und zog sich dazu am 13. und 14. Oktober 1952 in ein Erholungsheim der Inneren Mission der Hannoverschen Landeskirche bei Clausthal-Zellerfeld, in das Johanneser Kurhaus zurück. Es sollte eine Arbeitstagung ohne Beschlußfassung sein, bei der Professor Wilhelm Maurer aus Erlangen und Predigerseminardirektor Gerhard Kunze aus Preetz zu Referaten über das Bekenntnis und den Gottesdienst der Kirche eingeladen waren. Nach einer Andacht des Bischofs folgte eine Bibelarbeit vom Braunschweiger Predigerseminardirektor Rudolf Brinckmeier, über die anschließend eine lebhafte, einstündige Aussprache unter den Synodalen stattfand. Das entsprach eindeutig dem Geschmack Erdmanns, der früher einmal gesagt hatte, eine Kirchengemeinde ohne Bibelstunde sei eine Unmöglichkeit.

Professor Maurer nahm eindrucksvoll auf die besondere Situation bei der Bekenntnisbildung in der Geschichte der Braunschweigischen Landeskirche Bezug. Das Bekenntnis sei in der Landeskirche seit der Reformation politisch und gesetzlich mißverstanden worden, außerdem habe dem Bekenntnis in Braunschweig eine tragende evangelische Volksbewegung gefehlt. Auch die Bekenntnisbewegung des 19. Jahrhunderts sei im Braunschweigischen eine Koalition weniger lutherischer Pfarrer mit den Kräften des politischen Konservatismus gewesen. Sie war daher in Gefahr, zur politischen und kirchlichen Partei zu werden. „Aus dieser Erfahrung und aus dem Rückblick auf die Fehlerquellen der geschichtlichen Entwicklung muß die Landeskirche lernen, daß das Bekenntnis kein Gegenstand für die Spitzfindigkeit der Theologen, sondern Herzenssache der lebendigen Gemeinde werden muß."[32] Das Bekenntnis sei keine Rechtsnorm vergleichbar einer Dienstvorschrift, kein Lehrbuch mit zusammen-

---

[31] Ebd.

[32] Wilhelm Maurer, Was bedeutet die Bindung an Schrift und Bekenntnis für die Verkündigung der Pfarrer? Vortragsmanuskript in der Anlage zum Protokoll der Sitzung der Landessynode vom 13. 10. 1952 (LAB: Syn 194); hier zitiert nach BVBl. vom 9. 11. 1952.

hanglosen Lehraussagen, sondern Hinweis „auf den Kern der Nuß, auf das Evangelium in der Heiligen Schrift"[33]. Predigerseminardirektor Kunze warb für eine Erneuerung des Gottesdienstes, wie sie heute in der Ordnung der Agende I üblich ist, damals aber aus der Übung der braunschweigischen Gottesdienstordnung von 1876, letzter Druck 1938, noch sehr ungewohnt erschien. An Stelle des Glaubensliedes sollte nun das apostolische Glaubensbekenntnis sonntäglich gesprochen werden, der Liturg müsse auf Kunstgesang und Orgelbegleitung verzichten und sich im liturgischen Sprechen üben, das Abendmahl sollte sonntäglich gefeiert werden. Wochengottesdienste und Öffnung der Kirchen könnten die Gemeinde näher an den Gottesdienst heranführen.[34] Nach den Referaten teilten sich die Synodalen in fünf Arbeitsgruppen, von denen eine sogar von Zuhörern gebildet wurde. In allen Arbeitsgruppen wurde auch über die Gottesdienstordnung der Brüderngemeinde diskutiert. Das Wort „Messe" wurde abgelehnt. Pfarrer sollten keinen Totalitätsanspruch erheben und andere als Irrlehrer hinstellen. Man dürfe die Gegensätze weder verketzern noch verkleistern, sondern müsse weiter an den liturgischen Fragen arbeiten. Direktor Kunze war vorher in einem Gottesdienst der Brüderngemeinde gewesen und hatte mit Pfarrer Witte ein ausgiebiges Gespräch. Er faßte seine Eindrücke im Arbeitskreis der Synode in dem vernichtenden Urteil zusammen: „Die Dinge um Brüdern möchten doch zum Frieden der Landeskirche wieder vergehen."[35] Die Arbeitstagung der Landessynode stand unter dem unausgesprochenen Zeichen der BK, der Brinckmeier, Brinkmann, Menzel und Kunze angehört hatten. Die Synodalen hatten zur Vorbereitung der Arbeitstagung sogar den Wortlaut der Barmer Erklärung von 1934 zugeschickt bekommen, und es gab über die umstrittene theologische Qualifizierung, ob Bekenntnis oder Erklärung, eine Aussprache mit uneinheitlichem Ergebnis. So hatte sich die Synode in eine von Erdmann unvermutete Richtung entwickelt. Hatte er sich von dem Professor für Kirchengeschichte aus Erlangen eine mehr fundamentalistische Interpretation des Bekenntnisses erhofft? Wohin die Erwartungen Erdmanns unter anderem gingen, machte sein Debattenbeitrag deutlich, als darüber diskutiert wurde, ob nicht der Landesbischof über strittige Fragen in der Lehre und der Gottesdienstordnung entscheiden müsse. Erdmann nahm für sich eine Art bischöfliches kirchliches Lehramt in Anspruch und sprach von seiner besonderen Verantwortung für die Lehre. Herdieckerhoff und Jürgens widersprachen ihm und sahen das Entscheidungsrecht in den Händen der Gemeinde.

Das Echo auf die zweitägige Arbeitstagung war ungewöhnlich groß. Nur zwei Tage nach Beendigung der Landessynode schrieb Bischof Erd-

---

[33] Ebd.
[34] Ebd.
[35] Protokoll der Tagung vom 13./14. 10. 1952, 5 (LAB: Syn 194).

mann auf Bitte der Synode an alle Pfarrer und Pfarrvikare der Landeskirche einen Brief. „Die Synode hat mich gebeten, als erste Bemühung um diese Fragen die Propsteisynoden zu beauftragen, sich mit den Fragen 1. Was ist eigentlich die Kirche? 2. Was ist das kirchliche Amt? 3. Was bedeutet Liturgie? 4. Wie verstehen wir das Heilige Abendmahl? 5. Gibt es ‚heilige Dinge‘? intensiv zu beschäftigen, damit die unter uns aufgebrochenen Fragen nicht auf Grund bloßer Stimmungen, sondern mit Sachkenntnis behandelt werden können."[36] Der Verlauf der Landessynode hatte die Synodalen aus einer konfessionalistischen lutherischen Enge zu einem geradezu ansteckenden freien aber verantwortlichen Umgang mit den Fragen des Gottesdienstes und des Bekenntnisses geführt. Die Erkenntnisse dieser richtungweisenden Arbeitstagung wurden jedoch nicht fruchtbar weiterentwickelt. Die Synode mußte sich vielmehr wegen der Unterstützung der Brüderngemeinde durch den Landesbischof noch bis ins Jahr 1954 mit den Gottesdiensten an der Brüdernkirche beschäftigen.

Der Bischof selber war es, der in eigentümlicher Starrheit das lutherische Bekenntnis nicht „als Herzenssache" der lebendigen Gemeinde aufnahm, sondern als ein fremdes Zitat aus vergangenen Jahrhunderten. So faßte er seinen Eindruck im Tätigkeitsbericht vor der Landessynode am 26. Februar 1953 zusammen: „Gerade weil es uns allen darauf ankommt, daß durch das lauter und rein gepredigte Wort und die schriftgemäße Austeilung des Sakraments Menschen selig werden sollen in unserer Landeskirche, können diese Gnadenmittel nicht in dieser Gemeinde so und in einer anderen anders verwaltet werden."[37] Erdmann bekannte sich ausdrücklich persönlich zu dem Corpus doctrinae Julium. Das wirkte gegenüber der Synode etwas gespreizt, aber er wollte ja eine Abgrenzung vollziehen. Er lehnte jede Entmythologisierung ab. Dies war eine etwas schlichte Auseinandersetzung mit der Theologie Rudolf Bultmanns, über die dann auch nicht weiter diskutiert wurde. In der Pfarrerschaft ist dieses einseitige Eintreten Erdmanns für die Brüderngemeinde nicht verstanden worden. „Ich habe mit tiefem Bedauern gesehen, wie der Wittestreit Sie an den Rand einer Vertrauenskrise in der Pfarrerschaft geführt hat; ich höre jetzt aus der Gemeinde ebenfalls Stimmen eines tief erschütterten Vertrauens,"[38] schrieb Pfarrer Friedrich Müller aus Sauingen an den Bischof. Erdmann notierte sich aus dem folgenden Gespräch mit Müller auf den Briefrand: „Die Sache an Brüdern ist sehr ernst zu nehmen, da sie die Bekenntnisgrundlagen der Landeskirche positiv angeht"[39]. Der Brief

---

[36] Brief des Bischofs an die Pfarrer, BVBl. vom 9. 11. 1952.
[37] Protokoll der Sitzung der Landessynode vom 26. 2. 1953, 5 (LAB: Syn 195).
[38] Briefwechsel Erdmann (LAB: acc. vom 10.10.1977, Bd. 12.1, Schr. vom 9. 11. 1952.
[39] Ebd.

Müllers war keine Ausnahme. „Viele in unserer Landeskirche haben mich immer wieder nach meiner Stellung zu Brüdern gefragt und mich getadelt, weswegen ich nicht ein einfach klärendes Wort schriebe"[40], äußerte Erdmann.

Die Unruhe in der Landeskirche wurde verschärft durch den Anhänger Wittes, Hellmut Lieberg, der während der Erkrankung Wittes 1950–1952 als Vikar und Hilfsprediger an der Brüdernkirche ausgeholfen hatte. Im August 1952 kündigte er den Pfarrern der Stadt Braunschweig schriftlich die Kirchengemeinschaft auf. Schon vor seiner Übernahme in das Pfarramt kündigte Lieberg an, Kollekten für die EKD zu verweigern, denn selbst die Zugehörigkeit der VELKD zur EKD sei „eine Unmöglichkeit"[41]. Bischof Erdmann jedoch versicherte Lieberg in einem Gespräch vor seiner festen Anstellung, daß die Grundordnung der EKD in der Landeskirche keine Gesetzeskraft hätte. Damit aber sah die neu gewählte Kirchenregierung die Grenzen des Erträglichen erreicht und teilte Lieberg am 18. 12. 1952 mit, daß er unter diesen Umständen mit einer Anstellung nicht rechnen könnte und versetzte ihn als Hilfsprediger nach Saalsdorf. Der Bischof schrieb indes an Witte, daß er in der Kirchenregierungssitzung gegen diesen Beschluß gestimmt habe. Es sprach für die Unerschrockenheit Liebergs, daß er auch in Saalsdorf das Stundengebet und Wochengottesdienste ansetzte und nach erheblichen Anfangsschwierigkeiten auch eine in seinem Sinne geprägte Gemeinde um sich sammeln konnte. Während der Synodaltagung am 16. März 1953 kam es wegen dieses Schreibens von Erdmann an Witte zu einer leidenschaftlichen Debatte, in der Pfarrer Menzel, Schöningen, feststellte, daß „leider Gottes in diesem Punkt das Vertrauen zu unserer Führung in sich stark gelitten hat"[42]. Erdmann verließ darauf empört das Plenum. Er konnte auch später die Wogen nicht glätten. Nach quälenden und immer neuen Versuchen, Pfarrer Witte zu einem freiwilligen Verzicht wenigstens auf einen Teil der katholischen Gebräuche zu veranlassen und nach zahlreichen Ausschußsitzungen und Synodaltagungen beschloß die Synode am 31. 3. 1954 eine einstimmig verabschiedete Vorlage des Rechts- und Gemeindeausschusses, die mit 36 Ja- gegen 4 Neinstimmen bei drei Enthaltungen angenommen und am 20. April 1954 unter der Nr. 6025 „Kultische Gebräuche betreffend" veröffentlicht wurde.[43] Der aus einem Satz bestehende Geset-

---

[40] Die Aussprache, Hauszeitung der Braunschweigischen ev.-luth. Landeskirche, Nr. 12 von Dez. 1952, 2 (LAB: R 245).

[41] Gotthard Hoerschelmann, Lebensbild von Pastor Hellmut Lieberg, in: De fundamentis ecclesiae, Gedenkschrift für Pastor Dr. Hellmut Lieberg, Braunschweig 1973, 15ff, hier 21.

[42] Protokoll der Sitzung der Landessynode vom 16. 3. 1953, 33 (LAB: Syn 195).

[43] LKABl. 1954, 11ff.

zestext verbot kultische Gebräuche, die der landeskirchlichen Übung nicht entsprechen und der Mißdeutung unterliegen, wie z. B. die Verwendung von Weihrauch, Asche und einer Ewigen Lampe. Ungewöhnlicherweise wurde dem Gesetz eine vier Spalten lange schriftliche Begründung angefügt. Oberlandeskirchenrat Seebaß indes hatte noch vor der Abstimmung des Gesetzes vor dem Plenum der Landessynode erklärt: „Ich befürchte, daß dieses Gesetz Unheil anrichtet, daß es den lutherischen Charakter unserer Landeskirche beeinträchtigt und uns in unabsehbare Schwierigkeiten hineinstürzen wird"[44].

Als nach dieser eindeutigen Gesetzeslage der Landesbischof und Oberlandeskirchenrat Seebaß vor der Landessynode am 14. 4. 1955 noch einmal auf das ihrer Meinung bekenntniswidrige sog. Brüderngesetz zu sprechen kamen, eskalierte die Debatte mit 27 Wortmeldungen, der Synodale Gerhard Kalberlah kündigte Protestaktionen gegen den Landesbischof an und forderte Oberlandeskirchenrat Seebaß zum Rücktritt auf, wenn er weiterhin Gesetze der Landessynode nicht respektiere. Der Schlußbeitrag des Landesbischofs wurde von Zwischenrufen unterbrochen. Drei Monate später starb Pfarrer Witte an einer Thrombose am 11. Juli 1955, eine Woche nach seinem 46. Geburtstag. Am 6. Juli hatte er sein zwanzigjähriges Ordinationsjubiläum begangen und seinen Freunden von sich geschrieben: „Er bekennt in diesen widerwärtigen Zeiten fröhlich die Unfehlbarkeit des geschriebenen Wortes Gottes und daß das Buch concordia den alleinseligmachenden Glauben der Kirche Gottes getreu der Hl. Schrift bezeugt (darin er Ev. St. Lukas Kap. 15 am liebsten hat)"[45]. Der Landesbischof verlor zwei Jahre später den anderen Bundesgenossen. Oberlandeskirchenrat Seebaß starb dreiundsechzigjährig am 25. April 1957, und um Pfarrer Lieberg, der seit 1960 an der Brüdernkirche amtierte, wurde es von Jahr zu Jahr einsamer. Von dieser Einsamkeit in der Bekenntnisfrage war zunehmend auch Bischof Erdmann betroffen. Er verweigerte bis zum Ende seiner Dienstzeit im Jahre 1965, dem Beispiel der Hannoverschen Nachbarkirche bewußt nicht folgend, die Zulassung von Frauen zum Pfarramt. Die Landessynode wartete bis zum Ruhestand des Landesbischofs, um einen Nachfolger zu wählen, dem sie die Durchsetzung des sog. Pastorinnengesetzes zur Bedingung machte.

Erdmann war trotz dieser Engführung in der Bekenntnisfrage und seiner isolierten Position in der Landessynode durch sein leutseliges und für seine Umgebung offenes, auch immer jugendlich wirkendes Wesen keinesfalls ein einsamer Bischof. Seine schlichte Frömmigkeit und die Ver-

---

[44] Protokoll der Sitzung der Landessynode vom 31. 3. 1954, 23 (LAB: Syn 196).

[45] Rundbrief für ev.-luth. Christen vom 17. 7. 1955, hrsg. v. Pastor Werner Topfer, Harburg (LAB: Nachlaß Lieberg 47).

ständlichkeit seiner Sprache machten ihm viele Freunde. Erst am Ende seiner bischöflichen Amtstätigkeit beklagte der Bischof, daß er wenig zu theologischer Lektüre gekommen sei. So trat er vor der Synode, als er den Streit zwischen Fuchs und Künneth um die Auferstehung Jesu streifte, für einen unbefangenen, unkritischen, nicht weiter zu befragenden Auferstehungsglauben ein, wie er in der Bibel aufgezeichnet sei. Er sah durch die Methode der historisch-kritischen Forschung eher die Glaubwürdigkeit der Prediger in Gefahr. Solcher unkritische Umgang mit Bibel und Bekenntnis, verbunden mit einer durch Fröhlichkeit und Gläubigkeit sympathischen Enge hat Landesbischof Erdmann in weiten Teilen der braunschweigischen Bevölkerung populär gemacht.

Es gehört zur erstaunlichen Seite der Bemühung um Bekenntnis und Frömmigkeit in der Braunschweigischen Landeskirche in jener Zeit, daß sie den wunden Punkt in der Bekenntnisfrage überhaupt nicht berührte, nämlich das bekenntniswidrige Zeugnis der Deutschen Christen und die daraus resultierende Frömmigkeit und Katechese. Das war weder mit der militärischen Niederlage 1945 noch mit einigen wenigen Pensionierungen erledigt. Außerdem gab es zahlreiche ehemalige Deutsche Christen im aktiven Dienst und in führender Stellung, die sich weder zu ihren früheren Irrtümern noch zum gegenwärtigen Stand ihres persönlichen Bekenntnisses geäußert hatten. Über das Bekenntnis der Deutschen Christen ein gründliches theologisches Gespräch in der Pfarrerschaft zu führen, wäre ein persönlich schmerzliches, gedanklich jedoch klärendes, sittlich heilsames und allerseits weiterführendes Unterfangen gewesen. Es blieb zum Schaden der Landeskirche aus, wie die fällige Auseinandersetzung mit dem Nationalsozialismus zeigt.

3. Die persönliche Auseinandersetzung Erdmanns mit dem Nationalsozialismus

Die Auseinandersetzung Erdmanns mit dem Nationalsozialismus begann im Jahr 1931. Landesbischof Bernewitz hatte den Pfarrkonferenzen zur wissenschaftlichen Bearbeitung und Besprechung zwei Themen zur Auswahl gestellt: Verkürzt hießen sie „die Freidenkerbewegung" oder: „Die religiöse Bewertung der völkischen Bewegung". Die braunschweigische Pfarrerschaft wählte ohne Ausnahme das zweite Thema, bearbeitete es schriftlich und diskutierte über die dabei aufgestellten Beobachtungen und Beurteilungen in den sog. Predigersynoden, den heutigen Amtskonferenzen. Erdmann lieferte am 1. Juli 1931 bei Kirchenrat Oelker eine acht Seiten lange handschriftliche Ausarbeitung unter dem leicht veränderten

Titel „Nationalsozialismus und Christentum" ab[46]. Erdmann hatte dazu Hitlers „Mein Kampf" gelesen und ging im ersten Teil der Beschreibung des Nationalsozialismus von der Biographie Hitlers aus. Er schilderte dessen persönliche Wiener Eindrücke von der Arbeitslosigkeit, von den sozialen Gegensätzen, von dem Judentum als „Schlüssel zum Erfassen der Absichten der Sozialdemokratie" und das Anwachsen der nationalsozialistischen Bewegung. „Wir sehen in Hitler einen Menschen, der von glühender Vaterlandsliebe beseelt dies ihm heilige deutsche Land und Volk befreien will von allen Schädlingen und es neu aufbauen will an Leib und Seele nach der fast vollendeten Zerstörung durch den jüdisch geleiteten Marxismus."[47] Die nationalsozialistische Bewegung sei nicht von einigen Leuten ausgedacht, sondern eine lebende Weltanschauung mit dem Ideal des deutschen Menschen und der arischen Rasse. Sie sei eben nicht nur eine Partei mit einem Programm. Partei sei der Nationalsozialismus nur solange, bis das Volk vom nationalsozialistischen Gedanken durchdrungen sei und sie die absolute Herrschaft im Staate habe. Erdmann verzichtete daher auf die Darstellung des nationalsozialistischen Parteiprogramms. Es gehe nicht um diese oder jene Ziele oder Ablehnung einzelner Parteiprogramme, sondern „es geht hier um Grundsätze"[48]. Erdmann stellte dann die Rasse als den Mittelpunkt der nationalsozialistischen Weltanschauung heraus. „Rasse ist alles". Sie sei die Grundlage des Volkes. Das Ziel der Volksführung sei nicht Ruhe und Ordnung, sondern die Entfaltung aller Kräfte zur Selbstbehauptung einer Rasse, der Sinn der Ehe liege in der Fortpflanzung der Rasse, und die Mission der Volksführung sei es, die arische Kultur der Menschheit zu bringen. Das Judentum sei eine „Weltpest", ihre Behauptung als Religionsgemeinschaft nur eine Lüge. Erdmann schlußfolgerte zutreffend. „Die Rasse wird also vollkommen absolutiert [...] vielleicht kann man richtig sagen: Die Rasse ist der Gott des Nationalsozialismus."[49] Aus dieser in vielerlei Hinsicht scharfsinnigen Beobachtung folgerte Erdmann, daß zwischen Christentum und Nationalsozialismus grundsätzliche Unterschiede vor allem in der Gottesfrage bestünden. Zunächst aber beschrieb Erdmann, welches Verständnis die nationalsozialistische Weltanschauung von der Religion habe. Das Christentum werde anerkannt, soweit es der Förderung des Rassegedankens dient. Erdmann sieht hier scharf, was viele seiner Amtsbrüder damals übersehen hatten, nämlich daß der § 24 des Parteiprogramms vom „positiven Christentum" unter der Einschränkung stand: soweit dieses der Rasse dient. Erdmann suchte im zweiten, beurteilenden Abschnitt dem Nationalsozialismus gerecht zu werden und hob aus seiner Sicht die positiven Gesichtspunkte heraus. „Es tut uns Deutschen der Nachkriegszeit Not,

---

[46] LAB: G 720.   [47] Ebd.   [48] Ebd.   [49] Ebd.

120

daß wir erzogen werden und unser neues Geschlecht erziehen zu Pflicht-
gefühl und Verantwortungsbewußtsein gegenüber der Gesamtheit [...]
‚Gemeinnutz geht vor Eigennutz' – das muß einem Geschlecht erst wieder
eingehämmert werden, das nur von Schiebungen, Korruption und Über-
vorteilungen aller Art im privaten wie im öffentlichen Leben weiß."[50] Das
Führertum müsse betont werden. „Die Forderung der Wehrhaftigkeit und
der Erziehung zum Wehrwillen, zur Mannhaftigkeit fehlt uns, seitdem die
hohe Schule der Mannhaftigkeit, unser altes Heer, zerschlagen ist."[51] Die
Weimarer Republik sei nichts als „Entartung, Knechtschaft, Verderbtheit,
Zerfall". Der Wert der Arbeit müßte wieder höher geschätzt werden. Erdmann teilte offensichtlich das deutschnationale Weltbild von der Weimarer Republik und der Kaiserzeit. Trotzdem: ein Christ könne nie Nationalsozialist werden, da das Ideal des rassereinen Volkes ein rein diesseitiges,
also materialistisches sei. „Der Materialismus unterscheidet sich von dem
der Sozialdemokratie und des Kommunismus nur dadurch, daß er wohl
von Gott redet, sich aber nicht unter Gott beugt. [...] Natürliche Dinge
gelten als Triebkräfte des Menschen- und Völkerlebens; Gott wird neben-
bei mit eingeordnet. Über die Rasse geht nichts."[52] Der Nationalsozialismus wolle Gott nicht so, wie er sei. Von Sünde und Gnade, von Gericht
und Erlösung finde man nichts bei Hitler. Die Buße des Nationalsozialisten rieche nach der des Pharisäers im Tempel. Hitler gehe an Christus
vorbei.

Zum praktischen Verhalten der Kirche und der Pfarrer zum Nationalsozialismus riet Erdmann, den Nationalsozialismus nicht abzulehnen und
auch nicht über seine Mängel und die haarsträubenden Unkenntnisse und
Verzerrungen in Hitlers „Mein Kampf" zu lächeln, denn der Nationalsozialismus sei auf dem Weg zum Siege. Dem Nationalsozialismus nachzu-
laufen, wäre der Untergang der Kirche, aber ihn zu bekämpfen, fehlten die
Waffen und würde vom Volk auch nicht verstanden. Die Aufgabe der Kirche sei es, zu zeigen, daß Volk und Rasse keine letzten Dinge seien. Sie
habe vielmehr nur das Evangelium zu verkündigen und sich persönlich
um den einzelnen Nationalsozialisten zu kümmern. Erdmann aber sah die
Situation sich zuspitzen: „Es geht ums Ganze. Um die Herrschaft Gottes
in einem Volk oder die Herrschaft der Materie."[53]

Der Aufsatz Erdmanns ist ein gutes Beispiel dafür, wie die Lektüre von
Hitlers „Mein Kampf" dem frommen Leser die Augen öffnen konnte für
die atheistische Mitte des Nationalsozialismus, den propagandistischen
Stellenwert des positiven Christentums und die Unmöglichkeit einer Kooperation. Erdmann hatte hierin eine Sicht der politischen Entwicklung,
mit der er vielen braunschweigischen Pfarrern weit voraus war.

---

[50] Ebd.   [51] Ebd.   [52] Ebd.   [53] Ebd.

Der Eintritt Erdmanns in die NSDAP, vermerkt unter dem Sammeldatum 1. 5. 1933, wirkt nach diesem Aufsatz widersprüchlich, war aber durchaus nicht unüblich. Über die Gründe hat sich Erdmann öffentlich nie geäußert. In beiden Kirchengemeinden Erdmanns, Räbke und Lelm, wurde je eine Gruppe der Deutschen Christen gegründet, die sich dem Bericht Erdmanns in der Kirchenchronik zufolge schon im Februar 1934 von selbst wieder auflöste[54]. Für diese Zeit, genau vom 1. 7. 1933 bis zum 1. 2. 1934 gab Erdmann auch die eigene DC-Mitgliedschaft an. Es liegt die Vermutung nahe, daß Gründung und Zerfall der DC-Gruppe in Lelm mit dem Eintritt und Austritt des Ortspfarrers zusammenhängen. Für eine kurze Zeit also war auch Erdmann dem Irrtum der Deutschen Christen verfallen. Auch darin bildete er keine Ausnahme, sondern so war es manchen braunschweigischen Pfarrern ergangen, die sich dann in der kirchlichen Mitte oder im Pfarrernotbund wieder zusammenfanden. Sie sahen sich wie Erdmann während der Zeit der Weimarer Republik in einem Kirchenkampf. Immer wieder wurden diese militanten Töne im Kreiskirchentag von Helmstedt, dem Erdmann angehörte, angeschlagen. So forderte sogar Oberkirchenrat Meyer aus Wolfenbüttel nach einem markigen Referat von Pfarrer Richard Wandersleb, Emmerstedt, man müsse mit Selbstbewußtsein, Kampfesfreudigkeit und dem Glauben an den Sieg in den Kampf hineingehen. Die Feinde seien zur Linken die Freidenker und zur Rechten die katholische Kirche. Tatsächlich jedoch waren diese verhaßten Parteien der sozialliberalen Koalition samt dem Zentrum im preußischen Landtag die Träger einer zehnjährigen und damit stabilsten Regierungskoalition der Weimarer Zeit unter Ministerpräsident Braun gewesen. Erdmann indes beklagte in einem Referat über „Kirche und Heidenmission" auf demselben Kreiskirchentag 1929, wie aus der sozialistischen Presse jedes gedruckte Wort der Freidenker die letzten Funken des Christentums aus dem Herzen eines ständigen Lesers herausrissen. Kirchenrat Oelker beschwor zwei Jahre später in seinem Tätigkeitsbericht, an einer Front zu helfen, „ehe die Dämme vollends gerissen sind und Verderben bringende Schlammfluten sich über unser Volk ergießen"[55]. Erdmann beantragte, diesen Bericht für die Hand der Gemeinde zu vervielfältigen. Mit dem Beginn der Kanzlerschaft Hitlers war dieser Kirchenkampf Anfang 1933 endlich ausgestanden und zu Ende.

---

[54] PA Lelm: Kirchenchronik Räbke o. S., auch Kirchenchronik Lelm, 61. Zur DC-Mitgliedschaft von Erdmann werden in den Entnazifizierungsakten Erdmanns zwei voneinander abweichende Bemerkungen gemacht. Erdmann selbst gibt den Zeitraum von Juli 1933 bis Januar 1934 an. Im Opinion Sheet heißt es: „Erdmann war Mitglied der DC 1932–1934" (LAB: Entnazifizierungsakten Nr. 10).

[55] Ephoralbericht von Kirchenrat Oelker auf dem Kreiskirchentag am 15. 6. 1931 in Helmstedt (LAB: S 490).

Erdmann war davon angetan, daß die Gliederungen der Partei in Räbke geschlossen zum Gottesdienst marschierten und ihre Fahnen mitbrachten. Vielleicht verstand er seinen Eintritt in die NSDAP und in die DC als Dank für den überstandenen Kirchenkampf in den zwanziger Jahren. Als Deutscher Christ war Erdmann auch Teilnehmer an der erweiterten Vorstandssitzung des gleichgeschalteten Landespredigervereins am 4. September 1933, auf der Pfarrer Bruno Denecke, Groß Twülpstedt, über das Thema „Hakenkreuz und Christuskreuz" in der bekannten deutschchristlichen Fassung redete. „Das Hakenkreuz verlangt Leben aus Gott von uns; das Christuskreuz gibt uns das Leben aus Gott."[56] In der anschließenden regen Aussprache schwieg Erdmann. Seit November 1934 aber befand sich Erdmann auf der anderen Seite beim Pfarrernotbund. Dagmar v. Hoerschelmann, die einzige „Illegale" und dem Pfarrernotbund unterstehende kirchliche Mitarbeiterin, hielt hin und wieder im Jungmädchenkreis Bibelstunden, und im Frühsommer 1939 besuchte der vom Pfarrernotbund ins Leben gerufene „Bruderkreis für Volksmission" die Lelmer Kirchengemeinde. Dabei hielten Adolf Althaus, Oker, Ernst Heinrich Kammerer, Hohegeiß, Ottmar Palmer, Berka, in einem Abendgottesdienst Vorträge. Andere Kontakte der Gemeinden Erdmanns zur BK bis 1945 sind bisher nicht bekannt geworden.

Am 30. August 1945 schrieb Pastor Georg Althaus nach Eingang des Fragebogens zur Entnazifizierung an das Landeskirchenamt, wie man in Zukunft mit den Deutschen Christen in der Landeskirche umgehen sollte: „Ich weiß von Pastoren, die s. Zt. zu den Deutschen Christen gingen, weil sie damals die Fehleinstellung der Deutschen Christen noch nicht erkannt hatten, oder doch glaubten, mit anderen verantwortungsbewußten Amtsbrüdern die Bewegung der Deutschen Christen in guter Weise beeinflussen zu können. Sie haben hernach ihren Irrtum erkannt. Manch einer unter ihnen ist trotz seiner deutschchristlichen Einstellung ein tüchtiger Pastor gewesen. Mir liegt daran, daß auch jetzt die Politik unsere kirchliche Arbeit ja nicht belaste, sondern das lautere Evangelium gepredigt werde. Wer das gleiche Ziel hat, ist mir als Mitarbeiter willkommen."[57] Trotz seines verständnisvollen Briefes war es zwischen der Kirchenleitung unter Erdmann und Pfarrer Georg Althaus zu einer erbitterten Auseinandersetzung über die Entnazifizierung in der Landeskirche gekommen.

Althaus war im Oktober 1935 im Braunschweiger Rennelberggefängnis inhaftiert worden, weil er im Konfirmandenunterricht für die Juden gebetet hatte. Am 6. Februar 1936 war er vor dem Braunschweiger Sondergericht mit gezielten publizistischen Begleiterscheinungen zu sechs Monaten Gefängnis verurteilt worden und während der Gefängniszeit von

---

[56] Niederschriftsbuch für die Sitzungen des LPV 1932–1955 (LAB: LPV 33).
[57] Schr. vom 30. 8. 1945 (LAB: Personalakten G. Althaus, Bd. 1, Bl. 239).

der Kirchenleitung, zu der damals schon Oberlandeskirchenrat Röpke gehörte, mit einem Disziplinarverfahren überzogen worden, das mit einem Verweis endete. Anders als Erdmann war Georg Althaus wirklich ein exemplarisches Opfer der nationalsozialistischen Justiz gewesen. Mit Althaus wollte die Braunschweiger nationalsozialistische Justiz den Pfarrernotbund treffen und warnen. Althaus war in Verwaltungssachen seit Beginn seiner pfarramtlichen Tätigkeit sträflich nachlässig gewesen, was zu zahlreichen Ordnungsstrafen und Verweisen geführt hatte und für das Landeskirchenamt immer wieder Anlaß zu ärgerlichen Reibereien war, so auch wieder 1950 mit Oberlandeskirchenrat Röpke. Daraufhin stellte Althaus im Februar 1951 den Antrag, sein Dienststrafverfahren aus dem Jahre 1936 zu tilgen. Es war mehr als ungeschickt, daß die Kirchenleitung dieses nicht längst von sich aus veranlaßt hatte, wie es Röpke z. B. im Falle Buttler bereits 1945 getan hatte. Das mochte indes auch damit zusammenhängen, daß dem seinerzeitigen Rechtsverständnis nach Röpke guten Glaubens war, rechtmäßig gehandelt zu haben. Wer mit dem Gesetz in Konflikt kam, bekam als Beamter automatisch ein Dienststrafverfahren. So war es in der Kirche immer üblich gewesen.

Hier wäre es die Aufgabe eines sensiblen Bischofs gewesen, von sich aus derlei „Altfälle" aufzugreifen und rechtlich wie vor allem seelsorgerlich zu bereinigen. Althaus, der auch im Kreisausschuß für die Opfer des Faschismus und in der Kammer des Niedersächsischen Beschwerdeausschusses für Sonderhilfssachen mitarbeitete, ging es bei diesem Antrag nicht um seine persönliche Rehabilitierung, sondern „um eine solche Aufhebung meiner Bestrafung, die sachlich ein Abrücken von dem Unrecht darstellt, das damals den Juden und anderen unschuldigen Menschen zugefügt worden ist"[58]. Althaus schloß den Brief mit: „Ernsthafte Buße – nur an einer solchen liegt mir – trägt wunderbare Früchte." Die Kirchenregierung teilte Althaus am 30. 3. 1951 mit, sie habe die Dienststrafe von 1936 gelöscht. Sie hatte daraus genau das gemacht, was Althaus gerade vermeiden wollte: einen persönlichen Fall. Sie hatte das geistliche Anliegen von Althaus privat und bürokratisch aus dem Wege räumen wollen und dabei Absicht und Person des Timmerlaher Pfarrers schwer unterschätzt. Ende April 1954 stellte Althaus als Verfolgter des Naziregimes einen Antrag auf finanzielle Entschädigung durch den Staat auf Grund eines im September 1953 ergangenen Gesetzes und bat das Landeskirchenamt lediglich um Unterstützung des Antrages. Außerdem aber beantragte Althaus die Rückzahlung der von ihm gezahlten Verfahrenskosten von 1936 und die Rückgabe der Broitzemer Kirchengemeinde, die ursprünglich zu Timmerlah gehört hatte. Althaus verband sein Schreiben in einer ergänzenden Be-

---

[58] Schreiben von Althaus, 17. 2. 1951 (im Besitz der Familie Pultke; s. a. LAB: Aktenbestand „Fall Althaus" Nr. 3).

gründung mit dem Vorwurf, daß eine Reihe prominenter Mitarbeiter der Finanzabteilung vom Landeskirchenamt und der Kirchenregierung übernommen worden seien. Althaus wurde in diesen Absichten von seinem Kirchenvorstand nicht unterstützt. Dieser wünschte vielmehr wegen der ungeordneten Verhältnisse im Kirchenbüro und schließlich auch aus persönlichen Gründen die Ablösung von Althaus. Bei einer Aussprache zwischen Althaus, Mitgliedern des Kirchenvorstandes, Erdmann und Breust im Landeskirchenamt im Dezember 1954 wiederholte Althaus seine Vorwürfe anstatt sie, wie es Erdmann erwartet hatte, zurückzunehmen. Am Ende der Begegnung sagte der Bischof zu Althaus: „Ich lebe aus der Vergebung. Sie müssen auch versuchen, das aus ihrem Herzen wegzuwischen, Bruder Althaus."[59] Es widersprach dem Althaus'schen Verständnis von Vergebung, diese mit Wegwischen gleichzusetzen. Aber eben dieses hatte Erdmann sowohl persönlich wie auch auf der Ebene der Landeskirche tun wollen: wegwischen. Von Schuld jedoch, die vergeben ist, könnte der Sünder getrost sprechen, ohne davon noch angefochten zu werden. Davon merkte Althaus bei Erdmann nichts und konnte seine Attacken fortsetzen, da die Kirchenregierung nun ein förmliches Dienststrafverfahren gegen Althaus beschloß und ihm unter vielem anderen vorwarf, er vernachlässige die Verwaltung, fülle keine Pachtverträge aus, schreibe keine Kirchenchronik, stelle keine Haushaltspläne auf, halte keine Kirchenvorstandswahlen und -sitzungen ab. Zum Anklagevertreter bestellte die Kirchenregierung ausgerechnet Pfarrer Kronenberg aus Bad Gandersheim, der zwar juristische Vorkenntnisse besaß, weil er als juristischer Oberkirchenrat vor 1945 in der Kirchenkanzlei der Deutschen Evangelischen Kirche in Berlin gearbeitet hatte, aber dort wegen zu starker politischer Belastung nicht gehalten werden konnte. Er hatte in der Braunschweigischen Landeskirche ein Vikariat und ein Examen abgelegt und war Theologe geworden. Einen Tag, nachdem Althaus die Anklageschrift erhalten hatte, versuchte der Landesbischof ihn dazu zu bewegen, sich bei vollem Gehalt pensionieren zu lassen. Der Bischof wollte Ruhe in der Kirche, Althaus wollte den Bußgang. Der Bischof begegnete dem seelsorgerlichen Anliegen bürokratisch. Althaus vermengte sein gesamtkirchliches Anliegen trotz seiner aufreizenden Formlosigkeit mit dienstlichen Sonderwünschen. Im Sommer 1956 ging ein offener Briefwechsel jeweils von Althaus und der Kirchenregierung an alle Pfarrer, wodurch die Fragestellung von Althaus nun der ganzen Pfarrerschaft auferlegt war. Im Disziplinarverfahren, das Ende Oktober 1956 stattfand, hatte Linke den Vorsitz, Höse trug die Anklagepunkte vor, Kahn war Verteidiger von Althaus. Die drei Juristen kannten sich alle bereits vom Braunschweiger Sonderge-

---

[59] Protokoll des Gesprächs vom 20. 12. 1954, (im Besitz der Familie Pultke; s. a. LAB: Personalakten G. Althaus, Bd. 1, Bl. 320).

richt. Althaus wurde freigesprochen. Gegen „Lehre, Wandel und Gaben" seien nicht die geringsten Einwendungen zu machen, hatten zuvor die Zeugen Erdmann, Seebaß und Propst Gremmelt erklärt. Die Vernachlässigung der Dienstpflicht sei nicht schuldhaft, erklärte Linke, sondern eine Folge von Überforderung und eines echten Gewissenskonflikts. Der Anklagevertreter kündigte Berufung an, aber die Kirchenregierung überlegte es sich vor Weihnachten 1956 doch anders. Zum Jahresende schrieb Linke an Althaus: „Ich weiß genau wie Sie, wieviel in unserer Landeskirche verkehrt und verquer gelaufen ist und läuft, und auch ich bin darüber erzürnt und manchmal sogar verbittert, aber doch habe ich mit den dafür Verantwortlichen Mitleid. Nochmals kein fauler Kompromiß, aber auch keine Verhärtung des Herzens. In diesem Sinne wünsche ich Ihnen und Ihrer Familie den Segen des allmächtigen Gottes für das Jahr 1957."[60]

Für beide Seiten schuf dieses Urteil eine Ruhepause und die Möglichkeit, aus dem Anliegen von Althaus ein gemeinsames Anliegen zu machen. Dazu bot sich der Kirchenleitung die unübersehbare Möglichkeit durch die Fertigstellung der „Materialien zum Kirchenkampf". Palmer hatte auf Anregung von Professor K. D. Schmidt, der in Hamburg die Stelle zur Erforschung des Kirchenkampfes leitete, und auf Empfehlung von Erdmann einige Fragmente von Heinrich Lachmund zu einer durchgehenden Abhandlung verarbeitet, aber die Kirchenleitung verweigerte die Drucklegung und Verbreitung des Manuskripts, weil es die belastete Rolle von Röpke und Breust dargestellt hatte. Damit war erneut eine große Chance, die den Absichten von Althaus gerecht werden konnte, vertan. Dabei war Palmer durchaus schonend vorgegangen. Nun ließ es der Gefängnispfarrer und letzte Vorsitzende des Bruderrates, Alexander Rohlfs, in der Wolfenbüttler Gefängnisanstalt in 300 Exemplaren vervielfältigen.

Während für die Kirchenleitung die Angelegenheit mit der Erstattung der Prozeßkosten aus dem Verfahren von 1936 endgültig erledigt war[61], blieb die seelsorgerliche Absicht von Althaus offen. Althaus war durch kein Gespräch mehr zu beruhigen, weil er zutreffend die in der Landeskirche verschüttete und unaufgearbeitete nationalsozialistische Vergangenheit sah, die zudem mit einem seiner Ansicht nach billigen Vergebungsbegriff zugedeckt wurde. Die Auseinandersetzung eskalierte erneut, als der Leiter des Braunschweiger Landesjugendamtes, Regierungsrat Dr. Günter Raschen, gegen den Präsidenten des Niedersächsischen Verwaltungsbezirkes Braunschweig Dr. Friedrich Knost wegen dessen Tätigkeit

---

[60] Im Besitz der Familie Pultke.

[61] Oberlandeskirchenrat Breust erstattet mit Schreiben vom 12. 8. 1957 an Pastor Althaus „die für eine Dienststrafsache im Jahre 1936 entstandenen Kosten von 121,38 RM, 10 : 2 umgewandelt in Höhe von 24,27 DM" (im Besitz der Familie Pultke; s. a. LAB: Personalakten G. Althaus, Bd. 7, Bl. 126).

als Regierungsrat im Reichsinnenministerium und später im Reichssippenamt u. a. wegen Anstiftung oder Beihilfe zur Rechtsbeugung, Verfolgung Unschuldiger und Freiheitsberaubung Anzeige erstattet hatte[62]. Friedrich Knost war Mitverfasser des Standardkommentars zu den berüchtigten Nürnberger Rassegesetzen von 1935. Der Kommentar hatte fünf Auflagen erlebt. Dennoch war Knost nach zwei Entnazifizierungsverfahren schließlich in Kategorie V als entlastet eingestuft worden[63], nach 1945 Regierungspräsident in Stade, dann Universitätskurator der Universität Göttingen gewesen und seit Januar 1956 als Nachfolger von Schlebusch Präsident des Verwaltungsbezirkes Braunschweig geworden. Wem die Tätigkeit im Reichsinnenministerium und im Reichssippenamt bekannt gewesen war, dem mußte es wohl verwegen klingen, wenn Knost in seiner Antrittsrede als Regierungspräsident im Auditorium der Braunschweiger Technischen Hochschule erklärte: „Ein glückliches Geschick oder die Weisheit meiner jeweiligen Chefs oder ihrer Personalräte hat mich einen umfassenden Überblick über dieses weite Feld der allgemeinen und inneren Verwaltung gewinnen lassen. Nicht wenige Vorgesetzte sind mir kluge Lehrmeister gewesen, denen ich bei dieser Gelegenheit gern meine Reverenz erweise und meine Dankbarkeit bezeuge. Ich habe mich auch immer bemüht, diese Reverenz und meine Dankbarkeit durch die Tat, durch Treue in der Pflichterfüllung zu bekunden."[64] Wenig vorher hatte er das religiöse Verständnis seiner Amtsauffassung bekundet: „Land und Volk in Treue zu dienen – stets auch mit Blick auf das Ewige in der unablässig wechselnden Zeit – ist der Adel der Menschen, vornehmlich des Beamten."[65]

Knost hatte früh kirchliche Neigungen gezeigt. Er war in der Schulzeit sieben Jahre lang Mitglied des Schülerbibelkreises gewesen. Er hatte sich dessen bei seinem Grußwort anläßlich der Generalversammlung des Evangelischen Bundes in Goslar im September 1956 erinnert und war als Präsident für ein gegenseitig fruchtbares Miteinander von Staat und Kirche eingetreten. „Ich predige für mein Leben gern"[66], hatte er bei der Eröffnung einer Kunsthandwerkausstellung im Braunschweiger Altstadtrathaus erklärt.

Knost erscheint als das glückliche Beispiel eines auch in gegensätzlichen Systemen reibungslos auszuwechselnden Beamten. So sah es wie

---

[62] Abschrift eines Schreibens von Dr. Günter Raschen vom 7. 3. 1961 als Anlage des Rundbriefs von Pastor Althaus vom 22. 5. 1962 (LAB: Aktenbestand „Fall Althaus" 1). S. a. CDU fordert Suspendierung Dr. Raschens, Wolfenbütteler Zeitung vom 6. 2. 1961.

[63] Präsident Knost zu Vorwürfen, Hannoversche Presse vom 4./5. 2. 1961.

[64] Manuskript der Ansprache vom 4. 1. 1956 (LAB: acc. 25/73 Bd. 28).

[65] Ebd.

[66] Eine Laienpredigt über das Kunsthandwerk, Ausführungen des Präsidenten des Niedersächsischen Verwaltungsbezirkes Braunschweig am 14. 10. 1960 (Stadtbibliothek Braunschweig II 4/644).

ein Glücksgriff des Landesbischofs aus, daß er den Spitzenbeamten der Braunschweiger Regierung als von ihm berufenes Mitglied 1958 für die Landessynode gewinnen konnte, und die Landessynode ihrerseits kaum umhin konnte, den nun einmal aufgestellten Kandidaten auch in die Kirchenregierung zu wählen. Zur Eröffnung des Braunschweigischen Landeskirchentages vom 13. bis 14. September 1958 schrieb Knost in sein Grußwort, daß Kirchentage Bekundungen der Zusammengehörigkeit von Staat und Kirche seien. „Es ist eine beglückende Erkenntnis in dieser apokalyptischen Zeit, in den Wirren und in der Angst dieser Zeit, um diese Verbundenheit zu wissen. Dienst an der Kirche ist auch Dienst am Staat und am Volk. Bei solch gutem Dienst darf niemand tatenlos oder gar in nur negativer Kritik beiseite stehen."[67]

Dieses gute Verhältnis von Bezirksregierung und Kirchenregierung wurde nun aus der Sicht von Landesbischof Erdmann ärgerlich gestört, als Pfarrer Althaus 1962 den Eichmannprozeß in Jerusalem erneut zum Anlaß nahm, in einem Brief an alle Pfarrer auf die belastete Vergangenheit der Kirche und nun zusätzlich auf die Rolle des Kirchenregierungsmitgliedes Knost hinzuweisen. „Es ist für unsere braunschweigische Landeskirche eine nicht zu tragende Schmach, daß in ihrer obersten Spitze einer der gefährlichsten Feinde unserer jüdischen Brüder und Schwestern sitzt."[68] Der Bischof erwiderte in einem Brief ebenfalls an alle Pfarrer, Althaus habe die unglückliche Überzeugung, daß er „die Kirche befreien müsse von den Schädlingen, die die Kirche unglaubwürdig machen"[69]. Althaus, der seit 1957 einen Sonderseelsorgeauftrag „für Zigeuner und Juden" hatte, fühlte sich besonders herausgefordert, und bei ihm hinterließ das Festhalten an Knost den Eindruck mangelnder Sensibilität und der Unbelehrbarkeit.

Unbemerkt von der Öffentlichkeit spitzte sich für das Landeskirchenamt der Konflikt noch zu, weil Althaus in seine Vorwürfe nun auch Oberlandeskirchenrat Dr. Lerche einbezog. Althaus schrieb am 16. August 1962 an die Kirchenregierung, Lerche sei durch seine Mitarbeit an den furchtbaren Strafurteilen im Sondergericht schwer belastet. „Ich weiß seit Jahren besonders von *einem* [von Althaus hervorgehoben] furchtbaren Bluturteil, wo Dr. Lerche einen jungen Mann zum Tode verurteilt hat, wo ganz offenbar die Voraussetzungen in keiner Weise vorlagen."[70] Knost

---

[67] Christus macht frei, Prospekt des Landeskirchentages vom 13./14. 9. 1958 (LAB: acc. 25/73, Bd. „Kirchentage").

[68] Pfarrer, verjährte Sünden, in: Der Spiegel Nr. 25 vom 19. 6. 1963, 42–44 (LAB: Aktenbestand „Fall Althaus" Nr. 3).

[69] Rundschreiben Erdmanns an alle Pfarrer der Landeskirche vom 10. 8. 1962 (LAB: Aktenbestand „Fall Althaus" Nr. 2).

[70] Schreiben von Althaus an die Kirchenregierung am 16. 8. 1962 (LAB: Aktenbestand „Fall Althaus" Nr. 2).

konnte auf Bischof Erdmann als treuen Verbündeten rechnen, dem er im Oktober 1962 schrieb, es bliebe nichts anderes übrig, als die Ohren steif zu halten. „Sich dabei Ihres Vertrauens und Ihrer Mitsorge gewiß zu sein, macht Mut. Mit festem Händedruck bin ich treulichst immer Ihr Knost."[71] Vor der Landessynode sprach der Landesbischof Anfang Dezember 1962 Knost das Vertrauen aus, Dr. Lerche starb überraschend Ende desselben Monats an Herzversagen.

Die Kirchenleitung betrieb nun erfolgreich die Versetzung von Althaus in den Ruhestand aus Altersgründen, wogegen Althaus erfolglos in mehreren Instanzen klagte. Er empfand seine Pensionierung als Bestrafung, zumal einige Mitglieder der Kirchenleitung die 65 weit überschritten hatten. In der Presse, im SPIEGEL und STERN fand die Pensionierung von Althaus und dessen Klagen gegen die Landeskirche ein beträchtliches Echo[72]. Dagegen wehrte sich das Landeskirchenamt mit einer Stellungnahme, in der es u. a. hieß: „Pastor Althaus hat in den vergangenen Jahren immer wieder leitende Männer der Landeskirche in seinen Rundschreiben beschuldigt, in der Zeit des Dritten Reiches Unrecht getan zu haben. Die Kirchenleitung, die unter der Führung eines Bischofs steht, der selbst unter der Herrschaft des Nationalsozialismus schwer gelitten hat, wollte und will nicht verhindern, daß belastende Tatsachen aus dieser Zeit bekannt werden. Sie kann es aber nicht länger hinnehmen, daß Pastor Althaus seine beleidigenden und unwahren Behauptungen fortgesetzt aufstellt."[73] Die von Oberlandeskirchenrat Wedemeyer an alle Pfarrer verschickte Stellungnahme versuchte, ein fragwürdiges Geschichtsbild aufrechtzuerhalten und fügte die Unwahrheit hinzu, daß das Landeskirchenamt die Veröffentlichung der belastenden Fakten nicht hindern wollte.

Der von Althaus in Erinnerung gebrachte ungelöste Konflikt der versäumten Aufarbeitung der Vergangenheit der Landeskirche in den Jahren 1933 bis 1945 war ein Konflikt der Sechzigjährigen Ende der fünfziger Jahre. Alle am Althauskonflikt beteiligten Personen wie Röpke, Breust, Althaus, Linke, Höse, Kahn waren um die sechzig Jahre alt. Hans Zehrer schrieb zum Verständnis dieser Generation am 21. Juni 1958 in der WELT einen ganzseitigen Artikel unter der Überschrift „Haben wir unser Leben gelebt? Die Sechzigjährigen". Darin heißt es „[...] sie trägt diese Ge-

---

[71] Schreiben von Knost an Erdmann vom 29. 10. 1962 (LAB: Aktenbestand „Fall Althaus" Nr. 2).

[72] Der Spiegel a. a. O. (Anm. 67); Das Handbuch des Herrn Knost, Braunschweig: Ein zweiter „Fall Globke" in Niedersachsen, in: Der Stern Nr. 43 vom 28. 10. 1962, 151–153; Pastor Althaus will die Landeskirche verklagen, BZ vom 25. 6. 1963 (LAB: Aktenbestand „Fall Althaus" Nr. 2).

[73] Warum wurde Pastor Althaus pensioniert? Eine Stellungnahme der Landeskirche zu den Vorwürfen des pensionierten Geistlichen, BZ vom 26. 6. 1963 (LAB: Aktenbestand „Fall Althaus" Nr. 2).

schichte, die erste Hälfte des 20. Jahrhunderts, in sich und mit sich herum, und ihr Leben und Wesen kann nur erlöst werden, wenn diese Geschichte zugleich erlöst, das heißt aufgearbeitet, gedeutet und auf ihren Sinn hin untersucht wird. Diese Generation trägt den Schlüssel mit sich herum, der die Türen aufschließt, die in den Hintergrund und Untergrund der Geschichte führen. Aber sie hat ihn tief in den Falten ihres Wesens vergraben. Denn der Schlüssel schließt nur, wenn man zuvor durch das Joch der eigenen Schuld gegangen ist. [...] Es ist wohl die Aufgabe einiger weniger, die in besonderer Weise dem Geist verbunden sind, Geschichte aufzuarbeiten und zu deuten, und es wäre eine erlösende Tat, wenn es in Deutschland bald beginnen und wenn es gelingen sollte. Denn dann würden viele Türen aufgeschlossen werden, die heute noch verschlossen und verriegelt sind." Gehörte Georg Althaus trotz seiner schwierigen Empfindsamkeit und seiner uferlosen Aggressivität zu diesen Wenigen in der Braunschweigischen Landeskirche?

Zusammenfassung

Bekennen und Vergeben gehören zwar zu den täglichen ureigenen Bewegungen der Kirche, aber sie waren in der Nachkriegszeit besonders aktuell. Nachdem die Irrlehre der Deutschen Christen bis 1945 unterschiedlich intensiv in der Deutschen Evangelischen Kirche und auch in der Braunschweigischen Landeskirche verbreitet gewesen war, war die Frage nach dem rechten Bekennen nun erneut und dringlich gestellt. Schon die Barmer Erklärung wies in eine Richtung, die die konfessionellen Grabenkämpfe des 16. und 19. Jahrhunderts hinter sich ließ. Es wurde in der Braunschweigischen Landeskirche am Beispiel der Auseinandersetzung mit Max Witte deutlich, daß ein bloßes Zitat der Bekenntnisse aus der Reformationszeit und eine Beklommenheit vor der Union des 19. Jahrhunderts der Bekenntnissituation in der Gegenwart nicht mehr angemessen war. Wo das Bekenntnis verengt gefaßt und gar dem Evangelium übergeordnet wird, ist die Bereitschaft zu einer Vergebung ohne Buße und Umkehr besonders groß. Die Auseinandersetzung mit Georg Althaus indes veranschaulicht die biblische Einsicht, daß dort, wo das Evangelium dem Bekenntnis übergeordnet bleibt, die Freude über einen Sünder, der Buße tut, größer ist, als über neunundneunzig gerechte und rechtmäßige Bekenner. Wer von der Vergebung lebt, der kann auch bekennen. Wer bekennt, kann vergeben. Es ist bezeichnend, daß die Namen Max Witte und Georg Althaus bis heute wie Reizworte in der braunschweigischen Kirchengeschichte wirken. Sie haben das Verdienst, unser Nachdenken auf die ureigenen Bewegungen der Kirche zu richten.

Propst Hans Ernesti und der Braunschweigische Pfarrerverein

Von Klaus Jürgens

Bereits Mitte oder Ende April 1945, als man nach der Besetzung Braunschweigs durch die Amerikaner eben für ein paar Stunden die Straßen wieder betreten durfte, machte sich der Vorsitzende des Braunschweigischen Pfarrervereins, Propst Hans Ernesti, von Braunschweig-Querum aus auf den Weg, um den für ihn am schnellsten erreichbaren Vertreter der Kirchenbehörde, Oberlandeskirchenrat Hans Eduard Seebaß, auf dem Riddagshäuser Weg in Braunschweig aufzusuchen und ihm gegenüber angesichts der neuen Situation „den Erwartungen Ausdruck zu geben, die die Pfarrerschaft über die für die nächste Zeit zu ergreifenden Maßnahmen zur äußeren Sicherung und für die ungehinderte Betätigung der Kirche haben mußte"[1] und gleichzeitig den Anspruch des Pfarrervereins auf Gehör und Mitbeteiligung bei der notwendigen Neuordnung anzumelden.

Bald darauf, Anfang Mai 1945, nahm er Verbindung mit der Militärregierung auf, um durch sie zu erfahren, ob jene Erwartungen der Pfarrerschaft durchsetzbar seien. Dabei nannte er als Hauptanliegen die freie kirchliche Betätigung; aber auch andere Dinge, wie die Rückgabe der kirchlichen Güter, Zeitfreiheit für den Konfirmandenunterricht oder Freiheit der Pfarrhäuser von Beschlagnahme kamen zur Sprache.

Zu diesem schnellen und gezielten Handeln sah sich Ernesti zweifellos von seiner Aufgabe und Verantwortung als Vorsitzender des Braunschweigischen Pfarrervereins verpflichtet, vertrat er doch damit mindestens zwei Drittel der gesamten Pfarrerschaft. Bezeichnend ist aber auch, daß er in seinem ersten Jahresbericht nach dem Kriege bei der Jahresversammlung des Pfarrervereins am 31. Juli 1946[2] als Grund für sein Handeln das Bewußtsein von der besonderen Situation am Ende des Krieges nannte. Im Vergleich mit der Zeit nach dem 1.Weltkrieg, wo Haß und Feindschaft gegen die bis dahin herrschenden Parteien oder Regierungen sich bei der engen Verbindung der Kirchen mit ihnen auch auf die Kirchen und auch auf große Teile der Pfarrerschaft erstrecken mußten, sieht er „am Ende

---

[1] Amtsbrüderliche Mitteilungen des Braunschweigischen Pfarrervereins (zitiert: AM.), 54 Nr. 1, November 1946, 3.

[2] Ebd., 2–3.

dieses Krieges von alledem – nichts! Keine Anklagen gegen die Kirche wegen des verlorenen Krieges. Keine Haßtiraden wegen getäuschter Hoffnungen durch die Reden der Pfarrer oder die Haltung der Kirchen im Kriege. Im Gegenteil, eine weitverbreitete Bereitschaft, auf das Wort der Kirche zu hören. Die Kirche und die Pfarrer gehörten ja selbst zu den Verfolgten, und es war ein offenes Geheimnis, daß das Ende des gewonnenen Krieges zugleich der Auftakt sein sollte zu völliger Beseitigung der Kirche. Die Verfolgung der Kirche, die als Mittel ihrer Zerstörung dienen sollte, hat hier – soweit wir Menschen sehen können – vielmehr dazu gedient, sie – wenigstens zur Zeit noch – zu erhalten. Denn, hätte im letzten Kriege eine so enge Bindung zwischen Kirche und Parteienstaat bestanden, wie sie zur Zeit des 1. Weltkrieges zwischen ihr und den damals herrschenden Gewalten bestand, so eng, wie sie die Deutschen Christen (DC) wollten, dann wäre die Kirche nach unserem menschlichen Erkennen fraglos in den Zusammenbruch von Partei und Staat mit hineingezogen und hätte diesen Zusammenbruch – jedenfalls in ihrer früheren Gestalt – kaum überlebt. Wir wollen in der erlittenen Verfolgung daher dankbar eine Fügung Gottes sehen, der für die äußerlich verfaßte Kirche und ihre Diener noch eine Aufgabe hat, und wollen uns für sie bereit halten."

Nach meinem Dafürhalten gibt Hans Ernesti mit diesen Sätzen sehr genau das Bewußtsein wieder, das damals einen sehr großen Teil der treuen Kirchenmitglieder und Mitarbeiter, besonders aber der Pfarrerschaft erfüllte. Ob die Bezeichnung für die zurückliegende Zeit „erlittene Verfolgung" nicht vielleicht doch zu hoch gegriffen war, muß für einen größeren Teil wohl gefragt werden. Immerhin konnte Hans Ernesti für sich in Anspruch nehmen, immer wieder einmal auch belastenden Querelen ausgesetzt gewesen zu sein, abgesehen davon, daß der Kurs des nationalsozialistischen Staates und besonders der Partei und ihrer Organe je länger je mehr antikirchlich und antichristlich wurde.

An dieser Stelle ist ein Rückblick auf die Jahre 1933–1945 unumgänglich. Zuvor einiges zur

Biographie

Hans Ernesti, am 9. Januar 1884 in Helmstedt geboren, entstammte einer anerkannten, alten Braunschweiger Familie; sein Großvater war der für die Braunschweigische Landeskirche bedeutsame Konsistorial-Vicepräsident Abt Ludwig Ernesti († 1880). Nach dem Abitur am Herzoglichen Gymnasium in Helmstedt 1902 studierte er Theologie in Göttingen und Leipzig, bestand 1905 das 1. Theologische Examen, ging danach für ein und ein dreiviertel Jahr als Leiter an die Privatschule Steyerberg, wo er allerdings auch Gelegenheit hatte, an der Predigerkonferenz der Inspektion Stolzenau teilzunehmen. Nach bestandener 2. Theologischer Prüfung wurde er ab Januar 1908 mit der „provisorischen Verwaltung des mit dem Amte eines Hülfspredigers verbundenen Rektorats in Vorsfelde" beauftragt. Am 5. Oktober 1913 wurde er durch Abt Moldenhauer ordiniert und war dann von 1913 bis 1917 Pfarrer in Naensen und von 1917 bis 1929 Pfarrer in Groß Brunsrode. Während des 1. Weltkrieges war er freiwilliger Feldgeistlicher. 1929 übernahm er die Pfarrstelle Querum, auf der er bis zu seinem Tode 1952 blieb[3].

Im Braunschweigischen Landespredigerverein (L.P.V.) engagierte er sich früh, und so wurde er dann im Frühjahr 1924 zum Nachfolger des am 10. Februar 1924 verstorbenen Mitbegründers des Vereins, Carl Simm, zum Schriftführer und Juni 1929 als Nachfolger von Pfarrer Hermann Lagershausen zum ersten Vorsitzenden gewählt. Für fast ein Vierteljahrhundert ist nun sein Leben und seine Existenz als Pfarrer und Theologe mit dem L.P.V. verbunden. Mit großem Fleiß, mit Hingabe und Beharrlichkeit hat er sich stets für die Belange des Pfarrerstandes und der Kirche eingesetzt. Dabei hat er sich stets der Grundforderung des Vereins, ein „lebendiges und friedliches Zusammenwirken der Amts- und Standesgenossen"[4] anzustreben, besonders verpflichtet gefühlt. Diese Grundforderung – übrigens aller Pfarrervereine – hat diese im kirchenpolitischen Widerstreit zu Hauptvertretern der kirchlichen Mitte gemacht. So war es nicht von ungefähr, daß der Vorgänger Ernestis im Vorsitz des L.P.V., Pfarrer Lagershausen, im Landeskirchentag der 20er Jahre der Führer der Mitte war.

Hans Ernesti muß als Mann der Mitte bezeichnet werden, wenn auch im Auge zu behalten ist, daß die Bandbreite all derer, die zur Mitte zu rechnen sind, außerordentlich groß gewesen ist. In den 30er Jahren war er weder Mitglied der DC noch der Bekennenden Kirche (BK), allerdings bemüht, mit Pfarrern beider Gruppen im Gespräch zu sein und zu bleiben.

Die Gleichschaltung des Landespredigervereins 1933

Der L.P.V. war die erste Gruppierung in der Braunschweigischen Landeskirche, die die „Deutschen Christen" bei ihrem „Ziel [...] in Braunschweig die deutsch-evangelische Landeskirche als einen Gau der Deutschen Reichskirche"[5] zu errichten, unter ihren völligen Einfluß brachten. Vermutlich war dies so nicht von längerer Hand her geplant, sondern ergab

---

[3] Landeskirchliches Archiv Braunschweig (LAB): Personalakten H. Ernesti.
[4] Satzungen des L.P.V. vom 4. 5. 1892, § 1, AM. 1, Nr. 1.
[5] Schlott in einem längeren Rückblick, gerichtet an Fr. Müller, vermutlich aus dem Jahr 1939 (LAB: Nachlaß Schlott).

sich als eine günstige Gelegenheit, als für den 5. Mai 1933 auf Bitten des Landesbischofs D. Bernewitz eine Außerordentliche Generalversammlung des L.P.V. einberufen wurde, bei der dieser die Pfarrerschaft über die gegenwärtige politische Lage informieren wollte. Denn das eigentliche Ziel der DC war ja die Ablösung der ganzen Kirchenleitung, des Landesbischofs wie auch des Landeskirchenamts, und die Besetzung des Landeskirchentages. Zur völligen Überraschung der 142 erschienenen Pfarrer erklärte Ernesti gleich zu Beginn „angesichts der veränderten Verhältnisse, die eine neue Arbeit erfordern", den Rücktritt des gesamten Vorstandes. Leider gibt es über die Sitzung des Vorstandes, in dem dieser Beschluß gefaßt worden ist, kein Protokoll. Zwar behauptete der Gauobmann der DC, Pfarrer Schlott, Braunschweig-St.Katharinen, später: „Ich habe keine Aufforderungen an denselben ergehen lassen. Der Vorstand ist von sich aus an mich herangetreten."[6] Aber das ist nicht ganz glaubhaft, wenn er andererseits sagen konnte, daß „in Goslar über einen neuen Vorstand verhandelt" sei. Dabei kann es sich nur um das „Frühjahrstreffen" der DC gehandelt haben, bei dem „das Gerippe der kommenden Organisation aufgebaut" worden ist[7] und auch das taktische Vorgehen für die folgende Zeit besprochen wurde. Auch sagte Müller in einem Brief vom 4. Juli an Ernesti, daß in Goslar die „Ausarbeitung der betr. Anträge" erfolgt sei[8]. Jedenfalls war ein verbreiteter Eindruck von der Generalversammlung, daß man „überrumpelt"[9] sei, wobei mitschwingt, daß dann wohl auch der alte Vorstand nicht so ganz freiwillig zurückgetreten sei. Die „Überrumpelung" bezog sich einmal auf die schnelle Neuwahl eines Vorstands. Eine geschickte Regie durch die DC wurde gleich daran deutlich, daß sofort nach dem Rücktritt von Ernesti der Vorsitz auf den Obmann des nationalsozialistischen Pfarrerbundes, Pfarrer Beye, übertragen

---

[6] Vorstandssitzung vom 29. 5. 1933 (LAB: LPV 33, Protokollbuch des L.P.V.). Das Protokollbuch des L.P.V. von 1932 bis 1955 wurde dankenswerterweise von Martin Grubert bei Recherchen für die Historische Kommission im Herbst 1993 bei der Kirchengemeinde St. Michaelis Braunschweig aufgefunden.

[7] Bericht von Pfarrer Müller von 1946 (LAB: „Pfarrabteilung Rundschreiben 1933–1934"). Vgl. auch Dietrich Kuessner, Geschichte der Braunschweigischen Landeskirche im Überblick 1930–1947, Blomberg 1981, 29f, (zitiert: Kuessner). Zur Datierung dieses Treffens in Goslar, das Kuessner März/April ansetzt, möchte ich vermuten, daß es nach der 1. Reichstagung der DC in Berlin, also nach dem 3./5. April anzusetzen ist.

[8] Schreiben Müllers an Ernesti vom 4. Juli 1933. Der Brief ist von M. durch Tippfehler auf den 4. Juni datiert; die Bezugnahme am Anfang des Briefes auf die gestrige erweiterte Vorstandssitzung, die am 3. 7. stattfand, beweist dies eindeutig (LAB: LPV 9, Schriftverkehr des Vorsitzenden, Kreispfarrer Müller, Bahrdorf, Mai 1933 – Sept. 1934). Alle folgenden Zitate stammen aus der gleichen Akte.

[9] Ernesti in einem Schreiben an Müller vom 20. 5. 1933. So auch Buttler bei der erweiterten Vorstandssitzung vom 3. 7. 1933: „Verblüffung der Generalversammlung; war eine Überrumpelung" (LAB: LPV 33).

wurde. Nach fünfminütiger Pause, um „den Amtsbrüdern Gelegenheit zur Besprechung zu geben", wurde dann auch gleich „in Durchführung der notwendigen Gleichschaltung" ein neuer fünfköpfiger vorläufiger Vorstand durch Pfarrer Teichmann, Sambleben, einem der Mitbegründer der DC in unserer Landeskirche und seit einigen Wochen Kreisobmann der DC, präsentiert und mit 57[10] Stimmen, bei 29 Gegenstimmen und der Enthaltung aller anderen 56[11] Anwesenden, gewählt. Dem neuen Vorstand gehörten nun an: Pfarrer Müller (Bahrdorf), und Pfarrer Ehlers (Greene), die vorher schon Mitglieder des Vorstandes waren, und neu Pfarrer Minkner (Naensen), Pfarrer Schlott (Braunschweig) und Pfarrer Beye (Wenzen). Alle fünf Vorstandsmitglieder gehören zu den DC, vier waren Mitglieder der NSDAP.

Kurz darauf erfolgte die zweite und von keinem erwartete Überrumpelung: Pfarrer Beye stellte den Antrag auf die folgende, schwerwiegende Satzungsänderung:

> „Solche, die sich in marxistischen und kommunistischen Organisationen betätigt haben, ferner Juden und Freimaurer, können nicht Mitglieder des L.P.V. sein. Die bisherigen Mitglieder und solche, die es werden wollen, haben binnen 4 Wochen durch beglaubigte Zeugnisse ihre Abstammung in sinngemäßer Anwendung des Gesetzes zur Wiederherstellung des Berufsbeamtemtums beim Vorsitzenden des L.P.V. nachzuweisen. Fristversäumnis löst die Beziehung zum Verein."

Es gab zwar darauf eine kurze, z. T. heftig geführte Debatte, in der vor allem Oberkirchenrat D. Meyer den Antrag ablehnte: „Die Kirchenregierung ebenso wie das Landeskirchenamt wisse sich vor dem Verdacht geschützt, daß wir Juden aufnehmen. Man könne nicht das Beamtengesetz einfach schematisch übernehmen. Ich bitte, auf das Wort Juden zu verzichten." Der Antrag selber wurde dann aber doch mit einfacher Mehrheit angenommen. Außerordentliches Befremden erregte danach noch eine Äußerung von Pfarrer Beye, der bei der Feststellung, „daß der Antrag nunmehr angenommen" sei, bemerkte: „Wäre er nicht angenommen, wäre Antrag beim Staatsministerium auf Auflösung des L.P.V. gestellt worden."

Damit war im Bewußtsein des neuen Vorstandes der L.P.V. „gleichgeschaltet". Durchaus siegesgewiß konnte der neue 1. Vorsitzende, Pfarrer Müller, am Tag darauf an einen Amtsbruder schreiben: „daß am 28. April die Auflösung der Freunde [gemeint sind die ‚Freunde evangelischer Freiheit'] beschlossen worden ist; der Vorstand empfiehlt den bisherigen Mit-

---

[10] Die Zahlenangabe bei Kuessner (Anm. 7), 33, ist ungenau. Das in der Zwischenzeit aufgefundene Protokollbuch (vgl. Anm. 6) verzeichnet das Stimmergebnis: 29:57 (LAB: LPV 33).

[11] Möglicherweise etwas weniger, wenn nicht alle stimmberechtigt waren.

gliedern den Anschluß an die Deutschen Christen. [...] Ferner hat sich am 3. Mai die kirchliche Mitte ebenfalls aufgelöst. Ein großer Teil ihrer Anhänger ist ebenfalls zu den Deutschen Christen gegangen. Die Rechte existiert noch, hat aber auch bereits erhebliche Abgänge zu den Deutschen Christen zu verzeichnen. [...] Am kommenden Mittwoch tritt der Landeskirchentag zusammen; auch er wird sich voraussichtlich nach Entgegennahme eines Berichtes über die Lage auflösen. Unser Landespredigerverein hat gestern in einer außerordentlichen Generalversammlung die Gleichschaltung seines Vorstandes vorgenommen; dabei wird Sie vielleicht interessieren, daß der Vorsitz mir übertragen ist."[12]

Zur „Gleichschaltung" gehörte es selbstverständlich, daß der neue Vorstand sich vom Staat, vom Beauftragten des Reichskommissars für Beamtenorganisationen bestätigen ließ, ein Vorgang, der nur aus der DC-Ideologie von der einen Kirche in dem einen NS-Staat zu erklären ist; denn daß der L.P.V. schon seit langem Mitglied im Reichsbund höherer Beamter war, konnte dies in keiner Weise rechtfertigen. Noch beschämender aber muß es erscheinen, daß man sich nicht scheute, als eine Gruppe von 20 Pfarrern unter Initiative von Pfarrer Freise, Braunschweig – St. Petri, satzungsgemäß eine Generalversammlung innerhalb von zwei Wochen mit dem Ziel einer Neuwahl des Vorstandes und der Aufhebung der Satzungsänderung (Arierparagraph) beantragt hatte, diesen „Protest gegen die Gleichschaltung" dem Beauftragten des Reichskommissars für Beamtenorganisationen, Baurat Herzig, zu unterbreiten und damit Druck zu machen. Denn in einem Gespräch, das am 23. Juni beim Staatsrat Schmidt-Bodenstedt stattfand und zu dem außer Vertretern des Vorstandes vom L.P.V. aus dem Kreis der 20 Pfarrer P. Freise und Stadtkirchenrat Runte gebeten waren, wurden diese derartig unter Druck gesetzt – Staatsrat Schmidt-Bodenstedt erklärte: eine Behandlung des Antrages auf Aufhebung des Arierparagraphen in einer Generalversammlung würde ihn veranlassen, die Antragsteller in Schutzhaft zu nehmen[13] –, daß der Antrag auf eine Generalversammlung zurückzogen wurde. Gleichzeitig machen beide Vorgänge deutlich, wie schnell man sich auch in Braunschweig in den Kreisen der DC einen veränderten Begriff vom Recht zu eigen gemacht hatte, wonach man das Recht gegebenenfalls getrost den Erfordernissen der neuen Zeit anzupassen und in den Dienst der nationalsozialistischen Idee zu stellen hatte[14], auch wenn man nach außen hin sich sehr legal gab.

---

[12] LAB: LPV 9. An wen das Schreiben gerichtet ist, ist nicht mehr erkennbar. – Der Landeskirchentag tagte am 10. Mai. Näheres darüber bei Kuessner (Anm. 7) 33ff.

[13] Müller im Schreiben an Ernesti vom 4. 7. 1933 (LAB: LPV 9).

[14] Pfarrer Müller in einem Rundschreiben vom 12. 7. 1933: „Die Satzungen standen der Neuwahl nicht im Wege bzw. waren, soweit sie im Wege standen, durch Verfügung des Reichskommissars Sprenger außer Kraft gesetzt." (LAB: LPV 9). – Eine Behaup-

Dabei war die ganze Eile, mit der die Gleichschaltung betrieben war, unnötig, so vom Staat nicht erfordert und wohl nur durch das ehrgeizige Ziel von Schlott und Beye zu erklären, die Braunschweigische Landeskirche als eine der ersten in die neu zu schaffende Reichskirche einzugliedern.

Gleichwohl war es für den neuen Vorstand schon blamabel[15], daß er sich sehr bald sagen lassen mußte, bei der Diskussion und Abstimmung über die künftigen Voraussetzungen der Mitgliedschaft (Arierparagraph) habe er falsch informiert, da nach § 5 Ziffer 1 der Ausführungsbestimmungen zur Wiederherstellung des Berufsbeamtentums das Ganze auf die Beamten der Religionsgesellschaften keine Anwendung finden sollte. Genauso verhielt es sich mit der Frage nach der Gleichschaltung der Pfarrervereine; hier hatte der Vorsitzende des Verbandes der deutschen Pfarrervereine, D. Dr. Schäfer, Remscheid, in Verhandlungen mit dem Kommissar für Beamtenfragen, Reichskommissar Sprenger, inzwischen klar gestellt, daß eine solche für Pfarrervereine vorläufig nicht in Frage komme. Ein entsprechendes Schreiben vom 7. Juni kam in Braunschweig allerdings gut einen Monat zu spät an.

Unmittelbar nach dem 5. Mai kam es zu Austritten aus dem L.P.V. Der erste, der austrat, war Pfarrer Goetze, St. Pauli in Braunschweig, am 7. Mai 1933[16]. Zu denen, die in den nächsten Wochen austraten, gehörten auch Hans Ernesti und der Ehrenvorsitzende des L.P.V., Pfarrer Lagershausen. Ernesti hatte zwar in einem Schreiben vom 20. Mai, in dem er auf die völlig ungesetzliche Änderung der Satzungen hinwies, versucht, „auf Abhilfe zu sinnen", dahingehend, daß auf einer erneuten Generalversammlung „unter Hinweis auf den statutenändernden Charakter des Antrages eine nochmalige Abstimmung herbeigeführt wird," war allerdings damit bei Müller auf Ablehnung gestoßen. Müllers Antwort ist typisch

---

tung, die durch nichts gedeckt war, aber typisch den willkürlichen Umgang mit dem Recht zeigt.

[15] Schlott in einem Schreiben an Müller vom 13. 6. 1933 (LAB: LPV 9): „Sie gehen ganz legal vor, erkundigen sich aber bei dem zuständigen Ministerialrat genau, am besten mündlich, nach der heutigen gesetzmässigen Lage, damit wir uns nicht wieder *blamieren*" (Hervorhebung von mir). Auch dieser Satz zeigt den Umgang mit dem Recht, den E. Fraenkel, Der Doppelstaat, Frankfurt a. M. 1984, in der Unterscheidung von Normenstaat und Maßnahmestaat charakteristisch beschrieben hat.

[16] „Die Veröffentlichung der 10 Grundsätze der ‚Deutschen Christen' für den Aufbau der Reichskirche bestätigt den Eindruck, den ich seit Wochen habe: wir gehen einer sehr bedenklichen Politisierung der evang. Kirche entgegen, einer geradlinigen Entwicklung ins Staatskirchentum [...] Ich zweifle nicht an der redlichen Überzeugung der ‚Deutschen Christen', mit ihrem Vorgehen der Sache am besten zu dienen, möchte meinerseits nicht die Verantwortung für die Förderung dieser Entwicklung mit übernehmen [...] Da der L.P.V. [...] ganz unter der Leitung der ‚Deutschen Christen' stehen wird, bitte ich, mich [...] in der Mitgliederliste zu streichen." (LAB: LPV 9).

und soll deshalb in den entscheidenden Sätzen wiedergegeben werden: „Machen wir uns klar, daß die Deutschstämmigkeit des Beamtentums eine der Grundforderungen des heutigen Staates ist. Man kann nicht von kirchlicher Seite aus erklären: ,Wir stellen uns positiv zum neuen nationalsozialistischen Staat' und dann in der Praxis eine seiner Grundforderungen zu sabotieren. Selbst eine nochmalige Debatte über die betr. Frage müßte in der Öffentlichkeit den Eindruck hervorrufen, daß die Kirche nur zögernd und widerwillig darangeht, die von ihr laut proklamierte Zusammenarbeit wirklich durchzuführen. [...] Machen wir uns weiter klar, daß die nationalsozialistisch eingestellte Pfarrerschaft durchaus auf dem Boden des nationalsozialistischen Programms steht; sie können als Pfarrer in diesen Fragen nicht anders urteilen, wie als Nationalsozialisten. Es würde also eine nochmalige Aufrollung dieser Frage u. U. allerschärfsten Kampf bedeuten. Die Rückwirkung eines solchen Kampfes auf die Öffentlichkeit und die Stellung der Kirche brauche ich Ihnen nicht weiter auseinanderzusetzen."[17]

Trotz dieses negativen Bescheides unterschrieb Ernesti den Antrag auf Einberufung einer Generalversammlung mit, der, wie geschildert, nichts fruchtete, im Gegenteil zu jener „Aussprache" bei Schmidt-Bodenstedt führte. Infolgedessen erklärten am Schluß eines kurzen Berichtes 19 Pfarrer namentlich ihren Austritt aus dem L.P.V., unter ihnen auch Hans Ernesti[18]. Ihnen folgten andere. Bis Mitte August waren 33 namentlich ausgetreten, im Laufe des Jahres waren es schließlich fast 100. Ernesti begründete seinen Schritt noch gesondert in einem persönlichen Handschreiben: „Schweren Herzens [...] Aber die Entwicklung in Verbindung mit den Vorkommnissen der letzten Zeit lassen mir keine andere Wahl. [...] Ich kann mir von einem Vorstande, der nur einseitig zusammengesetzt ist und von dem ein Teil in der Öffentlichkeit so auftritt, wie es bisher geschah, keine gedeihliche Arbeit und Wirkung auf die Gesamtpfarrerschaft versprechen und ziehe nun die Konsequenz."

Zwar sollte eine erweiterte Vorstandssitzung, zu der man anstelle einer Generalversammlung auf den 3. Juli eingeladen hatte, die aufgebrachten und beunruhigten Gemüter dämpfen. Es kam auch zu erregten Auseinandersetzungen über die letzten Vorgänge, wobei der Vorstand mehr beschönigte und sich immer wieder hinter dem Staat und seinen Organisationen versteckte, dem man sich ja doch „freiwillig [...] zur Verfügung stellen" wollte. Die Erosion im L.P.V. konnte das alles nicht mehr aufhalten. Es brachte auch nichts, daß man am 3. 7. beschloß, den Vorstand auf 7 Mit-

---

[17] Schreiben vom 21. Mai 1933 (LAB: LPV 9).
[18] Kurzer Bericht über Vorgänge im Kreise der Amtsbrüder betr. den L.P.V. (LAB: LPV 9).

glieder zu erweitern, wozu natürlich erst wieder die Genehmigung des Staatskommissars eingeholt werden sollte[19].

Über die erweiterte Vorstandssitzung vom 3. 7. unterrichtete Müller in einem Rundbrief „An die Mitglieder des LPV", in dem er gleichzeitig auch auf den „Kurzen Bericht über Vorgänge im Kreise der Amtsbrüder betr. den LPV" einging. Dieses zwei Seiten lange, eng beschriebene Schriftstück bringt uns kaum Neues, ist aber doch für die Atmosphäre, die zwischen den Pfarrern immer gespannter und vergifteter wurde, an einigen Stellen bemerkenswert. Einmal behauptet Müller von dem „Kurzen Bericht", daß er „anonym" sei, „der Verfasser ist dem Vorstand nicht bekannt"; dabei stehen unter dem Bericht die 19 Namen derer, die ihren Austritt vollzogen haben oder ihn unverzüglich vollziehen wollen. Zum anderen vertritt Müller die Meinung, „daß manche Kreise immer noch die Absicht haben, den LPV zu zerstören", eine Auffassung, die er auch später wiederholte: „Die radikale Opposition machte dann den Versuch, den Verein zu sprengen, indem sie ihn verließ. Die Sprengung mißlang, wenn sie auch zahlenmäßig eine starke Schwächung des Vereins bedeutete."[20]

Müller berief[21] Ende Juli oder Anfang August Gremmelt, Ölsburg, und Teichmann, Sambleben, beide Angehörige der DC[22], in den Vorstand. Besondere Impulse brachte diese Erweiterung für die Arbeit des L.P.V. nicht. Eine erweiterte Vorstandssitzung am 4. September 1933, auf der Bruno Denecke, Gr. Twülpstedt, über „Hakenkreuz und Christuskreuz" referierte, war mit insgesamt 16 Teilnehmern nur sehr mäßig besucht. Danach vermeldet das Protokollbuch noch eine „engere Vorstandssitzung" am 10. Oktober mit Müller, Teichmann, Gremmelt und Minkner, zu denen später noch Beye, nunmehr als Bischof[23], stieß.

Danach findet sich im Protokollbuch folgender Vermerk:

„Für den 23. November wird die Generalversammlung in Aussicht genommen. – Die kirchenpolitische Situation verschärft sich. Die bereits ergangene Einladung wird aufgehoben. Eine für Januar 1934 in Aussicht genommene Generalversammlung, auf der Bischof Peter sprechen sollte, findet nicht statt. Der Landespredigerverein tritt im Verlaufe der folgenden Monate nicht wieder zusammen."

[19] Protokollbuch des L.P.V. Nr. 426 vom 3. 7. 1933 (LAB: LPV 33).

[20] Schreiben Müllers an einen in der Anrede nicht namentlich genannten Oberkonsistorialrat vom 7. 10. 1933, vermutlich handelt es sich um den späteren DC-Bischof von Sachsen-Anhalt Peter (LAB: LPV 9).

[21] Schlott am 13. 7. 1933 an Müller: „Betreffs Ergänzung des L.P.V. Vorstandes erinnere ich Sie an das Führerprinzip, d. h. nicht die Mitglieder bestimmen die Ergänzung, sondern Sie als Führer [...]" (LAB: LPV 9).

[22] Gremmelt war seit 1. 7. 1933 Mitglied der DC, Teichmann gehört zu den Gründern der DC in Braunschweig.

[23] Wahl zum Landesbischof auf der 2. Sitzung des DC-beherrschten Landeskirchentages am 12. 9. 1933. S. auch Kuessner (Anm. 7), 46.

Die Verschärfung der kirchenpolitischen Situation betraf einmal die DC reichsweit, als mit der berüchtigten Sportpalastkundgebung der DC am 13. November der „Zusammenbruch der Deutschen Christen"[24] eingeläutet wurde. Schon am 23. November sollte Bischof Peter auf der geplanten Generalversammlung sprechen. Für diesen Tag aber hatte nun der in seiner Position gefährdete Reichsleiter der DC, Bischof Hossenfelder, eine Führertagung nach Weimar einberufen, an der auch Peter teilnehmen mußte.

Aber auch in Braunschweig verschärfte sich die kirchenpolitische Situation. Am 30. November fand jene Pfarrerversammlung in Dannes Hotel in Braunschweig statt, durch die Landesbischof Beye hoffte, den Riß, der durch die Braunschweiger Pfarrerschaft ging, schließen zu können, die aber dann schließlich mit dem Gegenteil endete, dem Auszug von 43 Pfarrern und der Gründung der Braunschweiger Regionalgruppe des Pfarrernotbundes[25]. Am 21. Januar 1934 kam es zwar noch zur feierlichen Bischofseinführung durch den Reichsbischof im Dom, jedoch schon einen Monat später, am 23. Februar 1934, mußte Beye vor dem Landeskirchentag seinen Rücktritt erklären[26].

Der ganz von DC-Pfarrern bestimmte L.P.V. mußte so seinem Ende entgegengehen. Einerseits herrschte offensichtlich bei Schlott für den Verein kein Interesse mehr. Mit der Gleichschaltung und der Einführung des Arierparagraphen hatte er ja seinen Zweck erfüllt. Genauso wird Beye gedacht haben, der folgerichtig am 30. November bei der Pfarrerversammlung erklärt hatte: „Der L.P.V. wird aufgelöst"[27]. Nach dem Sturz Beyes hatte Müller andere Sorgen, als sich um den L.P.V. zu kümmern; er steht bei der Spaltung der Phalanx der Kreispfarrer gegen die Beye-Anhänger auf Seiten Schlotts und wird auch dessen Mitarbeiter im Landeskirchenamt. Nach außen hin wird er jedenfalls nicht mehr tätig. In einem Schreiben an Minkner vom 17. 2. 34, in dem er diesen bittet, zur erweiterten Vorstandssitzung der Pfarrervereine nach Berlin zu fahren, meinte er: „Für eine Öffentlichkeitswirkung scheint mir die Gelegenheit ja schon gründlich verpaßt zu sein". Gleichwohl steht ihm das alte Ziel doch noch vor Augen: „Aber das ändert nichts daran, daß das Ziel eines NS-Pfarrerbundes wenn möglich doch noch erreicht werden muß."

---

[24] So das 13. Kapitel in Klaus Scholder, Die Kirchen und das Dritte Reich, Bd. 1, Frankfurt a. M. 1977, 701ff.

[25] Kuessner (Anm. 7), 53ff.

[26] Kuessner (Anm. 7), 48ff.

[27] Brief von Ehlers an Müller vom 20. 12. 1933 (LAB: LPV 9).

Allmähliche Rückkehr zur satzungsgemäßen Form
1934–1935

Es scheint mir nicht zufällig zu sein, daß die ersten Versuche, den L.P.V. wieder zu beleben mit dem Kommen von Dr. Johnsen zusammenfallen. Müller sprach zwar in einem Brief an Johnsen davon, daß die „Eingliederung" der Braunschweigischen Landeskirche in die Reichskirche am 1. Juni 1934 der Anlaß gewesen sei, die Tätigkeit im L.P.V. wieder aufzunehmen, „da nunmehr ja kirchenpolitische Auseinandersetzungen als überflüssig verhindert werden konnten"[28]. Doch als am 17. Juni der engere Vorstand nach langer Zeit einmal wieder zusammentrat, war das Kommen Dr. Johnsens längst bekannt. Auf dieser Sitzung sprachen Schlott, Müller, Ehlers und Minkner über die Weiterführung der Arbeit, sowie über die veränderte kirchenpolitische Situation, dabei erklärte Müller, daß er aus dem Vorstand ausscheiden wolle. Von Schlott kann man das vermuten; denn der Vorstand, der für die Zukunft vorgeschlagen wurde, enthält auch seinen Namen nicht mehr, dafür ist ein Vertreter des Landeskirchenamts vorgesehen. Außer den anderen bisherigen Mitgliedern, Ehlers, Minkner, Teichmann, Gremmelt, werden genannt: Gropp, Kalberlah jun. und Lehmberg. Beschlüsse werden allerdings nicht gefaßt. Über Schlott fiel die Entscheidung zwei Tage später, als Dr. Johnsen ihn gleich nach seiner Ankunft zusammen mit Breust und Lambrecht beurlaubte[29]. So markiert auch für den L.P.V. der Sommer 1934 das Ende der Ära Beye/Schlott.

Daß es für die Belebung des L.P.V. durchaus noch Chancen gab, zeigte bereits die erweiterte Vorstandssitzung, die sich an die Vorstandssitzung vom 17. Juni anschloß und auf der Pfarrer Brandmeyer über den von ihm ausgearbeiteten Konfirmandenarbeitsplan berichtete[30]. Vielleicht auch durch das Thema angereizt, waren immerhin außer den vier Vorstandsmitgliedern noch 45 Pfarrer erschienen, darunter auch einige, die im Herbst ihren Austritt erklärt hatten.

---

[28] Schreiben vom 20. 7. 1934; am 19. Juni war Johnsen in Wolfenbüttel eingetroffen. Aber bereits am 4. 6. hatte er das Placet von Klagges für seine Entsendung als Komissarischer Kirchenführer erreicht (LAB: LPV 9).

[29] Vgl. Dazu Kuessner (Anm. 7), 69ff. Eine von Johnsen am 28. 7. 1934 unterzeichnete Pressenotiz sagt u. a.: Schlott scheidet im beiderseitigen Einvernehmen aus seiner Stellung im Landeskirchenamt (LKA) aus. Die Tätigkeit des Kreispfarrers Müller, der nur vertretungsweise im LKA beschäftigt war, hat mit dem Dienstantritt des kommissarischen Kirchenführers ihr Ende gefunden; er hat die Geschäfte des Kreispfarrers in Helmstedt bereits seit einiger Zeit wieder aufgenommen.

[30] Zum Konfirmandenbuch von Brandmeyer vgl. Ottmar Palmer, Material zur Geschichte des Kirchenkampfes in der Braunschweigischen Landeskirche, hektogr. Ms., 1957, 25f (zitiert: Palmer).

Die Neubildung eines Vorstandes zog sich dann etwas mühsam dahin. Sie braucht hier im einzelnen nicht nachgezeichnet zu werden[31]. Am 30. August legte Müller den Vorsitz endgültig nieder. Ausgeschieden sind in den Wochen danach auch Gremmelt und Teichmann, und als auf einer erweiterten Vorstandssitzung am 1. Oktober 1934 die dringende Bitte ausgesprochen wurde, „in den Vorstand nicht nur D.C." zu berufen, „damit die Mitarbeit aller wieder gesichert wird", stellte auch Minkner sein Amt zur Verfügung[32]. So war vom Vorstand nur noch Ehlers als Kassenführer übrig. Damit war aber auch die Möglichkeit für einen Neubeginn gegeben.

Pfarrer Gerhard Kalberlah, dem in der engeren Vorstandssitzung vom 27. August 1934 provisorisch der 1. Vorsitz übertragen war, lud nun zu einer Generalversammlung am 5. November 1934 in Braunschweig sämtliche Pfarrer der Landeskirche, nicht nur den Rest des L.P.V. ein. Daß er bei diesem Versuch einer Belebung des L.P.V. die Unterstützung des kommissarischen Landesbischofs hatte, wird darin deutlich, daß Johnsen bei dieser Versammlung die Andacht hielt. Signifikant war zum zweiten, daß die Verbindung mit dem Reichsverband der Pfarrervereine betont wurde - Braunschweig hatte ja 1933 wenig auf den Gesamtverband gehört –, indem Präses D. Dr. Schäfer, Remscheid, als 1. Vorsitzender und Führer des Pfarrerbundes über „Notwendigkeit und Aufgaben der Pfarrervereine in der Gegenwart" sprach[33]. Das Wesentlichste aber war, daß Kalberlah nach dem von ihm erstatteten Jahresbericht die früheren Satzungen „wiederherstellen" ließ, nach der Einführung des Führerprinzips und vor allem nach der rechtswidrigen Satzungsänderung vom 5. Mai 1933 eine unbedingt notwendige Maßnahme. Gleichzeitig erhielt er den Auftrag, alle weiteren Schritte zur Festigung und Sammlung des L.P.V. zu tun. Zur Neubildung eines satzungsgemäßen Vorstandes verhandelte Kalberlah vor allem mit Hans Ernesti, der sich schließlich auch bereit erklärte, den Vorsitz wieder zu übernehmen, und der dann auf einer Generalversammlung am 25. Juni 1935 erneut zum 1. Vorsitzenden gewählt wurde[34]. Der von O. Münster verfaßte Vortrag „50 Jahre Braunschweigischer Pfarrerverein"[35] bemerkt

---

[31] Engere Vorstandssitzung am 27. 8. 1934: ohne Müller und Schlott, zum erstenmal mit Kalberlah und Dr. Johnsen. Engere Vorstandssitzung am 1. 10. 1934: nur noch Kalberlah, Ehlers, Minkner (LAB: LPV 33).

[32] Schreiben vom 27. 10. 1934 an Kalberlah, mit dem handschriftlichen Nachtrag: „Vielleicht trägt auch das zur ‚Befriedung' bei, wenn ganz neue Männer hineinkommen." (LAB: Nachlaß Kalberlah).

[33] Ein zweiter Hauptvortrag beschäftigte sich mit der „Deutschen Glaubensbewegung", die besonders auch im Braunschweiger Lande seit 1934 verstärkt propagandistisch auftrat. Diesen Vortrag hielt Prof. Hempel, Göttingen.

[34] Ernesti ist seit 1. 4. 1935 Propst der neu geschaffenen Propstei Lehre.

[35] O. Münster, 50 Jahre Braunschweigischer Pfarrerverein, in: K. Jürgens (Bearb.),

dazu: „die zahlreichen Teilnehmer dieser Versammlung [...] baten ihn, die geschehene Unbill zu vergessen und dem guten Willen der treu mitkämpfenden Freunde zu vertrauen".

Der Braunschweigische Pfarrerverein unter Ernesti bis 1945

Durch die Wiederwahl Ernestis kräftigte sich allmählich wieder der Verein. Nach einer Satzungsänderung, die vor allem eine Angleichung an die Satzungen des Reichsbundes enthielt, führte er ab 25. August 1935 den Namen „Braunschweigischer Pfarrerverein" (B.P.V.). Unverändert waren freilich Sinn und Zweck des Vereins. Er verstand sich nach wie vor als (§1) „eine freie Vereinigung von Pfarrern [...], die ohne Beeinträchtigung der theologischen oder kirchenpolitischen Richtungen oder Verbände auf dem Boden des landeskirchlichen Bekenntnisses ein lebendiges und einmütiges Zusammenwirken der Amts- und Standesgenossen anstrebt". Dem entsprechend galt als Zweck: „1. Amtsbrüderliche Verständigung über die dem geistlichen Amte unter den Verhältnissen der Zeit obliegenden Aufgaben." In diesem Sinne hat Ernesti in den folgenden Jahren den B.P.V. geführt. Das Protokollbuch verzeichnet bei der Generalversammlung am 16. Juni 1937: „Ernesti appelliert an die Pfarrer, eingedenk des Grundsatzes, daß der L.P.V. sich nicht kirchenpolitisch betätigt, auch ihrerseits den Bruderschaftsgedanken nicht außer acht zu lassen." In dem Jahresbericht auf der Generalversammlung am 9. Juni 1938 sagt er:

„Ich kann nicht schließen, ohne einen ernsten Appell an die Gesamtpfarrerschaft unseres Landes zu richten. Es kann kein Zweifel sein, daß von der äußeren und inneren Geschlossenheit und Treue der Pfarrerschaft das Schicksal auch unserer Kirche mit abhängt. Jede Zerspaltung und Zersplitterung der Pfarrerschaft ist eine Wunde auch am Körper der Kirche. [...] Auch jede Untreue in der Amtsführung hat dieselbe Wirkung. [...] Lassen Sie uns auch etwaige theologische oder kirchenpolitische Meinungsverschiedenheiten nicht auf das persönliche Gebiet oder die Amtsführung übertragen. [...] Lassen Sie uns alles tun, daß wir unsere Geschlossenheit nicht verlieren. Würden wir auch sie noch verlieren, so würden wir uns selbst zur völligen Macht- und damit zur Bedeutungslosigkeit verurteilen. Es würde so ziemlich der letzte sichtbare Wert, der durch die Bedrängniszeiten bisher hindurchgerettet ist, verloren gehen. Tun Sie alles, um unseren Verein so groß und lebendig zu

---

Dokumente zur Geschichte des Braunschweigischen Pfarrerinnen- und Pfarrervereins, Rückblicke aus den Jahren 1917 und 1974 (Quellen und Beiträge zur Geschichte der Evangelisch-lutherischen Landeskirche in Braunschweig, 1, 1993), 49 (zitiert: Münster).

machen als nur möglich. Wir haben in unserem Verein keine kirchenpolitischen Ambitionen und theologischen Sondermeinungen, sondern haben uns
zusammengefunden in dem gleichen Streben, alles zu tun, was möglich ist,
das unserem Stande und Amte dient und der Förderung der Amtsbrüder, in der
Gewißheit, daß sich das auswirken wird nicht nur zu unserem eigenen Besten, sondern zugleich zum Besten unserer Gemeinden und unserer heißge-
liebten Kirche."[36]

Ganz in diesem Sinne versuchte er auch die Mitgliederzahl wieder anzuheben. Von 243 Mitgliedern im Jahre 1932 zählte der Verein 1935 nur
noch 137. Diese Zahl hob sich nun langsam von 147 im Jahre 1936 bis
175 im Jahre 1941[37].

Ende 1935 verschickte er ein Schreiben an alle ausgetretenen Kollegen,
in dem er um die Wiederaufnahme der Verbindung mit dem B.P.V. warb.
An den Führer des Pfarrernotbundes, Pfarrer Lachmund in Blankenburg,
sandte er dazu noch ein gesondertes Schreiben, weil er gerade von ihm
einen maßgebenden Einfluß auf die Notbundpfarrer erhoffte. U.a. schreibt
Ernesti: „Nachdem die Zwischenzeit überwunden ist, ist allgemein das
Empfinden vorhanden, wieder zu einander zu kommen und die amtsbrüderliche Gemeinschaft, wo sie gelitten hat, wieder aufzunehmen. Wir können und müssen uns wieder in der gemeinsamen Arbeit, die uns alle
angeht, zusammenfinden, ohne daß wir darum etwas von unserem theologischen oder kirchenpolitischen Standpunkt aufzugeben brauchten. Wir
haben auch in den Jahren vor 1933 trotz der verschiedenen kirchlichen
Richtungen in Rücksicht auf das Große, das uns verbindet, und auf die
gemeinsamen Ziele Gemeinschaft gehalten. [...] Nachdem nun diese Ziele
wieder satzungsgemäß ihre Anerkennung gefunden haben, halte ich den
Zeitpunkt für gekommen, nun auch für die Verwirklichung dieser Ziele
mit aller Kraft einzutreten und hierfür um Ihre Mitarbeit zu bitten. Ich
würde es begrüßen, wenn auch Sie sich mit dem Gewicht Ihrer Person für
die Erreichung dieser Ziele bei den Ihrem Einfluß offenen Kollegen einsetzen und sich selbst mit Ihrer Kraft dafür dem L.P.V. wieder wie früher
zur Verfügung stellen würden."

Auf diesen Brief erhielt Ernesti allerdings eine schneidende Abfuhr,
wenn Lachmund auch gleich am Anfang seines Briefes betonte, „ich bitte
alles nicht persönlich zu nehmen, sondern von der Lage aus gesehen".
Was für Ernesti als Aufgabe und Herausforderung erschien, den an den
Rand des Abgrundes geratenen L.P.V. wieder zu beleben und die Pfarrerschaft aus einem Gegeneinander wieder herauszuführen, mußte für Lachmund als Versuch erscheinen, an „das fröhliche Ende den fröhlichen An-

---

[36] AM. 46, Nr. 1, Juli 1938, 8f.
[37] Münster (Anm 35), 50, weist mit Recht darauf hin, daß zwischen 1932 und 1935 ein
größerer Schwund auch durch die Sterbefälle eingetreten ist.

fang knüpfen", „als wenn nicht allerlei dazwischen läge, als wenn alles nur Störungen, Mißverständnisse oder solche Harmlosigkeiten gewesen wären". Mit Recht erinnert er an die schweren Verletzungen, die geschehen sind, „als 3 ihrer Brüder ohne Grund von einem Manne diszipliniert wurden, der an einem Platze stand, wohin er nicht gehörte. Sie sind hinter ihm hergezogen, als er sich einführen ließ, es hat keiner von Ihnen einmal ein Wort der Brüderlichkeit gefunden für die beiden Brüder, die aus dem Amt gejagt wurden, oder für den, der im schweren Disziplinarverfahren zur schwersten Strafe verurteilt wurde: Dienstentlassung. [...] Woher soll uns das Vertrauen zu Ihrer Brüderlichkeit kommen, zu Ihrem Willen, nicht altes zu restaurieren, sondern wirklich neues zu bauen, was wir in heißen Kämpfen gelernt haben, während Sie vorsichtig oder klug in der warmen Stube Ihrer Gemeindearbeit saßen und gelegentlich sagten: Wir wissen von nichts, die Herren wußten von nichts, als 500 Pfarrer im Gefängnis saßen und 22 im KZ. War das Klugheit, Gleichgültigkeit oder was war es sonst? [...] auch der Friede in der Pfarrerschaft geht über die Vergebung der Sünden. Sie können uns sagen, was wir nach Ihrer Meinung Unrecht getan haben, wir wollen es uns gern sagen lassen, aber unausgesprochen bleibt alles unvergeben. Die braunschw. Pfarrerschaft hat noch nicht das Recht, sich wieder zusammenzusetzen, dazu liegt noch viel zu viel zwischen uns. Auch wenn ich wollte, meine Brüder, die ich im engeren Sinne Brüder nenne, würden es nicht können, mit den anderen allen jetzt schon brüderlich zusammenzusitzen."[38] Die Ablehnung Lachmunds zur Rückkehr in den Pfarrerverein dokumentiert nicht nur die berechtigten tiefen Verletzungen, die geschehen waren, die großen Sorgen um den künftigen Weg der Kirche, sondern auch den großen Graben, der die Braunschweiger Pfarrerschaft trennte und über den noch keine Brücke führte. Diese Erkenntnis wird zweifellos auch Ernesti gewonnen haben, trotzdem ging er seinen Weg, den er mit anderen als einen Weg der Befriedung ansah, wie es seine oben zitierten Äußerungen zeigen, weiter. Daß der B.P.V. kirchenpolitisch neutral bleiben könnte, war dennoch eine Illusion, weil jede Organisation und jeder Verein so oder so in bestimmten Situationen Stellung beziehen muß.

Wenn auf der einen Seite die führenden Männer der BK und des Pfarrernotbundes nicht wieder in den B.P.V. zurückkehrten, so verließen in den kommenden Jahren eine Reihe von prominenten DC-Pfarrern den Verein. Fr. Müller trat 1937 aus, 1938 folgte ihm Teichmann, als der Vorstand des B.P.V. einstimmig einen Artikel von Müller in der „Nationalkirche" vom April 1938 als Pamphlet verurteilt hatte[39]. Anfang 1939 beteiligte sich

---

[38] Der Briefwechsel steht bei Palmer (Anm 30), 126f.

[39] Der Artikel von Müller trug die Überschrift „Zweierlei Maß" und war gegen Landesbischof Dr. Johnsen wegen der Versetzung des radikalen DC-Pfarrers Friedrich Nü-

auch der B.P.V. an einer Frageaktion des Reichsbundes, die dieser zu einer Stellungnahme der Landeskirchenführerkonferenz vom 11. Januar 1939 durchführte. Letztere hatte sich mit Vorschlägen des Reichskirchenministers Kerrl befaßt, bei denen es letztlich um eine Befestigung der Finanzabteilungen ging[40]. Wegen dieser „kirchenpolitischen Aktion" verließen 7 DC-Pfarrer den B.P.V. Auf der Jahresversammlung im Juni 1939 nahm Ernesti dazu natürlich Stellung und meinte, daß von den Satzungen her der Verein geradezu pflichtgemäß gehandelt habe. „Wenn eine Aktion, deren ausgesprochenes Ziel die Befriedung der Kirche ist, schon als ein Abgleiten auf kirchenpolitisches Gebiet mißdeutet wird, dann sehe ich nicht, wo die Grenze sein soll. In höchster Not der Kirche mit nach Wegen zu suchen, um ihre nackte Existenz zu retten, ist nicht Absprung von der Neutralität, sondern Pflicht."[41] An dieser Stelle muß allerdings die Zwischenfrage gestellt werden, hätte nicht die Neutralität viel eher und viel öfter aufgegeben werden müssen?

Während auf der einen Seite der Pfarrerverein in den Jahren nach 1935 seine traditionelle Arbeitsweise wieder aufnahm, indem er neben den jährlichen Generalversammlungen erweiterte Vorstandssitzungen in den verschiedenen Regionen der Landeskirche abhielt[42], wurde er auf seinen Vorstandssitzungen je länger je mehr auch mit den aktuellen Fragen befaßt, die sich aus dem sich ständig verschlechternden Verhältnis zum nationalsozialistischen Staat ergaben. Bei der Vorstandssitzung vom 16. Januar 1939 vermerkt das Protokoll: „Ernesti berichtet über Gewalttätigkeiten gegenüber 5 Amtsbrüdern (außer Braunschweig) in den Tagen der Juden-

---

mann von Blankenburg nach Wieda gerichtet, „offensichtlich in der Absicht, das Vertrauen der Amtsbrüder und des Kirchenvolkes zum Landesbischof zu zerstören und kirchenpolitische Spaltungen unter den Amtsbrüdern hervorzurufen". Letzteres ist Zitat aus dem Protokollbuch (LAB: LPV 33).

[40] Es waren 5 Grundsätze, die vorgelegt wurden und die „als ein geeigneter, weil kirchlicher Weg, angesehen [wurden], um Befriedung und Ordnung wenigstens für eine Übergangszeit zu erreichen". Die Grundsätze waren im wesentlichen folgende. „1. Ausgangspunkt ist das 1933 begründete Recht, an das sich Kirche und Staat gebunden haben, und damit auch die Geltung der damals geltenden Bekenntnisse. 2. Mit diesem Recht und dem Bekenntnis müssen die zu ergreifenden Maßnahmen in Einklang stehen. 3. Die zerstörten oder gehinderten Organe müssen so wiederhergestellt werden, daß eine kirchliche Gesamtleitung nicht mehr in Frage gestellt wird. Ebenso muß die Verwaltung der geistlichen und weltlichen Angelegenheiten so gestaltet werden, daß sie das kirchliche Leben nicht hemmen, sondern in sich gegenseitig bestimmender Art verbunden werden. 4. Das staatliche Aufsichtsrecht muß so gestaltet werden, daß unter Beachtung der Belange des Staates deutlich wird, daß die Kirche ihre eigene Aufgabe am Volk zu erfüllen hat. 5. Bei der Bedeutung der Gemeinde für die ev. Kirche müssen die orts- und gesamtkirchlichen Organe alsbald erneuert werden." AM. 47, Nr. 1, Juli 1939, 6f.

[41] AM. 47, Nr. 1, Juli 1939, 8.

[42] Am besten informiert darüber die Schrift „50 Jahre Braunschweigischer Pfarrerverein", Münster (Anm. 35).

verfolgungen". Wenn auch keine Reaktion und gar Maßnahmen weiter zu erkennen sind, so ist diese Notiz ein Zeichen dafür, daß im Rahmen der Pfarrervereine über reichsweite Vorkommnisse informiert wurde. Ähnliches gilt von dem Vermerk vom 10. Oktober 1939: „Ernesti berichtet über die Pensionierung des Amtsbruders Niemann", die endgültig am 31. 7. 1939 erfolgt war[43]. Da Niemann inzwischen 67 Jahre alt war, war eine Eingabe der Kirchenregierung gegenüber nicht sinnvoll; daß diese Pensionierung aber zur Sprache kam, zeigt, daß man diesen Vorgang als belastend empfand.

Bei der Vorstandssitzung am 11. Dezember 1939 „schildert Ernesti die Notlage des Amtsbruders Hans Buttler, Alvesse, und seiner Familie. Buttler, in seinem Verfahren vor dem Sondergericht von der schweren Anklage, sich gegen das Heimtückegesetz vergangen zu haben, freigesprochen, wird seit Wochen in dem Konzentrationslager Sachsenhausen bei Berlin festgehalten. Von seinem rechtmäßigen Gehalt, monatlich 594,– RM vor seiner Inhaftierung, wird seiner Familie nur der Betrag von 220,– RM ausbezahlt."[44] Der Vorstand beschließt daraufhin, die bisherige Unterstützung in Höhe von monatlich 20,– RM der Familie weiter zu zahlen.

Anders als bei Dr. Niemann war es mit dem Fall des zweiten nichtarischen Pfarrers der Landeskirche, Pfarrer Alfred Goetze, Braunschweig – St. Pauli. Goetze war zusammen mit Niemann unmittelbar nach der „Reichskristallnacht" am 10. November 1938 durch den Vorsitzenden der Finanzabteilung Hoffmeister beurlaubt worden. Eine Pensionierung sollte danach mit Hilfe eines neuen Gesetzes „über die Versetzung der Geistlichen in den einstweiligen Ruhestand", das am 29. 12. 1939 veröffentlicht wurde, erreicht werden. § 1 Abs. 2 dieser „Lex Goetze" besagte: „die Kirchenregierung kann einen Geistlichen der Landeskirche in den einstweiligen Ruhestand versetzen, 1. wenn eine gedeihliche Fortführung des Pfarramtes in seiner Gemeinde nicht möglich ist, 2. wenn es das Wohl der Gesamtkirche erfordert." Am 7. Februar 1940 nimmt Goetze an der Sitzung des Vorstandes teil und bekommt damit die Möglichkeit, „sein Anliegen betr. seine Beurlaubung und seine von der Kirchenregierung vorgesehene Pensionierung" vorzutragen. Der Vorstand machte daraufhin als erstes eine Eingabe an den Stellvertreter des Landesbischofs, um Einspruch zu erheben und damit wenigstens eine vorläufige Nichtanwendung zu erreichen; auch suchte Ernesti persönlich Röpke auf, um mit ihm über die Pensionierung Goetzes und das Gesetz zu reden, sodann recherchierte

---

[43] Dr. Niemann, Gr. Stöckheim, war wegen seiner nicht „arischen" Abstammung mütterlicherseits seit 1933 erheblich unter Druck geraten. Dazu: H. Kammerer, Die Geschichte des Predigerseminars der ev.-luth. Landeskirche in Braunschweig von 1933 bis 1945, in: W. Theilemann (Hrsg.), 300 Jahre Predigerseminar 1690–1990. Festschrift, Braunschweig 1990, 127ff.
[44] Protokollbuch des L.P.V. vom 11. 12. 1939 (LAB: LPV 33).

der Vorstand bei anderen Landeskirchen und mußte dabei feststellen, „daß in keiner einzigen" der meisten deutschen Landeskirchen „wichtigste Belange von Kirchengemeinde und Pfarrerschaft so wenig gewahrt sind wie in dem [...] Gesetz der Braunschw. Landeskirche"[45]. In einer zweiten Sitzung in der gleichen Angelegenheit am 24. April 1940, an der wieder Goetze teilnahm und dabei auch seine grundsätzlichen Einwendungen gegen das Gesetz verlas, beschloß der Vorstand nochmals eine „Eingabe an den Stellvertreter des Landesbischofs Röpke gegen das Gesetz", dieser Beschluß wurde einstimmig bei Stimmenthaltung von Rauls[46] angenommen. Auf der Generalversammlung am 12. Juni 1940 brachte Ernesti das Problem auch öffentlich zur Sprache. In seinem Jahresbericht kritisierte er das neue Gesetz und zählte dabei vier Mängel auf: 1. daß „keinerlei Mitwirkung der betroffenen Gemeinden vorgesehen"[47] sei. „Ein weiterer Mangel ist der, daß in Überspannung des Führergedankens die Kirchenregierung die allein zuständige Instanz zur Feststellung der Voraussetzungen des Falles ist. In der entsprechenden hannov. Kirchenverordnung sind vor der Entscheidung noch 3 Instanzen eingeschaltet: der zuständige Superintendent, der Landessuperintendent und ein 7köpfiger Pfarrerausschuß". Als dritter Mangel wurde das Fehlen einer Beschwerde- oder Berufungsinstanz angesprochen. Gravierend war vor allem auch, was als vierter Mangel angesprochen wurde, „daß dem Pfarrer noch nicht einmal die Gründe für seine vorzeitige Pensionierung mitgeteilt zu werden brauchen, daß er also überhaupt keinerlei Möglichkeit hat, gegen etwaige Willkür oder irrtümliche Auffassungen sich zur Wehr zu setzen. Auch eine Fehlentscheidung der Kirchenregierung ist irreparabel. [...] Die Sachlage ist so, daß jeder beliebige oder mißliebige braunschw. Pfarrer jederzeit, z. B. aus kirchenpolitischen Gründen, die aber noch nicht einmal genannt zu werden brauchen, beruflich lahmgelegt werden kann. Man fragt sich unwillkürlich, warum dies Gesetz gemacht werden mußte, und zwar nur für Pfarrer, nicht aber für die landeskirchlichen Beamten." Die rhetorische Frage enthielt für die Zuhörer zugleich auch die Antwort, selbst wenn nichts weiter gesagt wurde; man hatte damals gelernt, zwischen den Zeilen zu lesen und zu hören. Der Einspruch des Pfarrervereins schien zunächst Erfolg zu haben, die Kirchenregierung setzte in ihrer Sitzung vom 6. Juli 1940 die „Durchführung des Beschlusses" über die Versetzung des Pastors Goetzes, St. Pauli, in den einstweiligen Ruhestand aus „bis zum Erscheinen der demnächst zu erwartenden Verordnung der DEK über die

---

[45] Jahresbericht über das 48. Vereinsjahr, AM. Juli 1940, 5.
[46] Rauls war nach dem Tode von Steigertahl (5. 10. 1937) am 9. 5. 1938 in den Vorstand berufen worden. Seit 1. 10. 1935 war Rauls Mitglied der Kirchenregierung.
[47] Der Kirchenvorstand von St. Pauli in Braunschweig hatte sich einstimmig für seinen Pfarrer verwandt!

Versetzung von Pfarrern in ein anderes Amt und in den Wartestand"[48]. Die in Aussicht gestellte Verordnung der Deutschen Evangelischen Kirche (DEK) beschäftigte dann auf der nächsten Sitzung am 9. September 1940 den Vorstand und führte zu ähnlichen Beanstandungen wie das Braunschweigische Gesetz vom 8. 12. 39: sehr dehnbarer Ausdruck „gedeihliche Weiterführung", Pfarrer vor Mißbrauch und Willkür nicht geschützt, Pfarrerkreis der Propstei wird nicht gehört, Beschwerderecht fehlt, ebenso Vergütung von Umzugskosten. Nachdem allerdings von der DEK der Entwurf des Wartestandsgesetzes zurückgezogen war und zu befürchten war, daß nun die „Lex Goetze" zur Anwendung kommen würde, richtete der B.P.V. erneut eine Eingabe an den Stellvertreter des Landesbischofs mit dem Ziel, „ein neues Gesetz zu schaffen, das unseren berechtigten Wünschen Rechnung trägt"[49]. Als Ernesti darüber auf der Generalversammlung berichtete, war freilich Goetzes Versetzung in den einstweiligen Ruhestand bereits endgültig ausgesprochen worden[50]. Als ein Stück Solidarisierung mit Goetze darf vielleicht angesehen werden, daß der gedruckte Jahresbericht vom Juli 1941 noch ausführlich auf dessen bei einer erweiterten Vorstandssitzung im Jahre 1940 gehaltenen Referat über „Der Neuaufbau unserer kirchlichen Jugendarbeit" einging[51].

Disziplinarverfahren gegen Ernesti 1943–1944

Daß Ernesti sich mit alle dem keine Freunde bei der Finanzabteilung machte, liegt auf der Hand. Darüber hinaus hatte der B.P.V. inzwischen auch andere Maßnahmen der Finanzabteilung kritisiert, wie z. B. die „Nichtauszahlung der einbehaltenen 6 % Gehaltserhöhung seitens der Fi-

---

[48] Protokolle der Kirchenregierung (KR-Prot.) Nr. 32 (LAB: acc. 11/75 Nr. 41).
[49] Jahresbericht über das 49. Vereinsjahr, AM. Juli 1941, 3.
[50] Beschluß der Kirchenregierung vom 18. 1. 1941. In der Sitzung vom 22. 2. 1941 (LAB: acc 11/75 Nr. 41) beschloß die Kirchenregierung in Beantwortung einer Anfrage von Goetze vom 4. 2. 1941 folgendes Antwortschreiben: „Es ist Ihnen bekannt, daß Ihnen seit dem 10. November 1938 wegen Ihrer nicht rein arischen Abstammung – Sie haben einen jüdischen Elternteil – die Ausübung des Dienstes untersagt ist. Das Wohl der Gesamtkirche erfordert bei dieser Sachlage, daß Sie künftig nicht mehr ein öffentliches Pfarramt der braunschweigischen Landeskirche bekleiden. Außerdem ist es notwendig, die Möglichkeit einer anderweitigen Besetzung Ihrer Pfarrstelle zu schaffen." Gleichzeitig beschloß die Kirchenregierung, Goetze wenigstens „für die Dauer eines Jahres die bisherigen Bezüge zu belassen". Auf Einspruch der Finanzabteilung mußte dieser Beschluß allerdings schon am 18. 3. 1941 wieder zurückgenommen werden. Für die Kirchenregierung war damit der Fall erledigt. Einen Antrag von Goetze auf Empfang lehnte die Kirchenregierung am 5. 5. 1941 ab. Eine Darstellung des Falles und ausgewogene Kritik der Kirchenregierung findet sich bei Palmer (Anm. 30), 76ff.
[51] Jahresbericht über das 49. Vereinsjahr, AM. Juli 1941, 2f.

nanzabteilung an die Pfarrerschaft im Gegensatz zu den Beamten des Landeskirchenamtes"[52], die Abgabe der Kirchenglocken oder die Übergabe der Friedhofsverwaltungen an die politischen Gemeinden. Kein Wunder, daß die Finanzabteilung auch gegen Ernesti vorzugehen versuchte. Die Gelegenheit dazu ergab sich im Gefolge des für die Verhältnisse des Krieges glänzend gefeierten 50-jährigen Jubiläums des B.P.V. am 23. September 1942. Zwar war bei der Festversammlung im Katharinengemeindesaal in Braunschweig auch schon ein Vertreter der Geheimen Staatspolizei zugegen gewesen, der dann auch bei den Begrüßungen eigens mit genannt wurde, eine Maßnahme, die sowohl dem Betreffenden zeigte, daß er nicht inkognito da sei, als auch die Anwesenden vor unüberlegten Äußerungen warnen sollte. Doch dauerte es fast ein Jahr bis gegen Ernesti, für ihn völlig überraschend, ein Disziplinarverfahren eröffnet wurde.

Im August 1943 erhielt Ernesti eine Vorladung zur Geheimen Staatspolizei. Vernommen wurde er wegen des Druckes der Festschrift „50 Jahre Braunschweigischer Pfarrerverein", die er mit einem Begleitschreiben vom 12. Juli 1943 „An die Herren Amtsbrüder daheim und draußen" versandt hatte. Beides war der Gestapo von einem Pfarrer der Landeskirche übergeben worden. „Grund und Zweck dieser Übersendung sowie der Name des Absenders sind nicht bekannt. Die Versammelten sind entrüstet über den anonymen Amtsbruder u. über die Tatsache, daß dies Vorkommnis überhaupt unter Amtsbr. möglich war", vermerkt das Protokoll dazu. Irgend etwas Ungesetzliches oder Strafbares in der Festschrift wurde zwar von der Gestapo nicht gefunden, dennoch wurde die Festschrift und besonders auch das Begleitschreiben eingezogen[53]. Eine staatspolitische Verwarnung erfolgte nicht, wie Ernesti später Oberlandeskirchenrat Röpke mitteilte. Für die Gestapo war damit die Sache offensichtlich erledigt.

Nicht so für die Finanzabteilung im Landeskirchenamt. Ob diese durch die Gestapo oder doch vielleicht ebenfalls durch den betreffenden Pfarrer, wie ich vermuten möchte, auf Ernestis Rundbrief hingewiesen wurde, ist nicht klar erkennbar[54]. Jedenfalls wandte sich der Vorsitzende der Finanzabteilung mit einem Schreiben am 18. September 1943 an das Landeskir-

---

[52] Protokoll vom 12. 6. und 10. 7. 1940 (LAB: LPV 33). Ernesti und Kalberlah hatten in dieser Angelegenheit auch den Celler Rechtsanwalt Hagemann aufgesucht, der wegen der Verweigerung der 6 % Gehaltserhöhung (Aufhebung eines Teiles der Brüningschen Notverordnungen) einen Prozeß gegen die hannoversche Finanzabteilung geführt hatte. Vgl. dazu auch Jahresbericht 1941 (s. Anm. 51), 4f.

[53] Protokoll der Engeren Vorstandssitzung vom 15. 9. 1943 (LAB: LPV 33).

[54] Das erste Schreiben der FA datiert vom 18. 9. 1943, aber erst in einem Schreiben vom 26. 11. 1943 sagt Westermann, der Leiter der FA, daß die Gestapo auf seinen Wunsch hin, das fragliche Rundschreiben überlassen habe (LAB: Personalakten Ernesti; dabei eine offensichtlich von Röpke geführte Handakte). Auch die folgenden Zitate stammen aus dieser Quelle.

chenamt, in dem er schwere Vorwürfe gegen Ernesti erhob: „Wie mir mitgeteilt wurde, hat Herr Propst Ernesti als Vorsitzender des Pfarrervereins kürzlich ein Rundschreiben an die Pfarrer der braunschweigischen Landeskirche zur Versendung gebracht, in welchem kritische Ausführungen über den Verkauf von Pfarr- und Kirchenland, insbesondere über den Verkauf des Pfarrhauses Wendhausen, gemacht werden." Da Westermann zu dem Zeitpunkt noch nicht im Besitz des Rundschreibens war, erbittet er dieses vom Landeskirchenamt, spricht aber doch zugleich seine grundsätzliche Auffassung aus, daß es nicht Sache des Pfarrervereins sein kann, sich mit Fragen der Verwaltung des Grundvermögens zu befassen. Zugleich enthält das Schreiben eine Reihe von Drohungen[55], die Röpke, der ja letztlich angeschrieben war, zeigen mußten, daß erhebliche Schwierigkeiten zu erwarten waren.

So ist der Fortgang der Dinge nicht nur ein Beitrag zu der Haltung von Ernesti, sondern noch mehr zu dem Umgang von Finanzabteilung und geistlicher Leitung der Landeskirche in jener Zeit. Das Ganze liest sich manchmal wie eine Posse, war aber doch durchaus sehr ernster Art. Zunächst scheint Röpke nicht gesonnen gewesen zu sein, „die Angelegenheit einer näheren Prüfung zu unterziehen", so daß am 2. 10. Westermann erneut um Mitteilung bat. Am 16. 10. kam es zwischen beiden zu einem Gespräch, Röpke sollte nun das „fragliche Rundschreiben von Propst Ernesti anfordern". Offensichtlich hatte Röpke erklärt, es weder zu kennen noch zu besitzen, was nicht sehr glaubhaft erscheint, da er als Mitglied des Pfarrervereins sowohl Rundbrief wie Festschrift erhalten haben muß. Da trotz des Gespräches vom 16. 10. nichts geschah, besorgte sich Westermann inzwischen selber von der Gestapo beide Schriftstücke und übersandte diese an Röpke und forderte in dem Begleitschreiben „empfindliche disziplinarische Maßnahmen, insbesondere auch die sofortige Amtsenthebung Ernestis als Propst, da er durch die fraglichen Ausführungen bewiesen hat, dass er nicht geeignet ist, das Amt eines Propstes zu führen", wobei es Westermann nicht unterließ, darauf hinzuweisen, „daß der Vorsitzende der Finanzabteilung schon einmal Veranlassung hatte, die Abberufung Ernestis als Propst zu fordern"[56].

Welches waren die Vorwürfe? Es ging einmal um den 4. Absatz in dem Rundschreiben vom 12. Juli 1943:

---

[55] „Seine Ausführungen müssen [...] als Kritik an Maßnahmen des Herrn Reichsministers für die kirchlichen Angelegenheiten angesehen werden." (LAB: Personalakten Ernesti).

[56] In einem Schreiben der Finanzabteilung vom 15. 11. 1938. Die Pröpste Ernesti und Oelker hatten damals ein Protestschreiben der BK gegen die Finanzabteilung mit unterzeichnet. „Die Angelegenheit wurde seinerzeit durch eine Erklärung der beiden Pröpste erledigt." (LAB: Personalakten Ernesti, Schreiben Röpkes an die DEK vom 7. 12. 43). Vgl. auch Kuessner (Anm. 7), 97.

„Schmerzlich berührt uns die Tatsache, daß jetzt Pfarr- und Kirchenland, das wirtschaftliche Rückgrat unserer Landeskirche, in großem Maße verloren zu gehen droht, ja auch Pfarrhäuser, wie kürzlich die für die kirchliche Versorgung der Umgebung sehr günstig gelegene Pfarre Wendhausen, die, ohne daß die Gemeinde vorher gehört, ja ohne daß der Gemeinde überhaupt Mitteilung gemacht wäre, verkauft worden ist. Damit ist der Gemeinde auch Raum für den kirchlichen Unterricht und die kirchlichen Archivalien genommen. Die Tatsache des Verkaufs und der Art des Vorgehens dabei wird eine schwärende Wunde am Leibe der Landeskirche bleiben."[57]

Zum zweiten richtete sich der Vorwurf, Äußerungen von „geradezu hetzerischen Charakter" gemacht zu haben, auf Sätze aus dem Jahresbericht, den Ernesti auf der Jubiläumsversammlung am 23. September 1942 gegeben hatte[58]. Westermann hatte dabei sicher nicht nur die Kritik an der „Einstellung von Leistungen und Servituten des Staates oder politischen Gemeinden", an dem „Glockenerlaß" oder an dem bevorstehenden „Übergang der Verwaltung der Friedhöfe von den Kirchenvorständen auf die politischen Gemeinden" im Auge, sondern besonders auch Sätze wie die, mit denen Ernesti die Belastungen ansprach, denen die Pfarrer und auch Pfarrfrauen ausgesetzt sind:

„Ferner der Versuch, soziologisch ihm den Makel der Minderwertigkeit aufzudrücken, dadurch, daß man ihn aus Vereinigungen auszuschließen sucht, ihm Haushaltslehrlinge sperrt, ihm Kinderbeihilfen verweigert und ähnliche Dinge mehr. Und schließlich der Angriff auf die Substanz der Kirche selbst, lehrmäßig durch Diskreditierung ihrer gesamten Botschaft und gliedmäßig durch das Bemühen, die Kirche von ihrer Zukunft abzudrängen, wie es in dieser Form in der Geschichte noch nie gemacht ist."

---

[57] Zu dem Verkauf des Pfarrhauses in Wendhausen, das an die Siedlungsgesellschaft veräußert wurde, „weil ein hoher SS-Führer sich dort eine Wohnung errichten wollte", s. Beiträge zur Tätigkeit der vormaligen Finanzabteilung beim Landeskirchenamt in Wolfenbüttel, amtl. Drucksache hrsg. vom Landeskirchenamt Wolfenbüttel, 1948, 42. – Ernesti hatte mit Schreiben vom 28. Mai 1943 gegen den Verkauf Einspruch erhoben. Über die Nichtunterrichtung des Kirchenvorstands machten Finanzabteilung und LKA sich gegenseitig Vorwürfe. Röpke: „In der Angelegenheit Verkauf des gesamten Pfarrbesitz Wendhausen nebst Pfarrgrundstück hatte ich von vornherein seitens des LKA davon (= Befragung des KV) Abstand genommen und den Verkauf sogleich abgelehnt" (im Schreiben an die DEK, 7. 12. 43). Daß die Finanzabteilung sich letztlich nicht um die Meinungen der Kirchenvorstände und des LKA kümmerte, zeigt der erste Brief Westermanns in der Angelegenheit Ernesti vom 18. 9. 43: „Wie dort bekannt ist, werden Verkäufe von Kirchen- und Pfarrländereien regelmäßig nur dann vorgenommen, wenn ein dringendes öffentliches Interesse gegeben ist. Bestehen zwischen der Finanzabteilung einerseits und dem Kirchengemeinderat bzw. dem Landeskirchenamt andererseits Meinungsverschiedenheiten über die Notwendigkeit eines beantragten bzw. beabsichtigten Verkaufs, so entscheidet bekanntlich der Herr Reichsminister für die kirchlichen Angelegenheiten."
[58] Ohne nähere Angaben werden immer wieder die Seiten 45ff angeführt. Im Nachdruck: Münster (Anm. 35), 62ff.

Auf diese Forderungen und Anschuldigungen hin wandte sich Röpke am 7. 12. 1943 zunächst an die Kirchenkanzlei der DEK in Berlin und bat um Rechtsberatung: „Welche Disziplinarmaßnahmen werden dortseitig für gegebene Angelegenheit angesehen? [...] Propst Ernesti ist der Vorsitzende des Br. Pf. V., der großes Vertrauen in der Pfarrerschaft genießt. Ehe ich in der Angelegenheit etwas unternehme, möchte ich auch die dortige Stellungnahme zur Sache kennen." Jetzt erst unterrichtete er auch die Kirchenregierung.[59] Die DEK antwortete am 23. 12., sie sieht zwar in dem Rundschreiben eine Pflichtverletzung, möchte aber über Maßnahmen, besonders Disziplinarmaßnahmen, ohne Kenntnis der Persönlichkeit, der sonstigen Amtsführung und der gesamten Umstände kein Urteil abgeben. Dazu wird eine mündliche Besprechung vorgeschlagen. Röpke konnte dann seine Absicht, am 14. Januar 1944 nach Berlin zu fahren, zwar aus gesundheitlichen Gründen nicht durchführen, dafür aber hatte er zu Anfang des Jahres Gelegenheit, Oberkonsistorialrat Brunotte in Braunschweig zu sprechen. Auf Grund dieses Gespräches kam er zu der Auffassung, „daß es richtiger sein wird, wenn die Angelegenheit durch ein Disziplinargericht entschieden wird". Er beabsichtigte daher, „der Kirchenregierung vorzuschlagen, gegen Herrn Propst Ernesti ein Disziplinarverfahren einzuleiten, jedoch ohne Suspendierung vom Amt und ohne Einbehaltung irgend welcher Gehaltsbezüge"[60].

Inzwischen hatte die Finanzabteilung am 24. 12. die Broschüre „50 Jahre Pfarrerverein" vom Landeskirchenamt wieder zurückgefordert, da sie „vorübergehend anderweitig benötigt" würde. Röpke vermutete daher, daß auch von anderer Seite noch der Fall behandelt werden sollte. Auch dadurch wird er sich gezwungen gesehen haben, nunmehr tätig zu werden. Zuvor mußte er allerdings die Schrift von der DEK zurückfordern, ehe er sie am 14. 1. 1944 wieder an die Finanzabteilung gab, freilich mit der Bitte, dieselbe baldmöglichst wieder zurückzugeben, „da wir sie für die Weiterbehandlung des Falles" benötigen.

In der Sitzung der Kirchenregierung vom 11. Februar 1944 wird diese zum erstenmal mit der Sache befaßt[61]. Auch sie hält die Durchführung eines Disziplinarverfahrens für geboten und „beschließt, Propst Ernesti zunächst zur Sache zu hören". Dementsprechend wird Ernesti am

---

[59] Sitzung am 15. 12. 1943 (LAB: acc. 11/75 Nr. 41).

[60] Schreiben vom 12. 1. 1944 an die Konsistorialrätin Dr. Schwarzhaupt in der Kirchenkanzlei der DEK, zu der Röpke ein besonderes Vertrauensverhältnis hatte und die er daher häufiger zu Rate zog (LAB: Personalakten Ernesti).

[61] An der Sitzung nahmen Röpke, Bertram und Rauls von der Kirchenregierung, Seebaß vom LKA und Amtsgerichtsrat Linke als Gast teil, letzterer als Rechtsberater, da es außer in der Finanzabteilung keine weiteren Juristen im LKA gab (LAB: acc. 11/75 Nr. 41).

19. Februar aufgefordert binnen 14 Tagen zu den einzelnen Anklagepunkten Stellung zu nehmen: „daß Sie als Vorsitzender des Braunschw. Pfarrervereins [...] 1. Kritik an Maßnahmen des Herrn Reichskirchenministers für die kirchlichen Angelegenheiten geübt haben (Verkauf des Pfarrgrundstücks Wendhausen), 2. auf Seite 45 ff der Broschüre ‚50 Jahre Braunschweigischer Pfarrerverein' Ausführungen gemacht haben, in denen wie in Ihrer Kritik an Maßnahmen des Herrn Reichsministers für die kirchlichen Angelegenheiten die Kirchenregierung eine schuldhafte Verletzung der Pflichten, die sich aus Ihrer Amtsstellung ergeben, sieht."

Inzwischen mußte allerdings das Landeskirchenamt von der Finanzabteilung sich eine Abschrift aller Schreiben erbitten, da der ganze Aktenvorgang, den man nach Berlin geschickt hatte, beim Luftangriff am 15. Februar auf Berlin mit der fast restlosen Zerstörung der Kirchenkanzlei verloren gegangen war.

Auch Braunschweig hatte im Februar die ersten schweren Tagesangriffe zu erleiden. In dem Zusammenhang kam es zu einem Vorfall auf dem Querumer Friedhof, der der Finanzabteilung erneut Gelegenheit bot, gegen Ernesti Front zu machen. Was war geschehen? Am Sonnabend, dem 26. 2. 1944, wurden auf dem Friedhofe zu Querum zehn Opfer des Luftangriffes auf Querum vom 21. 2. bestattet. Eine Reihe Betroffener hatte Ernesti um das kirchliche Begräbnis der Angehörigen gebeten. Vorher allerdings wollte die Partei noch am Grabe eine Feier veranstalten, nachdem die Leichen von dem Staatsakt im Dome nach Querum überführt waren. Mit dem Ortsgruppenleiter war die kirchliche Feier auf etwa eine halbe Stunde nach der Parteifeier verabredet, außerdem sollte ein Bote den Pfarrer über das Eintreffen des Leichenzuges unterrichten. Dementsprechend begab sich Ernesti, als ihm dieser gemeldet war, im Talar auf den Friedhof. Dort trat dann sehr bald „ein Mann in brauner Uniform" an ihn heran mit den Worten: „Herr Pfarrer, ich muß Sie hier vom Platze weisen!" Auf sein Ersuchen, sich ihm doch erst einmal vorzustellen, gab er als seinen Namen „Kreisamtsleiter Lang" an und wiederholte sein Ersuchen. Obwohl Ernesti diesen auf das Unangemessene seines Verhaltens angesichts der noch über der Erde stehenden Särge hinwies und ihn insbesondere darauf aufmerksam machte, daß er als Vorsitzender des Kirchenvorstandes der Hausherr auf diesem Friedhofe sei, beharrte Lange bei seiner Aufforderung, „er habe Befehl vom Kreisleiter", ihn vom Platz zu weisen. Die Feier werde von der Partei veranstaltet, er könne daran teilnehmen, wenn er sein Ornat ablege. Ernesti erklärte dann, daß es nicht sein Ehrgeiz sei, sich aufzudrängen, er es aber ablehnen müsse, sowohl sein Ornat abzulegen als auch den Friedhof zu verlassen. In dem ganzen Vorfall sah Ernesti eine Beleidigung der Kirche und eine Diffamierung der Pfarrerschaft. Dementsprechend beschwerte er sich beim Stellvertreter des Landesbi-

154

schofs[62]. Dieser leitete dann das Schreiben Ernestis an den Gauleiter in Hannover weiter und erhob dabei Einspruch gegen das Verhalten des Kreisamtsleiters. Gleichzeitig informierte Röpke die DEK und den Geistlichen Vertrauensrat über den Vorfall. Natürlich wurde von Seiten der Partei die Sache heruntergespielt und letztlich Ernesti die Schuld an dem Vorfall gegeben[63].

Für den Leiter der Finanzabteilung aber war die „Auseinandersetzung zwischen Propst Ernesti und einem Hoheitsträger der Partei", wie es in einem Schreiben an Röpke vom 1. 4. 44 heißt, ein gefundenes Fressen zu versuchen, sich erneut einzuschalten, wobei jener in dem sich daran anschließenden kurzen Schriftwechsel erklärte, da es sich um eine Friedhofsache handele, gehöre die Angelegenheit in sein Ressort. Dem gegenüber erklärte Röpke am 22. 4., es sei eine „rein geistliche Angelegenheit", und aus diesem Grunde gäbe es auch keine Veranlassung, den Brief an den Gauleiter der Finanzabteilung zur Verfügung zu stellen. Da Röpke allerdings nicht sicher sein konnte, ob nicht neue Schwierigkeiten entstehen könnten, sicherte er sich auch hier durch Rückfragen bei der Kirchenkanzlei der DEK ab.

Inzwischen hatte Ernesti, nach Fristverlängerung wegen der Bombenangriffe, die ihm keine Zeit zu einer Berichterstattung gegeben hatten, der Kirchenregierung geantwortet. In der Angelegenheit des Verkaufs des Pfarrgrundstückes Wendhausen habe er „lediglich einer Empfindung des Bedauerns Ausdruck gegeben", darin sähe er aber „keine Kritik an Maßnahmen des Reichskirchenministers". Hinsichtlich der 2. Anschuldigung ist ihm nicht erkennbar, wieso er bei seinen Ausführungen in der Broschüre „50 Jahre Braunschweigischer Pfarrerverein" seine „Amtspflichten schuldhaft verletzt haben" sollte.

Die Kirchenregierung beschloß in ihrer Sitzung vom 28. April daraufhin, ihn nochmals um eine Stellungnahme zu ersuchen, wobei sie den zu kritisierenden Abschnitt im einzelnen mitteilte. Da Ernesti erneut um Fristverlängerung „wegen äußerster Beschränktheit meiner Zeit durch Terrorangriffe, Alarm und Bestattungen" bat, zog sich die Sache weiter in die Länge. Der Finanzabteilung wurde signalisiert, daß der Fall Ernesti bearbeitet würde. Es wurde erneut um ein Exemplar der Broschüre „50

---

[62] Schreiben Ernestis an Röpke vom 8. 3. 1944 (LAB: Personalakten Ernesti). Einen ausführlichen Bericht über den Bombenangriff und den Vorfall auf dem Friedhof verfaßte E. auch für die Chronik, neuerdings abgedruckt in „Bomben auf Querum vor 50 Jahren. Ein Bericht von Rolf Siebert, Heimatpfleger für den Stadtteil Querum, Februar 1994".

[63] Schreiben des Kreisleiters an den Stellvertreter des Landesbischofs vom 8. 4. 1944. Ernesti bemerkt dazu in der Chronik: daß die unteren Parteiorgane „Angeklagter und Richter zugleich sein dürfen", sei „ein im deutschen Rechtsleben bis dahin unerhörter Zustand".

Jahre" gebeten, da das Exemplar des Landeskirchenamts in Berlin verloren gegangen sei.

Am 26. Mai antwortete Ernesti. Zu seiner Aussage, daß Pfarrer aus Vereinigungen ausgeschlossen würden, führte er drei Beispiele, zumeist aus Bayern, an; auch für die Aussagen über die „Sperrung von Haushaltslehrlingen" und die „Verweigerung von Kinderbeihilfen" nannte er Beispiele aus dem Reich. Für die Behauptung, daß die Substanz der Kirche „angegriffen und ihre gesamte Botschaft diskreditiert" würde, bezog er sich ausführlich auf eine Schrift von Friedrich Schmidt „Das Reich als Aufgabe", auf Schriften aus den letzten Jahren Ludendorffs und auf eine anonyme Schrift „Gott und Volk", die in einer Auflage „von 120000 Exemplaren auf dem Markt geworfen" war und die massiv eine christliche Erziehung der Jugend ablehnte. Aus alle dem zog Ernesti den Schluß:

„Inwiefern nun meine Ausführungen in der genannten Broschüre [...] eine schuldhafte Verletzung der Pflichten, die sich aus meiner Amtsstellung ergeben, gesehen werden könnte, ist mir schlechterdings unerfindlich. Es sind vielmehr Dinge, die jeden Pfarrer, der es mit seinen Amtspflichten einigermaßen ernst nimmt, nicht gleichgültig lassen können, und deren Erörterung ohne jede Frage gerade zu den Zuständigkeiten eines Pfarrervereins gehört, der es sich zur Aufgabe gemacht hat, zu einer Verständigung über die dem geistlichen Amte unter den Verhältnissen der Zeit obliegenden Aufgaben zu kommen, und der daher an den Gefahren nicht vorüber gehen kann, die der Ausrichtung dieses Amtes drohen. Sie sind gemacht, wie aus dem ganzen Tenor der Ausführungen im vorletzten Absatz [...] hervorgeht, um ihn trotz aller Geschehnisse und Gefahren vor Verbitterung und Erlahmung seines Mutes zu bewahren und ihn also gerade in seiner Dienstfreudigkeit zu erhalten. Das ist aber ein hervorragendes Interesse, das zugleich auch die Leitung der Landeskirche an ihren Pfarrern haben müßte. Es scheint mir daher völlig abwegig, mich deswegen zur Verantwortung ziehen zu wollen."

Diesen Ausführungen war eigentlich, so sollte man meinen, nicht zu widersprechen. Andererseits war doch wohl die Macht der Finanzabteilung nicht zu unterschätzen. Genau einen Monat später mahnte diese an, „ob und gegebenenfalls welche disziplinarischen Maßnahmen von dort aus gegen Propst Ernesti inzwischen getroffen worden sind". Die Kirchenregierung konnte nun eine Entscheidung nicht mehr gut hinauszögern. Bevor es zur Sitzung kam, bat Ernesti allerdings telefonisch, wie Seebaß auf einem Zettel Röpke mitteilte, „seine Erklärung zurückziehen zu dürfen". Die Gründe dafür kann man nur vermuten. Es scheint ein Gespräch zwischen Seebaß und Ernesti stattgefunden zu haben, in dem vermutlich darüber gesprochen wurde, daß Ernestis Ausführungen, besonders die Beispiele, die er aus anderen Gegenden des Reiches angeführt hatte, seinen Fall nur noch mehr komplizieren könnten.

Am 31. Juli 1944 beschloß dann die Kirchenregierung: „Von Disziplinarmaßnahmen soll dieses Mal noch abgesehen werden. Propst Ernesti soll jedoch ernstlich zur Ordnung gerufen werden. Die Angelegenheit soll in Übereinkunft mit dem Herrn Vorsitzenden der Finanzabteilung erledigt werden."[64] Das letztere sah so aus, daß Röpke den Beschluß der Kirchenregierung über die „schärfste Mißbilligung" schriftlich mitteilte, wobei er noch hinzufügte, Ernesti wäre „nicht darüber im Unklaren gelassen, daß er im Wiederholungsfalle strenge Disziplinarmaßnahmen zu erwarten habe". Letzteres liest sich im Brief an Ernesti, in dem ihm der Beschluß der Kirchenregierung mitgeteilt und begründet wurde, etwas anders. „Wir wollen für dieses Mal von Disziplinarmaßnahmen Abstand nehme, müssen jedoch erwarten, dass Sie als Propst und Pfarrer in Zukunft nicht wieder Anlaß zu Klagen geben." Im übrigen war die Begründung für die „schärfste Mißbilligung" natürlich sehr schwach. Da hieß es einmal, Ernesti sei „nicht befugt sich mit kirchlichen Verwaltungsfragen, die nicht in die Zuständigkeit des Pfarrervereins gehören, kritisch zu befassen", und zum anderen „habe er Einzelfälle verallgemeinert, so daß dadurch Ihre Ausführungen geeignet erscheinen, Unruhe und Sorgen in die Reihen der Pfarrerschaft zu bringen." Seine Ausführungen seien daher nicht gerechtfertigt. „Sie sind vielmehr der Kirche nicht dienlich."

Auf der Vorstandssitzung vom 27. September 1944, der letzten vor Kriegsende, berichtete Ernesti „über Vorgeschichte und Einstellung des Disziplinarverfahrens gegen ihn", wobei er fragte, ob das Schreiben der Kirchenregierung erwidert werden solle und ob „der Vorstand mit den Rügen der Kirchenregierung einverstanden" sei. Eine von Ernesti vorbereitete schriftliche Stellungnahme wurde zwar dem Inhalt nach vom Vorstand gedeckt, jedoch von einer Absendung derselben abgesehen. Wesentlich aber war, daß der Vorstand Ernesti weiterhin das Vertrauen aussprach[65].

In der späteren Zeit ist nicht erkennbar, daß Ernesti zu Röpke, Seebaß oder Rauls ein getrübtes Verhältnis gehabt hätte. So darf angenommen werden, daß er die scharfe Mißbilligung als das geringste Übel hingenommen hat angesichts der Versuche der Finanzabteilung, die gleichsam als „staatliche Instanz – denn nichts anderes war ja im Grunde die F.A. –"[66] nicht nur das Grundvermögen der Kirche verschleuderte, sondern auch immer wieder versuchte, in den geistlichen Bereich hineinzuregieren.

---

[64] KR-Prot. Nr. 71, TOP 3 (LAB acc. 11/75 Nr. 41).

[65] An der Sitzung nahmen außer Ernesti teil: Kiel, Ritmeier, Ehlers, Kalberlah und Kramer, etwas später auch Rauls. Ob Rauls, der ja zugleich auch Mitglied der Kirchenregierung war, schon bei der Diskussion über das Disziplinarverfahren anwesend war, ist leider nicht erkennbar, wenn ja, dann dürfte er zu denen gehört haben, die von einer weiteren Verfolgung der Sache abrieten (LAB: LPV 33).

[66] Palmer (Anm. 30), 115.

Freilich, seinem ausgeprägten Gerechtigkeitssinn dürfte das ganze Verfahren schwer zu schaffen gemacht haben.

1945–1953

Der Pfarrerverein hatte sich von Anfang an verstanden als einen Ort des Ausgleichs zwischen den theologischen Fronten, als Plattform sachlicher Aussprache, die frei war von gegenseitigen Verurteilungen. In dem Versuch, auch extreme Positionen in sich zu vereinen, mußte er zwangsläufig immer wieder die Position der Mitte einnehmen und zu einem Sammelbecken der Pfarrer werden, die eine kirchenpolitische Gruppierung ablehnten. Dies war so, auch wenn er besonders in den Anfangsjahren oft auch gegen die Kirchenleitung aktuelle Fragen der Pfarrerschaft und der Kirche aufgriff[67]. Auch Hans Ernesti hatte diese Linie konsequent fortgeführt, was ihm und dem Pfarrerverein, wie gezeigt, gelegentlich heftige Kritik einbrachte. Dabei muß man urteilen, daß die alte Losung der Pfarrervereine „in necessariis unitas, in dubiis libertas et in omnibus caritas"[68] ihm um der Kirche und ihrer Botschaft willen ein ganz ehrliches Anliegen war. Auch in den Jahren nach dem Kriege ist er in seinen verschiedenen Ämtern, besonders aber dem eines Vorsitzenden des B.P.V., treu geblieben.

Ernesti wußte sich vom Vertrauen des Pfarrervereins getragen, und das waren gut zwei Drittel der aktiven Pfarrerschaft der Landeskirche. In diesem Bewußtsein meldete er unmittelbar nach der Besetzung des Braunschweiger Landes durch die alliierten Truppen den Anspruch des Pfarrervereins an, bei der notwendigen Neuordnung der Landeskirche ein entscheidendes Wort mitzureden. Vieles in den ersten Wochen geschah dabei gewiß im Alleingang; wieweit er mindestens telephonisch mit einzelnen Mitgliedern des Vorstandes Verbindung aufnehmen konnte, ist nicht bekannt, für die in der Nähe Wohnenden ist das anzunehmen. Eine erste, wegen der Zeitverhältnisse kümmerlich besuchte, Vorstandssitzung findet am 14. August 1945 bei Kalberlah in St. Jakobi Braunschweig statt. An ihr nehmen außer Ernesti und Kalberlah nur noch Rauls und Kramer teil. Bei der Besprechung der Lage steht auch die Frage von „entscheidenden Veränderungen in der Kirchenleitung" an. Dabei ist man sich einig, daß diese „erst vorzunehmen [sind], wenn die Amtsbrüder im wesentlichen aus dem Kriege zurückgekehrt sind". Nach meiner Überzeugung

---

[67] Vgl. dazu meinen Aufsatz: K. Jürgens, Die Anfänge des Braunschweigischen Pfarrervereins (Landespredigerverein – L.P.V.), in: Im Dienste für Gott und die Menschen. Festschrift, Braunschweig 1993.

[68] So als Motto über den Satzungen des Verbandes deutscher Pfarrervereine von 1892.

158

wird man dabei vor allem an Johnsen gedacht haben. Im übrigen wird festgehalten: „Das Ziel muß sein bei allen Maßnahmen eine nicht überstürzte Rückkehr zu verfassungsmäßigen Zuständen."[69] Das Protokoll ist an dieser Stelle freilich sehr knapp gehalten. Tatsächlich wandte sich der Vorstand an den Stellvertreter des Landesbischofs als Vorsitzenden der Kirchenregierung mit dem Antrag, „mit allen Mitteln anzustreben, daß baldmöglichst wieder verfassungsmäßige Zustände, [...] durch Wiederherstellung der in der Verfassung vorgesehenen Organe" herbeigeführt würden. „In der Erweiterung der inzwischen auf 3 Personen zusammengeschmolzenen Kirchenregierung" sah der B.P.V. „einen gangbaren Weg und den notwendigen Anfang dazu".

Dies war allerdings nicht der erste Antrag des B.P.V. Schon bis Juli 1945 hatte Ernesti, zwar im Alleingang, aber doch als B.P.V.-Vorsitzender, die Kirchenleitung auf eine ganze Reihe von Maßnahmen angesprochen. So drang er auf die Beseitigung derjenigen Verordnungen und Gesetze, „die ihren Ursprung der direkten oder indirekten Beeinflussung kirchenfremder Stellen oder Bestrebungen verdanken [...]: 1. Die Aufhebung des Kirchengesetzes über die Versetzung eines Geistlichen in den Ruhestand (sog. lex Goetze). 2. Die Aufhebung der Bestimmungen über die Zugehörigkeit zur Kirche bei Erbbauverträgen. 3. Betr. Einstellung von Zuschüssen aus kirchlichen Mitteln für kirchliche Kindergärten. 4. Betr. Änderung in der Ausstattung der Friedhofskapellen bei nichtkirchlichen Bestattungsfeiern. 5. Betr. Gewährung von Glockengeläut bei Bestattungen von Dissidenten." Weiter bat er Maßnahmen zu ergreifen, daß in der Zeit der Finanzabteilung eingestellte Leistungen der Ortsgemeinden bzw. des Staates (Vierzeitengeldrenten, Organistenzuschüsse u. a.) wieder aufgenommen würden.

Inzwischen hatte die Kirchenregierung eine Reihe von Beschlüssen gefaßt, die eine Neuordnung in der Landeskirche einleiten sollten. Dann aber wurden als erste entscheidende Maßnahme die Befugnisse der Finanzabteilung als erloschen angesehen. „Die Landeskirche übernimmt daher wieder ihre gesamten verfassungsmäßigen Rechte." Dazu wurden eine Reihe von Amtsenthebungen bzw. Kündigungen beschlossen, auch wurden sämtliche Finanzbevollmächtigte in den Gemeinden abberufen. Aufgehoben wurden weiter die Anordnungen der Finanzabteilung über die Kirchensteuererhebung und über die Anrechnung von Dienstzeiten. Der Rückkauf des Pfarrgrundstückes Wendhausen und die Rückgabe der Domstiftung sollen beantragt werden.

In der zweiten Nachkriegssitzung (Röpke, Rauls, Linke, Seebaß) am 4. Juli 1945, in der wieder Fragen im Zusammenhang mit der Aufhebung der

---

[69] Protokollbuch: Engere Vorstandssitzung am 14. 8. 1945 im Gemeindesaal St. Jakobi, Braunschweig (LAB: LPV 33).

Finanzabteilung im Vordergrund standen – u. a. wurde auch die „Kirchenmitgliedschaft als Vorbedingung für den Abschluß von Pachtverhältnissen", wie von Ernesti gefordert, wieder eingeführt –, hatte sich die Kirchenregierung vor allem auch mit ihrer eigenen Zusammensetzung zu beschäftigen. Röpke berichtete eingangs von seinen Besuchen zusammen mit Seebaß bei Abt Mahrahrens, dem Landeskirchenamt Hannover und bei Pfarrer Lachmund. Letzterer hatte dabei Vorschläge zur Erweiterung der Kirchenregierung gemacht. Wegen einer notwendigen Neuordnung hatte sich inzwischen auch Pfarrer Barg, Mitglied der BK, gemeldet. Von Pfarrern aus Goslar war der Vorschlag gemacht, einen beratenden Beirat zu bilden. Diesen Vorschlag hielt die Kirchenregierung für den „zur Zeit gangbarsten Weg". Sie hält es weiter „für notwendig, sich nach der Seite der BK zu erweitern; die Personenfrage soll mit dem auf Grund des Goslarer Vorschlages zu berufenden Beirat beschlossen werden". Für die Zukunft bedeutsam war auch, daß die Kirchenregierung dem Antrag der BK auf Wiederanstellung des KR Palmer in St. Bartholomäi in Blankenburg zustimmte: „Zur Wiedergutmachung des seinerzeit an KR Palmer begangenen Unrechts wird in Blankenburg an St. Bartholomäi eine neue Pfarrstelle errichtet. In diese Pfarrstelle wird Herr KR Palmer, z. Zt. in Berka, berufen." Damit war Palmer die Möglichkeit zur Mitwirkung in der Landeskirche wieder eröffnet.

Am 8. August 1945 hatte zum ersten Mal nach dem Kriege der Pfarrernotbund in Braunschweig getagt. Dabei wurde der Antrag an das Landeskirchenamt gestellt, Kirchenrat Palmer, Oberlandeskirchenrat Seebaß, Pfarrer Erdmann und Studienrat Schwarz, Helmstedt, in die Kirchenregierung aufzunehmen. Vermutlich in Kenntnis dieses Antrages erfolgte auch der Beschluß des Vorstandes des B.P.V., die Kirchenregierung auf breitere Basis zu stellen.

„In diese Situation hinein platzte die Dienstentlassung von Propst Rauls ohne Angabe von Gründen durch die Militärregierung in Goslar mittels des dortigen Oberbürgermeisters"[70] am 20. August. Ernesti sah in diesem Vorgang zunächst eine Verletzung des „in der Reichsverfassung von 1919 verankerten Grundrechts der Kirche, daß sie ihre Ämter und namentlich ihr wichtigstes, das Pfarramt selbst besetzt". Diese Stellungnahme brachte er auch in einem Schreiben an die Kirchenregierung zum Ausdruck, zugleich sprach er dabei die Aktionsunfähigkeit der Kirchenregierung an und forderte ein schnelles Handeln. Am 31. August hatte Röpke zu einer Sitzung der Kirchenregierung auf den 7. September eingeladen[71]. Am Morgen dieses Tages erreichte ihn dann fernmündlich die

---

[70] Ernesti im Jahresbericht vom 31. Juli 1946, AM. November 1946, 4.

[71] Die mit der Einladung versandte Tagesordnung hatte u. a. folgende Punkte vorgesehen: 1. Beschlußfassung der Kirchenregierung über ihre eventuelle Auflösung; eventuell

Erklärung von Rauls, daß er „das Amt eines Mitgliedes der Kirchenregierung der Braunschweigischen evang.-luth. Landeskirche niederlege"[72]. Er zog damit die Konsequenzen aus seiner Situation und machte zugleich den Weg zu einer Neubildung frei. Der so zusammengeschrumpften Kirchenregierung blieb nun nichts anderes als der Beschluß übrig, „insgesamt zurückzutreten".

Angesichts des totalen Fehlens jeglichen rechtlichen Organes bis auf das des Landesbischofs bzw. seines Vertreters faßte Röpke in dieser seiner Eigenschaft, um aus der verfahrenen Situation heraus zu kommen, am 10. September den Beschluß, eine neue Kirchenregierung zu berufen. Gleichzeitig erklärte er: „Damit sehe ich meinen Auftrag als Stellvertreter des Landesbischofs, der mir seinerzeit für die Dauer der Abwesenheit des Landesbischofs übertragen wurde, als erledigt an und lege ihn in die Hände der Kirchenregierung zurück. Ich werde nunmehr wieder ausschließlich als Mitglied des Landeskirchenamtes und Oberlandeskirchenrat im Dienst der Braunschw. ev.-luth. Landeskirche tätig sein."[73]

In den zwischen dem 7. und 10. September geführten Verhandlungen wurde auch „dem Pfarrerverein ein Sitz angeboten"[74]. Für die neue Kirchenregierung bestellte Röpke dann alle von der BK am 8. August genannten Personen bis auf Seebaß, der als Oberlandeskirchenrat ohnehin an allen Sitzungen der Kirchenregierung teilnehmen konnte. Mit fünf Mitgliedern hatte die Kirchenregierung wieder die von der Verfassung vorgegebene Zahl. Am Tage ihrer Berufung, am 10. September, konstituierte sich bereits die neue Kirchenregierung. Sie wählte dabei KR Palmer zum Vorsitzenden der Kirchenregierung und Erdmann zu seinem Stellvertreter, Erdmann wurde außerdem zum Stellvertreter des Landesbischofs gewählt. Obwohl mit der Bildung der neuen Kirchenregierung der von den Goslarer Pfarrern vorgeschlagene Beirat nicht mehr unbedingt nötig war, wurde doch ein aus drei Personen bestehender Beirat beschlossen, wobei die Hinzuziehung zu Sitzungen der Kirchenregierung dem Vorsit-

---

Ergänzung der Kirchenregierung – dazu Eingabe des Br. Pfarrernotbundes; 7. Kenntnisnahme von dem amtsärztlichen Gesundheitszeugnis des OLKR Dr. Breust und Beschlußfassung; 11. Aufhebung des Kirchengesetzes über die Versetzung eines Geistlichen in den einstweiligen Ruhestand; 12. Aufhebung des Kirchengesetzes vom 12. 9. 1933 betr. Rechtsverhältnisse der Pfarrer und Kirchenbeamten; 14. Bildung eines beratenden Beirats.

[72] Akte Kirchenregierung, Verschiedenes, 1945 – März 1947, (LAB: acc. 11/75, Nr. 22) und KR-Prot. vom 7. 9. 1945 (LAB: acc. 11/75, Nr. 41).

[73] Ebd. und Landeskirchliches Amtsblatt (LKABl.) 1945, Nr. 5596. Mit diesem Beschluß kam Röpke auch der Forderung von Lachmund nach, der in einem Schreiben vom 23. 7. 1945 nicht nur auf eine neue Kirchenregierung gedrängt hatte, sondern auch gefordert hatte, Röpke „täte gut, [...] den Titel ‚Stellvertreter des Landesbischofs' nicht mehr zu führen". Kuessner (Anm. 7), 127.

[74] Jahresbericht 1946, a. a. O. (Anm. 70), 4.

zenden überlassen sein sollte. In den Beirat gewählt wurden zunächst Propst Leistikow, Braunschweig, und Pfarrer Wiesenfeldt, Liebenburg[75]. Zu den ersten Beschlüssen dieser Sitzung gehörte auch die Aufhebung des Kirchengesetzes vom 29. Dezember 1939 über die Versetzung eines Geistlichen in den Ruhestand und des Kirchengesetzes vom 12. September 1933 über die Rechtsverhältnisse der Pfarrer und Kirchenbeamten[76].

Auf der zweiten Sitzung der neuen Kirchenregierung am 25. September 1945, auf der zunächst die erste große Pfarrerversammlung nach dem Kriege im Magni-Gemeindesaal in Braunschweig am 26. September vorbereitet wurde[77], kam es zu einer Aussprache „über die besonderen Aufgaben der jetzigen Kirchenregierung", und zwar dahingehend, „daß die Ausschreibung der Wahl eines Landeskirchentages beschleunigt durchgeführt werden soll". Damit machte die Kirchenregierung klar, daß sie sich nur als eine vorläufige ansehen konnte. Eine rechtliche Legitimität konnte nur gemäß der Verfassung vom Landeskirchentag erfolgen. Die schlimmen Erfahrungen der Wahl im Jahre 1933 aber führten zu der einhelligen Meinung: „Es ist das Bestreben der Kirchenregierung möglichst eine Einheitsliste zu erwirken, um eine allgemeine Wahl zu vermeiden."[78]

In seinem Jahresbericht 1946 rechtfertigte und begründete Ernesti vor der Generalversammlung des B.P.V. diese Entscheidung und meinte: „Bei den Wahlen zum Landeskirchentage konnte es sich nach Lage der Dinge nicht um Wahlen im alten Sinne handeln, da dafür die äußeren Voraussetzungen, in erster Linie die kirchenpolitischen Parteien, aber auch die nötigen Verkehrsverhältnisse, ein wahlgewohntes Kirchenvolk und noch manch andere Vorbedingung fehlten. Es konnte sich daher nur um die Bildung einer Einheitsliste handeln. Daran konnte auch der Pfarrerverein mitwirken, ohne seinen Grundsätzen untreu zu werden." Zwischen der BK und etwa dem Pfarrerverein gab es in dieser Frage keine Differenz.

---

[75] Die Verhandlungen über den Beirat wurden auch schon im Vorfeld der Neubildung der Kirchenregierung geführt, so bestätigt Leistikow in einem Schreiben vom 19. 9. 1945 (LAB: acc. 11/75, Nr. 22): „Ich bleibe bei meiner am 8. d. Mts. gegebenen Zusage und nehme die Wahl zum Mitglied eines beratenden Beirats der Kirchenregierung an." Ich möchte vermuten, daß diese Berufungen in den Beirat ein Ausgleich dafür waren, daß L. und W. nicht Mitglieder der Kirchenregierung wurden. Am 26. 9. wurde als drittes Mitglied der Prokurist Pinkernell, ein Gemeindemitglied von Leistikow, berufen. Tatsächlich hat aber der Beirat keine besondere Rolle gespielt. Wiesenfeldt nahm nur einmal an einer Sitzung teil, die anderen beiden überhaupt nicht.

[76] Die Aufhebung dieser beiden Gesetze stand schon auf der Tagesordnung der Sitzung vom 7. 9. 1945, auf der die alte Kirchenregierung zurücktrat (LAB: acc. 11/75 Nr. 41).

[77] Vgl. dazu Kuessner (Anm. 7), 129.

[78] Die Behauptung von Kuessner (Anm. 7), 129, dies wäre „die Absicht des Landeskirchenamtes" gewesen, „möglichst keine Wahlen mit verschiedenen Listen durchzuführen", ist falsch.

Die Wahl erfolgte nach den §§ 26ff der Verfassung und der Wahlordnung von 1922, lediglich die Beschreibung der vier Wahlkreise nach § 27 war durch eine Kirchenverordnung, die in der Sitzung der Kirchenregierung vom 10. Oktober beschlossen wurde, neu zu regeln, da die Verfassung noch von den Superintendenturen ausging und Holzminden und Eschershausen nicht mehr zur Landeskirche gehörten, dafür aber Goslar und Vienenburg. Zur Aufstellung einer Einheitsliste gab § 24 Abs. 7[79] die Möglichkeit. Im Wahlkreis Braunschweig wurde auch Propst Ernesti gewählt[80]. Seine Mitarbeit im Landeskirchentag gab ihm in den folgenden Jahren durchaus ein beachtliches Gewicht in der Landeskirche.

Bevor der Landeskirchentag gewählt wurde und zusammentrat, erfolgte am 4. Januar 1946 in der Kirchenregierung eine wichtige Personalentscheidung: die Wiedereinstellung von Dr. Breust als juristischer Oberlandeskirchenrat[81]. Ernesti dürfte diese Entscheidung mit gefördert haben; denn in dem schon mehrfach zitierten Jahresbericht vom 31. Juli 1946 spricht er von „dem vor ½ Jahre in Wiedergutmachung des ihm zugefügten Unrechts in seine Ämter zurückgeholten Dr. Breust", dem es zu verdanken sei, daß Braunschweig „eine der bestfundierten aller deutschen Landeskirchen" wäre, weil er „mit größter Sachkunde und Zähigkeit die Rechtssiege" der zwanziger Jahre erstritten habe.

Eine andere „Wiedergutmachung" muß hier noch mit erwähnt werden. Auf Antrag des stellv. Vorsitzenden des B.P.V. kassierte die Kirchenregie-

---

[79] „Ist nur *eine* Vorschlagsliste eingereicht, so gelten die Vorgeschlagenen in der Reihenfolge der Liste und in der erforderlichen Zahl als gewählt. Eine Wahlhandlung findet in diesem Falle nicht statt." LKABl. 1922, Nr. 2662.

[80] Ernesti war zwar Propst der Propstei Lehre, seine Gemeinde Querum aber gehörte zum Stadtkirchenverband Braunschweig.

[81] Die Frage nach der Wiedereinstellung von Dr. Breust hat die Kirchenregierung genau ein halbes Jahr lang beschäftigt. Am 4. 7. 1945 wurde seine Bitte um Wiederbeschäftigung mit der Aufforderung, zunächst ein amtsärztliches Gesundheitszeugnis herbeizubringen, hinausgeschoben. Für die am 7. 9. 1945 geplante Sitzung der alten Kirchenregierung war zwar bereits eine Beschlußfassung vorgesehen, jedoch zögerte die neue Kirchenregierung eine Entscheidung zweimal, am 10. 9. und am 25. 9. 1945, hinaus. Am 10. 10. 1945 wurde beschlossen: „Dr. Breust wird mit Wirkung vom 15. 10. 45 zunächst ¼ Jahr versuchsweise unter Zuweisung best. Aufgabengebiete durch den Stellv. des Landesbischofs beschäftigt", allerdings sollte er „nicht stimmführendes Mitglied des LKA" sein. Am 24. 10. 1945 wird die Wiedereinsetzung von Dr. Breust nochmals beraten, nachdem Erdmann von einer Aussprache mit Dr. Breust berichtet hatte; man beschließt, daß Erdmann und Linke „nochmals eine Aussprache mit OLKR Dr. Breust" haben sollten, in der nächsten Sitzung sollte dann „die Angelegenheit erneut abschließend beraten werden". Die nächste Sitzung fand am 4. 1. 1946 statt. Das Protokoll vermerkt unter TOP 11: „OLKR Dr. Breust wird mit Wirkung vom 1. 11. 45 in die gleiche Besoldungsgruppe wie OLKR Röpke – A 1b – eingereiht" (LAB: acc. 11/75 Nr. 41). Es war also die „vorläufige" Kirchenregierung unter Palmer, die Dr. Breust wieder einsetzte.

rung am 10. 10. 1945 das Schreiben der Kirchenregierung vom 9. August 1944, in dem Ernesti die „schärfste Mißbilligung" ausgesprochen war[82].

Es darf als ein Zeichen des besonderen Vertrauens Ernesti gegenüber gewertet werden, daß er nicht nur wieder in die Kirchenregierung gewählt wurde, sondern auch in den „Ausschuß zur Prüfung der Bischofsfrage" und in den Rechtsausschuß, dessen Vorsitzender er wurde. Als am 24. Mai 1946 die Kirchenregierung die Spruchkammer und dazu eine „Berufungsinstanz" einsetzte, wurde Ernesti zusammen mit Palmer und Clemen in letztere berufen[83]. Im März 1947 schließlich berief ihn die Kirchenregierung zum Mitglied des Verwaltungsrates der Neu-Erkeröder Anstalten[84].

Am 31. Juli 1946 fand zum erstenmal nach vier Jahren wieder eine Jahresversammlung des Braunschweigischen Pfarrervereins statt, bei der Ernesti einen umfangreichen Jahresbericht vorlegte. Die Zahl der Mitglieder betrug jetzt 148 aktive Pfarrer und 19 Emeriti gegenüber 144 aktiven Pfarrern und 32 Emeriti im Jahre 1941. Die selbstverständliche Wiederwahl Ernestis zum Vorsitzenden war ein klarer Vertrauensbeweis. Der Jahresbericht enthielt nicht nur eine eingehende Rückschau auf die Entwicklungen in der Brauschweigischen Landeskirche nach Mai 1945 und die Anteile des B.P.V. daran, sondern versuchte auch die „gewaltigen Aufgaben" anzusprechen, deren Lösung in der Zukunft anstand. „Hier leuchtet die Aufgabe des Pfarrervereins unaufgebbar hindurch. Wir müssen es lernen, uns gegenseitig zu tragen und zu ertragen, auch wenn wir verschiedene Wege gehen, wenn wir nur in dem Ziele einig sind. Um das zu erreichen, dürfen wir uns nicht eigenbrötlerisch voneinander abkapseln, sondern müssen versuchen, den anderen in seinen letzten Motiven zu begreifen."

An Zukunftsaufgaben sprach Ernesti in seinem Bericht u. a. an: die übergeordneten Verbände, „Gliedschaft in den evang.-luth. Kirchengebilden und ferner in der evangelischen Kirchen in Deutschland", wobei er für sich klar sagte, daß „ein demnächst etwa erfolgender Zusammenschluß der lutherischen Kirchen nicht vorwegnehmen" darf, „was der Gesamtheit der evangelischen Kirchen in Deutschland vorbehalten bleiben muß. [...] Wir müssen eine Stelle haben, die die innere und äußere Autorität hat, im Namen der evangelischen Kirche und nicht nur der lutherischen Kirchen in Deutschland zu sprechen."

Auch die Frage eines möglichen Zusammenschlusses mit den anderen

---

[82] So nach dem Schreiben des LKA an den Pfarrerverein vom 11. 10. 1945. Das Protokoll der Kirchenregierung vermerkt die Kassierung erst am 4. 1. 1946 (LAB: acc. 11/75 Nr. 41).

[83] Weltliche Mitglieder der Berufungsinstanz waren außerdem Studienrat Schwarz, Helmstedt und der Präsident des Landeskirchentages, Mühlenbesitzer Mackensen, Baddeckenstedt.

[84] 99. Sitzung der Kirchenregierung vom 19. 3. 1947 (LAB: acc. 11/75 Nr. 41).

evangelischen Kirchen in Niedersachsen spricht er bereits an. Er scheint einem solchen durchaus offen gegenüber zu stehen, wenn er auch meint, daß „bei einem etwaigen Zusammenschluß mit Hannover oder einem noch größeren Kirchenbezirk" bestimmte Vorteile der Braunschweigischen Landeskirche nicht wieder verlorengehen dürften. Die Frage des Zusammenschlusses hat die Landeskirche, den Landeskirchentag und besonders die Pfarrerschaft in den kommenden Jahren intensiv beschäftigt. Wenn auch Ernesti durch seine Ämter im Landeskirchentag in die ganze Diskussion stark eingebunden war und auch an Verhandlungen mit der hannoverschen Landeskirche teilgenommen hatte, war er doch bemüht, den Pfarrerverein nicht zu majorisieren, sondern als Plattform einer nüchternen und sachlichen Auseinandersetzung zu nutzen. So referierten z. B. auf einer „Erweiterten Vorstandssitzung" am 29. September 1947 Propst Rauls für und Oberlandeskirchenrat Seebaß gegen einen Zusammenschluß, freilich ohne daß sich die Versammlung schon zu einer Stellungnahme pro oder contra entschließen konnte. In die gleiche Linie gehört es auch, daß Ernesti auf der Jahreshauptversammlung am 17. Oktober 1949 mahnte: „Die Einigkeit der Pfarrerschaft darf an dieser Frage nicht aufgespalten werden".

Nachdem Ernesti kurz vor der Jahreshauptversammlung an einer Versammlung von Vertretern aller deutschen Pfarrerverbände am 24. Juli 1946 in Treysa teilgenommen hatte, konnte er auch von dort zu einer Reihe von Fragen und Problemen berichten. Die wichtigsten waren zwei. Einmal die Frage der Entnazifizierung. Hierzu hatte die Versammlung, auch wenn die Entnazifizierung nicht in allen Besatzungszonen gleich gehandhabt wurde, 5 Punkte beschlossen, deren 5. Punkt für Ernesti der entscheidendste war: „5. Der Verband erwartet, daß die Kirchenleitungen in ihren Entscheidungen sich nur davon leiten lassen, ob das Ordinationsgelübde – nach Lehre und Haltung – in der Vergangenheit von dem Betroffenen nicht verletzt ist." Auch auf der Jahreshauptversammlung am 13. August 1947 bekräftigte er noch einmal diese Auffassung, nachdem er zuvor den Selbstmord eines Amtsbruders im Zusammenhang seines Entnazifizierungsverfahrens erwähnt hatte. „Wir bedauern es aufs Tiefste, daß es dazu gekommen ist, und geben der festen Erwartung Ausdruck, [...] daß die Kirchenleitung nach wie vor an dem Grundsatz der Selbstreinigung festhält und sich bei der Alternative der Entlassung oder Weiterverwendung in ihren Entscheidungen nur von der Frage der Verletzung des Ordinationsgelübdes leiten läßt, entsprechend der Stellungnahme des Verbandes der deutschen evang. Pfarrervereine vom 24. Juli 1946, [...] und entsprechend der erneuten Entschließung von Treysa vom 16. Juli 1946"[85].

---

[85] S. den Beitrag von Pollmann, insbes. S. 41ff.

Zum zweiten berichtete Ernesti von Anregungen zur Hilfe für die Ostpfarrer. Hier wurde nicht nur empfohlen, bei den Kirchenleitungen Schritte zu unternehmen, „daß möglichst viel Pfarrer in ständigem Dienst angestellt werden", sondern vor allem sollten die Pfarrervereine durch Bildung eines Ausgleichsstocks mancherlei Hilfe leisten.

Am Ende der Jahresversammlung 1946 brachte Ernesti einen Antrag ein, der der letzteren Empfehlung in etwa entsprach. Der Antrag ging dahin, die lutherische Hilfskasse[86] mit der Unterstützungskasse des B.P.V. zusammenzulegen zu einer großen „Hilfskasse zur Linderung der Nöte des geistlichen Standes der Braunschweigischen ev.-luth. Landeskirche". Nach einem gemeinsamen Aufruf vom Landeskirchenpräsidenten und dem Vorsitzenden des Pfarrervereins zum 1. November 1946 trat diese Kasse ins Leben. Ein Betrag von 10,– Mark monatlich sollte dazu von jedem Pfarrer erbeten werden. Die Verwaltung lag beim Pfarrerverein; dieser bildete einen besonderen Verteilungsausschuß, dem auch ein Ostpfarrer mit angehörte[87]. Bereits am 1. Dezember 1947 kam es zur Auszahlung von 8.432,– RM an 15 Antragsteller, wobei Beträge zwischen 100,– und 1.500,– RM gezahlt wurden. Im ersten vollen Rechnungsjahr nach der Währungsreform wurden 23.396,– DM ausgezahlt, davon 7.695,– DM an einheimische Pfarrer, 7.775,– DM an Ostpfarrer, 400,– DM an einheimische Emeriti und 2.248,– DM an Ostemeriti; weiter an Studenten 700,– DM, an Pfarrerwitwen 750,– DM, an Ostpfarrerwitwen 2.360,– DM und an kirchliche Beamte 625,– DM; dazu kam ein Darlehen von 400,– DM. Die Verwaltung betrug mit 53,32 DM ganze 0,2 %. Sicherlich, um für ein weiteres Engagement zu werben, schildert er die soziale Not nicht nur der Ostpfarrer, sondern auch der Einheimischen in sehr deutlichen Farben. „Als ob wir da nicht auch Ausgebombte hätten, die alles verloren haben, Kinderreiche, die nicht wissen, woher sie die Mittel nehmen sollen, ihre Kinder auch nur einigermaßen mit Schuhwerk und Kleidung zu versehen, Amtsbrüder, über die mit ihren Angehörigen ein Hexensabbath von Krankheiten gebraust ist, Zusammenbrechende, die eine Erholung, die sie noch vor der Außerdienststellung retten könnte, dringend nötig haben, die sie aber aus eigener Kraft sich nie schaffen können."

---

[86] Die „Lutherische Hilfskasse" war am 26. August 1937 zur Unterstützung der wegen ihrer kirchlichen Haltung bedrängten Amtsbrüder gegründet worden. Der Vorstand bestand aus Lic. Schäfer, Lic. von Schwartz und Ernesti. Sommer 1938 ließ die Finanzabteilung unter Hoffmeister das Konto bei der Staatsbank beschlagnahmen, gleichzeitig strengte sie ein Disziplinarverfahren gegen Lic. Schäfer an, der daraufhin die Braunschweigische Landeskirche verließ. Vgl. dazu: Kuessner (Anm. 7), 97, und Ernestis Jahresbericht 1947, AM. Nov. 1947, 7, wo er auch über Hausdurchsuchungen seitens der Gestapo in diesem Zusammenhang berichtet.

[87] Dem Verteilungsausschuß gehörten an: Ernesti, Kalberlah, Giehl, Batzilla, Geisler und als Kassierer Seebaß, Rautheim.

Schon 1946 hatte Ernesti namens des Pfarrervereins auf die Unterernährung von weiten Teilen der Pfarrerschaft hingewiesen. Zwar war bei der Militärregierung eine Zusatzlebensmittelkarte für Pfarrer nicht zu erreichen, jedoch hatte sein Antrag bei der Landeskirche Erfolg, „dem Pfarrer bis zu 2 Morgen von dem Pachtacker zur Verfügung zu stellen".

Eine weitere soziale Einrichtung, die auch auf Empfehlungen des Gesamtverbandes der Pfarrervereine zurückging, war die Schaffung einer „Studienhilfe", die für Braunschweig auf der Jahreshauptversammlung am 6. Oktober 1948 beschlossen wurde; in diese sollten monatlich 2,– DM eingezahlt werden. Ein Teil der Mittel ging an den Gesamtverband, der damit Pfarrer in der DDR bzw. deren studierende Kinder unterstützen sollte, die übrigen Mittel dienten als Studienhilfen für Pfarrerskinder, und zwar für alle, nicht nur für Theologie Studierende. Gezahlt wurden erstmals am 23. 11. 1949 je 120,– DM an 15 Studenten.

Mit der allmählichen Normalisierung der Verhältnisse konnte der B.P.V. auch seine traditionelle Arbeit wieder aufnehmen. Auf den Jahreshauptversammlungen standen neben den Berichten des Vorsitzenden immer auch größere Vorträge zu aktuellen theologischen Fragen auf der Tagesordnung. Daneben fanden fast regelmäßig Vorträge bei den „Erweiterten Vorstandssitzungen" statt. Auch die rechtliche Entwicklung der Landeskirche wurde in die Bemühungen des Pfarrervereins mit einbezogen. Auf der „Erweiterten Vorstandssitzung" vom 2. 7. 1947 wird das neue Wahlrecht für die Kirchenvorstände diskutiert. Am 13. 8. 1947 bekommt Dr. Wolters vom Vorstand den Auftrag eine neue Propsteiordnung zu entwerfen; diese wird dann am 1. 12. im Vorstand diskutiert, wobei Rauls als Mitglied des Rechtsausschusses das Korreferat hielt. In gleicher Weise engagierte sich der B.P.V. 1951 bei der Schaffung einer neuen Wahlordnung für den Landeskirchentag, wobei er u.a. darauf drängte, daß die Entwürfe und Vorlagen vor den Beratungen im Landeskirchentag auf den Pfarrkonferenzen zu besprechen seien.

Im Vorfeld der Konstituierung der neuen Landessynode 1952 erörterte, meines Wissens zum erstenmal, der Vorstand des Pfarrervereins Personalvorschläge für die neu zu bildende Kirchenregierung und die Besetzung der Ausschüsse der kommenden Synode. Wedemeyer legte dazu konkrete Vorschläge von Synodalen aus der Stadt Braunschweig vor. Es kam zwar nicht zu einem Votum des Vorstandes, doch sollte Ernesti vor dem Zusammentritt der Synode im Kreis von Synodalen diesen Vorschlag noch einmal beraten. Tatsächlich sind hinterher die Vorschläge weithin durchgegangen, für Finanz- und Rechtsausschuß ziemlich genau, für die Kirchenregierung zum größeren Teil. Ernesti selber ließ sich nicht mehr zur Kirchenregierung aufstellen, vielleicht spürte er, daß seine Kräfte nachließen, vielleicht wollte er auch jüngere Amtsbrüder stärker in die Verantwortung gelangen lassen. Soviel scheint deutlich, daß die unmittelbare Befassung des Vorstandes mit der Synode und damit der Versuch einer direkten Beeinflussung der Personalfragen der Landessynode auf Gennrich, besonders aber auf Wedemeyer und Lic. Dr. Schulze und auch auf Cieslar zurückgehen. Sowohl Wedemeyer wie Cieslar sollten später Vorsitzende des B.P.V. werden[88].

Ein Dreivierteljahr später starb Propst Hans Ernesti, nachdem er kurze Zeit im Marienstift in Braunschweig gelegen hatte, am 25. Januar 1953. In einem im Amtsblatt veröffentlichten Nachruf hieß es: „Sein Leben hatte Gott, der Herr, sichtbar gesegnet. In Güte und Weisheit des Herzens, mit unbestechlichem Urteil, hat der Heimgegangene in seinem seelsorgerlichen Amt und in zahlreichen Körperschaften unserer Landeskirche in den letzten bewegten Jahrzehnten treu und selbstlos gedient. Die ‚Sache‘, um die es ihm im letzten aber ging, war das Evangelium von Jesus Christus.“[89]

Von seinem Wesen her, aber auch von dem Amt eines Vorsitzenden des Pfarrervereins her, das er um der Sache willen leidenschaftlich wahrnahm, war Ernesti ein Mann des Ausgleichs. Das hat ihm in der Zeit des Kirchenkampfes nicht immer Zustimmung, vielleicht den Vorwurf, nicht genug entschieden zu sein, eingebracht. Dennoch ist er seinen Weg als Pfarrer gerade gegangen und war daher nach 1945 guten Gewissens, sich für die große Zahl der im Pfarrerverein zusammengeschlossenen Pfarrer einsetzen zu müssen. Und gerade so hat er die Nachkriegsgeschichte unserer Landeskirche maßgeblich mitgestaltet.

Wenn man die weitere Geschichte des Braunschweigischen Pfarrervereins betrachtet, darf man abschließend sagen, daß mit seinem Tod für den B.P.V. eine Epoche zu Ende ging.

---

[88] Nach Ernesti hatten bis Ende 1956 Kalberlah, danach bis November 1958 Wedemeyer, bis zu seinem Tode, März 1961, Buchholz und dann von 1961–1969 Cieslar den Vorsitz des B.P.V.

[89] LKABl. 1953, Stück 1.

Die Eingliederung der Vertriebenen in der Braunschweigischen Landeskirche

Von Martin Grubert

1. Vorbemerkung

Mit dem seit Kriegsende 1945 ständig anschwellenden Strom der Flücht-linge[1] aus dem Osten Deutschlands wurde die Braunschweigische Lan-

---

[1] Die Begriffe „Flüchtling" u. „Vertriebener" werden dem zeitgenössischen Sprach-gebrauch folgend oftmals undifferenzierend u. synonym gebraucht. Im Zusammenhang

deskirche in kürzester Zeit zu einer „Aufnahmekirche" für Zehntausende aus anderen Traditionsbezügen stammenden evangelischen Christen.

Welche Folgen hatte diese Zuwanderung für die religiös-sakrale Gliederung des Braunschweiger Landes und den Bestand der Landeskirche?

Was bedeutete es für die hiesige Landeskirche und das kirchliche Leben in den Gemeinden, daß sie nun eine große Zahl von Mitgliedern mit einem anderen Typus von Kirchlichkeit, mit einem eigenen heimatkirchlichen Erbe in ihrer Mitte zählte?

Bei den nun folgenden Ausführungen geht es um die Auswirkungen dieser Zuwanderung und Aufnahme am Beispiel einer einzelnen Landeskirche. Wie reagierte sie auf diese Veränderung, vornehmlich die Kirchenleitung? Und es geht um die Bemühungen zur Eingliederung der neuen Gemeindeglieder im Rahmen der kirchlichen Vertriebenenarbeit.

Die Flüchtlinge und Vertriebenen werden somit als mögliche Träger von religiösen Wandlungen und Neuerungen angesprochen. Unter Integration soll hier vor allem die religiös-kirchliche Integration in das bestehende Landeskirchentum verstanden werden, ein Teilaspekt der Integrationsaufgaben, die den Kirchen für die Nachkriegszeit zugeordnet worden sind[2].

Dabei stehen Fragen nach der Seelsorge an den Flüchtlingen, nach dem Vorgang der religiösen „Beheimatung" und dem Grad der Teilhabe am kirchlichen Leben im Vordergrund[3]. Auch die integrationsfördernden und integrationshemmenden Faktoren sowie die möglichen Auswirkungen auf die „Neubürger" selbst müssen uns interessieren.

Dagegen soll an dieser Stelle weniger die schon häufig herausgestellte karitativ-soziale Rolle der Kirche bei der Eingliederung der Flüchtlinge in

---

mit bevölkerungsstatist. Angaben muß aus sachlichen Gründen eine Unterscheidung der einzelnen Gruppen vorgenommen werden. Häufig soll a. der Sammelbegriff „Flüchtlinge und Vertriebene" für alle infolge des Krieges heimatlos gewordenen Menschen Verwendung finden.

[2] Vgl. Martin Greschat, Kirche und Öffentlichkeit in der deutschen Nachkriegszeit (1945–1949), in: Kirchen in der Nachkriegszeit. Vier zeitgeschichtliche Beiträge v. Armin Boyens u. a. (AKZG, Reihe B: Darstellungen, Bd. 8), Göttingen 1979, 100–124, hier 106f. Allgemein zur Integrationsproblematik, vor allem zur sozialstrukturellen Dimension des Integrationsvorgangs, s. Paul Lüttinger, Integration der Vertriebenen. Eine empirische Analyse, Frankfurt a. M./New York 1989; einen instruktiven Forschungsüberblick bietet Arnold Sywottek, Flüchtlingseingliederung in Westdeutschland. Stand und Probleme der Forschung, in: Aus Politik u. Zeitgeschichte, B 51, 1989, 38–46.

[3] Grundlegend für diese Fragen: Hartmut Rudolph, Evangelische Kirche und Vertriebene 1945–1972, 2 Bde. (AKZG, Reihe B: Darstellungen, Bd. 11/12), Göttingen 1984–85 (zitiert: Rudolph), bes. Bd. 1, passim. Nach wie vor heranzuziehen: Friedrich Spiegel-Schmidt, Religiöse Wandlungen und Probleme im evangelischen Bereich, in: Die Vertriebenen in Westdeutschland. Ihre Eingliederung und ihr Einfluß auf Gesellschaft, Wirtschaft, Politik und Geistesleben, hrsg. v. Eugen Lemberg u. a., Bd. III, Kiel 1959, 23–91 (zitiert: Spiegel-Schmidt).

die Nachkriegsgesellschaft[4] behandelt werden, die vorwiegend materielle Unterstützung und Fürsorge durch die diakonischen Einrichtungen Innere Mission und Ev. Hilfswerk[5].

Als ein Teilproblem dieses Integrationsprozesses wird die berufliche Eingliederung der in großer Zahl in die Landeskirche kommenden Geistlichen aus dem Osten gesehen.

Bei alledem ist zu bedenken, daß der gewählte zeitliche Rahmen bis 1949/50 schwerlich abschließende Aussagen über die Integrationsproblematik zuläßt.

2. Das Flüchtlingsproblem im Braunschweiger Land

Für Niedersachsen, und das gilt vor allem für seine östlichen Landesteile entlang der neuen Zonengrenze, erwies sich die am 14. Februar 1946 zwischen der britischen Militärregierung und polnischen Regierungsvertretern geschlossene Vereinbarung über die Aussiedlung der Deutschen aus Polen und den polnisch verwalteten Gebieten als folgenschwer[6]. Denn dieses bedeutete die Vertreibung von nahezu 1,4 Millionen Ostdeutscher aus ihrer Heimat, vorwiegend Menschen aus Schlesien, auch Ost- und Westpreußen sowie Pommern und ihre Übersiedlung in die britische Zone. Diese Umsiedlung sollte im Rahmen der „Operation Schwalbe" im Laufe des Jahres 1946 und in das Jahr 1947 hinein durchgeführt werden und führte dazu, daß Niedersachsen zum Durchgangsland Nr. 1 und Hauptaufnahmegebiet für diese Menschen wurde.

---

[4] Der kirchliche Anteil an der Eingliederung der Flüchtlinge auf regionaler Ebene hat bisher vornehmlich in regionalgeschichtlichen Untersuchungen allgemein zur Flüchtlingsproblematik Erwähnung gefunden; dort dominiert zumeist der karitative Aspekt. Ausnahmen sind: Norbert Baha, Wiederaufbau und Integration – Die Stadt Delmenhorst nach 1945. Eine Fallstudie zur Problematik von Stadtentwicklung und Vertriebeneneingliederung, Delmenhorst 1983, 127ff; Lothar Albertin, Flüchtlinge – Eine kirchenhistorische Chance für den Protestantismus nach dem Zweiten Weltkrieg. Beobachtungen aus der Region Ostwestfalen-Lippe, in: Rainer Schulze, Doris von der Brelie-Lewien u. Helga Grebing (Hrsg.), Flüchtlinge und Vertriebene in der westdeutschen Nachkriegsgeschichte. Bilanzierung der Forschung und Perspektiven für die künftige Forschungsarbeit, Hildesheim 1987, 288–301; Thomas Kleinknecht, Der Wiederaufbau der westfälischen Verbandsdiakonie nach 1945. Organisatorisch-methodischer Neubeginn und nationalprotestantische Tradition in der kirchlichen Nothilfe, in: WF 40, 1990, 527–616.

[5] Über die diakonischen Einrichtungen in der Braunschw. Landeskirche in der Nachkriegszeit unter besonderer Berücksichtigung der Flüchtlingsproblematik ist vom Autor eine separate Veröffentlichung vorgesehen.

[6] Vgl. Zeittafel der Vorgeschichte und des Ablaufs der Vertreibung sowie der Unterbringung und Eingliederung der Vertriebenen und Bibliographie zum Vertriebenenproblem, Bd. 1, hrsg. vom Bundesministerium für Vertriebene, Flüchtlinge und Kriegsgeschädigte, Bonn 1959, 30.

Neben der großen Gruppe der Vertriebenen war weiterhin mit einer hohen Anzahl von noch nicht in ihre Heimatorte zurückgekehrten Evakuierten bzw. Umquartierten zu rechnen. Dazu kamen die immer zahlreicher werdenden sogenannten Zugewanderten, das waren Flüchtlinge aus der SBZ und dem Ostteil Berlins, viele Ausländer, größtenteils „Displaced Persons" (DPs), und die große Zahl von Heimkehrern. So betrug im Jahre 1947 der Anteil an „Nicht-Einheimischen" in Niedersachsen etwa 33 bis 35 % der Gesamtbevölkerung[7].

Etwa zwei Fünftel der sich Ende 1946 in Niedersachsen aufhaltenden Vertriebenen kamen aus Schlesien, hauptsächlich aus dem niederschlesischen Regierungsbezirk Breslau[8]. Die südniedersächsischen Regierungsbzw. Verwaltungsbezirke lagen hierbei an der Spitze, so belief sich der Anteil der Schlesier unter den Heimatvertriebenen im Verwaltungsbezirk Braunschweig auf mehr als 40 % während der ersten Nachkriegsjahre[9]. Damit wiesen diese Gebiete die höchste Belegung mit schlesischen Heimatvertriebenen aller Westzonen auf[10].

Die Braunschweiger Region blieb weiterhin das Gebiet mit der höchsten Bevölkerungsdichte in Niedersachsen. Mit einer Steigerungsrate von 44 % auf nunmehr 262 Einwohner pro Quadratkilometer lag auch der neue Verwaltungsbezirk Braunschweig an der Spitze, fast doppelt so hoch wie der niedersächsische Durchschnitt[11].

Die östliche, grenznahe Lage, die Verkehrsanbindung an den mitteldeutschen Raum ließen die Braunschweiger Region als Durchgangsgebiet für viele Flüchtlinge prädestiniert erscheinen. So war es nicht verwunderlich, daß das Land bzw. der spätere Verwaltungsbezirk Braunschweig im Oktober 1946 mit 7,1 % den höchsten Anteil an Zugewanderten aus der

---

[7] Vgl. Helga Grebing, Niedersachsen vor 40 Jahren – Gesellschaftliche Traditionen und politische Neuordnung, in: NSJ 60, 1988, 217–227, hier 222. Zu den Schwierigkeiten mit einer teilweise unzuverlässigen Statistik für die Vertriebenenproblematik s. Gerhard Reichling, Flucht und Vertreibung der Deutschen – Statistische Grundlagen und terminologische Probleme, in: Rainer Schulze, Doris von der Brelie-Lewien u. Helga Grebing (Hrsg.), Flüchtlinge und Vertriebene, 46–56.

[8] Vgl. Niedersachsen und das Flüchtlingsproblem, H. 1, 2. verb. Aufl. (Niedersächs. Amt f. Landesplanung u. Statistik, Reihe F Bd. 6), Hannover 1951, 13 (zitiert: Flüchtlingsproblem).

[9] Vgl. dazu die Angaben bei Hans-Joachim Malecki, Das Flüchtlingsproblem in Niedersachsen, in: Neues Archiv f. Niedersachsen 1, 1947, H. 1, 45–72, hier 65; für Juli 1950: Flüchtlingsproblem (Anm. 8), 21. Der Anteil der Schlesier im Verwaltungsbezirk belief sich am 1. 3. 1947 auf 43,6 % u. am 1. 7. 1950 auf 42,3 % (Prozentangaben v. V. errechnet).

[10] Vgl. Helmut R. Kollai, Die Eingliederung der Vertriebenen und Zuwanderer in Niedersachsen (Schriften des Vereins f. Socialpolitik N. F. 7/9), Berlin 1959, 21 (zitiert: Kollai).

[11] Statistische Monatshefte f. Niedersachsen, 2, 1948, 13.

SBZ in Niedersachsen aufwies[12]. Besonders zahlreich befanden sich Zugewanderte in den südöstlichen, grenznahen Landkreisen Helmstedt (11.184), Wolfenbüttel (11.362) und in der Stadt Braunschweig (9.440)[13]. Für die Landeskirche bedeutete dies, daß vier von fünfzehn Propsteien entlang der Zonengrenze lagen und eine weitere Propstei – Blankenburg im östlichen Harz – durch die Grenze geteilt wurde.

Die Zahl der in den einzelnen Landkreisen bzw. kreisfreien Städten ansässigen Vertriebenen schwankte im Braunschweiger Gebiet erheblich. Unter den acht niedersächsischen Regierungs- und Verwaltungsbezirken lag der Bezirk Braunschweig im Oktober 1946 mit 25,6 % Vertriebenenanteil an der Wohnbevölkerung auf Platz drei nach den Regierungsbezirken Lüneburg und Stade[14]. Der Anteil war zu diesem Zeitpunkt in allen braunschweigischen Landkreisen höher als der niedersächsische Durchschnittswert von 23,5 %[15]. Besonders viele Heimatvertriebene befanden sich in den Landkreisen von Braunschweig (32,6 %) und Goslar (32,2 %) sowie im Stadtkreis von Watenstedt-Salzgitter (38,9 %).

So wies z. B. der Landkreis Braunschweig, dessen Bevölkerung zwischen Mai 1939 und Dezember 1947 von knapp 40.000 Personen auf über 71.000 Personen angewachsen war, eine Belegung mit 25.300 Flüchtlingen auf[16]. Auf die landsmannschaftliche Zusammensetzung bezogen, stellten die Schlesier mit etwa 15.600 Personen sowie Vertriebene aus Pommern mit ca. 3.800 und aus Ostpreußen mit etwa 2.700 Personen die größten Kontingente im Landkreis[17]. Watenstedt-Salzgitter, das erst 1942 durch den Zusammenschluß von 28 Gemeinden aus den Kreisen Wolfenbüttel und Goslar entstandene städtisch geprägte Gebiet, war ein Sonderfall. Neben der hohen Belegung mit Vertriebenen hatte es außerdem mit einer Erblast des „Dritten Reiches" noch ein weiteres Problem zu lösen. Viele ehemalige Zwangsarbeiter des Hermann-Göring-Konzerns waren dort noch in Lagern und in Notwohngebäuden untergebracht[18].

In keiner anderen Stadt Niedersachsens war die Zahl der Ausländer vergleichbar groß wie in Watenstedt-Salzgitter (34,1%)[19]. Die im Gefolge der

---

[12] Vgl. Flüchtlingsproblem (Anm. 8), 2f (Prozentzahl v. V. errechnet).

[13] Alle Zahlen ebd.

[14] Ebd. (Prozentzahlen v. V. errechnet).

[15] Ebd. (Prozentzahl v. V. errechnet).

[16] „Zwei-Jahresbericht" des Ev. Hilfswerkes v. 17. 4. 1948. Landeskirchliches Archiv Braunschweig (LAB): PrA Vechelde Nr. 149.

[17] Ebd. 63,5 % der Schlesier kamen aus dem Regierungsbezirk Breslau.

[18] Zum Problem der DPs s. Juliane Wetzel, Die Barackenstadt. Arbeit und Leben im Lageralltag, in: Salzgitter. Geschichte und Gegenwart einer deutschen Stadt 1942–1992, hrsg. v. Wolfgang Benz, München 1992, 282–312, hier 298ff (zitiert: Wetzel).

[19] Vgl. Ullrich Schneider, Niedersachsen unter britischer Besatzung. Besatzungsmacht, deutsche Verwaltung und die Probleme der unmittelbaren Nachkriegszeit, NSJ

Währungsumstellung sich weiter verschlechternde wirtschaftliche Lage im Salzgitterraum wurde zusätzlich durch die Demontagevorhaben, z. B. nach dem Beschluß der Interalliierten Reparationsagentur in Brüssel vom 12. August 1949, noch verschärft[20]. Watenstedt-Salzgitter war mit Arbeitslosigkeitsraten von bis zu 30 % zu dem „Notstandsgebiet" schlechthin der frühen Nachkriegsjahre in Niedersachsen geworden.

Neben dem teilweise hohen DP-Anteil und der hohen Zahl von Personen, die in behelfsmäßigen Notunterkünften untergebracht waren[21], sowie den vielen Ostzonenflüchtlingen, war für den Braunschweiger Raum zusätzlich die frühzeitig hohe Belegung mit Evakuierten ab den Jahren 1943/44 kennzeichnend. Aus den südniedersächsischen Städten, aus Hamburg und dem Raum Aachen-Köln strömten Tausende „Bombengeschädigte", „Rückgeführte" sowie die sogenannten „Verwandtenzuzüge" in den „Aufnahmegau" Südhannover-Braunschweig[22]. Auf dieses wachsende Problem mußte auch die Landeskirche und der Evangelische Verein für Innere Mission reagieren.

Die kirchlich-seelsorgerliche Betreuung dieser Personengruppe sollte der „Kirchliche Dienst für die wandernde Gemeinde in Braunschweig" übernehmen[23]. In der Versorgung mit Jugendstunden und Konfirmandenunterricht von evakuierten Kindern und Jugendlichen aus der Stadt Braunschweig im Rahmen der „Kinderlandverschickung" erwuchs der Landeskirche eine weitere schwierige Aufgabe[24].

3. Aufnahme und erste kirchliche Betreuungsmaßnahmen

Im Verlauf der „Aktion Schwalbe" trafen ab Frühjahr 1946 in den Grenzdurchgangslagern Alversdorf und Mariental bei Helmstedt täglich geschlossene Eisenbahntransporte mit jeweils 1.500–2.000 Personen ein. Allein durch diese beiden Lager sollten etwa 80 % der „Schwalbe-Trans-

---

54, 1982, 251–319, hier 283 (zitiert: Schneider). Die Angabe bezieht sich auf den November 1945.

[20] S. dazu: Die Demontage der Reichswerke (1945–1951) (Beiträge zur Stadtgesch., Bd. 3), Salzgitter 1990, bes. 78ff. Zur Haltung der Landeskirche s. LAB: acc. 10. 10. 1977, Bd. „Demontage Watenstedt-Salzgitter".

[21] Vgl. Flüchtlingsproblem (Anm. 8), 51. Der Anteil betrug am 1. 3. 1947 24,5 % aller in Niedersachsen auf diese Weise untergebrachten Personen (Prozentzahl v. V. errechnet).

[22] Vgl. Schneider (Anm. 19), 287 u. 290f.

[23] Schreiben Pfarrer Herdieckerhoffs für den kirchl. Dienst für die wandernde Gemeinde an die Pröpste und Amtsbrüder vom 20. 10. 1943 (LAB: G 736).

[24] Vgl. LAB: G 308.

porte" für die britische Zone „durchgeschleust" werden, wie es damals hieß[25].

Das Ev. Hilfswerk hatte je einen Pfarrer, die Pfarrer Glow und Haferburg, zur seelsorgerlichen Betreuung der ankommenden Vertriebenen, Heimkehrer und Evakuierten in den Lagern beauftragt. Neben dem Pfarrer waren im Juni 1946 ein Volksmissionar und eine Diakonisse im Lager Mariental eingesetzt[26].

Eine zweite Schwester soll kommen, berichtete Pfarrer Glow. Eine dritte Kraft hofft man mit Erlaubnis der Inneren Mission zusätzlich heranziehen zu können. Täglich kommen bis zu drei Transporte. Das Entladen und Verladen wird oft sogar des Nachts durchgeführt. Der gute Kontakt zur Lagerleitung und zum katholischen Kollegen erleichtert die anstrengende Arbeit wesentlich. Jeden Tag können mehrere gut besuchte Andachten im Tagesraum des Lagers abgehalten werden, der gänzlich als Kirchenraum zur Verfügung gestellt und hergerichtet worden ist. Pfarrer Glow hebt im zweiten Bericht über seine Tätigkeit die Bedeutung der kirchlichen Betreuung hervor:

„Es wird die Aufgabe der evangelischen Kirche sein, sich hier unbedingt intensiver einzuschalten. Die Arbeit kann aber nur segensreich von den Pfarrern und ihren Helfern geleistet werden.

Ich möchte deshalb nochmals auf den Wert und die Möglichkeiten hinweisen, die sich hier für unsere evangelische Kirche ergeben. Da ein besonderes Zusammenfassen in Flüchtlingsgemeinden wohl oft nicht möglich oder erwünscht ist, ist hier den Amtsbrüdern eine Aufgabe gestellt, die über das Leben unserer Gemeinden entscheiden wird."[27]

Die Vertriebenen hielten sich in der Regel im Durchgangslager nur kurze Zeit auf, sie wurden mit DDT „entlaust", nahmen ihre Marschverpflegung auf und wurden dann an ihre weiteren Bestimmungsorte in der britischen Zone transportiert.

Die Verhältnisse in den Durchgangslagern selbst scheinen recht zufriedenstellend gewesen zu sein, so schildert es zumindest der Report des Stuttgarter Zentralbüros des Ev. Hilfswerkes anläßlich eines Besuches in den beiden Lagern im Mai 1946[28]. Besonders gelobt wird die vorzügliche Organisation und die gute medizinische Betreuung, auch die „sehr gute Verpflegung" wird erwähnt. Wie in nahezu allen Flüchtlingslagern in

---

[25] Vgl. Innere Mission/Ev. Hilfswerk Braunschweig – Dokumentation 1945–1970, bearb. u. zusammengest. v. Fritz Müller-Harding (LAB: KE 12, [19]).

[26] Vgl. dazu und zum folgenden die Berichte des Lagerpfarrers Glow vom Juni und August 1946 (LAB: acc. 46/76 Nr. 237, Bl. 72 u. 96f).

[27] Ebd., Bl. 72., Bericht v. 6. 6. 1946.

[28] Archiv des Diakonischen Werkes der EKD (ADW): Allg. Slg. C 132,4; hier Bericht über die III. Informationsfahrt durch Flüchtlingslager in Schleswig-Holstein, Hamburg, Hannover, Braunschweig und Großhessen v. 4. – 20. 5. 1946, 9f.

den Westzonen fehlen auch hier ausreichend Strohsäcke als Liegemöglichkeit.

Als schließlich das Lager Mariental im März 1947 stillgelegt wurde, waren bis zu diesem Zeitpunkt etwa 1,25 Millionen Flüchtlinge und Vertriebene durch dieses Lager hindurch gegangen[29].

Das Lager Immendorf im Salzgittergebiet, das bis April 1947 von der Filialgemeinde Immendorf von dem dortigen Ostpfarrer Petzoldt kirchlich mitversorgt wurde, war nach alliiertem Sprachgebrauch als ein „Cushion Camp" (Pufferlager) eingerichtet worden[30]. Es diente als zentrale Verteilerstelle für das für den Braunschweiger Verwaltungsbezirk vorgesehene Kontingent von 100.100 „Schwalbe-Flüchtlingen".

Ähnlich wie in den Durchgangslagern Alversdorf und Mariental verschlechterte sich die Situation für die Lagerinsassen in den Wintermonaten 1946/47 in Immendorf, da das Lager von seinen baulichen Gegebenheiten und wegen fehlenden Brennmaterials nicht für eine Überwinterung geeignet war. In dieser Notsituation wandte sich Lagerpfarrer Petzoldt an seine Amtsbrüder in der Braunschweigischen Landeskirche und rief zu einer Brotmarkensammelaktion und zu Spenden aller Art auf[31].

Pfarrer Glow, der nach der Auflösung von Mariental mit seinen Mitarbeitern nach Immendorf versetzt worden war und der als Gemeindepfarrer von Leinde-Watenstedt das Lager weiterhin mitbetreute, fand dort veränderte Arbeitsbedingungen vor. Denn so, wie sich Immendorf immer mehr zu einer Art „Heim- oder Wohnlager" entwickelt hatte, so entstand parallel dazu eine regelrechte Lagergemeinde mit intensivem Gemeindedienst[32].

Im März 1946 geht man beim Hauptbüro des Ev. Hilfswerkes in Braunschweig von einem täglichen Durchgangsverkehr an der Grenze in beide Richtungen – die „Aktion Schwalbe" eingeschlossen – von 6.000 Personen aus, davon sind allein 2.000 illegale Übertritte[33].

Städte mit wichtigen Bahnanschlüssen wie die Großstadt Braunschweig, kleinere Städte wie Kreiensen, Seesen und vor allem der Grenzort Helmstedt waren Brennpunkte der täglichen Not der ankommenden und zu betreuenden Flüchtlinge und Vertriebenen. Helmstedt und einige Harzorte wie Braunlage und Hohegeiß waren ständig überfüllt, besonders mit Flüchtlingen aus der russisch besetzten Zone.

---

[29] Andreas Ehrhardt, „Wie lästige Ausländer...". Flüchtlinge und Vertriebene in Salzgitter 1945–1953, hrsg. v. Arbeitskreis Stadtgeschichte e. V., Salzgitter 1991, 15 (zitiert: Ehrhardt).

[30] Vgl. dazu u. zum folgenden ebd., 9f; ebenso Wetzel (Anm. 18), 302ff.

[31] Vgl. den Aufruf des Lagerpfarrers Petzoldt v. 16. 1. 1947 an seine Amtsbrüder (LAB: PA Sickte Nr. 25). Die Aktion wurde „aufs wärmste" v. Landeskirchenpräsident Erdmann unterstützt. Ebd.

[32] Glows Mitarbeiter Volksmissionar Schulze berichtet über seine Tätigkeit in seinem Lebenslauf v. 14. 10. 1948 (LAB: Personalakten Walter Schulze).

[33] LAB: acc. 46/76 Nr. 237, Bl. 15.

In dem Grenzland Braunschweig erwies sich die Fürsorge an Flüchtlingen und Durchreisenden als besonders dringliche Aufgabe. Zu diesem Zweck wurden Bahnhofsmissionen neu eingerichtet oder ausgebaut. Von den fünf Hauptstellen erlangte Helmstedt die größte Bedeutung. Sie wurden von der Inneren Mission und der Caritas zusammen unterhalten, Rote-Kreuz-Helfer und viele weitere zumeist ehrenamtliche Helfer beider Konfessionen beteiligten sich an dem oft aufreibenden Dienst. So wurden z. B. im besonders arbeitsreichen Monat Dezember 1945 in den Einrichtungen der Helmstedter Bahnhofsmission mit Unterstützung der Stadtmission im Juleum 50.000 Getränke und 20.000 Essen ausgegeben sowie 12.000 Übernachtungen organisiert[34].

Die Annahme, daß nach den großen Umsiedlungsaktionen des Jahres 1946 der Grenzverkehr nachlassen und sich damit die Anforderungen an die Bahnhofsmission verringern würden, erfüllte sich nicht.

Einige Angaben aus dem Jahresbericht 1947/48 für Helmstedt werfen ein Schlaglicht auf die weiterhin großen Arbeitsanforderungen, die die Mitarbeiter und Mitarbeiterinnen zu bewältigen hatten[35].

In der Bahnhofsmission I wurde in einer auf dem Bahnhofsvorplatz gelegenen Baracke von zwei hauptamtlichen Fürsorgerinnen und 20 ehrenamtlichen Helferinnen die Betreuung von Kranken, Verletzten, Alten und Kindern durchgeführt. Abteilung II war für die Unterbringung und Verpflegung von Flüchtlingen und Grenzgängern sowie für die Gestellung von Unterkünften für Flüchtlinge, die der Stadt Helmstedt zugewiesen wurden, zuständig. Zu ihren Aufgaben gehörte ferner die Versorgung der durchfahrenden Flüchtlingszüge und die Betreuung vagabundierender oder verwahrloster Jugendlicher.

Neben der materiellen Unterstützung der Flüchtlinge und Vertriebenen mußte auch für eine seelsorgerliche Betreuung ausreichend gesorgt sein. Pfarrer Neumann von St. Walpurgis in Helmstedt, selbst Vertriebener, stellte sich dieser Aufgabe mit großem Engagement.

Nicht nur in vielen persönlichen Gesprächen und in den allwöchentlichen Abendandachten in der Mission, sondern auch durch die Verteilung von Traktaten, Spruchkarten, Bibeln und Neuen Testamenten wurde versucht, den vielen Erschöpften und Verzweifelten Trost zu spenden und neue Hoffnung zu vermitteln. Das zweijährige Bestehen der Bahnhofsmission in Helmstedt beging man im August 1947 mit einem großen Flüchtlingsgottesdienst, an dem 1.062 Besucher teilnahmen.

Allen Missionsstationen gemeinsam ist der frühe Zeitpunkt, mit dem die Fürsorgetätigkeit einsetzen konnte, zumeist schon im Juni/Juli 1945 und vor dem Anlaufen der staatlichen Maßnahmen.

---

[34] LAB: KE 12, [14].
[35] Vgl. dazu und zum folgenden LAB: acc. 46/76 Nr. 237, Bl. 125a – d.

4. Die Wohnungsnot und die Kirche

In den Kirchengemeinden der Grenzregion waren die Pfarrämter oft die erste Anlaufstelle vieler Flüchtlinge und Grenzgänger. Darüberhinaus waren vielfach Räumlichkeiten in Pfarrhäusern sowie einer Reihe von Gemeindesälen z. T. über Jahre mit Flüchtlingen und Vertriebenen infolge der Zwangseinweisungen durch die Wohnungsämter belegt[36].

Nach dem Bericht des Ortspfarrers wurden z. B. im Pfarrhaus von Gremsheim zwei Wohnräume und ein Teil der Scheunentenne, im Pfarrhaus Gehrenrode sechs Wohnräume, vier Dachkammern, vier Kellerräume, die Waschküche und Teile der Scheune von Flüchtlingen genutzt[37].

Angesichts der großen Wohnraumknappheit, von der auch viele Gemeinden auf dem Lande betroffen waren, kam es immer wieder zu Schiebungen und Ungerechtigkeiten bei der Wohnraumverteilung und Wohnraumbelegung.

Besonders umstritten und Ursache vieler Reibereien zwischen Pfarrern und Beauftragten der Wohnungsämter war die Zwangsbewirtschaftung von Dienstwohnungen zur Neuschaffung von Wohnraum. Landeskirche und Pfarrerverein versuchten sich dagegen zu wehren, daß die kirchlichen Räume einschließlich aller Räumlichkeiten in den Pfarrhäusern ohne Ausnahme von den örtlichen Verwaltungen genauso wie alle sonstigen Privaträume zur Wohnungsbeschaffung behandelt wurden[38].

Bei einer Zuweisung und Belegung mit Flüchtlingen und Obdachlosen sollte berücksichtigt werden, daß die kirchliche Gemeindearbeit keine Beeinträchtigung erfahren durfte. Ausreichender Raum für die kirchliche Betreuung von Flüchtlingen sei schließlich auch im Sinne der Flüchtlinge selbst, die Kirche sehe hierin eine ihrer derzeit wichtigsten Aufgaben. Trotz der intensiven Bemühungen bei Militärregierung[39] und Staatsministerium für eine allgemeingültige Regelung dieses Problems konnte nicht verhindert werden, daß es mehrfach zu einzelnen Beschlagnahmungen von Amts- und Konfirmandenzimmern durch die Wohnraumkommissionen kam. Noch in einem Schreiben vom Februar 1950 an die Evangelische Kirche in Deutschland (EKD) in Hannover wies die Kirchenregie-

---

[36] In einigen Pfarrarchiven sind Auflistungen über die Zuweisungen von Vertriebenen in die einzelnen Privatquartiere überliefert, z. B. für Völkenrode/Watenbüttel (LAB: PrA Vechelde Nr. 27).

[37] Vgl. LAB: Gremsheim-Altgandersheim Nr. 144.

[38] Vgl. dazu u. zum folgenden: Die Kirchenregierung an das Braunschw. Staatsministerium am 7. 9. 1946 (LAB: S 2267, Bl. 101). S. hierzu a. die Ausführungen des Pfarrervereinsvorsitzenden Propst Ernesti, in: Amtsbrüderl. Mitteilungen des Braunschweigischen Pfarrervereins (AM) 56, Nr. 1/Nov. 1948, 6.

[39] S. z. B. Schreiben v. 25. 11. 1946 an die Militärregierung in Braunschweig (LAB: S 2267, Bl. 123).

rung auf die spürbaren Konsequenzen dieses Notstandes für die pfarramtliche Versorgung hin[40]. Notwendige Pfarrstellenbesetzungen könnten nicht vorgenommen werden oder verzögerten sich wegen des fehlenden erforderlichen Wohnraums für die Pfarrer um Monate.

Bei all diesem Hin und Her um die Zwangsbewirtschaftung des Wohnraums, bei dem beide Seiten wenig Verständnis für das Verhalten und die Beweggründe der anderen Seite aufbrachten, fand die Tatsache kaum Beachtung, daß immerhin 29 Kirchengebäude, 9 Pfarrhäuser und 3 weitere im kirchlichen Besitz befindliche Gebäude durch Kriegseinwirkung völlig unbenutzbar waren[41].

Von den vielen starken Beschädigungen an kirchlichen Gebäuden, die oft bis in die frühen 50er Jahre noch nicht behoben werden konnten, ganz zu schweigen. Besonders betroffen war dabei die Propstei Braunschweig-Stadt, in der von 15 Kirchen nur 5 voll benutzbar waren, und die Propsteien Vechelde und Wolfenbüttel[42].

Die Wohnraumknappheit wird besonders deutlich am Beispiel der Stadt Braunschweig, die von ihrem Vorkriegsbestand von 59.826 Wohnungen 25,9 % durch Totalbeschädigung verloren hatte, 6,9% waren schwer beschädigt, 11 % mittelschwer und 37,5 % der Wohnungen leicht beschädigt[43].

Der unablässige Zustrom von Vertriebenen und Zuwanderern in den ersten Nachkriegsjahren führte zu einer immer größeren Enge der Wohnverhältnisse, die Menschen mußten so immer noch weiter zusammenrücken. Im Juli 1948 befanden sich etwa 205.000 Personen im Stadtgebiet. Das war eine Steigerung um etwa 70.000 Personen im Vergleich zum Tiefststand bei Kriegsende[44]. Neben der großen Gruppe der Vertriebenen und den zurückkehrenden Evakuierten sowie den entlassenen Wehrmachtsangehörigen waren es die vielen Zuwanderer aus dem jenseitigen Zonenrandgebiet, von denen sich eine ganze Reihe ohne Aufenthaltsgenehmigung in der Stadt aufhielten, die die Wohnraumsituation noch weiter verschärften.

Die Formel „zwei Personen pro Raum und acht Quadratmeter" konnte angesichts der höchst unterschiedlichen Bedürfnisse von Familien, alleinstehenden Untermietern oder kranken Personen kaum durchgehalten werden. Auf der Grundlage der „Wohndichte" von 1939 hat man einen Fehl-

---

[40] Vgl. dazu und zum folgenden LAB: acc. 55/85 Nr. 20, Bl. 81.
[41] Ebd., Bl. 67. Die hier verwendete Aufstellung wurde im Juni 1947 auf eine Anfrage des Bevollmächtigtenbüros des Ev. Hilfswerkes in der britischen Zone in Bielefeld erstellt.
[42] Ebd., Bl. 4–15.
[43] Braunschweig in der Statistik, 2. Folge, Braunschweig 1950, 126.
[44] Bernhard Mewes, Die Lebensverhältnisse in Braunschweig nach dem Kriege (Kommunalpolit. Schriften d. Stadt Braunschweig, H. 3), Braunschweig 1948, 5.

bedarf von 18.186 Wohnungen für die Stadt Braunschweig und für den übrigen Verwaltungsbezirk von 73.346 Wohnungen errechnet[45].

Eine typische Erscheinung dieser Zeit war die Einrichtung von Notunterkünften in Kellern, Barackenlagern, in ehemaligen Luftschutzbunkern und die Errichtung sogenannter Nissenhütten. So gab es im Zentrum Braunschweigs fünf große Bunker[46], in denen viele der „durchzuschleusenden" Personen sich aufhielten, aber auch für längere Zeit in der Stadt bleibende Flüchtlinge und Vertriebene untergebracht waren.

Mit drei weiteren behelfsmäßigen Massennotunterkünften boten sie zusammen ein Fassungsvermögen für 3.500 Personen. Daß es sich bei dieser Art der Unterbringung nicht nur um eine vorübergehende Notmaßnahme handelte, zeigen die Ergebnisse einer Erhebung über die Wohnverhältnisse im Verwaltungsbezirk vom März 1949[47]. Demnach lebten im Braunschweiger Bezirk bei einer Wohnbevölkerung von etwa 870.000 noch über 174.000 Personen in Notunterkünften aller Art. In nicht seltenen Fällen wohnten sieben bis acht männliche und weibliche Personen jeden Alters in einem einzigen Raum.

Hatte sich zu diesem Zeitpunkt die Ernährungssituation in den Westzonen schon längst stabilisiert, so belastete die Wohnraumknappheit, die angesichts der geschilderten Verhältnisse als Wohnungsnot bezeichnet werden muß, weiterhin den sozialen Konsens der gerade entstehenden Bundesrepublik. Wie schon 1945/46 war das Wohnraumproblem weiterhin aufs engste mit der Anwesenheit der Flüchtlinge und Vertriebenen verbunden, die als Hauptbetroffene diesen Notstand besonders schwer erleben mußten, stand er doch einem allseits gewünschten, möglichst schnellem Zurruhekommen und Heimischwerden dieser Menschen in der neuen Umgebung hindernd entgegen.

5. Die Landeskirche zwischen Wandel und Beharrung

Wie reagierte die Aufnahmekirche auf die andere Mentalität, anderen Traditionen und kirchlichen Formen, auf die „andere Kirchlichkeit", die die Flüchtlinge und Vertriebenen mitbrachten?

Der einfache Gegensatz, auf der einen Seite die Flüchtlinge, die als Träger von Wandlungen und Neuerungen identifiziert werden, und auf der

---

[45] Statist. Monatshefte f. Niedersachsen, 2, 1948, H. 2, 25.

[46] Am (Alten) Bahnhof, Steinstraße, Madamenweg, Am Sack, Petritorwall. Zu den verschiedenen Notunterkünften u. ersten provisorischen Baumaßnahmen zur Unterbringung der Flüchtlinge s. Verwaltungsbericht der Stadt Braunschweig 1945–1946, hrsg. im Auftr. des Oberstadtdirektors v. Statist. Amt Braunschweig, Braunschweig 1948, 40 u. 128.

[47] Dazu u. zum folgenden LAB: KE 12 [55f] u. LAB: acc. 46/76 Nr. 239, Bl. 208.

anderen Seite eine abgeschlossene, in sich ruhende und auf ihren Traditionen und Wertvorstellungen beharrende kleinstädtisch oder ländlich geprägte Gesellschaft der Einheimischen, fängt nicht die ganze Wirklichkeit der Begegnung dieser beiden „Schicksalsgemeinschaften" ein.

Auch die aufnehmende Gesellschaft erlebte die Jahre nach der Kriegswende 1942/43 und nach dem Kriegsende als eine Zeit des Umbruchs. Unterschiedliche sozial-kulturelle Milieus der deutschen Gesellschaft wurden von dieser Entwicklung erfaßt, die sich auch auf überlieferte Gewohnheiten und soziale Haltungen und die ihnen zugrunde liegenden Wertvorstellungen auswirkte[48].

Die durch das NS-System und den Krieg in Gang gesetzte soziale Mobilisierung, die auch größtenteils die Landbevölkerung erreicht hatte, der von ständiger Anspannung geprägte Kriegsalltag und schließlich die Erfahrungen mit Evakuierten, städtischen Zugewanderten und Fremdarbeitern hatte vielerorts schon vor Ankunft der großen Flüchtlingsströme einen Wandel des dörflichen und kleinstädtischen Sozialmilieus hervorgerufen[49]. Vor diesem Hintergrund erschien die Anwesenheit der Flüchtlinge und Vertriebenen als eine nicht so grundlegend neue Erfahrung, man hatte sich gewissermaßen an Fremde und Zugezogene während der Kriegsjahre gewöhnt. Außerdem hatte diese Entwicklung zu einer „Überbelastung der ländlichen Regionen"[50], insbesondere ihrer Infrastruktur, geführt.

Mit beidem mußten die Flüchtlinge und Vertriebenen bei ihrer Ankunft rechnen, vor allen Dingen mit einer ausgeprägten Abwehrhaltung auf seiten der Alteingesessenen gegenüber noch mehr Fremden. Zu rechnen hatten sie auch mit einer weitgehend säkularisierten Gesellschaft, ein Prozeß, der vom NS-System noch weiter befördert worden war. Das kirchliche Leben war geschwächt, im Vergleich zu ihrer Heimat hatte die Kirche selbst im ländlich-dörflichen Raum zunehmend an Bedeutung und Anhängerschaft eingebüßt.

Diese Tatsachen, die von den Neuhinzugekommenen oft nur mit Verwunderung aufgenommen wurden, waren für die Verantwortlichen in der Landeskirche naturgemäß nichts Neues.

Der ernüchternden Bilanz der letzten Jahrzehnte, die besonders augenfällig in den hohen Kirchenaustrittsziffern hervortrat[51], stand ein wenn

---

[48] Für das Verständnis der 40er Jahre als eine Zeit der gesellschaftlichen Umbrüche grundlegend: Von Stalingrad zur Währungsreform. Zur Sozialgeschichte des Umbruchs in Deutschland, hrsg. v. Martin Broszat, Klaus-Dietmar Henke u. Hans Woller (Quellen u. Darstellungen zur Zeitgesch., Bd. 26), 3. Aufl. München 1990 (1988), insbesondere die Einleitung zu diesem Band, XXV – XLIX.
[49] Für Bayern s. Paul Erker, Revolution des Dorfes. Ländliche Bevölkerung zwischen Flüchtlingszustrom und landwirtschaftlichem Strukturwandel, in: Von Stalingrad zur Währungsreform, 367–425.
[50] Ebd., 377.
[51] Der Höhepunkt bei den Kirchenaustrittszahlen mit über 2000 Austritten pro Jahr

auch nur kurz anhaltender kirchlicher „Nachkriegsboom" bei der alteingesessenen Bevölkerung gegenüber. Neben der für die „Zusammenbruchs-
gesellschaft" (Klessmann) so kennzeichnenden außerordentlichen geistigen Aufnahmebereitschaft vieler Menschen kann auch das gewandelte
kirchliche Selbstverständnis und das damit einhergehende gewachsene
Ansehen in weiten Kreisen der Bevölkerung, entscheidend für die sprunghaft ansteigende Teilnahme[52] gewesen sein.

Die Kirche trat als Anwalt und Fürsprecher der Menschen, ihrer Sorgen, Alltagsnöte und Wünsche auf und nahm diese Rolle auch gegenüber
der Behördenbürokratie, politischen Amtsträgern und insbesondere gegenüber der britischen Besatzungsmacht wahr.

Der verstärkte Zulauf, den die Kirche in der unmittelbaren Nachkriegszeit fand, korrespondierte mit einer unter Pfarrern wie Laien gleicherma-
ßen weitverbreiteten Stimmung, daß mit dem 8. Mai 1945 eine schwere
Last von der Kirche genommen sei, sie jetzt wieder frei das Evangelium
verkündigen und im Raum der Volkskirche geistlichen Gemeindeaufbau
leisten könne. „Durch den Zusammenbruch des nationalsozialistischen
Regimes wurden die bislang der Kirche aufgelegten Hindernisse beseitigt"[53], so leitete Propst Diestelmann den Abschnitt über die Nachkriegszeit in der Kirchenchronik seiner Gemeinde in Königslutter ein. Zudem
war die Anerkennung der aus Sicht der Kirche ihr zustehenden Rolle im
öffentlichen Leben durch die neue „Obrigkeit" der britischen Besatzungsmacht bald nach Kriegsende erreicht worden.

Der kirchliche Handlungsspielraum, die Entfaltungsmöglichkeiten
kirchlicher Laienarbeit hatten sich nun beträchtlich erweitert, sofern nicht
die Knappheit der Ressourcen aller Art hier einschränkend wirkte. Insbesondere in den Aufgabenbereichen christliche Unterweisung, kirchlicher
bzw. schulischer Religionsunterricht und in der Jugendarbeit, bei denen
die Einschränkungen und Eingriffe seitens des Staates und der Partei am
spürbarsten gewesen waren, konnte zu einem Neuaufbau angesetzt werden.

Viele Maßnahmen zur Verbesserung der innerkirchlichen Versorgung
waren auf Grund fehlender Finanzmittel, schlechter personeller Ausstattung oder nachkriegsbedingter Versorgungsschwierigkeiten nur in engen
Grenzen durchführbar. Ähnliches galt für eine Reihe von organisatori-
schen Neuansätzen in der Betreuung von gemeindlichen Kreisen und lan-

---

war in dem Zeitraum zwischen 1937 u. 1941 zu verzeichnen. Vgl. LAB: acc. 39/77
Nr. 1.

[52] Mit 25 Kirchenaustritten v. religionsmündigen Personen im Jahre 1945 wurde der
niedrigste Stand seit 1898 erreicht. Aber schon 1948 war die Grenze von 1000 Austritten
pro Jahr wieder übersprungen. Vgl. Statist. Beilage Nr. 4 zum ABl. der EKD 6, 1952,
Nr. 8.

[53] PA Stiftskirche Königslutter: Kirchengemeindechronik.

deskirchlichen Werken. Es fehlte nicht nur an geeigneten Lehrkräften, z. B. für den Katechismusunterricht, sondern auch an ausreichend Kindergottesdiensthelfern und -helferinnen, um den starken Andrang durch die große Zahl von Flüchtlingskindern auf die Kindergottesdienste zu bewältigen[54]. Die schon während der letzten Kriegsjahre begonnene Ausbildung von Laienkräften für eine katechetische Tätigkeit in mehrmonatigen Kursen wurde nach Kriegsende noch einmal intensiviert und ging bald darauf in die Obhut des Evangelischen Vereins über[55].

Ebenfalls bestand ein ausgesprochener Bedarf an ausgebildeten Gemeindehelfern und -helferinnen zur Entlastung und Unterstützung der Pfarrer in den stark angewachsenen Gemeinden der Nachkriegszeit, vor allem in der diakonischen und in der Jugendarbeit[56].

Bei den verschiedenen Maßnahmen zum Ausbau der innerkirchlichen Versorgung wurde besonders Wert gelegt auf die Ansprache der Jugend und ihre Rückführung zur Kirche. Im September 1946 wurde zur weiteren Belebung und besseren Koordinierung der Jugendarbeit wieder das Landesjugendpfarramt mit Pfarrer Gumpert besetzt[57].

Wie viele andere kirchliche Aufgabenbereiche litt der Unterricht und die Betreuung von Kindern und Jugendlichen unter den Alltagsnöten der Nachkriegszeit, ob es die ungeheizten Räume oder der Mangel an geeigneten Unterrichtsmaterialien waren. Das Bestreben der Kirchenleitung angesichts der vielerorts fehlenden Bibeln und Katechismen schnell Abhilfe zu schaffen – noch im Mai 1948 sprach Landesbischof Erdmann von einer regelrechten „Gesangbuch- und Bibelnot"[58] – war trotz Unterstützung durch die Militärregierung immer wieder von Rückschlägen begleitet[59].

Obwohl die Ausgangslage für die Landeskirchen nach Kriegsende günstig war, man sogar von einer „Stunde der Kirche"[60] sprach, zeugen die

---

[54] Zur Entwicklung der Kindergottesdienste in der Landeskirche s. eine Aufstellung v. 1950 über die Arbeit in den einzelnen Gemeinden (LAB: acc. 39/77 Nr. 1).

[55] Vgl. LAB: G 181. Ähnliche Ziele hatte sich das 1946 gegründete „Katechetische Seminar der Inneren Mission" in Neuerkerode gesetzt, ein Vorläufer des späteren Katechetischen Amtes. Vgl. LAB: G 313.

[56] Vgl. dazu LAB: acc. 46/76 Nr. 64. Zur Bedeutung der Ev. Akademiearbeit in diesem Zusammenhang s. in diesem Bd. den Beitrag v. Klaus Erich Pollmann, Die Entnazifizierung, S. 78f.

[57] S. dazu LAB: G 186. Einen guten Einblick in die damalige Situation der Jugendarbeit vermitteln die „Tagebuchblätter" über die Monate Juli/August 1947 von Siegfried Gumpert, dem ersten Landesjugendpfarrer nach 1945 (Vgl. ebd.).

[58] Tätigkeitsbericht des Landesbischofs für den Landeskirchentag v. 24. 5. 1948 (LAB: Syn. 188, Sitzung v. 24./25. 5. 1948, Anl. 2, 2).

[59] Vgl. LAB: G 150.

[60] So der Titel eines von Hans Asmussen am 14. 8. 1945 in Rendsburg gehaltenen Referates anläßlich der ersten Tagung der vorläufigen Gesamtsynode der Schleswig-

geschilderten Beispiele von Maßnahmen zum Ausbau der innerkirchlichen Versorgung von einem „Start mit Hindernissen" der Braunschweigischen Landeskirche in die neue Zeit. Der teilweise Neuaufbau und die Stärkung der herkömmlichen Gemeindearbeit sind als Reaktion auf die verbesserten Rahmenbedingungen und die „neue" Freiheit für die Kirchen sowie den verstärkten Wunsch nach kirchlichem Zuspruch zu verstehen. Diese Vorhaben wären auch ohne die Aufnahme der Flüchtlinge und Vertriebenen in dieser oder ähnlicher Form in Angriff genommen worden. Ihre Anwesenheit änderte nichts an der Ausrichtung dieser ja zumeist schon vor ihrer Ankunft eingeleiteten kirchlichen Aufbauarbeit. Die Landeskirche sah darin eher ein quantitatives Problem, das nach einer weiteren Intensivierung des traditionellen Dienstes an der Gemeinde verlangte.

6. Der Wandel der Konfessionsstruktur

Die Wanderungsströme der Kriegs- und Nachkriegszeit wirkten nicht nur stark verändernd auf die Zusammensetzung der Bevölkerung Westdeutschlands, sondern zogen auch weitreichende Konsequenzen nach sich für die konfessionelle Gliederung dieses Raumes[61].

Legt man das Kriterium Religionszugehörigkeit zugrunde, so hatten beide großen Konfessionen absolute Zuwächse zu verzeichnen. Die Bevölkerung des Landes bzw. des späteren Verwaltungsbezirkes Braunschweig war zwischen 1939 und 1950 um 54 % auf 871.564 Einwohner angewachsen[62]. Im gleichen Zeitraum stieg die Zahl der Evangelischen in diesem Gebiet um 42 % auf 655.138 Kirchenmitglieder, die katholische Kirche zählte 147.368 Angehörige, das war mehr als eine Verdoppelung der Mitgliederzahl seit der letzten Volkszählung 1939[63]. Was den jeweiligen Anteil der beiden christlichen Großkirchen an der Gesamtbevölkerung betraf, verringerte sich allerdings der Anteil der Evangelischen um etwa 5,5 % auf 75,2 %, während der Katholikenanteil sich ungefähr in der gleichen Größenordnung auf 16,9 % erhöhte[64]. Gehörte das Braunschwei-

---

Holst. Landeskirche, abgedr. in: Kurt Jürgensen, Die Stunde der Kirche. Die Ev.-Luth. Landeskirche Schleswig-Holsteins in den ersten Jahren nach dem Zweiten Weltkrieg (Schriften des Vereins f. Schleswig-Holst. Kirchengesch., Reihe I [SVSHKG], Bd. 24), Neumünster 1976, 265ff.

[61] Grundlegend hierzu Walter Menges, Wandel und Auflösung der Konfessionszonen, in: Die Vertriebenen in Westdeutschland, Bd. III, 1–22 (zitiert: Menges).

[62] Statist. Jb. f. Niedersachsen (SJN), 2. Ausg. 1954, 10f: 1939 („ständige Bevölkerung") – 1950 („Wohnbevölkerung"); (Prozentzahl v. V. errechnet).

[63] Auf der Grundlage der Daten in SJN (Anm. 62), 3. Ausg. 1956, 43 u. Statistik des Deutschen Reiches, Bd. 552, H. 3, Berlin 1941, 41; v. V. errechnet.

[64] SJN (Anm. 62), 3. Ausg. 1956, 43 u. Kirchliches Jahrbuch (KJ) 78, 1951, 425.

ger Land bis in die späten 30er Jahre zur Spitzengruppe der überwiegend evangelischen Länder wie Mecklenburg und Thüringen, mit einer nur kleinen Minderheit von weniger als 5 % Katholiken, so hatte sich dies in der Folgezeit auf Grund einer sich wandelnden Wirtschaftstruktur bei gleichzeitig verstärkter Zuwanderung auswärtiger Arbeitskräfte allmählich zu ändern begonnen[65].

Immerhin gab es im Jahre 1939 im Land Braunschweig schon einen Katholikenanteil von etwa 10 %, der sich durch den Zustrom der Flüchtlinge, Vertriebenen und Zuwanderer noch weiter vergrößerte[66]. Dabei war der Anteil der Katholiken unter den Vertriebenen mit rund 34 % (90.000) zu 9,7 % (51.800) bei der alteingesessenen Bevölkerung deutlich höher[67] und stellte das Bistum Hildesheim vor das Problem einer flächendeckenden kirchlichen Versorgung dieser „Neubürger" in einem bisher weitgehend katholischen Diasporagebiet.

Die Auflösung konfessionell nahezu einheitlicher Gebiete zugunsten religiöser Mischzonen bedeutete einen grundlegenden Wandel, der nach 1945 ganz Westdeutschland und dabei zum ersten Mal ebenfalls die ländlichen Gebiete erfaßt hatte[68].

Auch wenn man die konfessionellen Verschiebungen im Wolfenbütteler Landeskirchenamt mit einer gewissen Sorge beobachtete[69], so verhielt sich die Landeskirche in der wichtigen Frage der Mitbenutzung evangelischer Kirchen durch die Katholiken kooperativ[70]. Das galt vor allem für die Pfarrer und Kirchenvorstände vor Ort. Dagegen versuchte das Landeskirchenamt hier stärker kontrollierend einzugreifen und durch verschiedene Auflagen die Angelegenheit zu begrenzen[71]. Die Räumlichkeiten

---

[65] S. hierzu a. Mechthild Ludwig-Mayer, Die Pfarrei St. Petrus in Wolfenbüttel während der NS- und Nachkriegszeit, in: Die Diözese Hildesheim in Vergangenheit und Gegenwart, Jb. des Vereins f. Gesch. u. Kunst im Bistum Hildesheim, 59, 1991, 165–172, bes. 165ff.

[66] Als Folge der unterschiedlichen „Grundgesamtheiten" der Volkszählungen von 1939 und 1950 schwanken die Angaben zum Stand von 1939. Vgl. dazu Statistik des Deutschen Reiches, Bd. 552, H. 3, 47 (9,1%) und SJN (Anm. 62), 3. Ausg. 1956, 43 (11,1%).

[67] Errechnet auf der Grundlage der Angaben in: SJN (Anm. 62), 2. Ausg. 1954, 20, und Die Bevölkerung Niedersachsens nach den Ergebnissen der Volkszählung am 13. 9. 1950 (Veröffentlichungen des Niedersächs. Amtes f. Landesplanung u. Statistik, Reihe F Bd. 15, H. 1/Tabellenteil), Hannover 1953, 105.

[68] Vgl. Menges (Anm 61), passim.

[69] S. hierzu z. B. das Rundschreiben des Landeskirchenamts (LKA) an die Pröpste der Landeskirche v. 8. 5. 1950 (LAB: acc. 7/94 Nr. 4). Die Pfarrer sollten die „verstärkte Tätigkeit der römisch-katholischen Kirche" auch auf allen außerkirchlichen Gebieten beobachten.

[70] Vgl. dazu u. zum folgenden den umfangreichen Schriftverkehr in LAB: acc. 7/73 Nr. 3.

[71] S. Schreiben des LKA v. 22. 7. 1946 an den Propst der katholischen Kirche im

sollten der katholischen Seite ausschließlich zum Zwecke der Flüchtlingsseelsorge zur Verfügung gestellt werden. Dies durfte nur an Sonntagen sowie besonderen katholischen Feiertagen geschehen, alle Wochentage waren davon ausgenommen. Durch den Ortspfarrer war außerdem eine „Anerkennungsgebühr" von drei Mark für jede Benutzung des Kirchengebäudes zu erheben.

Die reservierte Haltung der Kirchenleitung fand nicht nur Zustimmung: In „der Verpflichtung eines wirklich aufgeschlossenen Gastgebers sollte im Vordergrunde doch das gemeinsame Christliche stehen" und „das dogmatisch Trennende zurücktreten"[72], hieß es in einem Schreiben des Kirchenregierungsmitgliedes Linke. Angesichts der großen Anzahl von Katholiken unter den Ostflüchtlingen solle man sich nicht hinter dogmatische oder juristische Bedenken zurückziehen, betonte Linke, denn nicht nur das bedauernswerte Los dieser Menschen müsse hier die Entscheidung führen, sondern auch die große Chance gesehen werden, einer weiteren Verbitterung dieser Menschen, nun auch gegenüber der evangelischen Kirche, entgegenzutreten[73].

Die Mitbenutzung evangelischer Kirchen für katholische Gottesdienste und andere kirchliche Veranstaltungen war nicht nur eine vorübergehende Erscheinung und wurde bis weit in die 50er Jahre praktiziert[74].

Der Realität eines schon länger anhaltenden Trends der späten 30er und der Kriegsjahre mit allmählich wachsendem Katholikenanteil in der Landeskirche stand jetzt mit Ankunft der Flüchtlinge die weit verbreitete subjektive Wahrnehmung eines konfessionellen Wandels gegenüber, der ursächlich, ja monokausal als eine Folge dieser Zuwanderung gesehen wurde. Viele zeitgenössische Äußerungen von Pfarrern wie von Laien belegen dies, in ihnen tritt nahezu eine Gleichsetzung „Flüchtling – Schlesier – katholisch" zu Tage. Zum „Fremdsein" der „Neubürger" – nicht nur in der introspektiven Selbsteinschätzung – gehörte das „katholisch sein" oftmals mit dazu. Richtig ist, daß 44,9 % der schlesischen Vertriebenen im Oktober 1946 katholischen Glaubens waren[75]. Die stärker katholischen Regierungsbezirke Liegnitz und besonders das oberschlesische Oppeln/ Kattowitz bildeten zudem neben den „Breslauer Schlesiern" die nächstgrößten Gruppen unter den Vertriebenen im Verwaltungsbezirk Braun-

---

Lande Braunschweig (LAB: acc. 7/94 Nr. 2). Vgl. dazu auch das Rundschreiben an die Pröpste v. 31. 3. 1947 (LAB: acc. 7/94 Nr. 3).

[72] Amtsgerichtsrat Linke am 27. 7. 1946 an Oberlandeskirchenrat (OLKR) Röpke (LAB: acc. 7/73 Nr. 3).

[73] Vgl. ebd.

[74] So wurde zu Beginn der 50er Jahre in 157 Predigtstätten der Landeskirche – davon waren 148 Kirchen – eine gastweise Aufnahme v. Gemeinden anderen Bekenntnisses registriert. KJ 80, 1953, 390 (Stand: 1. 1. 1951).

[75] Flüchtlingsproblem (Anm. 8), 23.

schweig[76]. Richtig ist aber auch, daß vor allem bei den anderen Landsmannschaften der Anteil der Protestanten deutlich überwog.

7. Erste Schritte zur Eingliederung in die Landeskirche. Der Ausbau der kirchlichen Versorgung

Mit dem Zeitpunkt seiner Ankunft und ersten wohnlichen Niederlassung im Gebiet einer anderen Landeskirche wurde der evangelische Vertriebene nach deutschem Kirchenrecht automatisch und unabhängig vom Konfessionsstand Gemeindeglied der Aufnahmegemeinde und damit Angehöriger dieser Landeskirche (Parochialzwang).

Die weitverbreitete Vorstellung, daß man es hier nur mit vorübergehenden Gästen zu tun hatte, mochte bei der Gruppe der Evakuierten und bei den vor Kriegsende in das Gebiet der Landeskirche gekommenen Flüchtlingen noch ihre Berechtigung haben, doch mit einer Rückkehr der infolge der Potsdamer Konferenz und der alliierten Kontrollratsbeschlüsse aus ihrer Heimat vertriebenen Ostdeutschen war in naher Zukunft nicht zu rechnen. Die Landeskirche hatte sich auf eine dauernde Niederlassung der neuen Gemeindemitglieder einzustellen. Ihre Zahl erhöhte sich indessen ständig und erreichte 1950 mit 165.170 bei einer Gesamtzahl von 655.138 Evangelischen im Verwaltungsbezirk einen Anteil von über 25 % an der Kirchenmitgliedschaft[77]. Das hatte vielerorts ein übermäßiges Anwachsen der Kirchengemeinden und der Pfarrbezirke in den städtischen Gemeinden zur Folge.

Eine Liste des Stadtkirchenverbandes Braunschweig vom Juli 1947 nennt alleine acht Kirchengemeinden mit einer Seelenzahl von über 10.000 Personen, wobei die Angaben für St. Pauli mit 30.000 und St. Johannis mit 28.000 Gemeindegliedern etwas überhöht scheinen[78]. Die Durchsicht einer Vielzahl von Visitationsakten bestätigt diese Entwicklung auch für einen Großteil der Landgemeinden. Steigerungsraten von 50 % und mehr sind weit verbreitet[79]. So ist denn als eine direkte Folge für die Zeit des kirchlichen Wiederaufbaues bis etwa zur Mitte der 50er Jahre

---

[76] Vgl. Statist. Mitteilungen f. Niedersachsen, Juni 1947, 9–24 (Stand: 1. 1. 1947).

[77] SJN (Anm. 62), 2. Ausg. 1954, 20 (Prozentzahl v. V. errechnet).

[78] LAB: acc. 7/94 Nr. 9. Es handelt sich bei allen Angaben um geschätzte Zahlen. Neben den beiden schon genannten waren es die Gemeinden von St. Georg, St. Jakobi, Lehndorf-Siedlung (Wichern), St. Magni, St. Martini und St. Michaelis.

[79] Über Einzelangaben hinaus läßt sich am Beispiel der Propstei Vechelde auf der Grundlage eines Vergleiches zwischen den Visitationsakten der ersten Nachkriegsjahre und den in den Propsteiakten noch weitgehend vorhandenen Fragebögen zur Tab. II der Jahre 1941–1944 ein relativ vollständiges Bild der demograph. Veränderungen nach-

die Neugründung von zwölf Kirchengemeinden in der Landeskirche zu verzeichnen[80]. Die Schaffung neuer Pfarr- und Vikarstellen – 27 an der Zahl – im selben Zeitraum und die Umgestaltung von Propsteien waren notwendige Maßnahmen, um die „kirchliche Infrastruktur" den Erfordernissen der Zeit anzupassen[81].

Daß es hier nicht nur um ein Problem der Quantität ging, das es zu bewältigen galt, zeigt die Existenz von sogenannten Flugsandgemeinden in der Nachkriegszeit, auch eine Folge der Einquartierungen von Evakuierten und Flüchtlingen in den Kriegsjahren, die dann nach 1945 dort „hängengeblieben" waren. Einstmals mehrheitlich bäuerlich geprägte Ortschaften hatten in wenigen Jahren ihr Gesicht, vor allem was die Zusammensetzung der Einwohnerschaft betraf, vollkommen verändert.

Die aus allen Teilen des ehemaligen Reiches zusammengewürfelten Gemeindeglieder, die hier nicht verwurzelt waren, machten oft einen völligen Neuanfang in diesen Kirchengemeinden erforderlich und stellten an die Tatkraft der Pfarrer hohe Anforderungen. Zu diesen „Aufbaugemeinden" gehörten neben den Orten mit ehemals dörflichem Charakter im Salzgittergebiet – Drütte, Steterburg, Heerte und Kniestedt sind hier Beispiele[82] – Gemeinden in stärker gewerblich-industriell geprägten Gegenden, oft am Stadtrand in Neusiedlungen der 30er und frühen 40er Jahre gelegen, wie z. B. die Lehndorfer Siedlung oder Rühme mit der Vorwerksiedlung, beides Vororte Braunschweigs.

Angesichts fehlender Finanzmittel und großer Versorgungsengpässe schien die Wiedergewinnung bzw. Erhaltung der beschädigten gottesdienstlichen Räume, der pfarramtlichen und sonstigen für das kirchliche Gemeindeleben wichtigen Räume, die „in den durch den Flüchtlingszustrom angewachsenen Gemeinden dringend erforderlich"[83] war, lange ein fast unlösbares Problem.

---

zeichnen. S. dazu a. Gemeindeverzeichnis v. Niedersachsen (Stand: Oktober 1947) (Veröffentlichungen des Niedersächs. Amtes f. Landesplanung u. Statistik, Reihe F Bd. 1), o.O. [Hannover] 1948, 89ff.

[80] Spiegel-Schmidt (Anm. 3), 55; vgl. dazu das Schreiben des LKA an den Ostkirchenausschuß (OKA) mit Anl. v. 7. 12. 1951 (LAB: G 148). Dort werden 17 neugegründete „Pfarrgemeinden" seit 1945 angegeben. Diese Zahl scheint mir nach Auswertung der entsprechenden Jahrgänge des Landeskirchlichen Amtsblattes der Braunschweigischen ev.-luth Landeskirche (LKABl.) zu hoch.

[81] Spiegel-Schmidt (Anm. 3), 55. Fünfzehn der neuen Pfarr- u. Vikarstellen waren in bereits vorhandenen Gemeinden geschaffen worden, so das Schreiben des LKA an den OKA mit Anl. v. 7. 12. 1951 (LAB: G 148).

[82] Die schwierigen Verhältnisse in der „Aufbaugemeinde" Kniestedt schildert Propst Cieslar in einem Schreiben an die Kirchenregierung v. 21. 1. 1952 (LAB: acc. 11/75 Nr. 27).

[83] Vom LKA erstellter Überblick v. Januar 1950 über „Wiederaufbauarbeiten und Bauinstandsetzungen an kirchlichen Gebäuden im Jahre 1949" (LAB: G 494, Teil 3).

So war in den Jahren nach dem Krieg erst einmal nicht an Kirchenneubauten zu denken, selbst die nötigsten Reparaturen oder behelfsmäßige Instandsetzungen nahmen oft lange Zeit in Anspruch. Die Gemeinden sollten verstärkt zur Selbsthilfe greifen und die Reparaturen sowie sonstigen Baumaßnahmen zu ihrer Sache machen. Man erhoffte sich im Landeskirchenamt dadurch auch eine Stärkung des Zusammenhalts in den Gemeinden[84]. Noch Anfang 1951 fehlten eine Reihe von Pfarrhäusern in der Landeskirche infolge der noch nicht behobenen Kriegszerstörungen oder infolge von Zweckentfremdung[85]. Ebenso fehlte es an Gemeindehäusern und geeigneten Gemeindesälen. Bis zum Jahr 1949, das einen Wendepunkt in der landeskirchlichen Bautätigkeit bedeutete, konnten im wesentlichen nur Sicherungsmaßnahmen und kleinere Reparaturen durchgeführt werden[86].

So mußten in einer größeren Anzahl von Gemeinden nichtkirchliche Räume, z. B. in Schulen, als Predigtstätten und für Gemeindeveranstaltungen in Anspruch genommen werden, besonders betroffen waren davon verschiedene Gemeinden der Propstei Bleckenstedt[87]. Zwar konnte die Kirche in Watenstedt als erste Kirche innerhalb der Landeskirche bis Ende 1947 wieder instand gesetzt werden[88], doch zeigte sich gerade am Beispiel Watenstedts und anderer Gemeinden im Salzgitterraum eine besondere landeskirchliche Problematik der Nachkriegszeit. Es war nicht nur eine Frage der Aufbringung der benötigten Finanzmittel, auch die besonders in dieser Region noch immer stark fluktuierende Bevölkerung erschwerte ein planmäßiges Vorgehen und hielt die Kirchenleitung davon ab, auf den aktuell dringenden Bedarf nach zusätzlichen kirchlichen Räumlichkeiten immer sofort zu reagieren.

---

[84] So z. B. im Fall der St. Andreas-Gemeinde Braunschweig. S. dazu den Visitationsbericht v. 13. 9. 1949 (LAB: S 2363).

[85] Vgl. KJ 80, 1953, 394f.

[86] Vgl. LAB: G 494, Teil 3. Die gewandelte Situation des Jahres 1949 zeigte sich auch in der enormen Aufstockung des entsprechenden Etatpostens für Beihilfen zu kirchl. Bauten im Haushaltsjahr 1949/1950. Vgl. LKABl. 62, 1949, 12ff (Nr. 5803).

[87] S. hierzu auch Wilhelm Höck, Von „Watenstedt-Salzgitter" nach „Salzgitter" (1945–1952), in: Salzgitter-Jahrbuch 3, 1981, 51–67, hier 58.

[88] Vgl. Salzgitter-Forum, H. 12: Kirchenbauten in Salzgitter, hrsg. v. Oberstadtdirektor der Stadt Salzgitter, o. O. [Salzgitter] 1986, 70. Viele Gemeindeglieder hatten beim Wiederaufbau der Watenstedter Kirche tatkräftig selbst mit Hand angelegt. Vgl. Braunschweigisches Volksblatt (BVBl.) 3 (78), 1948, Nr. 4 v. 25. 1. 1948.

8. „Mit den Vertriebenen kam Kirche"[89]

Aus der Sicht der Amtskirche und der Pfarrer erwies sich die Zuwanderung der Ostvertriebenen in vielerlei Hinsicht als eine Bereicherung. Wurde doch der Kirche nach Jahren der Stagnation und der zunehmenden gesellschaftlichen Nichtbeachtung nun der Eindruck vermittelt, wieder mehr gebraucht zu werden. Ihr mannigfaltiger Dienst durch Wort und Sakrament wurde von den Neuankömmlingen mit großer Selbstverständlichkeit verlangt. Pfarrer Dodt aus Bettmar z. B. hob die hohe Arbeitsbelastung hervor, denn „unsere Gemeinden sind bald doppelt so groß wie früher", doch „gottlob sind sie vermehrt durch größtenteils Menschen, die den Dienst der Kirche suchen, und denen man mehr als den hiesigen fast Helfer sein muß"[90].

Die Vertriebenen brachten oft eine ausgeprägte Frömmigkeit mit und sorgten damit für eine spürbare Belebung des kirchlichen Lebens in vielen Gemeinden ihrer neuen Umgebung[91], besonders gilt dies für die ersten Nachkriegsjahre[92].

Die Braunschweiger Region war immer „ein steiniger Acker" für die Kirche gewesen, so urteilte wiederholt Oberlandeskirchenrat Röpke[93]. Die Amtsbrüder aus dem Osten kämen „aus ganz anderen Gemeindeverhältnissen wo lebendiges kirchliches Leben pulsierte und der Pfarrer schon allein vom Amt getragen wurde, während bei uns in den mehr oder weniger unkirchlichen Gemeinden, [...] der Pfarrer erst durch ständige Hausbesuche das Vertrauen der Gemeinde erwerben muß"[94]. Für den Leiter der Kirchenkanzlei der EKD Pfarrer Asmussen war Braunschweig in aller Kürze „eigentlich Missionsgebiet"[95].

Die weitgehende Auflösung der kirchlichen Sitte hatte schon in den 20er Jahren eingesetzt. Die zunehmende Diskrepanz zwischen formeller Mitgliedschaft und aktiver Kirchlichkeit war ein deutliches Kennzeichen für die fortschreitende „Entkirchlichung". Die Anwesenheit der Vertriebe-

---

[89] Rudolph (Anm. 3), Bd. 1, 182.

[90] Schreiben an das LKA v. 19. 2. 1946 (LAB: PrA Vechelde Nr. 39).

[91] Vgl. dazu die Ausführungen zum Salzgittergebiet bei Michael Siano, Die ev.-luth. Kirche im gesellschaftlichen Umbruch 1930–1950 am Beispiel Salzgitter, Mag.-Arbeit TU Braunschweig 1992, 157ff (zitiert: Siano), der zu einer ähnlichen Bewertung kommt.

[92] Vgl. Spiegel-Schmidt (Anm. 3), 50f.

[93] Z. B. in dem Schreiben Röpkes an Superintendent Kirchberg, Schellerten, v. 4. 3. 1947 (LAB: Personalakten Johannes Erdmann).

[94] Ebd.

[95] Vortrag Asmussens am 1. 5. 1947 während einer Tagung des OKA u. der Hilfskomitees in Marburg. Evangelisches Zentralarchiv in Berlin (EZA) Kirchenkanzlei der EKD 2/401. Ähnlich äußerte sich auch der neue Landesjugendpfarrer Gumpert gegenüber einem Kasseler Pfarrerkollegen im Januar 1947 (LAB: acc. 46/89, C3–49).

nen bewirkte vor allem eine Hebung des Gottesdienstbesuches, wie viele Gemeindechroniken berichten, ein „ewiges Sorgenkind" der Braunschweigischen Landeskirche.

Angesichts fehlenden statistischen Materials sind andere Quellen auf die zählbaren Erscheinungen der kirchlichen Handlungen, ihre Häufigkeit, ihr erfaßter Personenkreis und ihr Verhältnis zu anderen statistischen Daten zu befragen.

Dies muß im Hinblick auf die besonders wichtigen Merkmale aktiver Kirchlichkeit geschehen, die Auskunft geben können über den Umfang der persönlichen Teilnahme der Gemeindeglieder am kirchlichen Leben[96].

Nach der Durchsicht einer repräsentativen Auswahl von Visitationsakten und einer Reihe von Kirchenchroniken[97] läßt sich das schon aus mündlichen und schriftlichen Zeugnissen von Zeitgenossen und aus der Literatur über vergleichbare Verhältnisse im norddeutschen Raum gewonnene Urteil grundsätzlich auch für die Situation in der Braunschweigischen Landeskirche bestätigen.

Es bietet sich demnach, insbesondere für die ersten Jahre bis 1948/49, ein eindeutiges Bild mit einem spürbaren Aufschwung in der Teilnahme am kirchlichen Leben in vielen Gemeinden, was sich hauptsächlich bei den gestiegenen Kommunikantenzahlen und beim Gottesdienstbesuch bemerkbar machte. Viele Pfarrer heben hervor, daß nicht nur der Gottesdienstbesuch insgesamt angewachsen sei, sondern differenzieren hierbei auch zwischen Einheimischen und Flüchtlingen, wobei letztere oftmals die Mehrzahl der Gottesdienstteilnehmer ausmachen würden. Als weitere Indikatoren für eine Kirchlichkeitsstatistik sind die Gebefreudigkeit in den Gemeinden (Kollektenstatistik) und das statistisch erfaßbare Symptom „negativer Kirchlichkeit", die Aus- und Übertritte, anzusprechen.

Die überlieferten Daten lassen zwar nur bedingt Schlüsse auf „flüchtlingsspezifische Fragen" zu, doch geben sie wichtige Hinweise über den Zustand der kirchlichen Sitte und darüberhinaus ein Abbild der vorhandenen Hilfsbereitschaft und des Aufbauwillens[98]. Für beide Indikatoren gilt,

---

[96] Dazu zählen in erster Linie a) der durchschnittl. Gottesdienstbesuch und b) die Abendmahlsbeteiligung, beides Faktoren, die für die Charakterisierung des kirchl. Lebens unabdingbar sind.

[97] Von den etwa 200 in Frage kommenden Akten im „Spezialia-Bestand" („S") des LAB wurden Unterlagen zu ca. 90 Kirchengemeinden u. einer größeren Anzahl Filialgemeinden durchgesehen, die vornehmlich nach der Größe (z. B. Propsteisitze), regionaler Verteilung u. sozialer Struktur ausgewählt worden waren. Daneben konnten bisher etwa 25 Chroniken vor allem aus den Propsteien Braunschweig-Stadt, Helmstedt u. Vechelde zur Auswertung herangezogen werden.

[98] Zudem sind es in der Braunschw. Landeskirche die beiden einzigen Indikatoren einer Kirchlichkeitsstatistik, für die wir durchgängig Zahlenmaterial aus dem Zeitraum zwischen 1940 und 1950 besitzen.

daß nach einem deutlichen Aufschwung – hohe Kollektenerträge und viele Schenkungen auf der eine Seite, geringe Austrittszahlen und viele Rücktritte auf der anderen Seite – das Jahr 1948 schon wegen der Währungsumstellung im Juni eine Art Zäsur bildet.

Tabelle Nr. 1
Übersicht über Kirchenkollekten sowie Geschenke und Vermächtnisse
für kirchliche Zwecke

I	1941	1942	1943	1944	1945	1946	1947	1948	1948	1949
II	RM	RM	RM	RM	RM	RM	RM	RM	DM	DM
III	89	107	177	268	937	748	623	412	56	172
IV	28	37	42	69	208	272	258	108	67	105
V	4	5	3	1	6	65	9	11	65	
					+1297		+3150			

I: Kalenderjahre (1948 bis 20. 06. 1948 in RM, ab 21. 06. 1948 in DM); II – IV in Tsd. RM bzw. DM, gerundet; III: Gesamtbetrag aller landeskirchl. angeordneten u. empfohlenen Kirchen- (u. Haus-) Kollekten im Kalenderjahr; IV: Gesamtbetrag der in den einzelnen Kirchengemeinden f. eigene Bedürfnisse der Gemeinde od. Bedürfnisse des Kirchenkreises gesammelten Kirchen- (u. Haus-) Kollekten einschl. Klingelbeutel; V: Zahl der f. ev. kirchl. Zwecke gespendeten Gegenstände und Geldgeschenke in RM bzw. DM, gerundet. Quelle: LAB acc. 39/77 Nr. 1.

Allerdings muß bei allen zum Stand der Kirchlichkeit angestellten Vergleichen der gleichsam Ausnahmecharakter der späten Kriegsjahre berücksichtigt werden. Bei der Masse des Kirchenvolkes hatte die zunehmende Belastung durch den Kriegsalltag, z. B. durch die immer stärkere berufliche und anderweitige Inanspruchnahme zu einer erwartungsgemäß sinkenden Teilnahme am kirchlichen Leben geführt.

Die positiven Impulse, die von der Anwesenheit der Vertriebenen für das kirchliche Leben ausgingen, zeigten sich besonders deutlich in dem schon mehrfach erwähnten Salzgittergebiet. Dort, wie z. B. in Lebenstedt, Watenstedt oder Kniestedt, reichten die örtlichen kirchlichen Räumlichkeiten oft bis weit in die 50er Jahre nicht aus, angesichts des enorm gestiegenen Zuspruchs zu allen kirchlichen Veranstaltungen eine ausreichende kirchliche Versorgung zu gewährleisten[99]. Diese Entwicklung war auch in anderen Teilen der Landeskirche festzustellen, wenn auch nicht in der

---

[99] Vgl. die Visitationsberichte zu Watenstedt vom Oktober 1951 (LAB: S 2484), zu Kniestedt und Gitter bzw. Salzgitter-Bad (II) vom Februar 1949 (LAB: S 2531). Zu Lebenstedt vgl. das Schreiben Bischof Erdmanns v. 14. 11. 1949 an das Generalsekretariat des Luth. Weltkonvents (LAB: Lebenstedt 50). Dazu auch Siano (Anm. 91), 159 u. 162ff.

gleichen Form und Intensität wie im Raum Salzgitter mit seinen besonderen ökonomisch-sozialen Bedingungen und seinen häufig noch jungen Kirchengemeinden. So hatte sich in St. Johannis in Wolfenbüttel, einer „Traditionsgemeinde", die Seelenzahl zwischen Mai 1939 und Dezember 1948 von 3.600 auf 8.400 Gemeindeglieder erhöht[100]. Letztlich konnte der Ortspfarrer mit dem Gottesdienstbesuch trotz dreifacher Steigerung seit Kriegsende wegen des geringen Anteils der Einheimischen an dieser Entwicklung nicht zufrieden sein.

Der Visitationsbericht an das Landeskirchenamt geht denn auch ausführlich auf dieses Ungleichgewicht ein und weist auf den Auftrieb hin, den das kirchliche Leben durch die rege Beteiligung der Flüchtlinge erfahren habe: „Es wäre kaum möglich die Bibelstunde durchzuführen, wenn nicht die Flüchtlinge sie so fleissig besuchten, die auch den größten Prozentsatz der Kirchenbesucher stellen."[101]

Die überaus rege Teilnahme der Ostvertriebenen an allen kirchlichen Arbeitsbereichen in der Harzgemeinde Zorge ließ den Ortspfarrer Dr. Kronenberg seinen Jahresbericht mit den pathetischen Dankesworten schließen: „Ohne sie wäre es nicht möglich gewesen, das kirchliche Leben wieder etwas zu bessern. Sie sind die Treuen, auf die die Kirche sich immer verlassen kann" und weiter: „Sie sind für unser unkirchliches Land christliches Salz."[102]

Dabei beschränkte sich die Beteiligung der Vertriebenen nicht auf ein passives Verhalten, sondern sie nahmen vielerorts aktiv am Gemeindeleben und am Aufbau der kirchlichen Werke teil[103].

Dies geschah besonders häufig an den Orten, an den bisher ein reges Gemeindeleben gefehlt hatte, wo ein Neuaufbau möglich schien, so z. B. in der stark angewachsenen „Aufbaugemeinde" Vechelde[104].

Bereits im Mai 1948 war eine Flüchtlingsfrau Vorsitzende der dortigen Frauenhilfe und zugleich Mitglied des Kirchenvorstandes. Die Aufgaben eines Obmanns für das örtliche Männerwerk, etwas später auch die Leitung des Hilfswerkes, hatte zu dieser Zeit ebenfalls ein Flüchtling und Kirchenvorstandsmitglied übernommen.

---

[100] Dazu u. zum folgenden LAB: S 2597, Dezember 1948.

[101] Ebd. Schreiben v. Propst Besser an das LKA v. 13. 12. 1948.

[102] LAB: Personalakten Kurt Kronenberg, Teil 1.

[103] Vgl. Wilhelm Rauls, Frömmigkeit und Bekenntnis in der Braunschweigischen Landeskirche, in: Vier Jahrhunderte Lutherische Landeskirche in Braunschweig. Festschrift zum 400jährigen Reformationsjubiläum der Braunschweigischen ev.-luth. Landeskirche im Jahre 1968, hrsg. v. LKA Wolfenbüttel, Braunschweig 1968, 33–58, hier 58.

[104] Dazu u. zum folgenden PA Vechelde: Kirchengemeindechronik, 168. Ebenso: Mitgliedsliste des Kirchenvorstandes (Stand: 1. 1. 1950) u. Kirchenvorstandsprotokoll v. 13. 3. 1950 (PA Vechelde: Kirchenvorstandsprotokoll Vechelde-Vechelade, 2 u. 7).

Vor allem auf die Entwicklung des Männerwerkes scheint eine positive Wirkung durch die Anwesenheit der Vertriebenen ausgegangen zu sein. Der zeitweilige Leiter des Männerwerkes der Landeskirche Kirchenrat Leistikow sprach in diesem Zusammenhang sogar von einem „Gottesgeschenk für den Beginn unserer Männerarbeit"[105].

In besonders ausgeprägter Form findet sich diese Entwicklung in den ausgesprochenen „Flüchtlingsgemeinden", in der Aufnahmekirche neu entstandene, mehrheitlich aus Flüchtlingen zusammengesetzte und vielfach von Ostpfarrern betreute Gemeinden. Da sind zum einen die Gemeinden, die sich bald nach Kriegsende vornehmlich im Salzgittergebiet in der Nähe der Lager zusammenfanden, wie z. B. Watenstedt-Leinde mit dem besonders rührigen Pfarrer Glow oder Kniestedt und mit Einschränkungen die große Lebenstedter Gemeinde. Zum anderen handelt es sich um Gemeinden, die als „Flüchtlingsgemeinden" erst ins allgemeine Bewußtsein traten, nachdem sie den Status einer eigenständigen Kirchengemeinde, ein eigenes Pfarramt oder eine eigene Kirche erhalten hatten. Dazu zählen Stadtrandgemeinden in den seit Anfang der 50er Jahre neu entstehenden Vorortsiedlungen, wie Rühme-Veltenhof (1947) und die aus St. Georg in Braunschweig ausgegliederte Schuntersiedlung (1949/50) oder etwa die St. Georg-Gemeinde in Goslar (1954).

Der große Zuspruch und das Vertrauen, das viele der Vertriebenen in die Kirche setzten, läßt sich auch dadurch erklären, daß in einer neuen und fremden sozialen Umgebung die Kirche für sie oft nicht nur als Institution die einzige vertraute Konstante war, und dies galt um so mehr, wenn der Pfarrer selbst Vertriebener war und sich leichter in ihre Situation einfühlen konnte. Oder wie Landesbischof Erdmann es in einem Brief an den lutherischen Weltkonvent in Genf beschrieb, daß viele evangelische Ostvertriebene nach dem Verlust von Heimat und Habe ihren Rückhalt fast ausschließlich im kirchlichen Gemeindeleben suchten[106].

Daß sie in der Verkündigung des Evangeliums einen seelischen Halt und in der Kirche ein neues Heimatgefühl finden konnten[107], dieser Wunsch kam in den schlichten Worten eines Gedichtes eines evakuierten Dorflehrers in Üfingen zum Ausdruck:

„Wir Christen alle, die durch Trübsal gingen,
sind voller Dank, daß dieses Haus besteht.
Wenn weit ins Land die Glocken ehern klingen,
so spüren wir, daß Christus nicht vergeht.

---

[105] BVBl. 1 (76), 1946, Nr. 5 v. 14. 7. 1946.

[106] Vgl. Bischof Erdmann am 14. 11. 1949 an das Generalsekretariat des Luth. Weltkonvents (LAB: Lebenstedt 50).

[107] So Propst Rauls in einer Ansprache anläßlich einer Visitation in Baddeckenstedt im Mai 1946 (LAB: S 2330).

Krieg, Not, Verfolgung schwächten die Gemeinden,
nun steigt das Licht, das neu den Glauben schenkt.
Wer zu ihm hielt, verfolgt von vielen Feinden,
wird wundersam zu Gottes Wort gelenkt,
[...] ."[108]

9. Zwischen heimatkirchlichem Erbe und neuer kirchlicher Umgebung

Die Anwesenheit der Flüchtlinge und Vertriebenen stellte nicht nur erhöhte Anforderungen an den Gemeindedienst und hatte somit eine Verbesserung der kirchlichen Versorgung zur Folge, mit der unterschiedlichen kirchlichen Vorprägung der Hinzugekommenen kam eine weitere, die Situation zusätzlich komplizierende Dimension hinzu. Für das Einleben in die neue Gemeinde konnte sich ein besonderes heimatkirchliches Erbe und der möglicherweise andere Bekenntnisstand erschwerend auswirken. Es stellt sich dem heutigen Betrachter die Frage, inwieweit die Aufnahme der Flüchtlinge und Vertriebenen in der Landeskirche von der Kirchenleitung und der Pfarrerschaft auch als spezifisch religiöses Problem aufgefaßt wurde. Oder überwog bei der Eingliederung der Neuhinzugekommenen in die Gemeinden nicht eher eine Haltung, die von der tagtäglichen Auseinandersetzung mit vielen materiellen Notständen geprägt und abgestumpft war? In einer solchen Sicht kamen die Flüchtlinge und Vertriebenen in erster Linie als Objekte der Versorgung und karitativen Betreuung vor. Es blieb eher im Allgemeinen und Floskelhaften, wenn Propst Rauls, auch in seiner Eigenschaft als Mitglied der Synode, in einem besonderen Wort an die Flüchtlinge von Baddeckenstedt von den „besonderen geistigen und materiellen Aufgaben" sprach, „die der Kirche in der gegenwärtigen Notzeit unseres Volkes gestellt" seien[109].

In der kurzen Ansprache Kirchenrat Palmers zur Eröffnung der ersten Sitzung des neu gewählten Landeskirchentages nach dem Krieg wurde denn auch „der Kampf gegen die erschütternde leibliche Not der Flüchtlinge" als eine der zentralen Aufgaben des obersten Gremiums in der Landeskirche für die Zukunft herausgestellt[110].

In den bisher vorliegenden Quellenbeständen ist abgesehen von einigen Andeutungen nicht zu erkennen, ob die neuen Gemeindeglieder mit ihrem anderen kirchlichen Herkommen auch als eine religiöse und theologische Herausforderung verstanden, ihre Anwesenheit als eine wirkliche Zäsur

---

[108] LAB: S 2533 (Oktober 1946).
[109] Visitationsbericht an das LKA v. 13. 5. 1946 (LAB: S 2530).
[110] LAB: Syn. 187, Sitzung v. 12./13. 2. 1946, 2.

im Leben der Aufnahmegemeinden empfunden wurde[111]. Erwuchsen der Landeskirche und ihren Gemeinden über meß- und zählbare Kirchlichkeitskriterien hinaus Impulse aus dieser Entwicklung, etwa dauerhafte Veränderungen im gottesdienstlichen Bereich?

In Gebieten, in denen ein Kirchentum existierte, das aktiv nur von einer Minderheit getragen und vertreten wurde, traf der Hinzugekommene nicht auf eine „liebende, aus der Vergebung lebende" Gemeinde, sondern „auf ein Kirchentum, das sich als bestimmte Ordnung einer anders geprägten Kirche" zeigte[112].

Die mit großer Selbstverständlichkeit geforderte Anpassung und Eingliederung stieß immer dann an Grenzen, sofern bestimmte Eigenheiten dieser Ordnung, z. B. Dinge des Kultus, in ihrer Fremdheit abweisend auf die neuen Gemeindeglieder und damit hindernd wirkten. In dieser Hinsicht erwiesen sich die Braunschweiger Verhältnisse für den Prozeß der Eingliederung als weniger problematisch im Vergleich zu anderen, z. B. reformierten Gebieten Westdeutschlands[113].

Durch die „Entkirchlichung" der letzten Jahrzehnte begannen alte Sitten und Traditionen wie die Reservierung der Kirchenstühle und die Anmeldung zum Abendmahl allmählich zu verschwinden, die als mögliche Hindernisse für eine Aufnahme der Vertriebenen in den Kreis der Gemeinden hätten wirken können. Auch gehörte die überwiegende Mehrzahl der neuen Gemeindeglieder zu den altpreußischen Lutheranern mit einer obrigkeitskirchlichen Tradition nicht so weit entfernt von den hiesigen Verhältnissen. Es gab zwar manche antiunionistische Besorgnis seitens einiger Braunschweiger Theologen, doch spielte dieses Problem auf der Ebene der Kirchengemeinden keine große Rolle. Im übrigen hofften viele Vertriebene in Niedersachsen auf eine stärkere Vereinheitlichung der Gottesdienstordnung als ein Ergebnis der Beratungen der Liturgischen Konferenz Deutschlands[114].

Aus der Sicht des Landeskirchenamtes konnte eine reibungslose und erfolgreiche Integration der Vertriebenen in die Gemeinden eigentlich nur so aussehen: „Die Kirchenverordneten sprachen sich dahin aus, daß sich die Flüchtlinge aus dem Osten wesentlich besser und schneller in die Ge-

---

[111] So ist z. B. nicht bekannt, ob es in dem auch für Lehrfragen zuständigen Amt für Gemeindedienst zu einer eingehenden Diskussion oder Reflexion in diesen Fragen gekommen ist.

[112] Spiegel-Schmidt (Anm. 3), 48.

[113] Auch das vom OKA im Jahre 1950 in Auftrag gegebene „Theologische Gutachten zur Frage der kirchlichen Eingliederung der Ostvertriebenen und Flüchtlinge" kommt für den Bereich der lutherischen Landeskirchen zu dem Ergebnis, daß keine besonderen Hindernisse oder Schwierigkeiten in bekenntnismäßiger Hinsicht einer Vertriebeneneingliederung entgegenstehen würden. Vgl. dazu Rudolph (Anm. 3), Bd. 1, 490 u. 492ff.

[114] Spiegel-Schmidt (Anm. 3), 89. Vgl. auch Rudolph (Anm. 3), Bd. 1, 229, Anm. 58. Zur Braunschweiger Beteiligung an diesen Beratungen s. LAB: G 575 u. G 580.

meindeverhältnisse einfügen als die Evakuierten [...] in den früheren Jahren. Die Ostflüchtlinge sind schnell bereit, jede Arbeit aufzunehmen, sie sind anspruchsloser, ihr sittliches Verhalten steht höher, und ihre religiöse Eingliederung in die Gemeinde geht schneller. Viele gewinnen im Gottesdienst der Kirche ein neues Heimatgefühl."[115] Man erwartete auf seiten der aufnehmenden Landeskirchen, daß sich die Vertriebenen, wo sie auf eine gleichkonfessionelle Mehrheit mit einer festgefügten Seelsorge trafen, konsumierend einzufügen hatten[116].

Daß viele der Flüchtlinge und Vertriebenen im großen und ganzen eine hohe Anpassungsleistung erbrachten, viele von ihnen dazu auch durchaus bereit waren, und sei es deswegen, um in ihrer neuen Heimat nicht immer als die „Fremden" gezeichnet und gesondert zu bleiben, dies macht auch die Entwicklung in der Braunschweigischen Landeskirche deutlich[117]. Manches kirchliche Brauchtum der Vertriebenen wurde noch in den ersten Jahren in speziellen Veranstaltungen wie Flüchtlingsgottesdiensten, Sprechabenden oder in eigens gegründeten Arbeitskreisen gepflegt, doch nach einigen Jahren war das Bedürfnis nach dieser Art kirchlicher Sonderbetreuung und Heimatpflege im Schwinden begriffen. Die allmählich sinkende Nachfrage nach kirchlichen Angeboten dieser Art ist im Zusammenhang mit dem allgemein festzustellenden Rückgang der aktiven Teilnahme am kirchlichen Leben auch unter den Vertriebenen zu sehen[118]. Dabei spielen Frustration und Verbitterung über die Aufgabe von eigenen kirchlichen Gewohnheiten und traditionellen Bräuchen, während man sich häufig als der eigentlich kirchlicher gesonnene Teil der Gemeinde empfand, für das zunehmende Wegbleiben vom Gottesdienst oder vom Abendmahl sicherlich eine Rolle. Nicht zu unterschätzen ist in diesem Zusammenhang die von den säkularen Vertriebenenorganisationen seit 1948/49 zunehmend ausgehende Wirkung, von denen sich auch viele kirchlich eingestellte Flüchtlinge und Vertriebene angezogen fühlten.

---

[115] Visitationsbericht über Baddeckenstedt v. Propst Rauls an das LKA v. 12. 5. 1946 (LAB: S 2330).

[116] Vgl. Peter Paul Nahm, ...doch das Leben ging weiter. Skizzen zur Lage, Haltung und Leistung der Vertriebenen, Flüchtlinge und Eingesessenen nach der Stunde Null, Köln u. Berlin 1971, 96.

[117] In einer vom OKA in Auftr. gegebenen u. vom Kirchenstatist. Amt der EKD im Februar 1953 veröffentlichten Untersuchung hatte die Autorin Hildegard Harzbecher diese Haltung auf Grund der von ihr durchgeführten Befragungen in Gemeinden der Hannov. Landeskirche bestätigt gefunden. Vgl. Hildegard Harzbecher, Die kirchliche Eingliederung der Vertriebenen, o. O., o. J. [1953], hekt. Manuskript, 10 Seiten (LAB: acc. 7/73 Nr. 21).

[118] S. Spiegel-Schmidt (Anm. 3), 74ff; Gerhard J. Neumann, Die religiöse Lage bei den Flüchtlingen 1945/46 und 10 Jahre später, in: Junge Kirche 18, 1957, H. 7/8, 187f; ders., Zur Religionssoziologie der Flüchtlinge, in: Soziale Welt 8, 1957, 114–128.

Dennoch, so haben es die 50er Jahre gezeigt, ist die Beteiligung am kirchlichen Leben unter den „Neubürgern" in einer größeren Anzahl Braunschweiger Gemeinden im Vergleich zu den einheimischen Gemeindegliedern immer noch intensiver gewesen.

Das kirchliche Brauchtum der Vertriebenen ist großenteils in den Raum des religiösen Lebens der Familien zurückgedrängt worden. Einzelnes mag aus dem spezifischen ostdeutschen religiösen „Erbgut" in die religiöse Substanz der Braunschweigischen Landeskirche oder einiger ihrer Gemeinden eingegangen sein[119]. In der Hoffnung, daß die allgegenwärtigen Nöte der Nachkriegsjahre zu einer Besinnung und zu einem dauerhaften größeren Verlangen nach der Verkündigung von Gottes Wort in den Gemeinden führen würden, sahen sich viele Pfarrer bald enttäuscht.

Für die Querumer kirchlichen Verhältnisse ließ sich schon 1948 nur resignierend feststellen: „Auch die größere Kirchlichkeit der Flüchtlinge aus dem Osten, aus Ost- und Westpreußen, Pommern und Schlesien hatte nicht die Wirkung auf die Einheimischen mitziehend zu wirken, sondern die Unkirchlichkeit der Querumer amalgamiert sich allmählich auch auf die Vertriebenen."[120]

Der langwierige und schmerzhafte Prozeß der Verarbeitung der Kriegs- und Vertreibungserlebnisse, das Sich-abfinden-müssen mit der Tatsache, nicht mehr in die alte Heimat zurückkehren zu können, wirkten hier doch tiefer und lähmend auf das religiöse Verhalten[121]. Dazu kam, daß in einer nicht mehr selbstverständlich christlichen Umwelt ein bewußtes persönliches Glaubensleben nur mit größeren Willensanstrengungen zu entwickeln und zu gestalten war; dies ließ auch viele evangelische Vertriebene in der Unkirchlichkeit ihrer Umgebung untertauchen.

10. Die Flüchtlinge als „Störenfriede"

Trotz der anfangs vielfach willigen und freundlichen Aufnahme stellten sich bald auch Spannungen zwischen Einheimischen und „Neubürgern" ein. Begegnete man den im Zuge der Einzeleinweisungen während des

---

[119] Ähnlich wie in einigen anderen Gemeinden hatte die Querumer Frauenhilfe das Choralsingen während der Beerdigungsfeier nach dem Vorbild der Vertriebenen wiederbelebt u. versuchte diesen Brauch in der ganzen Gemeinde heimisch zu machen. Vgl. PA Querum: Kirchengemeindechronik, 194 u. 212. Um dieses Thema tiefer ausschöpfen zu können, müßte allerdings der Untersuchungszeitraum über den Beginn der 50er Jahre hinaus erweitert werden.

[120] Ebd., 190.

[121] S. a. Erich Reigrotzki, Soziale Verflechtungen in der Bundesrepublik. Elemente der sozialen Teilnahme in Kirche, Politik, Organisationen und Freizeit (Schriftenreihe des UNESCO-Institutes f. Sozialwissenschaften Köln, Bd. 2), Tübingen 1956, 37 u. 57.

Krieges und der unmittelbaren Nachkriegszeit aufgenommenen Flüchtlingen wie Besuchern oder Gästen, mit deren Rückkehr man in nächster Zeit rechnete, so änderte sich dies seit Anfang 1946 mit der Zunahme der Masseneinweisungen in die Gemeinden[122]. Die Spannungen nahmen zu, je deutlicher es wurde, daß die Einquartierung, das Zusammenleben in einer Zwangsgemeinschaft, keine vorübergehende Einschränkung blieb und die neuen Mitbürger dauerhaft in Konkurrenz auf allen Gebieten des Mangels mit den Ortsansässigen treten würden. In der Tat kann hier von zwei „Schicksalsgemeinschaften" gesprochen werden, die durch den Krieg und seine unterschiedlichen Folgen für Einheimische und Flüchtlinge entstanden waren, die nun aufeinandertrafen und für beide Seiten eine unterschiedliche Ausgangslage mit sich brachten[123]. Angesichts der hohen Arbeitslosigkeit zum Ende der 40er Jahre, von der die Flüchtlinge und Vertriebenen besonders betroffen waren[124], und angesichts des Gefühls vieler auf dem Lande angesiedelter Ostflüchtlinge hier als „Habenichtse" zu gelten, war diese Entwicklung nicht verwunderlich. Ab 1948/49 nahm dies sogar noch zu[125].

Infolge des ständigen Zustroms der Flüchtlinge und Vertriebenen wurden besonders in ländlichen Gebieten häufig schon vorhandene Prozesse des Wandels, der allmählichen Veränderung überkommener Dorfstrukturen und -hierarchien weiter vorangetrieben[126]. Im Gegensatz zu der traditionell höheren Aufnahmebereitschaft und Offenheit einer städtischen Bevölkerung gegenüber Fremden reagierten hier die ortsansässigen Bewohner auf die Störungen der sozialen Ordnung nicht selten mit Zurückweisung und Abschottung. Fehlendes Verständnis für andersartige Gebräuche, Umgangs- und Geselligkeitsformen, z. B. auch eine ungewohnte fremde Mundart, konnten zu Diskriminierung, Stigmatisierung oder einfach Desinteresse gegenüber den Neuankömmlingen führen. Die Folge war in der Regel eine Reduktion der Komplexität der neu entstandenen Situation von beiden Seiten auf den einfachen weil so bequemen Gegensatz: hier die Einheimischen, dort die Flüchtlinge. Der Lagergeistliche Pfarrer Glow berichtet denn auch, daß die Aufnahme vieler Flüchtlinge in

---

[122] Vgl. Marion Frantzioch, Die Vertriebenen. Hemmnisse, Antriebskräfte und Wege ihrer Integration in der Bundesrepublik Deutschland (Schriften zur Kultursoziologie, Bd. 9), Berlin 1987, 118.

[123] Vgl. Peter Waldmann, Die Eingliederung der ostdeutschen Vertriebenen in die westdeutsche Gesellschaft, in: Josef Becker, Theo Stammen, Peter Waldmann (Hrsg.), Vorgeschichte der Bundesrepublik Deutschland. Zwischen Kapitulation und Grundgesetz, München 1979, 163–191, hier 182.

[124] S. Kollai (Anm. 10), 73ff.

[125] Vgl. Rudolph (Anm. 3), Bd. 1, 22.

[126] Vgl. dazu u. zum folgenden Frauke Dettmer, Konflikte zwischen Flüchtlingen und Einheimischen nach Ende des 2. Weltkrieges, in: Jb. f. ostdt. Volkskunde 26, 1983, 311–324, hier 315.

den zugewiesenen Orten „weithin sehr kühl und ablehnend"[127] ausgefallen wäre.

Ähnlich gelagerte Probleme des Zusammenlebens von Einheimischen und Ostflüchtlingen zeigten sich auch auf der Ebene der kirchlichen Gemeinde, wo die „Neubürger" mit ihrem kirchlichen Engagement und ihrer besonderen Frömmigkeit zwar oft von den Geistlichen und anderen kirchlichen Mitarbeitern sehr begrüßt wurden, dagegen von den einheimischen Gemeindegliedern nicht selten als Störenfriede der traditionellen Ordnung angesehen wurden.

Das konnte sich beispielsweise an solch vermeintlichen Äußerlichkeiten wie dem häufigen sich Erheben während der Gottesdienste verschiedener Vertriebenengruppen festmachen. Häufig wurden die Ostpfarrer in ihren neuen Gemeinden in diese Konflikte mit hineingezogen, vor allem dann, wenn sie sich intensiver um die Flüchtlinge als dem oftmals kirchlicher eingestellten Teil der Gemeinde kümmerten, um sie für die Gemeindearbeit zu gewinnen oder wenn sie sich für die Erhaltung und Pflege des heimatlichen Kirchentums einsetzten. Der Vorwurf, der Pfarrer bevorzuge die Flüchtlinge, konnte dann nicht ausbleiben.

Auch die Konstellation – hier Flüchtlingspfarrer, dort mehrheitlich einheimische Kirchengemeinde bzw. Kirchenvorstand – barg vielfach Reibungspunkte in sich. Das reichte von gegenseitigen Mißverständnissen, die nach einer gewissen Zeit der Gewöhnung aneinander überwunden werden konnten, bis zu unüberbrückbaren Spannungen, die eine Abberufung des Pfarrers seitens des Landeskirchenamtes erforderlich machten. Die Kirchenvorstände führten in diesen Fällen die Schwierigkeiten auf die fremde Art des Pfarrers zurück, auf die ihrer Meinung nach Unfähigkeit oder den Unwillen, sich den hiesigen, gewachsenen Ordnungen und eingeschliffenen Verhaltensweisen anzupassen. Auch der Pfarrervereinsvorsitzende Propst Ernesti wies die neuen Amtsbrüder auf diese Problematik hin: „Um ihrer eigenen ersprießlichen Wirksamkeit in den Gemeinden willen" sollten sie sich stärker „den andersartigen Verhältnissen in ihr [der Landeskirche] und den Gemeinden" anpassen „und nicht ohne weiteres die Maßstäbe und Verhältnisse, die vielleicht in der Heimatkirche üblich und angemessen waren, auch auf die Gemeinden unserer Kirche anzuwenden oder sie durchzusetzen versuchen."[128] Gerade die Begegnung mit deutschbaltischen Pfarrern gestaltete sich in dieser Hinsicht schwierig. Die Kritik richtete sich fast nie gegen Lehre und Gaben der Pfarrer.

In mehreren Fällen fühlte sich der Kirchenvorstand übergangen. Der Pfarrer habe eigenmächtig und am Kirchenvorstand vorbei Änderungen

---

[127] Bericht über die Flüchtlingslager Mariental für den Zeitraum Juli/August v. 16. 8. 1946 an das LKA (LAB: acc. 46/76 Nr. 237, Bl. 96f).

[128] AM a. a. O. (Anm. 38), 9.

an Gottesdiensten oder Gemeindeveranstaltungen vorgenommen, und er führe sich wie ein Herr auf, der die Kirchengemeinde „regieren" wolle[129]. Verschiedentlich mußten aber auch den vorgesetzten Behörden, Propst und Landeskirchenamt, die von den Kirchenvorständen geltend gemachten Gründe für eine Abberufung eines Ostpfarrers fadenscheinig und vorgeschoben erscheinen. Denn Vorwürfe, wie der Pfarrer grüße nicht, er kümmere sich zu sehr um die Flüchtlinge in der Gemeinde oder er mache zu wenig Krankenbesuche, tauchten bei diesen Gelegenheiten mit großer Regelmäßigkeit auf.

Wie sehr solche Konflikte die Atmosphäre in einer Ortschaft, und das über die Kirchengemeinde hinaus, über Jahre vergiften konnten, zeigen die Auseinandersetzungen in Gehrenrode um die Pfarrer Ziegenmeyer und seinen in Aussicht genommenen Nachfolger im Pfarramt, den schlesischen Pfarrer Bild[130].

Wie in den meisten Fällen umstrittener Ostpfarrer bildeten sich auch hier sowohl Gruppen von Gemeindegliedern für das Verbleiben des neuen Pfarrers in der Gemeinde als auch gegen seine weitere Anwesenheit. In diesem besonderen Fall kam noch hinzu, daß es dem schon längst aus dem Amt abberufenen und wegen seiner NS-Vergangenheit aus dem kirchlichen Dienst entlassenen Ziegenmeyer immer wieder gelang, Stimmung gegen den neuen Pfarrer zu machen und dabei schon vorhandene Spannungen zwischen Einheimischen und Flüchtlingen auszunutzen und noch zu schüren.

Die Beziehung Flüchtlingspfarrer und einheimische Gemeindemitglieder barg natürlich nicht nur Konflikte, es gäbe viele Gegenbeispiele für ein relativ schnelles Einleben der Ostpfarrer trotz aller wirtschaftlichen Schwierigkeiten in ihre neue Umgebung und ein oftmals jahrzehntelanges segensreiches Wirken in den Gemeinden. Am fehlenden guten Willen der meisten Pfarrer lag es nicht, viele gingen mit großer Energie an ihre neue Aufgabe, taten manches Mal des Guten schon zuviel, verletzten dabei oft absichtlos ungeschriebene Regeln. Schließlich ist Eva Winter zuzustimmen, daß bei der Beurteilung der beruflichen Tätigkeit und des Werdegangs vieler Ostpfarrer die persönlichen Sorgen, die Erfahrungen von Flucht und Vertreibung nicht vergessen werden dürfen[131]. So mußte das Desinteresse an seinem Schicksal, das manchem Ostpfarrer entgegen-

---

[129] So lauteten z. B. die Vorwürfe gegen den neuen Pfarrer in den Gemeinden Bornum am Elm und Grasleben. Ähnliche Beispiele eines allzu selbstbewußten, fast herrischen Auftretens, die an den Typ des Pfarrherrn erinnern, finden sich für die Schleswig-Holst. Landeskirche bei Eva Winter, Die Versorgung der Ostpfarrer in der Evangelisch-Lutherischen Landeskirche Schleswig-Holsteins nach dem 2. Weltkrieg, SVSHKG 43, 1987, 43–148 (zitiert: Winter), hier 72f.
[130] Vgl. dazu u. zum folgenden LAB: Personalakten Wilhelm Ziegenmeyer.
[131] Vgl. Winter (Anm. 129), 71f.

schlug, besonders schmerzlich wirken und ein Gefühl der Verbitterung hinterlassen.

In diesem Zusammenhang erscheint eine kleine Begebenheit für die ersten Nachkriegsjahre charakteristisch, von der der Elbinger Pfarrer Krupp, damals in der Gemeinde Jerstedt tätig, berichtet. Eine Flüchtlingsfrau hatte dem Pfarrer erzählt, daß auf ihre Frage nach dem Gottesdienst im Orte ein einheimischer Bauer geantwortet habe: „Ach, da brauchen Sie gar nicht hinzugehen, da predigt nur ein Flüchtling.“[132]

Wie verhielt sich nun die Kirchenleitung bei diesen Schwierigkeiten und Auseinandersetzungen um die Ostpfarrer?

War das Landeskirchenamt bereit, sich in Streitfragen eindeutig vor seine neuen Geistlichen zu stellen und wenn nötig sie zu verteidigen, sah das in Fällen, in denen eine mögliche Verletzung der vorgeschriebenen Gottesdienstordnung und Sakramentsverwaltung vorlag, entschieden anders aus. Die Kirchenleitung bezog in einer solchen Situation den eindeutigen Standpunkt der Bekenntniswahrung, dem sie auch ziemlich rigoros Geltung zu verschaffen suchte.

Mehrfach wurden die Pröpste dazu aufgefordert, für die genaue Einhaltung der landeskirchlichen Ordnung (Gottesdienstordnung, Perikopenordnung) durch die neuen Amtsbrüder Sorge zu tragen[133]. Dabei stand die Verwaltung der Sakramente, die Beachtung der liturgischen Ordnung des Abendmahls, vor allem natürlich die Spendenformel und das Taufformular im Vordergrund. Ostpfarrer wurden vermahnt und sollten bei Nichtbefolgung ihren Beschäftigungsauftrag verlieren.

11. Die kirchliche Vertriebenenarbeit

Die Hauptaufgabe der kirchlichen Vertriebenenarbeit sollte die Eingliederung der Hinzugekommenen, der Flüchtlinge und Vertriebenen, in die bestehende landeskirchliche Ordnung sein[134]. Diesem Ziel sollte neben der Intensivierung der herkömmlichen Gemeindearbeit eine spezielle Flüchtlingsfürsorge und Seelsorge dienen, die zumindest in Ansätzen auch in der Braunschweigischen Landeskirche vorhanden war.

Aus landeskirchlicher Sicht überwogen dabei eindeutig die karitativsozialen Maßnahmen, wie sie etwa in der Arbeit des Ev. Hilfswerkes zur Wirkung kamen und die Schaffung der Voraussetzungen für eine „rechtliche Eingliederung" der neuen Gemeindemitglieder, z. B. in landeskirchli-

---

[132] Gerhard Krupp, Auf Irrwegen zum Ziel, Tübingen/Jerusalem 1980, 148.

[133] Vgl. dazu u. zum folgenden Rundschreiben an die Pröpste Nr. 8717 v. 2. 10. 1945 u. Nr. 2752 v. 27. 2. 1946 (LAB: Bd. „Rundschr. an die Pröpste 1944–1945/1945–1946").

[134] Vgl. Rudolph (Anm. 3), Bd. 1, 223; ähnlich Winter (Anm. 129), 81.

chen Wahlkörperschaften. Nicht nur tat man sich in Braunschweig ähnlich wie in anderen Landeskirchen damit schwer, die besonderen kirchlichen Bedürfnisse der Flüchtlinge und Vertriebenen zu erkennen, ihren Wunsch nach persönlicher Zuwendung und Trost in dieser Situation des Heimatverlustes und der Entwurzelung. Schon aus Sorge um die Wahrung des Zusammenhaltes in den Gemeinden sollte es nicht zu einer dauerhaften und institutionalisierten kirchlichen Sonderbetreuung der „Neubürger" kommen. So war bei dem Zugeständnis, spezielle Heimatgottesdienste abzuhalten, an eine vorübergehende Maßnahme nur für eine Übergangszeit gedacht. Sie sollten das Einleben in die neuen Gemeinden erleichtern und dafür sorgen, daß die kirchlichen Bindungen der Neuankömmlinge nicht verloren gingen.

Die Aufgaben einer Flüchtlingsseelsorge im engeren Sinne wurden den Ostpfarrern und weitgehend der Initiative Einzelner überlassen. Der Evangelische Verein für Innere Mission (Landesverband) sollte im Rahmen seiner Möglichkeiten dabei Hilfestellung leisten. Durch die Anstellung und Beschäftigung der Geistlichen aus dem Osten erhoffte sich die Kirchenleitung einen integrativen Effekt. Sie sollten den Weg in die neue Gemeinde erleichtern, insbesondere dann, wenn sie mit Teilen ihrer Heimatgemeinde in das Gebiet der Landeskirche gekommen waren.

Aus der Sicht der Landeskirche erschien die Abhaltung von Heimatgottesdiensten als besonders wichtiger Bestandteil einer Flüchtlingsseelsorge. Zum einen lag das Problem in der fraglichen Akzeptanz dieser Veranstaltungen durch die alteingesessenen Gemeindeglieder und die einheimischen Pfarrer und zum anderen in der äußeren Form, im heimatlichen Gepräge dieser Gottesdienste. Im ständigen Bemühen der Landeskirchen „ihren herkömmlichen Charakter zu wahren"[135], war die Kirchenleitung in dieser Angelegenheit auch als Aufsichtsbehörde für die Einhaltung der landeskirchlichen Ordnung gefordert. Schließlich durfte es keinesfalls zu einer Separierung der neuen Gemeindeglieder kommen.

a. Die Flüchtlingsgottesdienste und die „Gesangbuchnot"

Die Abhaltung von sogenannten Flüchtlings- oder Heimatgottesdiensten bot verschiedentlich Anlaß zu Konflikten der aufnehmenden Landeskirche mit den vertriebenen Gemeindmitgliedern respektive den Ostpfarrern[136].

Der Wunsch, in einer neuen sozialen Umwelt sich ein wenig mehr heimisch zu fühlen, wenigstens partiell eine allmählich schwindende ostdeutsche Identität zu bewahren, stand unausgesprochen hinter der Forderung, Gottesdienste dieser Art mit dem jeweiligen Heimatritus, häufig von

---

[135] Rudolph (Anm. 3), Bd. 1, 227.
[136] Grundlegend dazu ebd., 227ff.

auswärtigen Geistlichen mitgestaltet, abzuhalten. Das Festhalten am alt-hergebrachten Glauben konnte Trost spenden und über den erlittenen Ver-lust hinweghelfen. Aber auch eine Spiritualisierung des Heimatbegriffes war für diese Art von Flüchtlingsseelsorge kennzeichnend: Der Hinweis auf die „ewige Gottesheimat" sollte den Blick weg von der verlorenen irdischen Heimat lenken.

Kirche als „Heimatersatz", der Glaube als Zuflucht angesichts des tief-verhüllten Geheimnisses der Heimatlosigkeit aller Menschen auf Erden, dies wurde ganz deutlich in den Schlußworten Pfarrer Stanges anläßlich eines Flüchtlingsgottesdienstes in St. Katharinen in Braunschweig:

„[...] Das Vaterhaus ist immer nah,
wie wechselnd auch die Lose,
es ist das Kreuz von Golgotha,
Heimat für Heimatlose."[137]

Besonders aus Kreisen schlesischer Christen kamen immer wieder Anfra-gen nach solchen Gottesdiensten und speziellen Andachten[138]. Neben die-sen kirchlichen Feiern, zu denen einheimische Besucher stets willkom-men waren, gab es in der Stadt Braunschweig, z. B. in der Domkirche und an St. Michaelis, Sondergottesdienste für geschlossene Flüchtlingsge-meinden[139]. Neben den Pfarrern Froese, Braunschweig-Riddagshausen, Gläser, St. Andreas, Stange, St. Katharinen und später auch Pfarrer Finck, St. Georg bzw. Dankeskirche, die in ihren eigenen Gemeinden Heimatgot-tesdienste durchführten, betreute der schlesische Pfarrer Lic. Dr. Wenzel als Beauftragter für die Flüchtlingsseelsorge der Inneren Mission Stadt-und Landgemeinden in übergemeindlich veranstalteten Flüchtlingsgottes-diensten[140]. So hatte Lic. Wenzel im September und Oktober 1946 damit begonnen, im Auftrag des Ev. Hilfswerkes „Gottesdienstwochen" in der Propstei Braunschweig sowie in Braunschweiger Landgemeinden in Zu-sammenarbeit mit Kirchenvorständen und Ortsgeistlichen abzuhalten[141].

---

[137] BVBl. 1 (76), 1946, Nr. 5 v. 14. 7. 1946, Beilage „Ev.-luth. kirchliche Nachrichten der Stadt Braunschweig".

[138] S. dazu LAB: G 164.

[139] Zu den Veranstaltungen im Dom ebd.: Schreiben Pfarrer Gläsers v. St. Andreas, Braunschweig, v. 24. 4. 1951 auf eine Umfrage des LKA über Vertriebenen-Gottesdien-ste. Die wenig beschädigte, nahe dem Zentrum gelegene St. Michaeliskirche wurde für Veranstaltungen unterschiedlichster Art herangezogen, so auch für viele Flüchtlingsgot-tesdienste, s. dazu PA St. Michaelis Braunschweig: Kirchengemeindechronik, 18.

[140] Schreiben v. Lic. Dr. Wenzel an Propst Jürgens v. 4. 10. 1947 (LAB: acc. 7/94 Nr. 2). Neben Wenzel war Diakon u. Prediger Hennig vom Ev. Verein für Innere Mission mit der seelsorgerlichen Betreuung von Ostflüchtlingen beauftragt. Zu seinen Aufgaben ge-hörte auch das Abhalten von Bibelstunden und Gottesdiensten, s. dazu die Abschrift einer Bescheinigung des Ev. Vereins über die Beauftragung Hennigs v. 24. 1. 1946 (LAB: G 164).

[141] Vgl. Schreiben von Lic. Dr. Wenzel an Propst Jürgens v. 28. 8. 1946. Ebd.; BVBl.

In Absprache mit dem Stadtpropst Jürgens und dem Geistlichen Ministerium der Stadt hielt er dann regelmäßig vierteljährlich gottesdienstliche Feierstunden zur Hauptgottesdienstzeit für alle Flüchtlinge reihum in den Kirchen der Jakobigemeinde, an St. Michaelis und im Dom zu Braunschweig[142].

Darüber hinaus waren Nachmittagsgottesdienste vornehmlich für die in Bunkern wohnenden Flüchtlinge vorgesehen. Über die Termine oder die Ausgestaltung dieser Gottesdienste gab es von seiten des Landeskirchenamtes keine einheitlichen Richtlinien. So fanden Hauptgottesdienste und Nachmittagsgottesdienste mit und ohne Abendmahl statt, teilweise sogar mit Braunschweiger Liturgie.

Flüchtlingsgottesdienste mit ostdeutscher Liturgie im vierteljährlichen Turnus in jeder Propstei und im Beisein des Ortsgeistlichen hatte der erst im Frühjahr 1949 begründete siebenköpfige landeskirchliche Flüchtlingsausschuß mit Bischof Erdmann an der Spitze empfohlen[143]. Der Ausschuß vertrat zudem die Ansicht, daß Gottesdienste dieser Art für die seelische Betreuung der Flüchtlinge und ihr Hineinwachsen in die Gemeinden durchaus wichtig seien[144].

Diese Auffassung war allerdings nicht unumstritten. Folglich versuchten das Landeskirchenamt und die Propstei Braunschweig sowie das Geistliche Ministerium zu bremsen, als neben einigen anderen Pfarrern Lic. Wenzel darum bat, häufiger Flüchtlingsgottesdienste veranstalten zu können[145]. Die Kritiker hoben hervor, daß noch mehr gottesdienstliche Veranstaltungen die alten Wunden immer wieder aufreißen würden, daß sie die vertriebenen Gemeindeglieder der übrigen Gemeinde entfremdeten und nur das Trennende betont würde.

Der stellvertretende Propst der Stadt Braunschweig, Kirchenrat Kalberlah, gab zu bedenken, daß ein Zuviel „das Einleben in die einzelne Gemeinde erschweren" könnte[146].

Die Gründung des Flüchtlingsausschusses war in gewisser Weise auch eine Reaktion auf die zunehmende Kritik, die aus Kreisen der Vertriebe-

---

1 (76), 1946, Nr. 16 v. 29. 9. 1946 u. Nr. 18 v. 13. 10. 1946. Die gottesdienstlichen Veranstaltungen wurden verschiedentlich von einem jungen schlesischen Kirchenmusiker mit einem Singkreis von Schlesiern mitgestaltet, so z. B. in der Gemeinde Sickte. Schreiben Lic. Wenzels an Pfarrer Meynert v. 13. 9. 1946 (LAB: PA Sickte Nr. 25).

[142] Propst Jürgens an Lic. Dr. Wenzel v. 12. 7. u. 2. 8. 1947 (LAB: acc. 7/94 Nr. 2).

[143] Vgl. Sitzungsprotokoll des Flüchtlingsausschusses v. 4. 10. 1949 (LAB: G 164).

[144] Vgl. ebd.

[145] Schreiben von Lic. Wenzel v. 26. 6. 1947 an den Propst der Stadt Braunschweig (LAB: acc. 7/94 Nr. 2). Bei der Antwort handelt es sich um das schon erwähnte Schreiben von Propst Jürgens v. 12. 7. 1947. S. auch OLKR Seebaß am 21. 10. 1949 an Wenzel mit grundsätzlichen Ausführungen zum Thema (LAB: G 164).

[146] Kirchenrat (KR) Kalberlah am 26. 4. 1951 an das LKA. Ebd.

nen in den Propsteien Seesen und Bad Gandersheim laut geworden war[147]. Die Vorwürfe gingen in die Richtung, daß angeblich berechtigte Belange und Wünsche der Vertriebenen durch die ortsansässigen kirchlichen Verantwortlichen ignoriert würden[148]. Ein Kreis „kirchentreuer Ostvertriebener" hatte sich daraufhin Ende 1948 gebildet[149]. Die Kirchenregierung zeigte sich für Kritik durchaus aufgeschlossen, wie die Gründung des Flüchtlingsausschusses schon gezeigt hatte. In ihm wollte man sich den Problemen des Zusammenlebens von Flüchtlingen und Einheimischen widmen, er sollte darüberhinaus der stärkeren Berücksichtigung der Interessen der vertriebenen Gemeindeglieder in der Landeskirche dienen. Allerdings, so ließe sich einwenden, warum geschah dies erst so spät, und warum bedurfte es erst dazu eines Anstoßes von außen?[150]

Aus landeskirchlicher Sicht sollte als oberste Verhaltensmaxime die Wahrung des Friedens und der Einheit in den Gemeinden gelten, oder wie es in einem Schreiben der Propstei Seesen vom Dezember 1948 an das Landeskirchenamt hieß:

„Kirchliche Sonderbetreuung der Flüchtlinge durch ihre Landsleute kann jedoch nur dann ersprießlich sein, wenn dadurch nicht Gegensätze zur Gastgemeinde künstlich oder bewußt aufrecht erhalten oder gar neu geschaffen werden."[151]

Die bisher vorliegenden Quellen zur Thematik Flüchtlingsgottesdienste in der Braunschweigischen Landeskirche erlauben erst für das Jahr 1950 nähere Angaben über die Häufigkeit der Gottesdienste[152]. Demnach wurden am häufigsten Heimatgottesdienste in den Propsteien Braunschweig (20), Vechelde (14) und Goslar (10) in diesem Jahre gehalten[153]. Angesichts des abnehmenden Interesses an diesen Angeboten zu Beginn der 50er Jahre hatte Landesbischof Erdmann anläßlich eines „Bischofsabends" in der Gemeinde Velpke im Mai 1952 die offensichtliche Konsequenz gezogen und gefragt, ob „unter den Vertriebenen Resignation ge-

---

[147] Vgl. dazu Rudolph (Anm. 3), Bd. 1, 228, Anm. 51.

[148] S. dazu KR Müller-Tschiernhaus, Mitglied des Kreisflüchtlingsrates in Bad Gandersheim und vormals Pfarrer in Breslau, am 6. 12. 1948 an Propst Bechler (LAB: G 164).

[149] Vgl. ebd. Vor allem das Schreiben des Arbeitskreises v. 1. 12. 1948 an die Kirchenregierung.

[150] Immerhin hatte die Pfarrkonferenz der Propstei Goslar mit Propst Rauls an der Spitze einen entsprechenden Ausschuß für die Landeskirche schon in einem Antrag an die Synode im Januar 1946 gefordert. Vgl. LAB: Syn. 187, Sitzung v. 4./5. 4. 1946, Anl. 10.

[151] Das Schreiben stammt v. 14. 12. 1948 (LAB: G 164).

[152] Es gibt selbstverständlich eine Reihe Nachrichten über einzelne Veranstaltungen dieser Art aus der Zeit vor 1950. Erst die auf die Umfrage des LKA über Vertriebenengottesdienste (Nr. 7241) v. 5. 4. 1951 eingegangen Antworten der Propsteien u. einzelner Pfarrämter ermöglichen ein genaueres Bild. Sie liegen gesammelt vor, ebd.

[153] Ebd.

genüber der Kirche und dem Christentum" eingetreten sei[154]. Der anwesende Kreisvorsitzende des BvD (Bund vertriebener Deutscher) mußte diese Frage bejahen[155]. Was die Akzeptanz der Flüchtlingsgottesdienste auf seiten der Flüchtlinge angeht, scheint es generationsspezifische Unterschiede gegeben zu haben. Das Interesse an diesen gottesdienstlichen Veranstaltungen war bei den älteren Erwachsenen erheblich ausgeprägter[156]. Gottesdienste dieser Art fanden zumindest in stadtbraunschweigischen Kirchen und auf kirchlichen Vertriebenentreffen vereinzelt noch bis in die frühen 60er Jahre statt.

Der Mangel an Gesangbüchern, der in den ersten Nachkriegsjahren in vielen Gemeinden herrschte, und der unter den Flüchtlingen besonders groß war, wirkte sich in den Gottesdiensten oft hinderlich aus. Bevor schließlich das neue Evangelische Kirchengesangbuch 1950 eingeführt werden konnte[157], mußte man sich mit allerlei Notlösungen behelfen. Um die heimatlichen Gesangbücher der Flüchtlinge besser nutzen zu können, wurde eine Art Konkordanz-Liste erstellt, in der die Liednummern des ortsgebräuchlichen Gesangbuches den entsprechenden Nummern aus den Gesangbüchern der Flüchtlinge gegenüber gestellt waren[158]. Darüberhinaus war es erforderlich, daß an die Stecktafeln in den Kirchen neben den hier in der Landeskirche üblichen Liednummern die ostpreußischen oder schlesischen Nummern angegeben wurden[159]. In der St. Johannis-Gemeinde in Braunschweig gab es im Oktober 1946 sogar Veranstaltungen für Flüchtlinge, in denen eine Einführung in das Braunschweigische Gesangbuch und die Gottesdienstordnung geboten wurde[160]. Neben den „geretteten Gesangbüchern" war „Bleistift und möglichst Papier" mitzubringen[161]. Der verantwortliche Pfarrer von St. Johannis II, Kirchenrat Staats, war auch anderweitig recht einfallsreich und entwickelte angesichts der vielfältigen äußeren Notstände, die auch das kirchliche Leben immer wieder einzuschränken drohten, häufig Eigeninitiative. Beispielsweise erar-

---

[154] Vgl. BVBl. 82, 1952, Nr. 22 v. 1./2. 6. 1952.

[155] Vgl. ebd.

[156] S. z. B. PA St. Georg Braunschweig: Kirchengemeindechronik, 31.

[157] Inwieweit in den Braunschw. Teil zum Niedersächs. Anhang des Evangelischen Kirchengesangbuchs auch Liedgut der vertriebenen Gemeindeglieder aus der Landeskirche eingegangen ist, bleibt letztlich unklar. OLKR Seebaß hatte in einem Rundschreiben v. 8. 3. 1949 in seiner Eigenschaft als Vorsitzender des Braunschw. Gesangbuchausschusses zu Vorschlägen aus dem Kreis der Laien u. der Pfarrerschaft aufgefordert (LAB: G 197).

[158] Die Liste ist auf den 6. 12. 1946 datiert (LAB: G 109).

[159] S. z. B. PA St. Michaelis Braunschweig: Kirchengemeindechronik, 13.

[160] BVBl. 1 (76), 1946, Nr. 18 u. 20 v. 13. bzw. 27. 10. 1946, jeweils Beilage „Ev.-luth. kirchl. Nachr. der Stadt Braunschweig".

[161] Ebd.

beitete er eine preiswerte Notausgabe des Neuen Testaments mit Psalmen im Anhang, um deren Druck und Vertrieb er sich ebenfalls kümmerte[162].

b. Die Integration als neues Aufgabenfeld der Pfarrer

Über die Flüchtlingsseelsorge im engeren Sinne hinaus waren durch den Zustrom der Flüchtlinge und Vertriebenen die Anforderungen an alle Geistlichen gewachsen. Überdies sahen sich viele Pfarrer in der Notsituation von 1945 vor teilweise völlig neue Aufgaben gestellt, die insbesondere im karitativ-diakonischen Bereich lagen.

Neben dem seelsorgerlichen Auftrag trat fast gleichwertig, zumindest was den Zeitaufwand betraf, die Aufgabe, den Menschen Beistand und Hilfestellung bei der Bewältigung der vielfältigen Nöte des Nachkriegsalltags zu geben. Durch das zeitweilig hohe Ansehen, das die Kirche in den ersten Jahren nach Kriegsende in weiten Teilen der Bevölkerung genoß, waren die Möglichkeiten des Zugangs zu lokalen und regionalen Entscheidungsträgern aus Politik und Verwaltung sowie zur britischen Militäradministration für die Kirchenbehörden und die Pfarrer ungleich besser als für die meisten Zeitgenossen.

Den Arbeitsalltag eines Pfarrers prägten zunehmend beratende und vermittelnde Tätigkeiten. Mit den unterschiedlichsten Fragen, Wünschen und Bitten um Unterstützung, ob bei der Suche nach Angehörigen oder bei der Arbeitssuche, traten häufig Gemeindeglieder zuerst an ihren Pfarrer heran[163]. Diese arbeiteten oft mit dem landeskirchlichen Suchdienst bei der Familienzusammenführung eng zusammen. Nicht selten hatten sie bei Wohnungsstreitigkeiten zwischen Einheimischen und Flüchtlingen zu schlichten. Der Geistliche mußte sich behaupten in der Zusammenarbeit kirchlicher mit anderen freien Trägern der Wohlfahrtspflege oder in Flüchtlingsausssschüssen. Er mußte Hilfe organisieren und koordinieren, ebenso Hilfsgüter verteilen.

Das Pfarramt wurde zur Schaltstelle zwischen den karitativ-diakonischen Einrichtungen Hilfswerk und Evangelischer Verein auf der einen und der Kirchengemeinde auf der anderen Seite[164]. Manche Pfarrhäuser oder Gemeindesäle glichen in dieser Zeit mehr einem Lagerhaus, in dem

---

[162] Vgl. Rundschreiben an die Pröpste v. 18. 11. 1946 (LAB: acc. 7/94 Nr. 2). Vgl. dazu a. Visitation an St. Johannis II v. 17. 10. 1948 (LAB: S 2368).

[163] S. z. B. Pfarrer Bosse zum Jahresende 1946: „[...], daß viel mehr Menschen bittend und ratsuchend in das Pfarrhaus kommen, als wir es je erfahren haben." (PA St. Georg Braunschweig: Kirchengemeindechronik, 21).

[164] S. dazu Max Wedemeyer, Einen Hering für mein Kind, Stuttgart 1973, der einen anschaulichen Einblick in den Berufsalltag eines Pfarrers u. Propstes auf dem Lande in der Nachkriegszeit bietet.

unterschiedlichste Versorgungsgüter, von Lebensmitteln über Bekleidung bis dringend benötigtem Hausrat, gelagert waren[165].

Vieles mußte improvisiert werden, an vielem mangelte es, doch überwog die Freude darüber, daß das Wort und die Hilfe der Kirche wieder so gefragt waren, und in nicht wenigen Fällen konnte aus einer ersten Hilfeleistung eine persönliche Verbundenheit entstehen, die die damalige Notsituation lang überdauerte. Dennoch klagten auch Pfarrer häufig über die so entstandene hohe Arbeitsbelastung. So bat der Vechelder Propst Gremmelt, die Visitationen für seinen Bezirk auszusetzen und auf das nächste Jahr 1947 zu verschieben:

„Die in Frage kommenden Amtsbrüder haben mich darum gebeten, weil ihre Arbeit stark angewachsen ist. Der Aufbau und die Festigung des Ev. Hilfswerkes nimmt viel Zeit in Anspruch. Die meisten Gemeinden haben sich durch den Flüchtlingszustrom fast verdoppelt. Die Betreuung der Flüchtlinge, die bei den Pfarrern Rat und Hilfe suchen, ist eine vordringliche Aufgabe. Die Arbeit in den Wohlfahrtsausschüssen ist wichtig. Und das muß alles geleistet werden bei der Abnahme der körperlichen und geistigen Spannkraft infolge der ausgedehnten Vertretungstätigkeit während des Krieges und der unzureichenden Ernährung in der jetzigen Zeit."[166]

Mit den neuen Wirkungsbereichen der Kirche taten sich auch neue Formen der Seelsorge und Betreuung mit speziellen Anforderungen an die Pfarrer auf. Die kirchliche Versorgung in Flüchtlingslagern und anderen Notquartieren, die Betreuung von Displaced Persons, Evakuierten, Heimkehrern und Internierten, die meistens von Ostpfarrern übernommen wurde, verlangte ein besonderes Maß an Einfühlungsvermögen für die Sorgen und Nöte dieser Menschen. Eine grundlegende Voraussetzung für jede Art der Seelsorge, die Bereitschaft des Helfenden zur Begegnung auf der gleichen Ebene, zeichnete in der Regel den Ostpfarrer für die Flüchtlingsseelsorge aus. Als Gleicher unter Gleichen, durch sein Schicksal in der Solidarität mit den Flüchtlingen als seinen Schicksalsgenossen findet er in vielen Fällen eine ganz andere Aufgeschlossenheit bei seinen Zuhörern[167]. Ein Gespür und ein Wissen um die unterschiedlichen Bedürfnisse, um die unterschiedlichen Mentalitäten sowie eine gehörige Portion Durchset-

---

[165] So z. B. im Pfarrhaus v. Ahlum. S. Irmgard Angerstein, Geschichte des Dorfes Ahlum (Beiträge zur Geschichte der Stadt Wolfenbüttel, H. 1), Wolfenbüttel 1983, 124.

[166] Schreiben an das LKA v. 23. 10. 1946 (LAB: acc. 46/76 Nr. 332). Die ständige dienstliche Überlastung vieler Pfarrer, die sicherlich durch das Fehlen einer größeren Zahl v. Pfarrstellen mitbedingt war, blieb nicht nur eine vorübergehende Erscheinung, s. hierzu die Ausführungen des Synodalen Rohlfs (LAB: Syn. 190, Sitzung v. 13./14. 4. 1950, 9).

[167] Auf Mittel und Wege der Flüchtlingsseelsorge wird noch einmal im Abschnitt 13 dieses Aufsatzes näher eingegangen.

zungsvermögen und ein langer Atem gegenüber Lagerleitung, Militärbehörden, Wohnungsämtern und anderen kommunalen Einrichtungen waren ebenfalls Voraussetzung.

In der ersten Zeit der Aufnahme stand die aktuelle Hilfe in seelischer Not im Vordergrund. Dies bedeutete für den Geistlichen, einzelnen Flüchtlingen in ihrem Leid und in ihrer oft von Hoffnungslosigkeit gekennzeichneten Lage mit Zuspruch beizustehen. Dabei mußte auch die einheimische Bevölkerung in die Seelsorge mit einbezogen werden. Die Lösung der Probleme hing im ganz erheblichen Maße von ihrer Einstellung ab, ihr Verständnis und ihre Hilfsbereitschaft waren zu wecken.

In einer zweiten Phase[168], nachdem sich die Betroffenen ihrer Situation allmählich bewußt geworden und die Hoffnung auf eine schnelle Rückkehr geschwunden war, wurden die Fragen nach der Sinndeutung von Flucht und Vertreibung sowie der Bewältigung des Flüchtlingsschicksals immer drängender. Hier mußte es den Pfarrern gelingen, die Flüchtlinge davor zu bewahren, in ständiger Rückschau auf das Gewesene zu leben und im dauernden Hader mit dem persönlichen Schicksal allmählich in eine Gleichgültigkeit gegenüber der Zukunft zu verfallen. Für diese Zukunft im Westen den Blick zu öffnen, sie zu akzeptieren und sich auf einen Neuanfang im Aufnahmegebiet einzulassen, sollte ein wichtiger Bestandteil der Flüchtlingsseelsorge sein, ein für die Ostpfarrer als Mitbetroffene oftmals sicherlich nicht leichtes Unterfangen. Darin wurden sie nun in zunehmendem Maße von den kirchlichen Hilfskomitees der einzelnen Landsmannschaften unterstützt, die auf Rüstzeiten, Kirchentagen und in speziellen Gottesdiensten die Flüchtlinge und Vertriebenen sammeln und somit das Band zur kirchlichen und geistigen Heimat erhalten wollten.

Um dabei mitzuhelfen, gegenseitige Vorurteile abzubauen, mußte der Pfarrer versuchen, mit der Hilfe von Laienkräften auf beiden Seiten eine wirkliche Begegnung der Alteingesessenen mit den Hinzugekommenen in der Gemeinde anzubahnen. In der Praxis erforderte dies z. B. die Schaffung von den Pfarrer unterstützenden Laienkreisen und die Öffnung der Werke, um eine größere Beteiligung der neuen Gemeindeglieder vor allem an der Frauenhilfe und am Männerwerk zu erreichen.

Weitere Maßnahmen konnten die regelmäßige Abhaltung besonderer Flüchtlingsversammlungen und eine rege Besuchstätigkeit sein, die ein tiefergehendes Interesse am Schicksal der Betroffenen zeigten. Viele der neuen Gemeindemitglieder waren an eine andere, oft intensivere Betreuung durch die Pfarrer ihrer Heimatkirchen gewöhnt. Diese Bedürfnisse mußten berücksichtigt werden, „daß der Pfarrer sich auch um ihre familiä-

---

[168] Zu den unterschiedlichen Entwicklungsphasen, die die Flüchtlingsseelsorge durchlief vgl. Rudolph (Anm. 3), Bd. 1, 279ff.

ren und wirtschaftlichen Verhältnisse kümmert und sie in den Kümmernissen ihres Lebens berät; sie erwarten den regelmäßigen Besuch."[169]

Eine „echte" Begegnung der Gemeindeglieder kam um so leichter zustande, um so lebendiger das kirchliche Leben in einer Gemeinde entwikkelt war. Eine „Verlebendigung" der Gemeinden über eine Aktivierung der Gemeindeglieder, ein Prozeß, in den die Flüchtlinge und Vertriebenen in jeder Hinsicht mit einbezogen werden sollten, mußte daher für die Geistlichen ein vordringliches Ziel sein. Entscheidende Impulse für die nicht nur kirchliche Eingliederung der „Neubürger" hatten demnach aus den Kirchengemeinden selbst zu kommen.

Das bisher Gesagte setzt allerdings voraus, daß auf seiten der Flüchtlinge und Vertriebenen generell ein Bedürfnis und eine Bereitschaft zum Miteinander und zur Teilnahme am Gemeindeleben vorhanden war. Davon kann nicht immer die Rede sein. Vielfach mußten sie aus einer „verbitterten Zurückhaltung"[170], in der sie schon die meisten Verbindungen zur Kirche gekappt hatten, herausgeholt werden, und in nicht seltenen Fällen scheiterte dies.

Das Ziel, „die neu Zuziehenden von vornherein kirchlich zu erfassen und zu betreuen, um sie auch kirchlich in ihrer neuen Heimstatt ‚heimisch' zu machen"[171], wie es noch im September 1951 fast apodiktisch formuliert wurde, erwies sich häufig nur als schwer zu erreichen und überforderte überdies viele Pfarrer. Der Versuch, eine Begegnung zwischen Einheimischen und Neuhinzugekommenen zustande zu bringen, scheiterte nicht selten am Unvermögen der Geistlichen auf die Flüchtlinge zuzugehen, sich auf sie einzulassen.

„Wir sind z. B. den Brüdern und Schwestern, die aus dem Osten zu uns gekommen sind vieles schuldig geblieben. Geiz und Neid, irreführende Hoffnungen und Verzagtheit haben sich uns wie dichtes Gestrüpp in den Weg gestellt."[172]

Inwieweit diese selbstkritischen Töne und diese Einschätzung für die Pfarrerschaft der Landeskirche als repräsentativ, zumal zu diesem frühen Zeitpunkt, angesehen werden können, muß dahin gestellt bleiben. Eine andere Erklärung für die betrüblichen Erfahrungen, die mancher Pfarrer machen mußte, kann in den vielfach zeitraubenden Anforderungen, die aus der Organisation der materiellen Hilfe entstanden, gesehen werden. Ob diese zusätzliche Inanspruchnahme vieler Pfarrer vielleicht dazu ver-

---

[169] Der Kirchenvorstand von Salzgitter-Lebenstedt und Propst Gennrich am 24. 9. 1951 an den Landeskirchentag (LAB: G 600).

[170] So Pfarrer Wicke in seinem Jahresrückblick der St. Magni-Gemeinde für das Jahr 1948 v. 10. 1. 1949 (PA St. Magni Braunschweig: „St. Magni-Chronik").

[171] A. a. O. (Anm. 169).

[172] Gemeindebrief u. Jahresrückblick 1946 der St. Magni-Gemeinde v. Januar 1947 (PA St. Magni Braunschweig: „St. Magni-Chronik").

leitete, die Seelsorge an den Flüchtlingen und Vertriebenen hintan zu stellen und das Schwergewicht auf die Leibsorge zu legen, läßt sich nur am Einzelfall bestimmen. So jedenfalls nahmen die Vorbereitung und Durchführung von Sammlungen aller Art und die Verteilung von Hilfsgütern unter den Bedürftigen einen großen Teil der für die Flüchtlingsbetreuung aufgewendeten Zeit ein. Bei alledem war die „Zweigleisigkeit" der kirchlichen Flüchtlingsbetreuung zu bedenken, die schon in Treysa 1945 von Bischof Wurm hervorgehobene enge Zusammengehörigkeit von Leib- und Seelsorge.

c. Die Vertriebenen und die Gemeindediakonie

„Das Gemeindeleben hat seine besondere Signatur durch den Zustrom der Flüchtlinge aus dem Osten. Unsere Gemeinde bietet an Hilfskräften und Hilfen zur Steuerung der Not auf, was sie vermag."[173]

In einer Zeit, in der erstmalig die Bedeutung des diakonischen Auftrages der Kirche ins Bewußtsein vieler Kirchenleute und Laien gerückt war, stellte sich angesichts des ungeheuren Nachkriegselends die brennende Frage nach der Diakonie dringender denn je auch für die einzelnen Kirchengemeinden.

Aufrufe der Kirchenleitung zu mehr persönlicher Wohltätigkeit mußten wegen der noch weithin üblichen Delegation von diakonischen Aufgaben an die Einrichtungen der Inneren Mission fast deklamatorisch, ja hilflos wirken. Stattdessen mußte die Gemeinde „das" Subjekt der Diakonie werden, gleichsam zur „dienenden Gemeinde"[174]. Pfarrer Wicke von St. Magni hat in diesem Zusammenhang von der Verantwortung der Kirche für die Unterdrückten und Hilflosen gesprochen, „denen die ganze Liebe und das ganze Leben des Christus und der Christen gehört"[175]. Das Wissen um diese Verantwortung schließe „auch die Besinnung über die Art, wie eine Gemeinde ihre Zusammenkünfte und ihre Arbeit an Kranken, Alten, Flüchtlingen und allen Hilflosen (Gemeindepflege), an den Kindern (Kindergarten und Jugendgruppen) zu gestalten hat [...]" ein[176].

---

[173] PA Martin Luther Braunschweig: Kirchengemeindechronik (nach Oktober 1945), 67f.

[174] Der stellvertr. Generalsekretär des Ev. Hilfswerkes Pfarrer Berg hatte in seinem Hermannsburger Referat auf einer Tagung der Flüchtlingsreferenten des Hilfswerkes am 8. 1. 1947 fast beschwörend die Bedeutung der gemeindlichen Initiativen an der „Hauptkampflinie" (Berg) der Flüchtlingshilfe, eben den Gemeinden, hervorgehoben. Vgl. Christian Berg, Flüchtlingshilfe als Aufgabe der Kirche, in: ders., Auftrag und Gestalt des Hilfswerkes der Evangelischen Kirchen in Deutschland. Vier Reden (Kirche für die Welt, H. 12), Stuttgart 1947, 56–79, hier 73.

[175] Gemeindebrief u. Jahresüberblick 1947 der St. Magni-Gemeinde, Bezirk I [ca. April 1948]. (PA St. Magni Braunschweig: „St. Magni Chronik").

[176] Diese Überlegungen waren auch eine Frucht des Zusammentreffens Pfarrer

212

Wie stellte sich nun konkret die Situation der gemeindlichen Diakonie im oftmals als unkirchlich gescholtenen Braunschweig dar?[177]

Welche Impulse kamen aus den Kirchengemeinden selbst, was geschah über die örtliche Hilfswerksarbeit hinaus? Was wurde dafür getan, daß die aus dem Osten vertriebenen Menschen in der Gemeinde nicht länger als „‚Fremdlinge und Gäste‘, sondern als ‚Bürger mit den Heiligen und Gottes Hausgenossen‘ (Eph. 2, 19)“[178] angesehen wurden und eine neue Heimat fanden?

In der gemeindlichen Diakonie, in der es vor allem um die persönliche Hilfe von Mensch zu Mensch ging und bei der beispielsweise die Nachbarschaftshilfe eine große Rolle spielte, waren es oft scheinbar marginale Dinge, die eine große Wirkung haben konnten. Hier ein Zeichen für Verständnis und Solidarität, dort das Desinteresse am Schicksal des anderen, all dies war für den Neuanfang der Vertriebenen so wichtig und für den Nachkriegsalltag so prägend.

Das Zusammenwirken von Evangelischem Verein für Innere Mission (Landesverband), Ev. Hilfswerk und einzelnen Gemeindegruppen, wie vor allem den Frauenhilfen, ist kennzeichnend für die kirchliche Vertriebenenarbeit in den Gemeinden. Das Ineinandergreifen der verschiedenen Hilfsmaßnahmen dieser drei tragenden Säulen der innergemeindlichen Diakonie an den Vertriebenen war nicht immer selbstverständlich und geschah auch nicht immer reibungslos. So trat das neu gegründete Hilfswerk nicht selten in eine Art Konkurrenz mit den schon vorhandenen Einrichtungen der Gemeindediakonie bzw. Gemeindepflege. Zwar kann man in vielen Gemeinden der Landeskirche von einer richtigen Gemeindediakonie erst in der Nachkriegszeit sprechen als ein Ergebnis der vielen Neugründungen von Schwesternstationen und Kindergärten. Doch wurden in einer Reihe von Gemeinden zum Teil schon seit Jahrzehnten gemeindeeigene Kindergärten unterhalten, waren häufig Diakonissen z. B. des Braunschweiger Marienstifts in der Gemeindepflege tätig.

Zu dem schon angesprochenen Ineinandergreifen verschiedener Hilfsmaßnahmen der kirchlichen Träger kam noch die in vielen Fällen enge Anlehnung an die freien Wohlfahrtsverbände und die Zusammenarbeit

---

Wickes mit dem ostpreußischen Schriftsteller Ernst Wiechert anläßlich zweier Lesungen in St. Magni 1947.

[177] Auf die einzelnen Initiativen u. Maßnahmen kann hier nur schlaglichtartig an Hand einzelner Beispiele eingegangen werden. Insgesamt ist für ein stärker alltagsgeschichtl. orientiertes Vorgehen die Quellengrundlage noch zu schmal.

[178] Gemeindebrief u. Jahresrückblick 1946 der St. Magni-Gemeinde v. Januar 1947 (PA St. Magni Braunschweig: „St. Magni-Chronik“). Für die Blankenburger Gemeinden in der SBZ galt als erstes Ziel jeder Flüchtlingsfürsorge, „die Flüchtlinge zu vollwertigen Gemeindegliedern zu machen“. Niederschr. einer Kreisreferentenbesprechung der Propstei Halberstadt-Quedlinburg am 12. u. 13. 4. 1948 in Quedlinburg (LAB: Ev. Kreiskirchenamt Blankenburg/Harz Nr. 382).

mit den örtlichen Flüchtlings- bzw. Wohlfahrtsausschüssen der Kommunen und der Landkreise. Dies macht es – ähnlich wie der improvisatorische Charakter vieler Maßnahmen – für den heutigen Betrachter oft so schwer, die einzelnen Aktionen in ihrer Entstehung und Durchführung nachzuvollziehen. So ruft z. B. eine gemeinsame Initiative von Bürgermeister und Ortspfarrer die Bevölkerung der politischen Gemeinde Frellstedt im Sommer 1946 zu Spenden von Hausrat und zu tätiger Mithilfe bei der Unterbringung von 41 zugewiesenen Schlesiern auf[179]. Häufig laufen im Pfarramt die Fäden zusammen. Dabei nimmt der jeweilige Ortspfarrer mit seinen unterschiedlichen Aufgaben und Funktionen in den kirchlichen Einrichtungen sowie einer oft gleichzeitig bestehenden Mitgliedschaft in den genannten Ausschüssen eine Art Koordinierungsfunktion für die verschiedenen Fürsorgemaßnahmen in einem Ort oder einem Stadtteil wahr[180].

Die verschiedenen karitativen Maßnahmen lassen sich grob in Hilfeleistungen der Gemeinde für ihre Glieder und für Notleidende außerhalb der Gemeinde einteilen. Bei letzteren handelte es sich vornehmlich um Spenden in Form von Naturalien und um Abgabe von Lebensmittelmarken. So spendeten regelmäßig viele Landgemeinden zum Erntedankfest als „Erntedankgabe" Lebensmittel an die nächstgelegenen Einrichtungen der Inneren Mission sowie für die Flüchtlingsbetreuung in Lagern und in den Bunkern der Stadt Braunschweig.

Für seine Hilfsaktion am Ostbahnhof in Braunschweig für die Flüchtlings- und vor allem Kriegsgefangenentransporte zwischen August 1945 und Anfang April 1946 waren Kirchenrat Staats und seine Mitarbeiter in hohem Maße auf die Unterstützung aus den Landgemeinden angewiesen[181]. Einmal lieferte z. B. die Gemeinde Groß Schwülper die große Menge von 100 Sechspfundbroten und „dazu eine Menge Dosen mit Wurst"[182]. Manchmal mußten bis zu 1500 Personen in kürzester Zeit mit den vorbereiteten bestrichenen Broten verpflegt werden, die in die stehen-

---

[179] „Die Gemeinde Frellstedt hilft den Flüchtlingen" (Handzettel o. D. [ca. Juni 1946]) (LAB: PA Frellstedt Bd. „Ev. Hilfswerk").

[180] Die Vielfalt und Disparität des gesammelten Materials in den entsprechenden Akten zur örtlichen Liebes- und Fürsorgetätigkeit und zur Inneren Mission aus verschiedenen Pfarr- und Propsteiarchiven gibt dieses Bild wieder. Ein besonders eindrückliches Beispiel – das für andere steht – bietet die Frellstedter Überlieferung. Der dortige Amtsinhaber Pfarrer Dr. Brinkmann war zeitweilig sowohl Obmann für das örtliche Hilfswerk als a. im von der Arbeiterwohlfahrt (AWO), der Caritas, dem Roten Kreuz (DRK), der Inneren Mission, der Gemeindeverwaltung u. den Flüchtlingen beschickten Ortswohlfahrtsausschuß Vertreter der Inneren Mission u. Vorsitzender.

[181] Vgl. dazu u. zum folgenden Walter Staats, Wie Not verbinden kann. Aus dem Erleben der St.-Johannis-Gemeinde in Braunschweig 1945/46, in: Der Freundeskreis des Großen Waisenhauses, H. 74, August 1975, 7–10.

[182] Ebd., 8.

den Güterwagen verteilt wurden. Besonders häufig gingen Lebensmittel-
spenden an die Bahnhofsmissionen in Helmstedt und Braunschweig, zumeist handelte es sich dabei um größere Mengen von Obst, Gemüse und
Nährmittel[183]. Was in den einzelnen Kirchengemeinden im Laufe eines
Jahres dabei zusammenkam, darüber gibt eine Auflistung für den Pfarrbezirk Vechelde Auskunft:

> „An die Innere- bzw. Bahnhofsmission Braunschweig konnten folgende Le-
> bensmittel geliefert werden: 6¾ Zentner Kartoffeln, 2 Zentner Nährmittel, 10
> Zentner Gemüse, 3 Zentner Obst; 137 Dosen Konserven verschiedenen In-
> halts; 27 Vierpfundbrote; 26 Kürbisse."[184]

Neben der in vielen Gemeinden traditionell zu Weihnachten von Kirchenvorstand und Pfarrer jährlich vorgenommenen Verteilung von kleineren
Geldsummen aus der Armenkasse an Bedürftige sind in den ersten Nachkriegsjahren die speziell für Flüchtlinge und Ausgebombte veranstalteten
Advents- und Weihnachtsfeiern ein besonderes Ereignis gewesen. Zwar
brachten die Tage der Weihnacht mit der Erinnerung viel schmerzliche
Wehmut mit sich und führten die Heimatlosigkeit besonders deutlich vor
Augen[185], doch das frohe Beisammensein im Kreise von Schicksalsgenos-
sen und die kleinen Gaben bildeten eine willkommene Abwechslung.
Während der vom örtlichen Hilfswerk oder den Kirchengemeinden in
eigener Regie durchgeführten Feiern für Flüchtlinge gab es häufig eine
Bescherung für die Kinder mit von kirchlichen Jugendgruppen selbstge-
basteltem Spielzeug und Süßigkeiten. Ebenfalls wurden Weihnachtspäck-
chen mit Lebensmitteln oder begehrten Utensilien für den Haushalt an die
Erwachsenen verteilt. In einigen Gemeinden, wie z. B. im großstadtnahen
Ölper im Jahre 1946, wurden die Flüchtlinge mit einer Geldspende aus
einer extra zu diesem Zweck veranstalteten Sammlung bedacht[186].
Oftmals wurden diese Feiern von der örtlichen Frauenhilfe gestaltet,
wie überhaupt die Mitarbeit dieser Frauen auf allen Gebieten der gemeindlichen Liebestätigkeit in den Nachkriegsjahren nicht wegzudenken
war.
Ihre Bedeutung besonders für die Offene Fürsorge kann nicht hoch genug eingeschätzt werden. Damit sind wir bei der Frage nach den Hauptträ-

---

[183] Auf die Bedeutung dieser Spenden weist Herdieckerhoff schon in seinem ersten
Bericht über das Hilfswerk in der Braunschw. Landeskirche v. 2. 11. 1945 hin (LAB: G
238).
[184] PA Vechelde: Kirchengemeindechronik, 163.
[185] Die sogen. Weihnachtsbüchlein für Schlesier, die über Jahre v. Lic. Wenzel v. Ev.
Verein herausgebracht wurden, versuchten hier a. seelsorgerlich zu wirken, Mut zu machen. S. dazu z. B. Fritz Wenzel (Hrsg.), Heimatweihnacht. Ein Weihnachtsbüchlein für
Schlesier, Braunschweig 1948.
[186] Vgl. PA Ölper: Kirchengemeindechronik, 100.

gern der Gemeindediakonie. Neben dem Ortsgeistlichen und den Diakonen waren es vornehmlich Frauen: die zunehmend große Zahl der Gemeindehelferinnen[187], die evangelischen Fürsorgerinnen sowie die Gemeindeschwestern und eben die Frauen der Frauenhilfen. Gerade letztere bildeten zusammen mit den Gemeindehelferinnen den Kern der Helferkreise, ob bei den Freundeskreisen für die Gemeindpflege oder den neuentstehenden Helferkreisen des Ev. Hilfswerkes. Vor allem sie übernahmen die Durchführung der Haussammlungen für die Kindergärten, die Gemeindpflege und das Hilfswerk. Sie widmeten sich dem Besuchsdienst, halfen bei der Verteilung der Hilfsgüter mit und leisteten Nachbarschaftshilfe in jeder Form. Die Braunschweiger Magni-Gemeinde stellte über Jahre alle drei Wochen fünf Frauen für den Dienst an der Bahnhofsmission ab[188]. In einigen Grenzortgemeinden waren die „Frauenhilfsschwestern" besonders aktiv in der Flüchtlingspflege. In Grasleben wurden beispielsweise Übernachtungsmöglichkeiten geschaffen und eine Evangelische Volksküche, in der ca. 2000 Mahlzeiten täglich ausgegeben wurden, konnte bald nach Kriegsende eingerichtet werden[189]. Auch wenn manche Flüchtlingsfrau erst allmählich zur Frauenhilfe fand, so bot doch die kirchliche Frauenarbeit die Möglichkeit zur Begegnung und zur Verständigung zwischen den alteingesessenen und neuen Gemeindegliedern.

So veranstalteten die Frauenhilfen Nähabende und richteten Nähkreise ein, zu denen insbesondere die Flüchtlingsfrauen eingeladen waren. Stark angezogen wurden junge Flüchtlingsfrauen auch durch die von der Braunschweigischen Frauenhilfe in mehreren Propsteien gegründeten Jungmütterkreise, in denen z. B. Erziehungsfragen besprochen wurden. „Viele Flüchtlinge aus dem Osten sind mit dabei. Mit besonderer Freude kommen sie. Durch das Miteinander des Sichaussprechens verlieren sie das so quälende Gefühl der Vereinsamung und empfinden sich wieder als lebendiges Glied der Gemeinde."[190]

An dieser Stelle wäre noch über eine Vielzahl von einzelnen Initiativen und Versuchen aus den Gemeinden zu berichten, die die Aufnahme und das Einleben der Flüchtlinge in der neuen Umgebung erleichtern wollten, oft, wie der beste Teil der Nachbarschaftshilfe, in der Stille getan. Es könnte dies allzu leicht zu dem Schluß verleiten, daß es in der Braunschweigischen Landeskirche eine in den Formen vielfältige und in jeder Hinsicht rege Gemeindediakonie gegeben habe. Das ist schon von zeitge-

---

[187] Im Januar 1955 waren 32 Gemeindehelferinnen in der Landeskirche angestellt. Liste der Gemeindehelferinnen in den Gemeinden des Landes Braunschweig v. 26. 1. 1955 (LAB: G 187).

[188] Z. B. im Jahre 1947. Jahresbericht für den II. Pfarrbezirk zu St. Magni (PA St. Magni Braunschweig: „St. Magni-Chronik").

[189] Vgl. BVBl. 1 (76), 1946, Nr. 22 v. 10. 11. 1946.

[190] BVBl. 1 (76), 1946, Nr. 10 v. 18. 8. 1946.

nössischen Beobachtern eher skeptisch beurteilt worden, die über die fehlende Verwurzelung der Diakonie in den Gemeinden Klage führten[191]. Auch ist zu bedenken, daß oft erst der Anstoß von außen kommen mußte und bei der Gmeindediakonie ähnlich wie beim Hilfswerk viel vom Engagement des einzelnen Ortspfarrers abhing.

d. Landeskirchliche Maßnahmen zur sozialen und „rechtlichen" Eingliederung der Vertriebenen

Über die karitativ-diakonischen Aufgaben hinaus kamen weitere Probleme und Herausforderungen mit der nicht nur kirchlichen, sondern auch sozialen Eingliederung der Flüchtlinge und Vertriebenen auf die Landeskirche zu.

Was leitete die Kirchenführung aus dem Gebot der „Lastenteilung" und der Forderung nach Solidarität, wie es die Pfingstbotschaft des Landeskirchentages von 1946 formuliert hatte[192], für ihr eigenes Handeln ab? Welche Maßnahmen und Hilfen gingen über den Ausbau der „kirchlichen Infrastruktur" und der Intensivierung des üblichen Gemeindedienstes hinaus? Was unternahm die Landeskirche zur Schaffung der faktisch kirchenrechtlichen Gleichstellung von Einheimischen und Flüchtlingen?

Neben den speziellen Kollekten, die die Kirchenleitung festlegte, so z. B. zur Linderung von Notständen in der Landeskirche, forderten verschiedene Geistliche mit dem Landeskirchenpräsidenten Erdmann an ihrer Spitze immer wieder Gehaltskürzungen bei den Pfarrern und Kirchenbeamten, dabei immer die Solidarität mit ihren Amtsbrüdern aus dem Osten im Blick. Schon auf der zweiten Tagung der Synode Anfang April 1946 wurde der viel diskutierte Vorschlag einer 10%igen Gehaltskürzung vor allem auch als ein Opfer der Pfarrer für ihre bedrängten Kollegen gesehen[193].

Der Gedanke mit den besonders vom Krieg und seinen Folgen Betroffenen die Lasten zu teilen, war maßgeblich für die Forderung nach einem Lastenausgleich. Der von Pfarrer Rohlfs an die Kirchenregierung herangetragene Vorschlag für ein öffentliches Wort der Landeskirche zum Lastenausgleich wurde zwar von dieser grundsätzlich begrüßt und Rohlfs mit der Abfassung einer solchen Stellungnahme beauftragt, doch über die Diskussion des Entwurfs im Kreise der Kirchenregierung hinaus hat er

---

[191] So z. B. der Vorsteher des Marienstiftes, Pfarrer Wendeburg, in einem Schreiben an die Pröpste u. Pfarrer anläßlich des 80-jährigen Bestehens der Diakonissenanstalt im Mai 1950 (LAB: Alt-Lehndorf Nr. 405).

[192] „Wort des Landeskirchentages an die Gemeinden" v. 27. 5. 1946, in: LKABl. 59, 1946, 12 (Nr. 5638).

[193] Vgl. LAB: Syn. 187, Sitzung v. 4./5. 4. 1946, 3. Es wurde schließlich eine 5%ige Kürzung beschlossen.

nicht die Öffentlichkeit erreicht[194]. Vielleicht waren es doch einige zu deutliche Worte vor allem an die Adresse derer, die von ihrem Vermögen abgeben sollten, die es nicht als opportun erscheinen ließen, dies als offizielle Kundgebung der Landeskirche zu behandeln. Rohlfs hatte das Galaterwort „Einer trage des anderen Last, [...]" (Gal. 6, 2) ähnlich wie schon der Pfingst-Aufruf des Landeskirchentages aufgegriffen und seinen Ausführungen vorangestellt[195]. Da war viel die Rede vom Recht der Geschädigten oder von Almosen, es wurde die Teilung des Volkes in zwei Gruppen hervorgehoben. Der Schlußsatz begann mit der Aufforderung: „Stellt Euch darauf ein, dass Ihr einen großen Teil Eures geretteten Vermögens an die Geschädigten abgeben müßt [...]"[196].

Um das Einleben der „Neubürger" zu erleichtern, wurden weitere, konkretere Maßnahmen beschlossen oder in Aussicht gestellt. Dazu gehörte, daß von seiten des Landeskirchenamtes in Zukunft freiwerdendes Pfarr- und Kirchenland vornehmlich an Flüchtlinge verpachtet werden sollte[197].

Im Mai 1948 wurde nach dem Vorbild der westfälischen Kirche sogar kurzzeitig der Bau von Kleinsthäusern für die Flüchtlingsunterbringung in den Gemeinden erwogen[198].

Im Bereich der kirchlichen Siedlungsarbeit, wie sie vor allem im Rahmen des Ev. Hilfswerkes durch die Siedlungsgenossenschaften betrieben wurde, ist die Braunschweigische Landeskirche kaum hervorgetreten. Immerhin wurde Ende September 1947 Oberlandeskirchenrat Steffen vom landeskirchlichen Hilfswerksausschuß mit dem „Sachreferat Siedlungsfragen" betraut[199]. Diese Maßnahme ist eindeutig im Zusammenhang mit der Diskussion um die Bodenreform zu sehen. Erst ab Mitte der 50er Jahre kam es auf diesem Gebiet kirchlicher Bautätigkeit zu einem planvollen Vorgehen, konnten mit Hilfe der Ökumene, besonders durch Unterstützung der amerikanischen lutherischen Kirchen, beispielsweise die Kirchen St. Johannes und Martin Luther in Salzgitter-Lebenstedt und die Dankeskirche in der Flüchtlingsgemeinde Schuntersiedlung in Braunschweig errichtet werden. Der Dankeskirche war eine kleine Neubausiedlung mit 132 Wohnungen angegliedert an deren Aufbau sich neben dem Lutherischen Weltbund auch die Siedlungsgenossenschaft des Hilfswerkes (Nord) beteiligt hatte[200].

---

[194] Vgl. KR-Prot. v. 6. 9. 1946, Nr. 92 TOP 12 (LAB: acc. 11/75 Nr. 42).

[195] Vgl. „Wort der Landeskirche über Lastenausgleich", Entwurf für die Kirchenregierung v. 18. 9. 1946 (LAB: acc. 11/75 Nr. 22).

[196] Ebd.

[197] KR-Prot. v. 6. 9. 1946, Nr. 92 TOP 13 (LAB: acc. 11/75 Nr. 42).

[198] KR-Prot. v. 11. 5. 1948, Nr. 116 TOP 07 (LAB: acc. 11/75 Nr. 43).

[199] Niederschr. über die 8. Hilfswerksausschuß-Sitzung v. 30. 9. 1947, 1 (LAB: acc. 46/76 Nr. 238, Bl. 49–53).

[200] Vgl. Finck, „Weihe der Dankeskirche und der Dr.-Michelfelder-Siedlung", in: BVBl. 84, 1954, Nr. 34 v. 22. 8. 1954.

Nicht nur beim Kirchenbau war man noch von Spenden und Zuschüssen im hohen Maße abhängig. Auch für die kirchliche Flüchtlingsarbeit bemühte sich die Landeskirche um Zuschüsse aus Landesmitteln. So wurde im Juli 1950 ein Vorstoß beim Niedersächsischen Flüchtlingsminister unter Federführung des Landeskirchenamtes in Hannover unternommen und um eine „wesentliche Beihilfe ersucht"[201]. Schließlich wurden 10.000,– DM für die Braunschweigische Landeskirche aus dem Haushalt des Volksbildungsministeriums bewilligt[202].

Ein innerkirchliches Problem war dagegen die Frage nach der Vertretung, der Repräsentation der Flüchtlinge und Vertriebenen in den kirchlichen Selbstverwaltungsgremien und Wahlkörperschaften.

Grundsätzlich standen den Neuhinzugekommenen die gleichen Rechte in der Kirche zu. Als neue Mitglieder und Kirchensteuerzahler war ihnen dies auch nicht zu verwehren. Allerdings waren für die passive Wählbarkeit bestimmte Auflagen zu erfüllen, doch galt das für jeden, der neu in die Landeskirche kam. Bei der frühen Wahl der Synode im Januar 1946 und der laufenden Reform der Kirchengemeindeordnung war der Zugang zu den Wahlkörperschaften den „Neubürgern" vorerst weitgehend verschlossen. Abgesehen von Ergänzungswahlen[203] konnten sie erst nach der Neuwahl am 2. Mai 1948 in größerem Umfang in die Kirchenvorstände gelangen[204].

In dem im November 1947 verabschiedeten „Gesetz über die Neubildung der Kirchenvorstände"[205] hatte man sich schließlich auf eine einjährige Gemeindemitgliedschaft als Voraussetzung für das passive Wahlrecht geeinigt[206]. Allgemein wurde die Ansicht vertreten, daß sich eine längere Sperrfrist ausschließlich gegen die Flüchtlinge auswirke, die zu den treuesten Gliedern der Kirchengemeinden gehörten[207].

Für die erste Wahlperiode (1948–1954) ist leider kein genaues Zahlenmaterial vorhanden, doch läßt sich auf Grund der Angaben in den Visitationsakten tendenziell von einer recht frühen und umfangreichen Beteili-

---

[201] Abschrift einer Eingabe des LKA Hannover an das Niedersächs. Staatsministerium /Niedersächs. Flüchtlingsminister v. 15. 7. 1950 (LAB: acc. 46/76 Nr. 229).

[202] Der Niedersächs. Kultusminister am 24. 4. 1951 an das LKA in Wolfenbüttel. Ebd.

[203] S. LAB: G 87. In der Kirchengemeinde Vechelde z. B. rückten „im Laufe des Jahres 1946" zwei Flüchtlinge in den Kirchenvorstand nach (PA Vechelde: Kirchengemeindechronik, 156). Dazu a. in diesem Bd. der Beitrag v. Klaus Erich Pollmann, S. 39f.

[204] Die Amtsdauer der kirchlichen Körperschaften war insgesamt dreimal jeweils um ein Jahr von der Kirchenregierung oder vom Landeskirchentag verlängert worden. S. dazu KR-Prot. v. 28. 5. 1945, Nr. 74 TOP 10 (LAB: acc. 11/75 Nr. 42). Ebenso: LKABl. 59, 1946, 7 (Nr. 5628) und 60, 1947, 16 (Nr. 5669).

[205] Ebd., 56ff (Nr. 5728).

[206] Vgl. LAB: Syn. 188, Sitzung v. 4. 11. 1947, 9.

[207] Vgl. ebd., 6.

gung der Vertriebenen an den Kirchenvorsteherämtern in der Braunschweigischen Landeskirche ausgehen[208]. Erst recht gilt dies für die Wahlen von 1954. Mit einem durchschnittlichen Vertriebenenanteil von 22,2 % lag das Ergebnis nur unwesentlich unter dem Gesamtanteil der Vertriebenen in der Landeskirche[209]. In den Propsteien Salzgitter-Bad (29,4 %), Salzgitter-Lebenstedt (28,6 %) und Helmstedt (25,7 %) war der Anteil der Vertriebenen in den Kirchenvorständen am größten. Die Stadt Braunschweig lag mit 19,3 % im unteren Drittel[210].

Nach Spiegel-Schmidt war es auffallend, daß die höchsten Prozentsätze die norddeutschen Landeskirchen mit traditioneller Unkirchlichkeit aufwiesen – dazu zählte er auch Braunschweig – „wo die Willigkeit der Einheimischen, ein Kirchenvorsteheramt zu übernehmen, zurückgegangen ist"[211]. Dabei wirkten die vertriebenen Kirchenvorsteher als belebendes Element in Kirchenvorstand und Gemeindeleben[212].

Nach dem Vorbild der Hannoverschen Landeskirche und auf der Grundlage eines am 31. März 1949 vom Landeskirchentag angenommenen Kirchengesetzes[213] schlug die Kirchenregierung nach Absprache mit dem landeskirchlichen Flüchtlingsausschuß drei Vertreter der Flüchtlinge für die Mitgliedschaft in der Landessynode vor[214]. So wurden in der folgenden Sitzung am 7. November 1949 Pfarrer Geisler, Sambleben, und zwei Laienvertreter berufen[215]. Unter den drei Ersatzpersonen befand sich ein weiterer Ostpfarrer, der aus Ostpreußen stammende Pfarrer Payk, Lochtum. Eineinhalb Jahre später, im Vorfeld der Wahlen zur Synode Anfang 1952, hielten die Mitglieder des Rechtsausschusses eine erneute Ausnahmeregelung für die Flüchtlinge nicht mehr für erforderlich[216]. In der neuen Synode mit 48 Mitgliedern befanden sich unter 17 Pfarrern zwei Ostpfarrer als vollgültige Mitglieder, daneben gab es noch sieben

---

[208] Seit der Verfügung des LKA v. 2. 12. 1948 (Nr. 19838) waren die beiden folgenden Fragen in den Visitationsbogen aufgenommen: a) Wie ist das Verhältnis zwischen der Kirchengemeinde und den Flüchtlingen? u. b) In welchem Verhältnis sind die Flüchtlinge im Kirchenvorstand vertreten? – Bedauerlicherweise sind die Fragen nicht in allen Bögen vorhanden oder regelmäßig beantwortet worden.

[209] Zusammenstellung des Zusatzfragebogens zur Statistischen Tabelle II für das Jahr 1954 (LAB: acc. 39/77 Nr. 1). Vgl. dazu KJ 82, 1955, 399ff und Spiegel-Schmidt (Anm. 3), 57.

[210] Zusammenstellung a. a. O. (Anm 209), Prozentzahlen v. V. errechnet.

[211] Spiegel-Schmidt (Anm. 3), 57.

[212] Vgl. ebd., 56f.

[213] „Kirchengesetz zur Ergänzung des Landeskirchentages". LKABl. 62, 1949, 11 (Nr. 5802).

[214] Vgl. Sitzungsprotokoll des Flüchtlingsausschusses v. 4. 10. 1949 (LAB: G 164). Ebenso: KR-Prot. v. 10. 10. 1949, Nr. 144 TOP 5 (LAB: acc 11/75 Nr. 43).

[215] LAB: Syn. 189, Sitzung v. 7./8. 11. 1949, 1.

[216] Sitzungsprotokoll des Rechtsausschusses des Landeskirchentags v. 15. 3. 1951, 2 (LAB: G 646).

Ostpfarrer unter den Ersatzpersonen[217]. Der Ostgeistliche Propst Cieslar aus Salzgitter wurde zu einem der Stellvertreter des Präsidenten der Synode gewählt und war gleichzeitig Mitglied des Finanzausschusses[218].

Die geschilderten Maßnahmen zur Verbesserung der Lebenssituation der Flüchtlinge und Vertriebenen und ihrer Eingliederung dürfen nicht darüber hinwegtäuschen, daß die Amtskirche nach Kriegsende weitgehend mit sich selbst beschäftigt war. In der Zeit nach dem Zusammenbruch vieler staatlicher und gesellschaftlicher Autoritäten war die Kirchenleitung bemüht, die Gunst der Stunde zu nutzen, verschiedene Probleme, die das Verhältnis zu staatlichen Stellen seit längerem belastet hatten, anzupacken und einer der Kirche genehmen Lösung zuzuführen[219].

Eine organisierte kirchliche Vertriebenenarbeit, gleichsam als eigener Aufgabenbereich der Landeskirche, hat es denn bis 1950 in der Braunschweigischen Landeskirche kaum gegeben. Vielleicht sahen die Verantwortlichen schon auf Grund der Kleinräumigkeit der Verhältnisse keine Notwendigkeit gegeben zum Aufbau fester Formen in der kirchlichen Vertriebenenarbeit. Der mit Mühe eingerichtete landeskirchliche Flüchtlingsausschuß hat relativ wenig Einfluß nehmen können, ein Vorschlag des Goslarer Ostpfarrers Payk, einen hauptamtlich tätigen Flüchtlingspfarrer für den Bereich der Landeskirche einzusetzen, ist nicht aufgegriffen worden[220]. Weder gab es regelmäßige Haushaltsmittel noch eine zentrale Ansprechstelle im Landeskirchenamt. Die Oberlandeskirchenräte Seebaß und Röpke teilten sich diese Aufgaben. Erst mit der seit Beginn der 50er Jahre einsetzenden nebenamtlichen Tätigkeit des späteren Oberlandeskirchenrats Dr. Quast als Beauftragter für „Öffentlichkeitsdienst" und als Flüchtlingsreferent der Landeskirche seit 1958 änderte sich dies[221].

12. Die Ostpfarrer in der Braunschweigischen Landeskirche – Pfarrer „zweiter Klasse"?

Bei der Bewältigung des Vertriebenenproblems aus kirchlicher Sicht kam unter allen kirchlichen Initiativen der Versorgung und beruflichen Eingliederung von Tausenden von Geistlichen, kirchlichen Beamten und ihren

---

[217] BVBl. 82, 1952, Nr. 14 v. 6. 4. 1952 u. LKABl. 65, 1952, 6ff (Nr. 5921).

[218] LAB: Syn. 194, Sitzung v. 26./27. 3. 1952, Anl.

[219] Zu nennen wäre hier das Braunschweiger „Dauerthema" Schulpolitik (Bekenntnisschule, Religionsunterricht) oder die Rückerlangung v. in der Ära der Finanzabt. der Kirche entfremdetem Land.

[220] Schreiben Payks an das LKA v. 3. 3. 1951 (LAB: G 164).

[221] S. dazu die Nachlaßakten (LAB: acc. 68/80 Nr. 31–37) und die Handakten Quast (LAB: G 330, G 331, G 332, G 333/1 u. G 333/2).

Familien größte Bedeutung und Wirksamkeit zu. Das Aufnahmeproblem, wie Rudolph meint, bekam erst an dieser Stelle für die westlichen Landeskirchenleitungen „spürbar materielles Gewicht und den Charakter der Unausweichlichkeit"[222].

Das Problem der Betreuung und Versorgung von Geistlichen und Kirchenbeamten aus anderen Landeskirchen war nicht neu. Immerhin waren schon vor Kriegsende eine Reihe aus dem Osten Deutschlands evakuierter Pfarrer mit ihren Familien in die Braunschweigische Landeskirche gekommen. Ein Rundschreiben des Landeskirchenamtes an die Pröpste nennt für den 29. März 1945 elf Geistliche, die mit einem Beschäftigungsauftrag versehen ihren Dienst in der Landeskirche taten[223]. Allerdings umfaßt diese Gruppe nur die Pfarrer, die sich zum Dienst in Wolfenbüttel gemeldet hatten und damit auch aktenkundig waren[224].

Die Ostpfarrer[225], die in die Braunschweigische Landeskirche kamen, trafen eine Kirche an, die in den Kriegsjahren auf Grund der schlechten personellen Ausstattung eine Zeit großer Anspannung erlebt hatte[226]. Das ständige Hin und Her von Vertretungen, Vakanzen und der Ausfall von Gottesdiensten setzte sich über das Kriegsende fort. Hier war das Betätigungsfeld der ständig wachsenden Zahl der „Pfarrer aus anderen Landeskirchen"[227]. Die finanziellen Konsequenzen des ständigen Zuzugs von Ostgeistlichen wurden bei Einstellung aller Ostpfarrer auf jährlich 325.000,– RM beziffert[228].

Vielfach stand einer festen Anstellung entgegen, daß die Pfarrstellen von in Gefangenschaft geratenen und vermißten Pfarrern vorerst nicht

---

[222] Rudolph (Anm. 3), Bd. 1, 320. Da gerade in den ersten Jahren die materielle Versorgung und die Beschäftigungsfrage weitgehend im Vordergrund standen, beschränken sich die noch vorhandenen Akten des LKA aus dieser Zeit zumeist auf Fragen der Ostpfarrerversorgung. S. dazu die Aktenabgaben LAB: acc. 11/75 Nr. 15–17 u. 58–60 sowie acc. 28/79.

[223] Rundschreiben an die Pröpste Nr. 121, a.a. O. (Anm. 133).

[224] Auch wenn die Zahl nicht allzu hoch zu veranschlagen ist, so gab es doch eine Reihe von unbeschäftigten Pfarrern, Hilfspredigern u. Vikaren in der Landeskirche.

[225] Der Terminus „Ostpfarrer" wird hier in Anlehnung an die Verordnung des Rates der EKD v. 21. 6. 1946, betr. Versorgung u. Verwendung v. Ostpfarrern, verwendet, ABl. der EKD 1, 1946, Nr. 24.

[226] Im Jahre 1942 waren über 50 %, 123 von 235 Pfarrern der Landeskirche zur Wehrmacht gezogen. Dietrich Kuessner, Geschichte der Braunschweigischen Landeskirche 1930–1947 im Überblick, Offleben im Selbstverl. 1981, 122.

[227] Die Umschreibung „Pfarrer aus anderen Landeskirchen" wurde im LKA häufig in Auflistungen u. Tabellen verwendet, dabei unterschied man nicht zwischen den „eigentlichen Ostpfarrern" aus den Gebieten jenseits der Oder-Neiße u. Pfarrern aus der SBZ, was die Auswertung für statist. Zwecke erheblich erschwert.

[228] KR-Prot. v. 6. 9. 1946, Nr. 92 TOP 5 und v. 4. 10. 1946, Nr. 93 TOP 14 (LAB: acc. 11/75 Nr. 42).

endgültig besetzt werden durften[229]. Erst im Laufe des Jahres 1948 wurde auf der Grundlage des Kirchengesetzes vom 4. November 1947 der Weg frei zur Neubesetzung dieser Stellen[230].

Einige Zahlen sollen die Problematik Ostpfarrer und ihre Versorgung in der Landeskirche verdeutlichen helfen. Ähnlich wie bei der Masse der Flüchtlinge und Vertriebenen nahm die Braunschweigische Landeskirche überdurchschnittlich viele Ostpfarrer auf. Bei einer Gesamtzahl von etwa 230 bis 260 Pfarrern im Amt in den Jahren zwischen 1945 und 1950[231] lag der Anteil mit etwa 45 bis 60 aktiven Ostgeistlichen zwischen 20 und 25 % der Gesamtheit der aktiven Pfarrer[232].

In erheblichem Maße bestimmten die aufgenommenen Geistlichen aus dem Osten Deutschlands auch die personelle Erneuerung und die Nachwuchsentwicklung der Nachkriegszeit. Von 73 Neueinstellungen in Gemeindepfarrämtern in der Zeit zwischen 1945 und 1949 waren 45 Ostpfarrer „im engeren Sinne"[233]. Der Anteil der schlesischen Flüchtlingspfarrer lag mit annähernd 34 % an der Gesamtheit der Braunschweiger Ostpfarrer um 5,6 % höher als der Durchschnitt im Bereich der EKD[234]. Auf den nächsten Plätzen folgten Geistliche aus Berlin-Brandenburg (10), Pommern (10) und Ostpreußen (7). Mit den Jahren ist eine Wanderungsbewegung festzustellen. Von Gebieten mit einer anfangs überdurchschnittlich hohen Zahl Flüchtlingspfarrern zu Landeskirchen, wie z. B. die rheinische, mit relativ wenigen Ostpfarrern zu dieser Zeit. Nicht wenige Pfarrer verließen nach einer kurzen Verweildauer von ein bis zwei Jahren Braunschweig und siedelten häufig in westlicher gelegene Kirchen über.

Ein wichtiger Indikator, um den Stand der formalen beruflichen Eingliederung festzustellen, ist der Anteil der schon festangestellten Ostpfar-

---

[229] Anfang November 1947 waren noch 18 Pfarrer vermißt bzw. noch nicht heimgekehrt (LAB: Syn. 188, Sitzung v. 4. 11. 1947, 7).

[230] LKABl. 60, 1947, 61f (Nr. 5730); s. a. LAB: Syn. 188, Sitzung v. 4. 11. 1947, 7f.

[231] Die Zahl v. 272 Pfarrern im Amt (31. 12. 1950), die A. Burger vom Statist. Amt der EKD im KJ 81, 1954, 367, für ihre Berechnungen zugrunde legt und die Rudolph (Anm. 3), Bd. 1, 323 übernommen hat, halte ich für zu hoch.

[232] Die Daten beruhen auf der Auswertung der Synodalprotokolle, insbesondere den darin enthaltenen Berichten des Bischofs aus den Jahren 1946 bis 1950 und den Jahresberichten des Braunschweiger Pfarrervereins zwischen 1946 und 1951. Vgl. dazu KJ 81, 1954, 364ff. Etwas andere Zahlen bei Spiegel-Schmidt, Kirchliche Vertriebenenarbeit. Eine Übersicht, ges. u. hrsg. im Auftr. des Ostkirchenausschusses, Hannover 1952, 6. Im KJ 81, 1954, 367, war ein durchschnittl. Anteil der Ostpfarrer in allen Landeskirchen v. 15,1 % errechnet worden. Braunschweig lag hier mit einem Anteil v. 20,6 % in der Gruppe der nördl. Hauptaufnahmeländer (Hannover, Oldenburg, Schleswig-Holstein u. Braunschweig) mit mindestens 20 % Anteil.

[233] Vgl. Statistische Tabelle IV: Übersicht über die Besetzung von Pfarrstellen für die Jahre 1941–49 (LAB: acc. 39/77 Nr. 1).

[234] Vgl. dazu u. zum folgenden KJ 81, 1954, 365. 1950 waren 19 schlesische Pfarrer in der Landeskirche.

rer. Dieser lag im November 1947 bei einer Zahl von 55 Ostpfarrern immerhin schon bei fast 50 %, ein recht hoher Anteil zu diesem Zeitpunkt im Vergleich zu anderen Gebieten in der EKD[235]. Bereits im April 1946 setzte sich der Landeskirchentag für die möglichst schnelle Verwirklichung der Anstellung aller Ostpfarrer ein[236]. Das Landeskirchenamt und die Kirchenregierung versuchten in dieser Angelegenheit eher etwas zu bremsen. Man wolle als kleine Landeskirche einer zu erwartenden gesamtkirchlichen Ordnung nicht vorgreifen, so wurde wiederholt geäußert[237]. Indes gab es im Jahre 1948 keinen Ostgeistlichen mehr ohne wenigstens einen Beschäftigungsauftrag, was vor allem bei Pfarrern im Alter über 60 Jahre nicht leicht gefallen war und in den meisten anderen Landeskirchen bis zum Jahr 1950 noch nicht erreicht wurde[238].

Mindestens genauso schwer wog die Erfüllung der Versorgungsansprüche der Emeriti und der Familienangehörigen der Pfarrer, insbesondere der Ostpfarrerwitwen. Ein Blick in den Jahresbericht des Pfarrervereins für das Vereinsjahr 1947/48 zeigt dies überdeutlich[239]. Dort sind 17 Emeriti aus dem Osten aufgeführt, was einem Anteil von rund 50 % an der Gesamtzahl aller Pensionäre entsprach. Zu den 93 Braunschweiger Pfarrerwitwen kamen noch 60 Ostpfarrerwitwen. Die hohe Zahl von Versorgungsempfängern bedeutete trotz der relativ niedrigen Sätze, die zur Auszahlung kamen, eine große Belastung für den landeskirchlichen Haushalt[240].

Die unterschiedliche finanzielle und personelle Belastung der einzelnen Landeskirchen sowie das Bestreben, die Flüchtlingspfarrer überall gleich zu behandeln, machte dringend ein Ausgleichsverfahren erforder-

---

[235] Vgl. LAB: Syn. 188, Sitzung v. 4. 11. 1947, 11.

[236] Vgl. LAB: Syn. 187, Sitzung v. 4./5. 4. 1946, 6, a. die Anl. 10.

[237] So z. B. in der Sitzung der Kirchenregierung v. 12. 4. 1946. KR-Prot. Nr. 87 TOP 03 (LAB: acc. 11/75 Nr. 42). In einem Schreiben an die Kanzlei der EKD hatte das LKA darauf hingewiesen, daß es sich bei der Mehrzahl der Anstellungen ohnehin schon um zusätzliche Anstellungen gehandelt habe, da unter normalen Verhältnissen diese Pfarrstellen gar nicht oder später besetzt worden wären. Vgl. LAB: acc. 28/79, Bd. „EKD/Ostpfarrerversorgung, Jan. 1946–Nov. 1951", das Schreiben stammt v. 5. 8. 1947.

[238] S. hierzu LAB: Syn. 188, Sitzung v. 1.–3. 11. 1948, Anl. 2. Vgl. auch Rudolph (Anm. 3), Bd. 1, 323 (Tab. 1, Stand: 31. 10. 1950).

[239] Vgl. dazu u. zum folgenden AM a. a. O. (Anm. 38), 9.

[240] Bei der Höhe der Bezüge orientierte man sich wie alle Landeskirchen der britischen Zone an den „Betheler Beschlüssen" für eine kirchliche Nothilfe. S. dazu Rudolph (Anm. 3), Bd. 1, 355ff. So wurden Anfang 1946 200,– RM an verheiratete Pfarrer u. 150,– RM an Ledige und an Pfarrerwitwen gezahlt. Dazu kamen noch 20,– RM als Kinderzuschlag je Kind. Diese als Abschlagszahlung oder als „Entschädigung" geleisteten Zahlungen blieben nicht von den allgemeinen Gehaltskürzungen verschont. Pfarrer, die schon vor Kriegsende in die Landeskirche gekommen waren, bezogen das volle Gehalt. Vgl. LAB: Syn. 187, Sitzung v. 4./5. 4. 1946, 6; LAB: acc. 28/79, Bd. „EKD/Ostpfarrerversorgung, Jan. 1946 – Nov. 1951".

lich. Wie schon beim „Nothilfe"–Ausgleich für Ostpfarrer der britischen Zone, so hatte die Braunschweigische Landeskirche auch größtes Interesse an dem von der Kanzlei der EKD organisierten Ostpfarrerfinanzausgleich in allen drei Westzonen[241]. Vor allem in den ersten ab Oktober 1946 durchgeführten Lastenausgleichsverfahren wurden erhebliche Summen zurückerstattet, die die hiesige Landeskirche nach einem festgelegten Umlageschlüssel – der für Braunschweig vorgesehene Anteil an der Gesamtfinanzierung betrug 2,29 % – im Vergleich zu anderen Landeskirchen „zuviel" gezahlt hatte[242].

Daß sich viele Ostpfarrer als „Pfarrer zweiter Klasse" vorkamen, wie es der Vorsitzende des ostpreußischen Pfarrervereins Pfarrer Guddas bei einer Versammlung seiner Braunschweiger Amtsbrüder im Juli 1946 hervorgehoben hatte, war sicherlich ein weitverbreitetes Gefühl[243]. Zum einen lag das zweifelsohne am geringeren Entgelt bei gleicher Arbeitsleistung und an einer nachteiligen Dienstalterregelung in den ersten Jahren[244]. Zum anderen trug der Umstand der ständigen Versetzungen, die kurzfristige Erteilung und Zurücknahme von Beschäftigungsaufträgen, wesentlich zu diesem Eindruck bei. Erst ab dem 1. April 1948 bekamen dann alle angestellten Pfarrer zu 100 % die gleichen Bezüge wie ihre ortsansässigen Kollegen[245]. Als erster Ostgeistlicher wurde der sudetendeutsche Pfarrer Alfred Cieslar in ein Propstamt berufen. Er übernahm die Stelle in der neugegründeten Propstei Salzgitter-Bad zum 1. November 1949[246].

In vielen Fällen sahen die wirtschaftliche Lage, die Lebensverhältnisse der Ostpfarrer nicht viel anders aus als bei der Masse der Flüchtlingshaushalte. Eine Reihe von ihnen stand vor einem wirtschaftlichen Nichts und war auf Hilfen aller Art angewiesen[247]. Mancher kam sprichwörtlich mit

[241] Vgl. dazu und zum folgenden, verschiedenes Material zu den einzelnen Ausgleichsverfahren (Ebd.).

[242] Z. B. „Verteilungsplan für die Aufwendungen der Deutschen Evangelischen Landeskirchen für die 3 westlichen Zonen für die Ostpfarrerversorgung in der Zeit v. 1. 10. 46 bis 31. 3. 47/ Finanzausgleichsplan". Ebd. Im ersten Ausgleichsverfahren für den Zeitraum Oktober 1946 bis März 1947 erhielt die Landeskirche 43,6 % der bereits geleisteten Aufwendungen, das waren 104.325,– RM, zurück.

[243] In einem Schreiben an den schlesischen Pfarrer Steinhorst hatte der Landeskirchenpräsident genau diesen Punkt angesprochen: „[...] möchte ich auch bei Ihnen den Eindruck zerstören, als behandele unsere Kirche die Brüder aus dem Osten als Pfarrer 2. Klasse." (LAB: Personalakten Alfred Steinhorst).

[244] Über einen längeren Zeitraum wurde nur die Hälfte der in anderen Landeskirchen erworbenen Dienstjahre angerechnet. Vgl. KR-Prot. v. 19. 3. 1947, Nr. 99 TOP 17 (LAB: acc. 11/75 Nr. 42). S. dazu a. die Diskussion während der Tagung der Synode im März 1949 (LAB: Syn. 189, Sitzung v. 30./31. 3. 1949, 7f).

[245] Vgl. LAB: Syn. 188, Sitzung v. 24./25. 5. 1948, 6.

[246] KR-Prot. v. 1. 11. 1949, Nr. 145 TOP 05 (LAB: acc. 11/75 Nr. 43).

[247] S. dazu LAB: PA Alt Wallmoden Nr. 11. Diese Akte enthält die von Sozialpfarrer

nichts als den Kleidern auf dem Leib, allenfalls eine alte Militäruniform im Rucksack. Einer antwortete lapidar auf die Umfrage des Pfarrervereins: „Daher kann ich auch nicht berichten, was ich bereits wieder besitze! Ich besitze nichts, womit man wieder einen wenn auch noch so bescheidenen Haushalt gründen könnte."[248] Die einfachsten Dinge des Alltags, wie Besteck und Geschirr, oft auch Möbel, mußten zusammengeborgt werden. Die Not war besonders groß in kinderreichen Familien. Im Fall des Pfarrers Geisler sprach sich sogar der Kirchengemeinderat seiner neuen Gemeinde Sambleben einstimmig dafür aus, daß der Pfarrer in seiner Fürsorge für die neunköpfige Familie unterstützt werden müsse[249]. Zeitweilig wurde vom Hilfswerk eine Pakethilfe, die sogenannte Pfarrhaushilfe, eingerichtet, um Pfarrern in schwierigen wirtschaftlichen Verhältnissen weiterzuhelfen[250].

Zu den an sich schon bedrückenden Lebensumständen kam die oftmals beengte Wohnsituation in den mit anderen Flüchtlingen und Ausgebombten überbelegten Pfarrhäusern hinzu. Zwar wurde dem Pfarrer neben seinem Gehalt auch die freie Dienstwohnung zugestanden, doch nicht selten bewohnten noch die Angehörigen seines Vorgängers, der sich womöglich noch in Kriegsgefangenschaft befand oder als vermißt galt, Teile der Pfarrerwohnung. Insbesondere durch die „Doppelbesetzungen" dieser Pfarrstellen waren Konflikte zwischen den Ostpfarrern und ihren Familien mit den bisherigen Bewohnern vorgezeichnet[251].

Der fehlende Wohnraum und die materielle Not erschwerte es vielen Ostpfarrern ihr Pfarramt wirtschaftlich zu fundieren. Wenn noch mehrmalige Versetzungen dazu kamen, gelang es den Pfarrern über Jahre nicht, richtig „seßhaft" zu werden. Mehrfach sah sich der Kirchenvorstand außerstande für die materielle Grundlage, das waren im wesentlichen Wohnraum und Heizung, zu sorgen, dann konnte eine Eingewöhnung und Einarbeitung in der neuen Umgebung leicht scheitern.

Batzilla für den Verteilungsausschuß der Pfarrerhilfskasse angelegte Dokumentation über die Art und den Umfang des Hausstandes vieler Ostpfarrer und Aufstellungen über die Dinge des täglichen Bedarfs, die am dringendsten benötigt wurden. Darüber hinaus sollten die aus den Propsteien angeforderten Berichte, die zumeist Darstellungen der Vertreibung und des Schicksals der alten Gemeinde enthielten, Spendern im Ausland „ein wahres, ungefärbtes Bild der Lage vermitteln". Schreiben des Pfarrervereinsvorsitzenden Ernesti v. 8. 11. 1946 an Propst Gremmelt (LAB: PrA Vechelde Nr. 36).

[248] Schreiben Pfarrer Grundmanns (Destedt) an den Vorsitzenden des BPV (o. D. [ca. Dezember 1946]) (LAB: PA Alt Wallmoden Nr. 11).

[249] Vgl. Bericht Propst Hansmanns (Schöppenstedt) v. 19. 9. 1947 über die Visitation in Sambleben (LAB: S 2532).

[250] Vgl. Ev. Hilfswerk/Hauptbüro Braunschweig, Anschriftenliste für Pfarrerpakete v. 22. 2. 1948 (LAB: acc. 25/73 Nr. 24, Bd. 1).

[251] Schon eine grobe Durchsicht des umfangreichen Bestandes LAB: acc. 55/85 („Pfarrhausakten") förderte eine ganze Reihe Streitfälle zu Tage, in denen das „Flüchtlingsthema" eine wichtige Rolle spielte.

In der Standesvereinigung der Pfarrer, dem Braunschweigischen Pfarrerverein, versuchte man hier gegenzusteuern und zu einem besseren Einvernehmen mit den neuen Kollegen zu kommen. Im Sommer 1947 gab es bereits 15 eingetragene Mitglieder unter den Ostpfarrern, in den Vorstand wurde der erste Ostgeistliche, Pfarrer Geisler, erst im Oktober 1949 gewählt[252].

Nachdem im März 1946 ein Ausschuß beim Verein eingerichtet worden war, die Amtsbrüder aus dem Osten in beruflichen Fragen zu beraten[253], war auf Vorschlag des Pfarrervereins und mit Unterstützung des Landeskirchenpräsidenten eine „amtsbrüderliche Nothilfe" gegründet worden[254]. Zu Beginn, so war es gedacht, sollte diese Pfarrerhilfskasse, in die die einheimischen Amtsbrüder und die Ostpfarrer mit vollem Gehalt monatlich zehn Reichsmark einzahlten, vornehmlich als Unterstützungsfonds für notleidende Flüchtlingspfarrer dienen. In den ersten neun Monaten seit Gründung dieser Kasse waren Gelder zur Beschaffung von Hausrat, Heizmaterial, zur Finanzierung von Kuraufenthalten und für Hilfe bei besonderen Notständen in Höhe von 13.124,50 RM bewilligt und an 29 Ostpfarrer bzw. deren Angehörige ausgezahlt worden[255].

An weiteren sozial-karitativen Maßnahmen, die vor allem den Ostpfarrern zugute kommen sollten, führte der Pfarrerverein eine Sammlung von theologischer Literatur durch und organisierte in Zusammenarbeit mit dem Ev. Hilfswerk eine Verteilung von Bekleidung und Wäsche unter den bedürftigen Amtsbrüdern. Das Landeskirchenamt hatte schon im August 1945 zur Spende von Kleidung, Talaren und theologischen Büchern aufgerufen, denn gerade an diesen für eine geregelte Dienstausübung wichtigen Dingen mangelte es den Flüchtlingspfarrern besonders[256]. Der einmal im Monat zusammenkommende Pfarrfrauenkreis sollte dem gegenseitigen persönlichen Kennenlernen und dem Erfahrungsaustausch dienen und versuchte mit seinen vielfältigen Aktivitäten auch die vertriebenen Pfarrfrauen und Pfarrwitwen anzusprechen[257].

Das Verhältnis der einheimischen Geistlichen zu den neuen Amtsbrüdern war von unterschiedlichen Haltungen geprägt, von völliger Ablehnung über Desinteresse bis zu fruchtbarer Zusammenarbeit. In größeren

---

[252] Vgl. Mitgliederverzeichnis (Stand: 1. 8. 1947), in: AM 55, Nr. 1/Nov. 1947. Geisler wurde mit zwei weiteren Pfarrern einstimmig während der Generalversammlung v. 17. 10. 1949 in den Vorstand gewählt. Sitzungsprotokoll v. 17. 10. 1949 (LAB: LPV 33).

[253] Mitteilung Propst Ernestis an das LKA v. 25. 3. 1946 (LAB: G 36).

[254] Der gemeinsame Aufruf zu einer „Amtsbrüdrlichen Nothilfe", der an die Pröpste gerichtet war, stammt v. 6. 9. 1946. Z. B. LAB: PrA Vechelde Nr. 36.

[255] AM a. a. O. (Anm. 252), 7f.

[256] Aufruf des LKA/OLKR Seebaß an die Pfarrer u. Pfarrwitwen v. 15. 8. 1945. Z. B. LAB: PA Bornum/Harz Nr. 138/2.

[257] Vgl. BVBl. 3 (78), 1948, Nr. 9 v. 29. 2. 1948.

Gemeinden mit zwei oder drei Pfarrstellen konnte es sicherlich leicht zu Spannungen unter den Amtsbrüdern kommen, wenn alteingesessene Pfarrer sich in ihrer Stellung bedroht fühlten, vor allem dann, wenn der neue Kollege andere Methoden, andere theologische oder kirchenpolitische Ansichten in die Gemeinde mitbrachte.

Damit ist ein schwieriges Kapitel der Begegnung Ostpfarrer und Aufnahmekirche angesprochen. Nicht nur die unterschiedlichen kirchlichen Traditionen und Formen kirchlichen Lebens in seinem neuen Wirkungskreis, sondern auch eine mögliche unterschiedliche kirchenpolitische Vergangenheit, das Verhalten der Geistlichen in der Zeit des „Kirchenkampfes", konnte integrierend oder spaltend wirken.

Offenbar ist das Engagement für die Bekennende Kirche unter den Ostpfarrern, besonders unter den ostpreußischen Pfarrern, größer gewesen als dies im Durchschnitt für die Braunschweiger Pfarrerschaft galt, die sich kirchenpolitisch vornehmlich zur „Mitte" hin orientiert hatte[258]. Vor diesem Hintergrund stellt sich die Frage nach möglichen Ursachen für manche Schwierigkeit im Umgang miteinander neu, Konflikte von Flüchtlingspfarrern mit Repräsentanten des Landeskirchenamtes oder der Kirchenregierung werden dadurch erst verständlich. So konnte sich bei einzelnen Ostpfarrern das Gefühl der persönlichen Zurücksetzung als Flüchtling mit kirchenpoltisch motivierten Pauschalurteilen vermischen. Hans Iwand gab einer solchen Haltung Ausdruck, wenn er scharf kritisierte, daß verschiedene kirchliche Anstellungsbehörden mit einer DC-Vergangenheit belastete einheimische Geistliche besser behandelten als BK-Pfarrer oder ihre Angehörigen aus dem Osten[259].

Über den Grad der Formalbelastung der schlesischen in der Braunschweigischen Landeskirche tätigen Geistlichen im Entnazifizierungsverfahren sind wir durch ein Dokument der Landeskirchlichen Spruchkammer orientiert, das den Stand zum Ende der „Kategorisierung" der Pfarrer Ende 1947 wiedergibt[260]. Demnach waren von den 18 Fällen 16 in die Kategorie V als politisch unbelastet eingestuft worden, nur ein Pfarrer wurde als „nomineller Nazi-Unterstützer" (Kat. IV) angesehen, jedoch ohne weitere Sanktionen; ein Fall war noch nicht endgültig entschieden[261].

---

[258] Die Aussagen beruhen auf der Kenntnis eines größeren Teils der Personalakten der Ostpfarrer, der nur teilweise überlieferten Fragebögen zur Person, die die Pfarrer aus anderen Landeskirchen etwa ab der Jahreswende 1945/46 auszufüllen hatten und auf den Fragebögen aus dem Entnazifizierungsverfahren – soweit sie vorhanden sind. Zu einer genaueren quantitativen Analyse reichen die Angaben nicht aus.

[259] Vgl. Winter (Anm. 129), 61.

[260] Vgl. Der Spruchkammervorsitzende Pfarrer Buttler an die Leitung der evangel. Kirche v. Schlesien am 16. 6. 1948 (LAB: acc. 59/79 Nr. 1).

[261] Zum Vergleich: Zur Belastung der Gesamtheit der Braunschw. Pfarrerschaft s. in diesem Bd. den Beitrag v. Klaus Erich Pollmann, S. 60ff.

13. Kirchliche Hilfskomitees und Einzelinitiative in Seelsorge und Diakonie

Die kirchlichen Hilfskomitees der vertriebenen Ostkirchen sahen sich in ihrer Arbeit auf einer ständigen Gratwanderung. Zum einen bestand ihre Aufgabe in der Förderung des landsmannschaftlichen Zusammenhalts und in der Unterstützung der Ostpfarrer bei der Flüchtlingsseelsorge, zum anderen in der Propagierung des Zusammenwachsens der von ihnen betreuten evangelischen Flüchtlinge und Vertriebenen mit den Gemeinden der Aufnahmekirche[262]. In diesem Sinne haben die Vertreter einiger Hilfskomitees versucht, auf die kirchliche Vertriebenenarbeit in der Braunschweigischen Landeskirche einzuwirken.

Das vom landeskirchlichen Hilfswerksausschuß finanziell geförderte „Haus der helfenden Hände" in Beienrode bei Helmstedt[263], das hart an der Grenze zur Braunschweigischen Landeskirche gelegene Zentrum ostpreußischer kirchlicher Vertriebenenarbeit, veranstaltete überregionale Pfarrkonvente, die von Braunschweiger Teilnehmern ebenfalls besucht wurden. Auch die mehrfach mit Unterstützung des Evangelischen Vereins veranstalteten großen kirchlichen Vertriebenentreffen der Schlesier brachten die Geistlichen der Landeskirche zusammen, nicht selten mit ehemaligen Kollegen von außerhalb[264]. Überhaupt schienen die schlesischen Amtsbrüder nicht nur wegen ihres zahlenmäßig größten Anteils unter den Braunschweiger Ostpfarrern an der gemeinschaftlichen Begegnung untereinander besonders interessiert, wenigstens galt dies für die erste Zeit nach ihrer Ankunft. So kam es im Jahre 1946 zu Zusammenkünften der schlesischen Pfarrer unter der Leitung ihres Vertrauensmannes Pfarrer Stiller, Kreiensen[265], und im darauffolgenden Jahr zu Pfarrerfreizeiten in Neuerkerode[266].

Von den ursprünglich 18 im Rahmen des Hilfswerkes geschaffenen Hilfskomitees der früheren Ostkirchen traten nur einige wenige in der

---

[262] Z. B. das „Grußwort der verdrängten Ostkirchen" (o. D.) des OKA. Hier LAB: PA Meerdorf Nr. 113.

[263] Niederschr. über die 24. Hilfswerksausschuß-Sitzung v. 6. 9. 1949, 10 (LAB: acc. 46/76 Nr. 239, Bl. 237–247).

[264] Zum kirchlichen Schlesiertreffen v. 12. bis 15. 6. 1947 waren fast 2000 Teilnehmer gekommen, darunter Bischof D. Zänker u. Dekan Lic. Bunzel. BVBl. 2 (77), 1947, Nr. 25 v. 29. 6. 1947.

[265] Z. B. Pfarrer Stiller an OLKR Röpke am 4. 11. 1946 (LAB: Personalakten Erich Stiller).

[266] Pfarrer Burmester berichtet in einem Schreiben an den Notbundvorsitzenden Pfarrer Rohlfs am 11. 6. 1947 über ein Treffen am 30. 4. des Jahres (LAB: Nachlaß Rohlfs, Bd. „P. Rohlfs Pfarrernotbund").

Braunschweigischen Landeskirche auf Dauer in Erscheinung[267]. Dazu gehörten die Vertrauensleute für die Hilfskomitees der Bukowina-Deutschen (Pfarrer Herbert Rückemann)[268] und Galiziendeutschen (Pfarrer Hermann Schick)[269], Laienvertreter der Ev.-luth. Deutschen in Polen[270] und Pfarrer Ernst Froese als Vertreter der „evangelischen Deutschen aus Ostpreußen"[271].

Froese, langjähriger Pfarrer in der Gemeinde Braunschweig-Riddagshausen und zeitweise Obmann und Kreisbeauftragter des Hilfswerkes Braunschweig-Land, war einer der fähigsten Organisatoren kirchlicher Vertriebenenarbeit im Braunschweiger Raum bis weit in die 50er Jahre. Allein zwischen August 1947 und September 1949 veranstaltete er drei große Treffen für Ostpreußen, Westpreußen und Pommern mit zeitweise mehr als 1.200 Teilnehmern und bekannten Rednern, wie z. B. dem ostpreußischen Bruderratsvorsitzenden Prof. Iwand[272]. Dazu kamen noch die Paterswalder Gemeindetage, die Pfarrer Froese mit seiner letzten von ihm in Ostpreußen betreuten Gemeinde Paterswalde alljährlich seit 1947 veranstaltete.

Dagegen zeigte die Landeskirchenleitung wenig Neigung, die Arbeit der kirchlichen Hilfskomitees finanziell zu unterstützen. Als ab 1950 die

---

[267] Nicht v. jedem Hilfskomitee gab es einen eigenen Obmann in den einzelnen Landeskirchen. Die kleine Braunschw. Landeskirche wurde teilweise v. überregional agierenden Komitees mit versorgt. Unklar bleibt die Lage bei den Schlesiern. Zeitweilig waren zuständig: Pfarrer Mochalski (Schwäb. Gmünd) als „Flüchtlingsbeauftragter der Ev. Kirche v. Schlesien", Pfarrer Kurt Geisler als Vertrauensmann der Görlitzer Kirchenleitung u. Pfarrer Lic. Dr. Wenzel als Vertreter der nicht der Görlitzer Leitung unterstellten schlesischen „Betreuungsausschüsse".

[268] Die Landesstelle Hannover-Braunschweig befand sich in Wartjenstedt. Von dort aus wurde die gesamte britische Zone mit etwa 3000 erfaßten Personen betreut. Vgl. das Schreiben der Hauptstelle des Komitees in München an das Zentralbüro des Hilfswerkes am 12. 12. 1947 (ADW: ZB 996).

[269] Vgl. das Schreiben des Hilfskomitees der Galiziendeutschen, Hauptstelle Bad Cannstadt, an das Zentralbüro des Hilfswerkes am 2. 12. 1947. Ebd. S. auch das Rundschreiben des LKA v. 23. 5. 1946 an die Pröpste, in dem Schicks Berufung zum Vertrauensmann bekanntgegeben und dazu aufgefordert wurde, ihm beim Aufbau einer Kartei der Galiziendeutschen in der Landeskirche zu unterstützen. Z. B. LAB: PrA Vechelde Nr. 36.

[270] Es sind vier Vertreter aus den Propsteien Helmstedt, Vechelde und Vorsfelde bekannt. Die Auflistung stammt v. 12. 6. 1946 (EZA: EKD 2/397). Einige Zeit später betreute Diakon Hennig, Gr. Brunsrode, diese Volksgruppe. Vgl. das Schreiben des LKA v. 27. 7. 1950 an das Komitee, Landesstelle Braunschweig (LAB: acc. 7/94 Nr. 4).

[271] S. das Schreiben des Bruderrates der Ostpreuß. Bekenntnissynode v. 5. 7. 1948 an das LKA in Wolfenbüttel (LAB: Personalakten Ernst Froese).

[272] Eine ausführliche Schilderung dieser Veranstaltungen im August 1947, im September 1948 und im August 1949, zu denen die einheimischen Kirchenmitglieder ebenfalls eingeladen waren, findet sich in der Kirchengemeindechronik v. Riddagshausen (PA Riddagshausen: Chronik).

230

Hilfskomitee-Arbeit unter dem Dach des OKA von den Mitgliedskirchen der EKD über ein Umlageverfahren finanziert werden sollte, versagte sich neben Oldenburg nur Braunschweig als einzige unter den Landeskirchen[273]. Ab dem Rechnungsjahr 1951/52 beteiligten sich dann auch die Braunschweiger an der „Sonderumlage zur Finanzierung der Hauptgeschäftsstelle der Hilfskomitees" mit einer Summe von 1.562,40 DM[274]. Bald darauf folgte Braunschweig dem Beispiel anderer Landeskirchen und übernahm eine direkte Patenschaft über ein Hilfskomitee, dabei handelte es sich um das Komitee der Ev.-luth. Deutschen in Polen[275]. Zum Vertrauensmann des OKA in der Landeskirche wurde im Februar 1952 der pommersche Pfarrer Damrow, Martin Luther, Braunschweig, bestimmt[276].

Eine stark landsmannschaftlich geprägte Betreuungsarbeit an verschiedenen Volksgruppen der baltischen Länder übte nebenamtlich der ehemalige Vizepräsident des Konsistoriums von Kowno, Pfarrer Emil Gelzinnus, aus[277]. Besonders im Salzgittergebiet (Lebenstedt, Watenstedt, Reppner), wo sich eigene baltische Kirchengemeinderäte gebildet hatten, konzentrierten sich größere Gruppen mit etwa 900 Mitgliedern dieser fremdsprachigen Lutheraner.

Noch größere Wirkung in der kirchlichen Vertriebenenarbeit erreichte der schlesische Pfarrer Lic. Dr. Wenzel mit seinen verschiedenen Aktivitäten. Unermüdlich setzte er sich für die Belange der schlesischen Vertriebenen ein[278]. Als Vertreter der schlesischen „Betreuungsausschüsse" in der Braunschweigischen Landeskirche, die sich Altbischof Zänker unterstellt hatten[279], als Flüchtlingsreferent und zweiter Vereinsgeistlicher des Evangelischen Vereins für Innere Mission, dort formell zuständig für Volksmis-

---

[273] Vgl. Rudolph (Anm. 3), Bd. 1, 408f.

[274] Schreiben des OKA an das LKA v. 1. 3. 1952 (LAB: G 148).

[275] Vgl. ebd. Im August 1954 fand denn auch der erste Kirchentag der ev.-luth. Kirche aus Polen nach der Vertreibung in Braunschweig mit etwa 2000 Teilnehmern, darunter 30 Geistliche, statt. Vgl. den Tätigkeitsbericht für das Arbeitsjahr 1954/55 als Anl. zum Schreiben des Komitees an das LKA v. 17. 2. 1955. Ebd.

[276] Mitteilung des OKA an die Leitungen der evangel. Landeskirchen u. der Hauptbüros des Hilfswerkes v. 13. 2. 1952 (LAB: Personalakten Hans Damrow).

[277] Vgl. dazu u. zum folgenden das Schreiben Gelzinnus' an das LKA v. 3. 9. 1946 (LAB: Personalakten Emil Gelzinnus).

[278] S. dazu das Schreiben Wenzels v. 18. 7. 1950 an den Vorstand des Ev. Vereins für Innere Mission, in dem er dem Vorstand und der Kirchenregierung vorwirft, seine Arbeit in der Flüchtlingsbetreuung aus Unkenntnis bisher zu wenig gewürdigt zu haben (LAB: acc. 25/73 Nr. 23, Bd. 1).

[279] Zur Rolle der „oppositionellen" schlesischen „Betreuungsausschüsse" s. auch das Material zu „Schlesien", bes. die Erklärung der Ausschüsse v. Göttingen am 23. 6. 1946, die Wenzel in seiner Eigenschaft als Braunschw. Beauftragter mit unterzeichnet hatte (EZA: EKD 2/397).

sion und Presse, organisierte er verschiedene kirchliche Schlesiertreffen und vielfach Veranstaltungen mit eher heimatpflegerischen Charakter[280]. Wo der Wunsch geäußert wurde, hielt er Flüchtlingsgottesdienste, insbesondere in den Braunschweiger Stadtgemeinden. Seine Christmetten in St. Jakobi blieben noch lange in Erinnerung. Über einen ausgedehnten Schriftwechsel mit Flüchtlingen erteilte er Rat in vielen Notlagen und suchte seelsorgerlich zu wirken, in der Zusammenarbeit mit dem Hilfswerk materielle Unterstützung zu vermitteln[281].

Neben Wenzel nahmen auch andere Ostpfarrer und vertriebene Gemeindeglieder an der diakonischen Arbeit von Innerer Mission und Hilfswerk regen Anteil, sei es als hauptamtliche Mitarbeiter in der Lagerbetreuung, wie Pfarrer Glow oder Pfarrer Finck als zeitweiliger Kreisbeauftragter bzw. nebenamtlicher Propsteibeauftragter für das Hilfswerk in der Stadt Braunschweig, sei es als Mitglied von leitenden Gremien von Evangelischem Verein und Hilfswerk wie Pfarrer Payk[282].

Dieses karitativ-soziale Engagement für die Flüchtlinge und Vertriebenen war bei Wenzel, Glow und in gewisser Weise auch bei Pfarrer Finck mitbestimmend für ihre unterschiedlichen politischen Aktivitäten. Vor allem Pfarrer Glow setzte sich als Kommunalpolitiker und Vertriebenenfunktionär konkret für die Belange der Vertriebenen vor Ort in Leinde, Immendorf und Watenstedt-Salzgitter ein[283]. Ähnlich wie sein Amtsbruder Glow im Kreisflüchtlingsrat war auch Pfarrer Finck langjähriges Mitglied des Bezirksflüchtlingsrates im Verwaltungsbezirk Braunschweig[284].

Ein weiterer wichtiger Aspekt dieser besonderen Verantwortung der Ostpfarrer für die kirchliche Vertriebenenarbeit ist die Beziehung zur alten Gemeinde. In einigen Fällen waren Teile ihrer Gemeinde oft nach einer abenteuerlichen Flucht mit in die Braunschweigische Landeskirche gekommen[285]. Zu diesen Familien bestand naturgemäß eine engere Verbin-

---

[280] Neben Heimatabenden, zu denen verschiedentlich Heimatschriftsteller eingeladen wurden, Singkreisen für Kinder u. Jugendliche in St. Jakobi u. der „Herberge zur Heimat" versuchte Wenzel sogar eine „Schlesier-Bibliothek" aufzubauen. Vgl. BVBl. 2 (77), 1947, Nr. 41 v. 19. 10. 1947.

[281] Sitzungsprotokoll des Vorstandes des Ev. Vereins v. 24. 2. 1949 (LAB: G 125).

[282] Pfarrer Payk war seit November 1948 im erweiterten Hilfswerksausschuß u. sollte dort insbesondere die Gemeindepfarrer vertreten. Vgl. Niederschr. über die 18. Hilfswerksausschuß-Sitzung v. 27. 11. 1948, 1 (LAB: acc. 46/76 Nr. 239, Bl. 58–61).

[283] S. LAB: PA Leinde. Darin einzelne Aktenstücke zu Glows Tätigkeit als Ratsherr in Watenstedt-Salzgitter, zu seiner Mitgliedschaft im Ortsrat in Immendorf u. als Vorsitzender des Kreisverbandes Watenstedt-Salzgitter des Zentralverbandes der vertriebenen Deutschen (ZvD) bzw. des Bundes der Vertriebenen (BdV). Zu Glows politischer „Karriere" vgl. a. Ehrhardt (Anm. 29), 119f.

[284] Pfarrer Finck wurde mehrere Male für die Innere Mission in den Bezirksflüchtlingsrat entsandt. Vgl. LAB: acc. 47/90 Nr. 3.

[285] Die Zahl der Personen schwankte zwischen einigen wenigen Familien u. mehreren

dung. Andere Pfarrer versuchten schriftlich mit ihren Gemeindegliedern Kontakt zu halten oder wenn möglich über regelmäßige Rundbriefe seelsorgerlich zu wirken. Beispielsweise berichtet Pfarrer Stange über sein Bestreben, seine in alle Winde zerstreute alte Gemeinde Steutsch bei Schwiebus/Neumark „durch etwa vierteljährliche Rundbriefe [...] wenigstens innerlich zusammen[zu]halten. Es sind etwa 90 % der noch lebenden Familien erfaßt"[286]. So konnten die Pfarrer wie auch mancher Lehrer in der ersten Zeit zu „Orientierungspersonen" werden, mit denen ehemalige Gemeindeglieder all ihre Erinnerung an das verlorene Zuhause und die Sehnsucht nach Vertrautem in einer ihnen fremden Umwelt verbanden.

14. Schluß

Die Zuwanderung der Flüchtlinge und Vertriebenen in die Braunschweigische Landeskirche wirkte sich in vielerlei Hinsicht förderlich auf das kirchliche Leben in den Gemeinden aus.

Sie wurden somit zum „beunruhigenden Faktor" (F. Spiegel-Schmidt), dabei nicht so sehr strukturell verändernd wirkend, sondern in mancher Hinsicht als Katalysator für Neuerungen, die das Gesicht der Landeskirche zumindest teilweise veränderten, bei allem Beharrungsvermögen, das die hiesigen kirchlichen Verhältnisse auszeichnete.

Die Belebung beschränkte sich nicht nur auf den gottesdienstlichen Bereich, sondern schlug sich vor allem im Gemeindeleben nieder, indem die Bedeutung der Gemeindediakonie augenfällig wurde und in der Ausweitung der Arbeit der kirchlichen Werke der Frauen, Männer sowie der Jugend. Dies alles lief nicht ohne Spannungen in den Gemeinden zwischen den Flüchtlingen und der einheimischen Bevölkerung ab. Dennoch, hier konnte die Kirche integrierend wirken, führte beispielsweise in Männerkreisen und Frauenhilfen Einheimische und Flüchtlinge zusammen, eröffnete somit die Gelegenheit gegenseitigen Kennenlernens.

Oberlandeskirchenrat Röpke brachte es auf den Punkt: Die Kirche müsse sich zu den Lebensnöten unserer Tage mehr äußern[287]. Das hatte Folgen vor allem für die Tätigkeit der Gemeindepfarrer in der Nachkriegszeit, indem es zu einer erheblichen Ausweitung ihrer Berufsaufgaben hin zu beratenden, ja fürsorgeähnlichen Tätigkeiten kam.

Hundert Personen. Mir sind bisher die Fälle von Pfarrer Arendt, Konradswaldau, Pfarrer Bild, Röhrsdorf im Riesengebirge, Pfarrer J. Erdmann, Gr. Walditz, Pfarrer Gläser, Langheinersdorf, und Pfarrer Steinhorst, Bad Reinerz, bekannt.

[286] „Bericht über Verlust der Heimat und Schicksal der alten Gemeinde des Ostpfarrers Siegfried Stange" v. 1. 12. 1946 (LAB: PA Alt Wallmoden Nr. 11).

[287] OLKR Röpke an Propst Rauls am 7. 6. 1946 (LAB: S 2330).

Zwar wurden Flüchtlingsgottesdienste zugelassen, Schlesier- und Ost-
preußentage unterstützt, doch war von Anfang an klar, daß sich die Alternative Flüchtlingsgemeinde versus Eingliederung nicht stellte, nicht stellen durfte. Die Ausbildung eines kirchlichen Sonderbewußtseins wurde
von der Kirchenleitung nur ungern gesehen, alles sollte auf eine mehr oder
weniger reibungslose Eingliederung in die bestehenden kirchlichen Verhältnisse hinauslaufen.

Wesentlichen Anteil an der Eingliederung der Flüchtlinge hatten neben
der Landeskirchenleitung, deren Beitrag sich weitgehend auf die berufliche Eingliederung der Ostpfarrer beschränkte, die diakonischen Einrichtungen, denen die Landeskirche verschiedene Aufgaben der Flüchtlingsbetreuung überlassen hatte. Wichtige Impulse kamen von den Gemeinden
und den einzelnen Laienkreisen wie z. B. den Frauenhilfen. Vieles, wofür
sich die Kirchenleitung hätte stärker verantwortlich fühlen müssen, wurde
auf ehrenamtliche Kräfte abgeschoben. Eine entscheidende Rolle im Prozeß der Eingliederung kam den Ostpfarrern selbst zu, vor allem in der
weitgehenden Übernahme der Flüchtlingsseelsorge.

Um 1950 scheint eine erste Phase der kirchlichen Integration abgeschlossen. Die Einrichtung eines landeskirchlichen Flüchtlingsausschusses, die zunehmend von den Flüchtlingen wahrgenommenen Möglichkeiten der Beteiligung an landeskirchlichen Gremien und kirchlichen
Wahlkörperschaften sind Anzeichen dafür. Schließlich war nach Jahren
oft großer wirschaftlicher und sozialer Bedrückung auch die berufliche
Eingliederung der Ostgeistlichen sehr weit gediehen.

Für den Integrationsvorgang von fundamentaler Bedeutung ist der auf
seiten der Flüchtlinge gleichzeitig laufende Prozeß der Angleichung und
Anpassung auf vielen Ebenen. So wies Propst Cieslar darauf hin, daß der
Wunsch nach Flüchtlingsgottesdiensten abgenommen habe, „zumal die
kirchlich orientierten Vertriebenen sich nicht nur in die landeskirchliche
Ordnung eingefügt haben, sondern weithin Träger des Gemeindelebens
sind"[288].

---

[288] Schreiben Cieslars v. 10. 5. 1951 an das LKA (LAB: G 164).

Eugenik und „Euthanasie" im Lande Braunschweig

Von Joachim Klieme

1. Konturen des eugenischen Denkens im 19./20. Jahrhundert

Von den vielfältigen Maßnahmen, die die Machthaber des „Dritten Reiches" zur Durchsetzung ihrer rassenhygienischen und bevölkerungspolitischen Ideologie durchführten, wurde auch die Bevölkerung im Lande Braunschweig betroffen. Zwangssterilisierung und „Euthanasie" forderten in den Jahren 1934 bis 1945 eine große Zahl von Opfern, von denen in den Jahren des Neubeginnes nach dem Ende der NS-Herrschaft so gut wie niemals öffentlich die Rede war. Der Umgang mit den ehemaligen Tätern aber gestaltete sich in aller Regel auffällig milde, weil man ihnen in den wenigen, zur Durchführung gekommenen Ermittlungsverfahren oder Strafprozessen zugute hielt, ihr erklärtes Unrechtsbewußtsein erwachse aus ihrer Annahme, daß ihr damaliges Handeln auf einer Rechtsgrundlage basierte und daß Überlegungen zur Sterilisierung von Erbkranken und sogar zur „Tötung unwerten Lebens" nicht genuines Gedankengut der Nationalsozialisten gewesen, sondern von diesen den Erörterungen entnommen worden seien, die in zahlreichen Staaten der Welt seit Mitte des 19. Jahrhunderts darüber geführt wurden[1].

Unbeschadet aller ethischen und auch juristischen Fragwürdigkeit dieser Selbstentschuldigung[2], muß es zu den wesentlichen Aufgaben zeitgeschichtlicher Aufklärung gehören, den Kontinuitäten nachzuspüren, die in den Denkprozessen und Handlungen des „Dritten Reiches" zum Tragen

---

[1] Vgl. C. F. Rüter u. A. L. Rüter-Ehlermann (Hrsg.), Justiz und NS-Verbrechen. Sammlung deutscher Strafurteile wegen nationalsozialistischer Tötungsverbrechen 1945–1966, 22 Bde., Amsterdam 1968 (zitiert: Rüter), dort besonders die Verfahren gegen Ärzte, von deren Handlungen u. a. auch Zwangsverlegte aus dem Lande Braunschweig betroffen waren (Anstalt Idstein/Landgericht Frankfurt 1947; Anstalt Uchtspringe/Landgericht Göttingen 1953).

[2] Vgl. H. Kramer, Justiz und NS-„Euthanasie", in: Kritische Justiz 17, 1984, 25ff; J. Friedrich, Die kalte Amnestie, Frankfurt a. M. 1984, 179ff; T. Koch, „Sterbehilfe" oder „Euthanasie" als Thema der Ethik, in: ZThK 84, 1987, 86ff.

gekommen sind. Charakteristisch für den Nationalsozialismus war nicht, daß er bestimmte Ideen propagierte, sondern daß und auf welche Weise er diese Ideen rücksichtslos durchsetzte; der Mangel an demokratischer politischer Kultur in Deutschland hat es ihm erleichtert und ihm gerade auch für die rassenhygienischen Maßnahmen breite Akzeptanz verschafft. In der Bevölkerung waren einschlägige Denkmuster seit längerer Zeit latent vorhanden. Und gegenwärtig sehen wir uns erneut mit der Tatsache konfrontiert, daß diese alten Denkmuster wieder in die öffentlichen gesundheitspolitischen Debatten eingebracht werden[3]. Zukunft beginnt in der Regel in der Vergangenheit. Deshalb sei kurz erinnert an die Konturen des eugenischen Denkens[4] seit Mitte des 19. Jahrhunderts:

1.1 Grundlegend für eugenisches, also gesunder Fortpflanzung menschlichen Lebens gewidmetes Denken, wurde Ch. Darwins 1859 veröffentlichte Lehre von der Deszendenz (Abstammung des Menschen von den Tierarten) und der Entwicklung der Arten durch Selektion (Auswahl und Durchsetzung der starken Lebewesen im Kampf mit den schwachen). Der Kampf ist das Grundmuster auch des menschlichen Lebens, denn nur er garantiert das Fortbestehen von Leben und Entwicklung. Da sich auch die Menschen nicht additiv, sondern multiplikativ fortpflanzen, muß im Selektionsprozeß der nur begrenzt vorhandene Lebensraum den Überlebenstüchtigen gesichert werden. Nicht das Miteinander garantiert den Menschen das Überleben und die Weiterentwicklung ihrer Kultur, sondern nur „the struggle for live", „der Kampf um Leben".

1.2 Bedeutsam wurden dann auch die von G. Mendel 1865 publizierten Vererbungsgesetze. Sie brachten die Erklärung dafür, warum Nachkommen ihren Eltern in bestimmten Merkmalen gleichen (oder nicht) und wurden späterhin als empirische Begründung einer erbbiologischen Vorbestimmtheit gesellschaftlichen Lebens angesehen. Der erweiterte Einblick in die Baugesetze des Lebens, den die Vererbungslehre Mendels erschloß, wurde späterhin von den Rassenhygienikern als Aufforderung dazu verstanden, bevölkerungspolitische Maßnahmen auf biologischer Grundlage zu planen. Solche biologistisch-bevölkerungspolitischen Steuerungsprozesse forderte 1883 auch bereits der Engländer F. Galton,

---

[3] Vgl. die Auseinandersetzungen um Peter Singer, Praktische Ethik, Stuttgart 1984, insbes. um dessen präferenz-utilitaristische Ethik.

[4] Zur folgenden Skizze s. P. Weingart, J. Kroll, K. Bayertz, Rasse, Blut und Gene. Geschichte der Eugenik und Rassenhygiene in Deutschland, Frankfurt a. M. 1988; I. Geiss, Geschichte des Rassismus, Frankfurt a. M. 1988; H.-W. Schmuhl, Rassenhygiene, Nationalsozialismus, Euthanasie, Göttingen 1987 (zitiert: Schmuhl); K. Nowak, „Euthanasie" und Sterilisierung im „Dritten Reich", 2. Aufl., Göttingen 1980; J. Reyer, Alte Eugenik und Wohlfahrtspflege, Freiburg 1991; J.-C. Kaiser, K. Nowak, M. Schwartz, Eugenik Sterilisation „Euthanasie". Politische Biologie in Deutschland 1895–1945, Berlin 1992.

von dem der Begriff „Eugenik" stammt, indem er anregte, die Geburtenrate der Ungeeigneten (unfit) einzudämmen und die der Geeigneten (fit) zu forcieren[5].

1.3 Zum Grundpostulat der Eugeniker bzw. Rassenhygieniker wurde, daß es eine „Minderwertigkeit" von Menschen gebe, die aus dem Erbgut resultiert. Diese Minderwertigkeit führte, wenn sie zahlenmäßig ansteigt, zur „Entartung" des Volkes und damit zu dessen kulturellem Untergang. Folglich müßten die „Minderwertigen" aus der Fortpflanzungskette ausgeschlossen werden. Dieser Ausschluß wäre eine „negative Eugenik", während die Förderung erbgesunder Menschen durch verschiedenartige Sozialmaßnahmen (Kindergeld u.ä.) eine „positive Eugenik" bedeutete. Die spätere nationalsozialistische Gesundheitspolitik entwickelte in diesem Sinne für die Psychiatrie die zwei Aktionsschwerpunkte „Heilen" durch psychiatrische Reformprogramme und „Vernichten" durch „Euthanasie"-Maßnahmen. Die Polarität von Ausgrenzung bzw. Vernichtung und Förderung bestimmte die gesamte nationalsozialistische Sozialpolitik, von deren brutaler Komponente später noch ausführlicher zu reden sein wird; hier geht es zunächst nur um die Verdeutlichung historischer Entwicklungsprozesse.

1.4 Bereits 1895 würde durch A. Jost die Freigabe der Tötung eines Menschen auf Verlangen bei unheilbarer Krankheit und auch bei schwerer Geisteskrankheit gefordert. Zur gleichen Zeit machte A. Ploetz darauf aufmerksam, daß der wachsende Schutz der Erbuntüchtigen die Tüchtigkeit unserer Rasse bedrohe. Er entwickelte die „Rassenhygiene" als gesellschaftlichen Aufgabenbereich. Die bisherige Konzentration der Medizin auf das Wohlergehen des einzelnen Menschen wird korrigiert durch eine Konzentration auf das Wohlergehen der „Rasse", in deren Funktionszusammenhang der einzelne vorrangig als Erbgutträger wichtig erscheint und weniger als Individuum mit eigenem Wert.

Im Jahre 1920 erregte die gemeinsame Schrift des Juristen K. Binding und des Psychiaters A. Hoche – zwei in ihren Fachkreisen renommierte Männer – großes Aufsehen. Für sie gab es Menschen, deren Tötung sie selbst und die Gemeinschaft, in der sie leben, entlasten würde. Sie forderten deshalb „Die Freigabe der Vernichtung lebensunwerten Lebens", – so der Titel ihrer Veröffentlichung. Ihnen stellten sich andere Veröffentlichungen mit gleichgerichteten, z. T. noch brutaleren Forderungen an die Seite (Borchardt, Mann u.a.). Mit gleicher Intensität meldete sich Widerspruch gegen Binding/Hoche zu Wort, auch aus dem Bereich der Inneren Mission[6]. Betroffen macht die 1925 veröffentlichte Schrift von E. Melt-

---

[5] F. Galton, Inquiries into Human Faculty and Its Development, London 1883, 24.
[6] Vgl. K. Nowak, „Euthanasie" 1980, S. 43–64.

zer, Direktor der sächsischen Landesheilanstalt „Katharinenhof" in Groß-
hennersdorf, in der sich der Verfasser ausführlich mit allen zeitgenössischen „Euthanasie"-Forderungen auseinandersetzt, diese persönlich ab-
lehnt, aber auch darüber berichtet, daß ihm im Herbst 1920 auf seine
schriftliche Anfrage an alle Eltern der von ihm betreuten Kinder 73% mit
Ja geantwortet haben auf die Frage „Würden Sie auf jeden Fall in eine
schmerzlose Abkürzung des Lebens Ihres Kindes einwilligen, nachdem
durch Sachverständige festgestellt ist, daß es unheilbar blöd ist?"[7]. Man
muß wohl davon ausgehen, daß eine damalige Umfrage an betroffene Eltern im Lande Braunschweig zu dem gleichen Ergebnis gekommen wäre.
„Euthanasie"-Vorstellungen konnten mit einem hohen Maße von Akzeptanz rechnen.

1.5 Dispositionen zu Eugenik und „Euthanasie" entwickelten sich in
Deutschland in diesen Jahrzehnten vor der NS-Zeit angesichts der sich
verschärfenden Sozialkonflikte, schließlich verstärkt durch die folgenrei-
chen, mehrmaligen Wirtschafskrisen in der Weimarer Republik. Der
„Sozialdarwinismus" entwickelt sich hierzu als Deutungsmodell und so-
zialpolitische Orientierung: Auch im Kampf der konkurrierenden Interes-
sengruppen der Gesellschaft gegeneinander findet eine „natürliche Ausle-
se" statt, bei der die Tüchtigen überleben und damit den Nachweis ihrer
Tüchtigkeit erbringen. Der Sozialdarwinismus erklärt die in der Gesellschaft vorhandenen Gegensätze nicht als Folge menschlicher Organisati-
onsprozesse, sondern als einen zwangsläufigen, naturgegebenen Prozeß.
In diesem Prozeß werden „Lebensuntüchtige" als Störfaktoren und Sozi-
alschädlinge angesehen, denen man – aus dem Blickwinkel utilitaristi-
schen Denkens – die Schuld für soziale Engpässe zuschiebt. Diese Störfaktoren und Schädlinge gilt es zu beseitigen durch positive und negative
Eugenik. Der Staat soll seine Aufwendungen für die „Ballastexistenzen"
zurückfahren, weil sie seine volkswirtschaftlichen Möglichkeiten über-
fordern. Diesem Denkmodell stimmte u.a., bei gleichzeitiger scharfer
Ablehnung jeglicher „Euthanasie"-Programme, auch der 1932 gegründete
„Ständige Ausschuß für eugenische Fragen" der Inneren Mission zu, dem
u. a. der damalige Braunschweiger Wohlfahrtspfarrer Walter Staats angehörte[8]. Der Ausschuß bemühte sich um eine Vermittlung zwischen
Belangen personenbezogener Fürsorgepflicht und Belangen des Gemein-
wohles.

1.6 Eine Variante des Sozialdarwinismus entwickelten Vertreter der „So-
zialhygiene", deren bekanntester der aus Schladen am Harz stammende

---

[7] E. Meltzer, Das Problem der Abkürzung „lebensunwerten" Lebens, Halle 1925,
86 f.
[8] Vgl. J.-C. Kaiser, Sozialer Protestantismus, München 1989, 95ff.

Alfred Grotjahn war, Abiturient der Großen Schule in Wolfenbüttel, Arzt in Berlin, zeitweise Reichstagsabgeordneter der SPD, seit 1920 Inhaber des ersten deutschen Lehrstuhles für „Soziale Hygiene" in Berlin. Grotjahn konzentrierte sein eugenisches Konzept auf die Kritik an krankmachenden und deshalb zugleich sozialschädlichen Lebensbedingungen, denen nach seiner Beobachtung vor allem die sozialen Unterschichten zum Opfer fielen. Ihn interessierte weniger das Schicksal der menschlichen „Rasse", als vielmehr das gesundheitliche und ökonomische Schicksal der sozial Benachteiligten. Grotjahn und andere, der damaligen SPD zugehörende Eugeniker, vertraten ein nicht-rassistisches Programm bei gleichzeitiger Übernahme der darwinistischen Grunddisposition[9]. Im Lande Braunschweig begegnet uns diese nicht-rassistische Eugenik-Variante z.Zt. der Weimarer Republik in Überlegungen des Zoologen und SPD-Landtagsabgeordneten Gerhard von Frankenberg[10].

1.7 Eine damals unter Eugenikern weit verbreitete Vorstellung war, daß nach Ausschaltung von Erbkranken aus der menschlichen Fortpflanzungskette eine Höherentwicklung der allgemeinen Erbgesundheit in der Gesamtbevölkerung mit kalkulierbarer Sicherheit zu erwarten sei. Unkalkulierbare Mutationssprünge in der Genstruktur von bis dahin erbgesunden Menschen, von denen wir heute wissen, galten seinerzeit als unwahrscheinlich. „Volksgesundheit" erschien weitgehend berechenbar und planbar. Der Vorstellung, Erbgesundes bleibe erbgesund, huldigte nachdrücklich[11] der Nationalsozialismus.

1.8 Die nationalsozialistische Bewegung entwickelte unter Einbeziehung der von ihr vorgefundenen eugenischen Denkmodelle ihr rassenpolitisches Programm, das im Postulat von der Höherwertigkeit der „nordischgermanischen Rasse" und deren Herrschaftsanspruch gipfelte. Rassenpflege gehörte zu den obersten Staatszielen. Ihre radikalsten Maßnahmenbereiche, Krankentötungen und Judenvernichtung, wurden außerhalb des geltenden Rechts nach Maßgabe des außergesetzlichen Führerrechts angeordnet und vollzogen. Diese Radikalisierung einer rassistisch ausgerichteten Eugenik im totalitären Staat führte zur „Ausmerzung" von mehr als 200.000 Kranken und Schwerstbehinderten in den „Euthanasie"-Maßnahmen von 1939 bis 1945. Eugenik ist an sich ubiquitär; wir begegnen ihr seit mehr als 100 Jahren in aller Welt. Aber nur in Deutschland wurde sie, darauf sei noch einmal ausdrücklich aufmerksam gemacht, mit mör-

---

[9] M. Schwartz, Sozialismus und Eugenik. Zur fälligen Revision eines Geschichtsbildes, in: Internationale wissenschaftliche Korrespondenz 25, 1989, 465ff.

[10] Vgl. den Nachlaß von Gerhard von Frankenberg im Niedersächsischen Staatsarchiv Wolfenbüttel (SAW): 284 N/Nr. 190ff.

[11] Vgl. D. Rebentisch, Führerstaat und Verwaltung im Zweiten Weltkrieg. Stuttgart 1989.

derischer Konsequenz ausgeführt. Offen lassen müssen wir hier die in der gegenwärtigen „Euthanasie"-Forschung kontrovers diskutierte Frage, ob es eine unmittelbare folgerichtige Entwicklung während des „Dritten Reiches" von der Eugenik/Rassenhygiene, beginnend mit dem Erbgesundheitsgesetz vom 14. 7. 1933, bis zu den Krankentötungen gegeben hat oder ob die Führervollmacht zur Krankentötung vom Oktober 1939 aus einem rassistischen Herrschaftskalkül erwachsen ist, das 1934 in dieser Konsequenz noch nicht impliziert war[12]. Entscheidend bleibt am Ende die menschenfeindliche Praxis und weniger deren Genesis. Zu ihren Opfern gehören in großer Zahl auch Kinder und Erwachsene im Lande Braunschweig. Unsere folgende Skizze der Braunschweiger Anteile an Eugenik und „Euthanasie" orientiert sich am historischen Ablauf.

2. Eugenische Überlegungen auf der Braunschweiger Medizinalbeamtenversammlung vom 16. Mai 1926

2.1 Am 16. 5. 1926 fand in Braunschweig eine Versammlung des Vereins der Medizinalbeamten des Landes Braunschweig im Landeskrankenhaus Braunschweig, Celler Straße, statt[13]. Hauptpunkt der Tagesordnung war ein Referat von Geheimrat Dr. med. Gerlach, pensionierter Direktor der Landesheil- und Pflegeanstalt Königslutter, über das Thema „Die Unfruchtbarmachung geistig Minderwertiger". Gerlach warnt vor einem drohenden Untergang der deutschen Kultur, weil „in der Schicht der Hochwertigen eine ausreichende Nachkommenschaft fehlt und andererseits sich die für das Volksganze Wertlosen dauernd vermehren und schließlich wuchern". Er fordert Maßnahmen, durch die die „Zunahme der Minderwertigen [...] verhütet werden kann. Die für den Nachwuchs wertvollen Bestandteile des Volkes sind durch den Krieg grauenhaft gelichtet und die von ihnen Übriggebliebenen durch die Verarmung größtenteils gezwungen, ihre Nachkommenschaft möglichst zu beschränken. Die für das Volksganze wertlosen Bestandteile dagegen sorgen skrupellos für die Zunahme ihrer Art. Daß die Fortdauer dieses Zustandes zum Niedergang des Volkes führen muß, läßt sich durch die bisherigen Ergebnisse der Erblichkeitsforschung jedenfalls nicht widerlegen." Gerlach erhebt die Forderung, daß durch eine Änderung des Strafgesetzes die „eugenische Unfruchtbarmachung" freigegeben wird und schlägt dazu folgende Gesetzesformulierung vor: „Bei Einwilligung des zu Operierenden ist keine Körperverletzung oder Mißhandlung [...] die von einem Arzt ausge-

---

[12] Vgl. H.-W. Schmuhl, Neuere Literatur zur NS-Gesundheits- und Rassenpolitik, in: WF 43, 1993, 711–723.
[13] SAW: 12 Neu 17 II Nr. 274.

führte Unfruchtbarmachung einer Person, die durch Geistesstörung oder verbrecherische Veranlagung ihre Nachkommenschaft erheblich gefährdet. Ist der zu Operierende unmündig oder entmündigt, so ist sein gesetzlicher Vertreter zur Erteilung der erforderlichen Einwilligung befugt, doch bedarf dessen Einwilligung der Zustimmung des Vormundschaftsgerichts." Abschließend setzt sich Gerlach für eine Intensivierung der eugenischen Aufklärungsarbeit im Lande Braunschweig ein und empfiehlt den anwesenden 15 staatlichen bzw. städtischen Ärzten das Studium ausgewählter Fachliteratur. In der anschließenden Diskussion wird begrüßt, daß die Braunschweigische Landesregierung eine Eingabe an die Reichsregierung „im Sinne Gerlachs" beabsichtigt. Man ist sich, wie an anderem Ort im Deutschen Reich, der „juristischen Schwierigkeiten einer gesetzlichen Regelung der Unfruchtbarmachung geistig Minderwertiger" im übrigen auch in Braunschweig bewußt.

2.2 Durch Gerlachs Initiative wächst im Lande in den folgenden Jahren das Interesse an eugenischen Aufklärungsmaßnahmen. Der „Landesausschuß der Braunschweigischen Jugendverbände" gibt – vermutlich im Jahre 1930 – ein Flugblatt heraus mit folgendem Inhalt[14]:

„An die braunschweigische Jugend!
Du hast nicht nur Rechte, sondern auch Pflichten.
Du hast die Pflicht, deine Gesundheit nicht ohne Not
in Gefahr zu bringen. Denke an deine Eltern und an
deine eigene Zukunft und Arbeitsfähigkeit.
Hüte dich vor Schwindsucht und Geschlechtskrankheiten,
vor Alkohol und Nikotin.
Warst du als Kranker beim Arzt,
so befolge gewissenhaft seine Vorschriften.
Gesund muß sein, wer sich verheiraten will. Ansteckende
sowohl wie vererbbare Krankheiten
können alles Familienglück zerstören.
Schon vor der Verlobung lasse durch eine Eheberatungsstelle
oder einen Arzt feststellen, ob dein Gesundheitszustand
dir eine Ehe gestattet."

---

[14] Aus dem Nachlaß Gerhard von Frankenberg (SAW: 284 N Nr. 1993); eine genaue Datierung des Flugblattes fehlt.

3. Die Gründung einer Braunschweiger
Ortsgruppe der „Deutschen Gesellschaft für Rassenhygiene
(Eugenik)" im Mai 1932

3.1 Im „Volksfreund", der der SPD nahestehenden Tageszeitung, wurde am 4. 5. 1932 berichtet, daß im Braunschweiger Ärztehaus eine Versammlung von „interessierten Ärzten, Naturwissenschaftlern und Verwaltungspraktikern aus [...] Gesundheits- und Wohlfahrtsbehörden" stattfand, geleitet von Geheimrat Gerlach, in der die Gründung einer Ortsgruppe der „Deutschen Gesellschaft für Rassenhygiene" beschlossen wurde. Gerlach hatte auch an dieser Stelle seine eugenischen Forderungen vorgetragen. Die Versammelten kommen zu einer weitreichenden Absprache: „Auf dem Gebiet der Erbverbreitung von Krankheiten, Charaktermißbildungen und geistigen und körperlichen Degenerationserscheinungen kann durch staatliche und ärztliche Gegenmaßnahmen wirklich viel für die Gesunderhaltung des Volkes getan werden." Damit sind in den Kreis der rassenhygienisch Auszugrenzenden nicht nur die nach bisherigem medizinischen Verständnis „Minderwertigen" eingegliedert, sondern ganz offensichtlich auch Menschen mit „Charaktermißbildungen", also Menschen mit abweichendem Sozialverhalten. Die spätere erhebliche Ausweitung des Kreises der „Lebensunwerten" durch Einbeziehung der „Asozialen" im NS-Staat ist hier schon mit intendiert, auch wenn Nationalsozialisten am Gründungsprozeß einer Braunschweiger Gesellschaft für Rassenhygiene noch nicht beteiligt waren.

3.2 Die Einladung zur Gründung der Ortsgruppe, die dann öffentlich und in persönlicher Ansprache erging, stieß bei einem großen Kreis von Bürgern in Stadt und Land Braunschweig auf Interesse. Besonders aktiv setzt sich für das Zustandekommen dieser Sache neben Gerlach der Direktor des Naturhistorischen Museums Braunschweig Dr. Gerhard von Frankenberg ein. Er bereitet mit vier Ärzten die offizielle Gründungsversammlung vor und formuliert die Ziele für die künftige Arbeit[15]: „1. Aufklärung der eugenisch Wertvollen. 2. Forderung verstärkter Kinderbeihilfen. 3. Eine der allgemeinen Notsituation angepaßte (d.h. eingeschränkte) Fürsorge für eugenisch Minderwertige. 4. Eine gesetzliche Regelung der Sterilisation zur Verhütung erbkranken Nachwuchses."

Zur Gruppe der Initiatoren gehörte auch der Braunschweiger Nervenarzt Dr. Siegfried Löwenthal, jüdischer Bürger, der drei Jahre nach diesen gemeinsamen Bemühungen um die Erbgesundheitspflege vor den rassenpolitischen Gewaltandrohungen der NSDAP aus Braunschweig nach Palästina flüchtete.

---

[15] SAW: 284 N Nr. 194.

3.3 Die ersten Zusammenkünfte der Ortsgruppe fanden am 3. und 24. Mai 1932 in Braunschweig statt[16]. Man verabschiedete eine Satzung der „Braunschweiger Gesellschaft für Eugenik", in der u. a. festgelegt wurde:

> „§ 2. Ziele: 1. Die Gesellschaft bezweckt die Förderung der Erblehre und Eugenik durch wissenschaftliche Arbeit und Verbreitung der gewonnenen Einsichten. 2. Von parteipolitischen und konfessionellen Bestrebungen hält die Gesellschaft sich fern [...]"

Ein Blick in die Mitgliederliste dieser Gründungszeit zeigt sehr deutlich die breite Akzeptanz, deren sich das Anliegen der Gesellschaft erfreute. Bereits in der ersten Zusammenkunft vom 3. 5. 1932 trugen sich 52 ordentliche und 21 außerordentliche Mitglieder in die ausgelegte Liste ein, darunter waren 30 Ärzte, 13 Lehrer, 7 kommunale Fürsorgerinnen, 1 Kirchenjurist (Dr. Breust) und 2 Pfarrer (G. Kalberlah und W. Staats).

Noch vor der zweiten Versammlung vom 24. 5. 1932 wurden 100 Mitglieder der Braunschweiger NSDAP von ihrer Ortsgruppenleitung dazu verpflichtet, sich als Mitglieder in der Gesellschaft für Eugenik anzumelden. So hatte die Vereinigung plötzlich 230 Mitglieder. Als Gerlach dann am 24. 5. Gerhard von Frankenberg zur Wahl in den Vorstand vorschlug, verhinderte dies die anwesende starke NSDAP-Gruppe. Im „Volksfreund" vom 26. 5. war hierzu zu lesen:

> „Es ist natürlich schade, daß die hiesige Ortsgruppe der Deutschen Gesellschaft für Rassenhygiene (Eugenik) von den Nazis zu einer Art Filiale ihrer Partei herabgewürdigt wird."

Zu den Vertretern der NSDAP gehörte auch Dr. W. Groß, Assistenzarzt im Landeskrankenhaus Braunschweig, der bald danach hauptberuflicher Mitarbeiter in der Reichsleitung des NS-Ärztebundes und 1934 Leiter des Rassenpolitischen Amtes der NSDAP wurde.

G. von Frankenberg sah für das von ihm vertretene Eugenik-Verständnis in der Gesellschaft keinen Raum mehr und erklärte deshalb dem Vorsitzenden, Dr. Gerlach, am 2. 6. 1932 seinen Austritt. „Die Unduldsamkeit und der Vernichtungswille der NSDAP, das blinde Hetzen gegen die eigenen andersgesinnten Volksgenossen, unter denen doch zweifellos viele Tausende menschlich und auch rassisch hochwertige Menschen sind, [...] entfernen mich immer weiter von der NSDAP."[17]

Dieser Austritt G. v. Frankenbergs aus der Gesellschaft zeigt den starken politischen Einfluß, den die NSDAP zu dieser Zeit in Braunschweig bereits hatte. Er weist zugleich hin auf den beginnenden Übergang eugenischen Denkens in Deutschland vom demokratisch-öffentlich geführten

---

[16] Ebd.
[17] Ebd.

Diskurs zur rassenpolitischen Herrschaftspraxis des Führerstaates, der nur noch die Dekretierung des von ihm festgelegten Programmes kannte. Gerhard von Frankenberg war konsequenter Darwinist. Er verstand Eugenik als Mittel zur Sicherstellung biologischen und sozialen Überlebens, aber nicht als Mittel zur rassistischen Herrschaftsausübung. Darin unterschied er sich unmißverständlich von seinen nationalsozialistischen Widersachern, auch wenn die Diktion in seinen eugenischen Schriften zuweilen eine bedenkliche Affinität zur einschlägigen Sprachregelung der NSDAP hat[18].

4. Die Durchführung des Gesetzes zur Verhütung erbkranken Nachwuchses vom 14. 7. 1933 im Lande Braunschweig

4.1 Noch bevor das „Gesetz zur Verhütung erbkranken Nachwuchses" (GzVeN) erlassen wurde, teilte Ministerpräsident Klagges dem Reichsinnenminister im April 1933 mit, daß er dem Thüringer Antrag auf „Erlaß eines Sondergesetzes über die Unfruchtbarmachung Minderwertiger" beipflichtet. „Ich unterstütze diese Anregung nachdrücklich und halte den baldigen Erlaß eines solchen Gesetzes sowohl aus eugenischen wie aus finanzpolitischen Gründen für dringend erforderlich."[19]

Nachdem das Erbgesundheitsgesetz dann veröffentlicht wurde, nahm das Braunschweigische Staatsministerium sofort die Herausgabe der vorgesehenen Durchführungsverordnungen in Angriff und etablierte, zentral für das ganze Land Braunschweig, beim Amtsgericht Braunschweig das Erbgesundheitsgericht und beim Oberlandesgericht das Erbgesundheitsobergericht per 1. 1. 1934.

Für den 2. 3. 1934 hatte der im Staatsministerium zuständige Referent, Ministerialrat Marquordt (1924 bis 1927 Braunschweigischer Ministerpräsident, während des 2. Weltkrieges dann auch zuständig als Mittelinstanz zwischen der „Euthanasie"-Zentrale in Berlin und den Anstalten im Lande Braunschweig), alle Amtsärzte, Leiter und Ärzte der Heilanstalten, richterliche und ärztliche Mitglieder des Erbgesundheitsgerichts und die Leiter und Ärzte der Strafanstalten zu einer Besprechung in das Ministerium eingeladen. Es wurden dort genaue Absprachen getroffen über die praktische Durchführung des Gesetzes. Das Gesetz bestimmte, daß Amtsärzte, Anstaltsärzte und Anstaltsleiter berechtigt seien, Anträge auf Un-

---

[18] Schriften Gerhard von Frankenbergs im o. a. Nachlaß (Anm. 14).
[19] SAW: 61 Nds Fb 1 Zg. 33/1975 Nr. 25.

fruchtbarmachung zu stellen für den von ihnen betreuten Personenkreis und bei Vorliegen einer der folgenden Krankheiten: „Angeborener Schwachsinn, Schizophrenie, manisch-depressives Irresein, erbliche Fallsucht, erblicher Veitstanz, erbliche Blindheit, erbliche Taubheit, schwere erbliche körperliche Mißbildung, schwerer Alkoholismus" (lt. Anzeigevordruck Nr. 3 zum GzVeN)[20].

4.2 Beim Erbgesundheitsgericht Braunschweig[21] wurden in den Jahren 1934 bis 1945 insges. 3056 Anträge auf Unfruchtbarmachung gestellt, darunter 126 Anträge aus den Neuerkeröder Anstalten – 25 % der behinderten Menschen, die damals in der Einrichtung lebten. Von den 3056 Anträgen wurden nur 69 von Privatpersonen gestellt, alle übrigen Anträge stellten die zuständigen Amtsärzte, Anstaltsärzte oder Anstaltsleiter. Das Erbgesundheitsgericht ordnete bei 2434 Personen, also bei 79 % aller gestellten Anträge, eine Zwangssterilisierung an. Zur Durchführung kamen bis zum Ende der NS-Herrschaft etwa 85 % der angeordneten Sterilisierungen in den dafür vom Staatsministerium extra zugelassenen Krankenhäusern. Vor dem Erbgesundheitsobergericht haben von 1934 bis 1945 insgesamt 490 Berufungsverfahren stattgefunden.

Angesichts der an anderer Stelle bereits angesprochenen Ubiquität eugenischer Überlegungen und Maßnahmen muß die in Deutschland während des „Dritten Reiches" stattgehabte Sterilisierungspraxis mit der in anderen Ländern verglichen werden. Es erfolgten Sterilisierungen lt. Gesetz:

USA	1907–1951	=	2.233
Schweden	1934–1947	=	14.100
Dänemark	1929–1950	=	5.900
Deutsches Reich	1934–1945	=	350.000 (1934 = 62.463; 1935 = 71.760)

4.3 Da die Bestimmungen des GzVeN grundsätzlich festlegten, daß ein deutscher Staatsbürger, der unter einer der genannten Erbkrankheiten leidet, entweder (auch ohne seine Einwilligung) zu sterilisieren sei oder in einer geschlossenen Anstalt leben müsse, hatte das Gesetz auch für die nicht sterilisierten Bewohner von Neuerkerode eine schwerwiegende Konsequenz. Marquordt erkannte zwar mit Verfügung vom 3. 5. 1934 die Neuerkeröder Anstalten als „geschlossene Anstalten im Sinne des Gesetzes" an[22], vermerkte aber bei dieser Gelegenheit noch besonders:

---

[20] Ebd.
[21] Vgl. SAW: 40 Neu 2 Fb 5 Zg. 4/1985.
[22] SAW: 12 Neu 13 Nr. 2146.

„Es muß stets die volle Gewähr dafür geboten werden, daß in der dortigen Anstalt die Fortpflanzung erbkranker Personen unterbleibt."

Anstaltsleiter Pastor Beyer berichtete der Behörde am 23. 7. 1934 ausführlich über Maßnahmen, die in der Anstalt zur Erfüllung des Gesetzes getroffen wurden, nämlich die Errichtung eines hohen Bretterzaunes um diejenigen Gebäude, in denen die erwachsenen Frauen lebten, außerdem eine strenge Reglementierung der Behinderten, aber auch hier wieder besonders der Frauen, bei allen Ausgängen außerhalb der Wohngebäude. Das Erbgesundheitsgesetz führte folglich zu Kasernierungspraktiken in der Anstalt, die sich bis dahin ausdrücklich als „offene Anstalt" verstanden hatte. Somit erwies sich auch hier das Gesetz als erste umfassende Gewaltmaßnahme der NS-Herrschaft gegen behinderte Bürger. Wieweit vergleichbare Maßnahmen auch an anderer Stelle im Lande Braunschweig, z.B. in Königslutter, durchgeführt wurden, bleibt noch zu erheben.

4.4 Auf zwei weitere Auswirkungen des Erbgesundheitsgesetzes im Lande Braunschweig soll noch kurz hingewiesen werden.

Die Landesheil- und Pflegeanstalt Königslutter wurde 1934 vom Staatsministerium zur „erbbiologischen Landeszentrale"[23] ernannt, die für die Region verantwortlich zeichnete bei der auf Reichsebene angelaufenen erbbiologischen Erfassung der gesamten Bevölkerung. Es war das Ziel der nationalsozialistischen Rassenhygieniker und der Gesundheitsbehörden, ein reichseinheitliches „Erbarchiv" zu erstellen, das vor allem auch sämtliche mutmaßlich „erbuntauglichen" Bürger erfassen sollte. Im Jahre 1935 wurden alle Gesundheitsämter des Landes für die laufende Führung der „Erbkartei" zuständig[24]. Für die staatlichen Anstalten war die Ausfüllung der Karteikarten ab 1936 Pflicht. Neuerkerode schloß sich der Erfassung freiwillig an und reichte der Gesundheitsbehörde nach jeder Neuaufnahme die Karteikarte ein. Landesobmann für die erbbiologische Bestandsaufnahme war von 1934 bis 1939 Dr. Grütter, Direktor der Landesheilanstalt Königslutter, zu seinem Nachfolger wurde 1940 Dr. R. Müller, Anstaltsarzt in Königslutter, ernannt. Dr. Müller war ab 1. 11. 1940 vom Dienst in Königslutter für mehrere Jahre freigestellt zur hauptamtlichen Mitarbeit als ärztlicher Gutachter in der Berliner „Euthanasie"-Zentrale[25]. In seiner Person gehen, wie auch bei anderen erbbiologischen Beauftragten, nationalsozialistische Eugenik und „Euthanasie" nahtlos ineinander über.

---

[23] SAW: 12 Neu 13 Nr. 2143.
[24] Schmuhl (Anm. 4), 145ff.
[25] SAW: 12 Neu 13 Nr. 2141.

Das Erbgesundheitsgesetz hatte auch im Bildungssektor des Landes Braunschweig Folgen, die einen tiefen lebensgeschichtlichen Einschnitt für die Betroffenen bedeuteten: Durch Verfügung des Braunschweigischen Ministers für Volksbildung wurden 1935 zahlreiche Jugendliche „wegen geistiger und körperlicher Gebrechen" während des laufenden Schuljahres unter Bezugnahme auf das Erbgesundheitsgesetz unvermittelt vom Besuch der Berufsschule in der Stadt Braunschweig ausgeschlossen[26].

5. Nationalsozialistische „Euthanasie"-Maßnahmen im Lande Braunschweig 1939–1945

5.1 Der NS-Staat vollzog in den Jahren 1939 bis 1945 verwaltungsstrategisch organisierte Maßnahmen zur „Ausmerzung unwerten Lebens" in fünf Aktionsschwerpunkten:

– Kinder-„Euthanasie" in den sogen. „Kinderfachabteilungen", die als gesonderte Funktionsbereiche innerhalb von ca. 30 staatlichen Heil- und Pflegeanstalten etabliert wurden und eng zusammenarbeiteten mit dem „Reichsausschuß zur wissenschaftlichen Erfassung erb- und anlagebedingter schwerer Leiden". Der Reichsausschuß empfahl Eltern, einer Behandlung ihres Kindes in einer „Kinderfachabteilung" zuzustimmen. Dabei bedeutete „Behandlung" durchweg „Tötung". Die Kinder-„Euthanasie" forderte ca. 8.000 Opfer.
– Erschießung von Geisteskranken von Oktober bis Dezember 1939 auf Weisung von Gauleiter Schwede-Coburg im Walde von Piacznicz in Westpreußen, um Anstaltsgebäude militärischen Nutzungen zuzuführen. Das Sonderkommando der SS, das die Erschießungen durchführte, berichtete von ca. 1600 Getöteten[27].
– „Aktion T 4". Erfassung aller Anstaltsinsassen im Reichsgebiet von der T 4-Zentrale (Nebendienststelle der Kanzlei Adolf Hitlers) durch Meldebogen, die die Anstaltsärzte auszufüllen hatten. Die ca. 40 ärztlichen Gutachter der Zentrale und (endgültig) 3 Obergutachter wählten die Patienten zur Verlegung in eine der 6 dafür bestimmten und mit Gaskammern versehenen Tötungsanstalten (Bernburg, Brandenburg, Grafeneck, Hadamar, Hartheim, Sonnenstein) aus. Zur Tarnung erfolgten die Transporte in der Regel über Zwischenanstalten, zu denen auch die Landesheilanstalt Königslutter gehörte. Am 24. 8. 1941 stoppte Hitler

---

[26] SAW: 12 Neu 13 Nr. 23083.
[27] Vgl. E. Klee, „Euthanasie" im NS-Staat. Die „Vernichtung lebensunwerten Lebens", Frankfurt a. M. 1983, 94ff (zitiert: Klee).

die Aktion T 4, damit jedoch keineswegs die Tötungen insgesamt. Nach späteren Aussagen des T 4-Leiters wurden bis zum 24. 8. 1941 insgesamt 72.200 Menschen getötet.

– „Aktion 14 f 13", so bezeichnet nach einer Aktennummer der SS, auf deren Betreiben Ärzte der T 4-Zentrale in mehreren KZ-Lagern Häftlinge zur Verlegung in Tötungsanstalten selektierten. Der „Aktion 14 f 13" fielen ca. 30.000 Menschen zum Opfer.

– „Aktion Brandt" – Unter Gesamtleitung des Reichskommissars für das Sanitäts- und Gesundheitswesen Dr. Karl Brandt über den 24. 8. 1941 hinaus bis zum Kriegsende durchgeführter Teil der „Euthanasie"-Maßnahmen mit ca. 100.000 weiteren Opfern. Krankentötungen erfolgten in den früheren zentralen Tötungsanstalten, in Zwischenanstalten und in „Kinderfachabteilungen", als „Behandlung" von Einzelfällen unter Verabreichung von Medikamenten mit Todesfolge oder durch Nahrungsentzug. Die „Aktion Brandt" erfolgte als katastrophenmedizinische Maßnahme zur Beschaffung von Ausweichkrankenhäusern angesichts der Luftkriegszerstörungen. Sie korrespondiert nach der Art und Weise ihrer Durchführung eng mit der sogen. „wilden ‚Euthanasie'", die über den Stopp der Gastötungen vom 24. 8. 1941 hinaus erfolgte[28].

Das Land Braunschweig wurde in die „Kinder-‚Euthanasie'", in die „Aktion T 4" und in die „Aktion Brandt" mit einbezogen. An der „Sonderaktion 14 f 13" war als medizinischer Gutachter bei Selektionen in KZ-Lagern im Auftrage der T 4-Zentrale auch Dr. Robert Müller beteiligt[29].

5.2 Die Einbeziehung Braunschweigs in die „Kinder-‚Euthanasie'" begann damit, daß der Reichsminister des Innern am 18. 8. 1939 den Geheimerlaß übersandte, in dem die „Meldepflicht für mißgestaltete Neugeborene" verfügt wurde[30]:

„(1) Zur Klärung wissenschaftlicher Fragen auf dem Gebiete der angeborenen Mißbildung und der geistigen Unterentwicklung ist eine möglichst frühzeitige Erfassung der einschlägigen Fälle notwendig.
(2) Ich ordne daher an, daß die Hebamme, die bei der Geburt eines Kindes Beistand geleistet hat, [...] eine Meldung an das für den Geburtsort zuständige Gesundheitsamt [...] zu erstatten hat, falls das neugeborene Kind verdächtig ist, mit folgenden schweren angeborenen Leiden behaftet zu sein:
Idiotie sowie Mongolismus, Mikrocephalie, Hydrocephalus, Mißbildungen jeder Art [...], Lähmungen einschließlich Littlescher Erkrankung [...]"

---

[28] Vgl. hierzu Klee (Anm. 27), 345ff und Schmuhl (Anm. 4), 220ff.
[29] F. Mennecke, Innenansichten eines medizinischen Täters im Nationalsozialismus, bearbeitet von P. Chroust, Hamburg 1988, 208 und 236ff.
[30] Zitiert nach Klee (Anm. 27), 80f.

248

Der „Reichsausschuß" wertete die Meldungen aus und bestimmte, ob ein Kind zu „behandeln", und das hieß zu töten, sei. Den Eltern wurde dann dringend anempfohlen, das Kind in eine „Kinderfachabteilung" zu überführen. Die für das Land Braunschweig nächstgelegenen „Kinderfachabteilungen" waren in Lüneburg und Uchtspringe.

In welchem Umfange aus den Meldungen Braunschweiger Hebammen an den Reichsausschuß Einweisungen zu einer „Behandlung" erfolgten, ist bisher unbekannt. Daß Meldungen an den Reichsausschuß erfolgten, geht aus überlieferten Aktenbeständen von Gesundheitsämtern des Landes Braunschweig hervor.

5.3 Die „Aktion T 4" begann, wie im ganzen Reichsgebiet, im Sommer 1940 auch für die psychiatrischen Einrichtungen im Lande Braunschweig, Königslutter und Neuerkerode, mit der Zusendung von Meldebogen-Formularen aus Berlin. Über diese Meldebogen, deren Ausfüllung eine Reihe von Anstaltsärzten und -leitern im Reichsgebiet ablehnten, erfaßten die ärztlichen Gutachter der T 4-Zentrale die dann von ihnen zur Verlegung in eine der Tötungsanstalten ausgewählten Patienten bzw. Heimbewohner. Die Verlegungslisten gingen dem Leiter von Königslutter als „Geheime Reichssache" über das Staatsministerium in Braunschweig zu; auch Neuerkerode wurden 1941 auf diesem Wege Verlegungen angekündigt, die dann jedoch nicht stattfanden. Königslutter wurde sehr umfangreich von der T 4-Aktion betroffen. Die Landesheil- und Pflegeanstalt Königslutter war im damaligen Land Braunschweig die einzige staatliche Psychiatrie-Einrichtung. Sie unterstand der Aufsicht durch die Gesundheitsabteilung des Staatsministeriums (Ministerialrat Marquordt) und betreute bei Ausbruch des 2. Weltkrieges ca. 750 Patienten. Ihr ärztlicher Leiter war seit Anfang 1940 (bis November 1944) der Psychiater Dr. Ernst Meumann. Meumann nahm nach eigener Aussage[31] Ende November 1940 in Berlin an einer „Besprechung der Direktoren sämtlicher Durchgangsanstalten" unter Leitung des T 4-Obergutachters Prof. Dr. H. P. Nitsche teil und erhielt bei dieser Gelegenheit genauere Informationen darüber, „daß durch einen Erlaß des Führers vom 1. 9. 1939 die Vernichtung lebensunwerten Lebens angeordnet worden sei und daß dieser Erlaß Gesetzeskraft habe. Alles Drum und Dran [...] werde nicht veröffentlicht"[32]. Meumann erhielt auch genauere Weisungen bezüglich der künftigen Funktionen von Königslutter als „Zwischenanstalt". Im Jahre 1941 nahm er dann noch an zwei weiteren Geheimbesprechungen in Berlin teil. Meumann sorgte für eine ordnungsgemäße Erledigung aller seiner Anstalt übertragenen Sonderaufgaben. Er machte nur in wenigen Fällen von seiner Möglichkeit

---

[31] Staatsanwaltschaft beim Landgericht Hannover, 2 Js. 80/50, Vernehmungsprotokoll vom 31. 1. 1950.
[32] Ebd.

Gebrauch, Patienten durch Beurlaubung oder Entlassung in ihre Familie vor der drohenden Verlegung zu bewahren oder für Einzelfälle die Zurückstellung vom Weitertransport in eine Tötungsanstalt zu beantragen, obgleich der Patient bereits in der Verlegungsliste der T 4-Zentrale aufgeführt war.

Schließlich gehörte die Landesheil- und Pflegeanstalt Königslutter auch nicht zu den Psychiatrieeinrichtungen, deren leitende Ärzte auf die staatlichen „Euthanasie"-Maßnahmen mit kritischen Denkschriften reagierten: „Im Bereich Niedersachsen wurden 1940/41 vier Schriften gegen Euthanasie-Morde verfaßt, die als Denkschriften verfaßt wurden bzw. den Charakter einer solchen hatten. [...] Die Autoren waren Prof. Gottfried Ewald, Direktor der Landesheil- und Pflegeanstalt Göttingen, Landesrat Dr. Georg Andreae, Landeshauptmann Dr. Ludwig Gessner und Dr. Hermann Grimme, Direktor der Landesheil- und Pflegeanstalt Hildesheim"[33]. Aus dem Lande Braunschweig kann ein ähnlicher Schritt aus dieser Zeit nicht festgestellt werden. Meumann hat sich später nach dem Ende der NS-Herrschaft und nach seiner Entlassung aus sowjetischer Kriegsgefangenschaft mehreren Ermittlungsverfahren wegen des Verdachtes auf Unterstützung der NS-Krankenmorde unterziehen müssen. Zu einer Anklageerhebung kam es jedoch nicht, weil „die Behauptung des Beschuldigten, er habe die Aktion aus innerer Überzeugung abgelehnt und nur deshalb mitgewirkt, um durch seine Teilnahme einen ausschließlich sittlich motivierten Widerstand zu leisten, ihm nicht mit hinreichender Sicherheit zu widerlegen" war[34].

Thorsten Sueße und Heinrich Meyer haben 1984 in ihrer medizinhistorischen Dissertation über „Die Konfrontation niedersächsischer Heil- und Pflegeanstalten mit den ‚Euthanasie'-Maßnahmen des Nationalsozialismus"[35] auch – erstmalig nach 1945 – die einschlägigen Vorgänge von Königslutter dargestellt. Ein von Raimond Reiter bearbeitetes Forschungsprojekt der Historischen Kommission für Niedersachsen und Bremen „Psychiatrie im Dritten Reich in Niedersachsen"[36], das kürzlich abgeschlossen wurde, scheint im wesentlichen die Erhebungen von Sueße/Meyer zu bestätigen und ebenso die Forschungsergebnisse, die Peter von

[33] R. Reiter, Niedersächsische Denkschriften gegen „Euthanasie"-Morde, in: Hannoversche Geschichtsblätter, NF Bd. 47, 1993, 229–243, dort 234ff.

[34] Staatsanwaltschaft Hannover, 2 Js 80/50.

[35] Th. Sueße, H. Meyer, Die Konfrontation niedersächsischer Heil- und Pflegeanstalten mit den „Euthanasiemaßnahmen" des Nationalsozialismus – Schicksal der Patienten und Verhalten der Therapeuten und zuständigen Verwaltungsbeamten, Diss., Hannover 1984, 383ff (zitiert: Sueße/Meyer).

[36] R. Reiter, Psychiatrie im Dritten Reich in Niedersachsen, Forschungsprojekt der Historischen Kommission für Niedersachsen und Bremen (im Einvernehmen mit dem Niedersächsischen Sozialminister); die Veröffentlichung der Ergebnisse ist Ende 1994 zu erwarten.

Rönn 1993 über „Die Langenhorner Patienten in Königslutter"[37] vorgelegt hat und in denen die Aktivitäten dieser Zwischenanstalt von T 4 genauer beleuchtet werden. Als Ergebnis der drei Untersuchungen bleibt bezüglich der Einbeziehung von Königslutter in die „Aktion T 4" folgendes festzustellen:

- Am 9. Mai, 14. Juni, 10., 18. und 29. Juli und am 14. August 1941 trafen insgesamt 396 fremde Psychiatriepatienten aus Schleswig, aus Neustadt/Holstein und (3 der vorstehenden 6 Transporte) aus Hamburg-Langenhorn in Königslutter ein. Von diesen 396 Patienten ist als weiteres Schicksal belegt: Es kamen 234 in die Tötungsanstalt Bernburg, 144 von ihnen verstarben bis 1944 in Königslutter, 6 wurden wieder zurückverlegt in ihre Stammanstalten, 3 wurden bis zum Kriegsende aus Königslutter entlassen, einer ist entwichen und 22 haben das Kriegsende in Königslutter überlebt.
- Zusammen mit den aus Norddeutschland übernommenen Patienten wurden aus der Anstalt Königslutter in Transporten vom 19. 5., 12. 6., 23. 6., 9. 7., 31. 7. und 11. 8. 1941 insgesamt 184 eigene Anstaltspatienten in die Tötungsanstalten Hadamar, Sonnenstein und vor allem Bernburg verlegt. Wohin der Weg auch dieser 184 Patienten führte, war den Verantwortlichen in der Anstalt Königslutter und im Staatsministerium Braunschweig genau bekannt durch die bereits erwähnten Geheimbesprechungen in Berlin und im übrigen auch z. B. durch ihren geheimen Schriftwechsel mit Dr. med. Irmfried Eberl, dem Leiter der Tötungsanstalt Bernburg[38]. Dennoch hat der Leiter der Gesundheitsabteilung im Staatsministerium, Marquordt, nach dem Ende der NS-Herrschaft erklärt, ihm sei nicht bekannt gewesen, daß Patienten aus Königslutter (oder aus Neuerkerode) nach ihrer Verlegung in eine andere Anstalt getötet worden seien.
- Was ist aus den Patienten geworden, die kurz vor dem Stopp der „Aktion T 4" noch aus Hamburg-Langenhorn in die Zwischenanstalt Königslutter verlegt worden waren, 106 Frauen und Männer? Von diesen 106 Menschen sind 81 bis Ende Oktober 1944 in der Anstalt Königslutter verstorben.
- Auch nach dem 24. 8. 1941 erfolgten weiterhin Verlegungen nach Königslutter. Vermutlich handelte es sich dabei in allen Fällen um Verle-

---

[37] P. v. Rönn, Die Langenhorner Patienten in Königslutter, in: K. Böhme und U. Lohalm (Hrsg.), Wege in den Tod. Hamburgs Anstalt Langenhorn und die Euthanasie in der Zeit des Nationalsozialismus, Forum Zeitgeschichte Bd. 2, Hamburg 1993, 194–231.
[38] SAW: 114 Neu 59 ff Zg. 1/1984. Dr. Eberl gehörte nach dem Ende der Gastötungen in den „Euthanasie"-Anstalten (Hitlers Anweisung vom 24. 8. 1941) zu den „Experten", die die Vernichtungslager im Generalgouvernement Polen einrichteten und betrieben. Dr. Eberl war der erste Kommandant des Vernichtungslagers Treblinka.

gungen im Rahmen katastrophenmedizinischer NS-Maßnahmen der „Aktion Brandt", die in zahlreichen staatlichen Psychiatrieanstalten die Krankentötungen durch verdeckte Einzelmaßnahmen fortführte. Die Ausführung oder deren konkrete Anordnung lag innerhalb der beteiligten Anstalten in den Händen von Ärzten, die dafür in Berlin Instruktionen erhielten und unter besondere Geheimhaltungspflicht genommen worden waren. Die Tötung erfolgte nicht mehr durch Gas, sondern durch Vergabe von Medikamenten, vor allem Luminal und Morphium bzw. Morphium-Skopolamin. Die Patienten verstarben innerhalb weniger Tage an den Folgen dieser „Behandlung"[39]. In der Krankenakte und auf der ärztlichen Todesbescheinigung wurde eine fingierte Todesursache eingetragen. Dieses angewendete Verfahren sollte jede vollzogene Krankentötung einer späteren gerichtlichen Überprüfung entziehen. Und die Verschleierung der Einzelfälle wurde vielerorts noch dadurch verstärkt, daß Patienten, die man als „unwertes Leben" betrachtete, nur noch Hungerernährung erhielten und in der Pflege vernachlässigt wurden.

Sueße/Meyer und von Rönn gehen nach Abwägung aller Ergebnisse ihrer zeitgeschichtlichen Nachforschungen davon aus, daß mit großer Wahrscheinlichkeit auch die Landesheil- und Pflegeanstalt Königslutter zu den Anstalten im Deutschen Reich gehörte, in denen Krankentötungen durch Medikamentenvergabe erfolgten. Der Anstaltsarzt Dr. Robert Müller, der seit Ende 1943 wieder überwiegend in Königslutter tätig war, aber weiterhin Gutachter der Berliner „Euthanasie"-Dienststellen blieb und Selektierungen durchführte[40], könnte darüber verbindliche Auskunft geben. Er hat sich dem am 2. 6. 1945 in amerikanischer Haft in Königslutter durch Selbstmord entzogen.

5.4 Zur Privat-Heil- und Pflegeanstalt Dr. Kurt Fontheim in Liebenburg bei Goslar

In der psychiatrischen Privatklinik Dr.-Kurt-Fontheim in Liebenburg bei Goslar lebten Anfang 1940 insgesamt 537 weibliche Patienten aus der Provinz Hannover und aus dem Rheinland. Die Klinikleitung füllte die ihr aus Berlin zugesandten Meldebogen ordnungsgemäß aus. Am 2. 9. 1940 wurde der Besitzer der Klinik, Dr. Kurt Fontheim, durch Dr. Grimme, den Leiter des Landeskrankenhauses Hildesheim, über den Zweck der Meldebogenaktion unterrichtet[41].

---

[39] Vgl. die div. Urteile der „Euthanasie"-Nachkriegsprozesse in: Rüter (Anm. 1).
[40] Archiv Neuerkerode: Schreiben Dr. R. Müller an den Anstaltsleiter Ahlborn vom 9. 1. 1945.
[41] Sueße/Meyer (Anm. 35), 323ff.

Am 20. 5. 1941 gingen über Landesrat Andreae vom Oberpräsidium Hannover in Liebenburg Transportlisten der T 4-Zentrale mit mehr als 400 Patientennamen ein. Dr. Fontheim stellte sofort über 100 Zurückstellungsanträge für „Unentbehrliche Arbeitskräfte". Andreae erwirkte in Berlin einen Aufschub der vorgesehenen Transporte bis zu dem Zeitpunkt, an dem über eine anderweitige Zweckbestimmung der Liebenburger Privatanstalt seitens der Regierungsstellen entschieden sein würde. Aber dieser Aufschub war nicht von sehr langer Dauer, denn am 12. 9. 1941 wurden aus Liebenburg 60 Frauen in die hessische Landesheilanstalt Weilmünster verlegt. Diese Verlegung erfolgte im Zusammenhang mit Platzanforderungen für die Reichswerke Hermann Göring in Salzgitter. In Weilmünster sind von den 60 verlegten Frauen 48 verstorben.

Bis zum 31. 3. 1942 gehörte der Landkreis Goslar zur Provinz Hannover; am 1. 4. 1942 kam er durch Gebietsaustausch (gegen den Kreis Holzminden) im Gefolge der Planungen für die Reichswerke zum Lande Braunschweig. Klagges hat mit dem Aufbau der Reichswerke Salzgitter, für den er nicht unmittelbar zuständig war, ehrgeizige landespolitische Prestigeinteressen verfolgt[42] und wachte auch aus diesem Grunde darüber, daß in seinem Land Reichsanordnungen genauestens befolgt wurden.

Am 21. 12. 1944 wurden auf Anordnung des Staatsministeriums aus der Liebenburger Klinik in einer Eilaktion 43 Frauen in die Neuerkeröder Anstalten verlegt, weil das Ministerium Betten benötigte für Zwecke der Reichswerke. Das weitere Schicksal dieser Frauen wird uns im Rahmen der Verlegungsmaßnahme vom 11. 2. 1945 von Neuerkerode nach Königslutter wieder begegnen.

5.5 Zu den Neuerkeröder Anstalten

Im Jahr 1940 hatte Neuerkerode 520 Heimbewohner und 90 Mitarbeiter. Am 30. 6. 1940 begann für die Neuerkeröder Anstalten die Einbeziehung in die im Reich anlaufende NS-„Euthanasie"-Aktion[43]. An diesem Tage gingen die Meldebogen ein, die der Anstaltsarzt auszufüllen und nach

---

[42] Vgl. B. Stubenvoll, Das Raumordnungsgeschehen im Großraum Braunschweig zwischen 1933 und 1945, Diss., Kommunalpolitische Schriften der Stadt Braunschweig Bd. 30, Braunschweig 1987.

[43] Die nachstehende Kurzübersicht über die Neuerkeröder Anstalten unter den Auswirkungen der NS-„Euthanasie" basiert im wesentlichen auf Dokumenten im Archiv der Evang. Stiftung Neuerkerode, im Nds. Staatsarchiv Wolfenbüttel (bes. Aktenüberlieferung des Staatsministeriums sowie des Landkreises Braunschweig und des Landeskrankenhauses Königslutter), im Bundesarchiv Koblenz, im Archiv des Landeswohlfahrtsverbandes Hessen/Hadamar, im Archiv der Landesheilanstalt Uchtspringe und im Zentralarchiv des Diakonischen Werkes in Berlin. – Eine ausführliche Dokumentation hierzu ist in Vorbereitung; Vgl. J. Klieme, Die Neuerkeröder Anstalten in der Zeit des Nationalsozialismus, Neuerkerode 1984; J. Klieme, Neuerkerode 1868–1993 Chronik, Neuerkerode 1993, 75–119 (Chronik 1933–1945).

Berlin zu übermitteln hatte über alle Heimbewohner, die zu den im Merkblatt aufgeführten Patientengruppen gehörten. Neuerkerode legte Berlin bis 1944 in unregelmäßigen Zeitabständen die ausgefüllten Meldebogen vor. Bei den Heimbewohnern, von denen eine Arbeitsleistung bereits erbracht wurde oder für die Zukunft zu erwarten war, fügte der damalige stellvertretende Anstaltsleiter, Pastor Arthur Fehr (November 1940 bis Februar 1943 von der Wehrmacht für den Dienst in Neuerkerode uk-gestellt), dem vom Anstaltsarzt Dr. Ittel unterzeichneten Meldebogen auf einem gesonderten Blatt einen entsprechenden Vermerk bei. Dieses Verfahren entsprach der Absprache, die die Leiter der Mitgliedseinrichtungen des Verbandes Evangelischer Anstalten auf ihrer vertraulichen Sitzung vom 26. 3. 1941 in Berlin getroffen hatten und an der A. Fehr teilnahm[44]. Es war dort besonders die Empfehlung Friedrich von Bodelschwinghs, in „hinhaltendem Widerstand" so viele wie möglich von den Nicht-Schwerstbehinderten zu retten, wenn schon der Zugriff des Staates zu den Schwerstbehinderten nicht mehr verhindert werden konnte.

Über das Staatsministerium Braunschweig, Ministerialrat Marquordt, gingen im Jahre 1941 der Leitung der Neuerkeröder Anstalten von der T 4-Zentrale in Berlin namentlich ausgefüllte Transportlisten zu. Da Neuerkerode jedoch der Aufforderung der Empfängeranstalten (Zwischenanstalten), zusammen mit den zu verlegenden Heimbewohnern in ausreichendem Umfange Betreuungspersonal auf unbefristete Zeit zu überstellen, infolge seiner angespannten Personalsituation nicht nachkommen konnte, unterblieben die 1941 im Gefolge der Meldebogen angekündigten Transporte. Im Rahmen der „Aktion T 4", aber offensichtlich unabhängig von den Meldebogenabläufen, wurden aus Neuerkerode im September 1940 die jüdischen Heimbewohner in eine Tötungsanstalt verlegt. Danach wurde die Anstalt erst ab April 1943 im Rahmen der „Aktion Brandt" von der NS-„Euthanasie" wieder in Mitleidenschaft gezogen, nachdem sich in der Zwischenzeit das Braunschweigische Staatsministerium der Neuerkeröder Anstalten für seine Zwecke bemächtigt hatte: Am 5. 9. 1941 ernannte Klagges Dr. Meumann, Königslutter, zum „kommissarischen Leiter" der Neuerkeröder Anstalten[45], und im Herbst 1942 setzte er eine grundlegende Änderung der Anstaltssatzung durch, die es ihm möglich machte, Neuerkerode ab Ende 1942 aus dem Verband der Inneren Mission auszugliedern und einen neuen Verwaltungsrat zu berufen, der überwiegend aus Staatsbeamten bestand. Der Leiter des Landesverbandes

---

[44] Archiv Neuerkerode: Handschriftlicher Vermerk von A. Fehr über die Berliner Sitzung.

[45] Klagges verweigerte als staatliche Aufsichtsbehörde dem Beschluß des Verwaltungsrates, Pastor A. Fehr zum Nachfolger des pensionierten Anstaltsleiters Pastor L. Beyer zu machen, die erforderliche Bestätigung.

der Inneren Mission Braunschweig, Pastor Reinhard Herdieckerhoff, bemühte sich erfolglos darum, über den Centralausschuß der Inneren Mission in Berlin das Reichsinnenministerium gegen die Beschlagnahmungsabsichten von Klagges intervenieren zu lassen. Und Kirchenrat Ramke, stellvertretender Vorsitzender des alten Verwaltungsrates von Neuerkerode, fand mit seinen Bitten an das Landeskirchenamt in Wolfenbüttel um Beistand gegenüber dem Braunschweigischen Staatsministerium kein Gehör. In der letzten Sitzung des alten Verwaltungsrates vom 13. 7. 1943 wurde nach eindringlicher Ermahnung durch Landrat Dr. Bergmann als Behördenvertreter über die von Klagges verordnete neue Satzung abgestimmt. Alle anwesenden Verwaltungsratsmitglieder stimmten zu, auch der Vertreter des Landeskirchenamtes, Oberlandeskirchenrat H. E. Seebaß. Das Staatsministerium hatte fortan freie Hand für die geplante Änderung der Zweckbestimmung der Neuerkeröder Anstalten.

Die verstärkte Einflußnahme der NS-Staatsgewalt auf Neuerkerode kulminierte in der Durchführung folgender Verlegungsmaßnahmen:

— Vorausgegangen war bereits am 21. 9. 1940 auf Anweisung des Reichsinnenministers über das Staatsministerium Braunschweig die Verlegung aller jüdischen Heimbewohner aus Neuerkerode in die Landesheil- und Pflegeanstalt Wunstorf; verlegt wurden drei Frauen im Alter von 37 bis 64 Jahren und ein zwölfjähriger Junge. Bereits am 27. 9. 1940 erfolgte der Weitertransport der 158 in Wunstorf aus den Ländern Braunschweig, Hannover und Westfalen gesammelten jüdischen Behinderten und Kranken nach einem „unbekannten Ort"[46]. Ihre Angehörigen erhielten Sterbeurkunden aus einer „Irrenanstalt Cholm b. Lublin", die in Wirklichkeit nicht existierte. Wahrscheinlich wurden diese Kranken, für deren Tötung noch nicht einmal eine Meldebogenauswertung erforderlich war, sondern nur die Feststellung, daß es sich um Juden handelte, in der Tötungsanstalt Brandenburg durch Gas getötet.

— Am 16. 4. 1943 wurden 6 Heimbewohner im Alter von 14 bis 78 Jahren in die Landesheil- und Pflegeanstalt Königslutter verlegt; allerdings kam der jüngste von diesen am 6. 5. 1943 wieder zurück nach Neuerkerode „zur Vermeidung lästiger Weiterungen". Er war noch nicht 16 Jahre alt, fiel folglich unter die Zuständigkeit des Reichsauschusses und wurde bereits am Tage nach seiner Rückkehr mit anderen Kindern nach Uchtspringe verlegt.

Alle fünf nach dem 16. 4. 1943 in Königslutter verbliebenen Männer sind dort in der Zeit zwischen dem 20. 4. und 12. 9. 1943 verstorben.

[46] A. Finzen, Auf dem Dienstweg, Rehburg-Loccum 1984.

– Am 7. 5. 1943 wurden 29 Kinder im Alter von 5 bis 15 Jahren in die Landesheil- und Pflegeanstalt Uchtspringe b. Stendal verlegt. Diese Verlegung erfolgte bis Schandelah mit einem anstaltseigenen Pferdewagen und von dort mit der Reichsbahn bis zum Bahnhof Uchtspringe in einem vorbestellten Wagen. In Uchtspringe wurden die Kinder im Haus 20, dem Zentralgebäude der dortigen „Kinderfachabteilung", untergebracht.

Von diesen 29 Kindern sind in Uchtspringe in der Zeit vom 19. 5. 1943 bis 20. 10. 1944 28 verstorben; ein Kind hat die Verlegung überlebt und wurde am 15. 3. 1957 aus Uchtspringe entlassen.

– Auf Anweisung des Reichsinnenministers forderte das Staatsministerium Braunschweig den Anstaltsleiter mit Schreiben vom 25. 5. 1943 dazu auf, die „etwa dort untergebrachten jüdischen Mischlinge l. Grades" namhaft zu machen; bald darauf wurde deren Verlegung in die Landesheilanstalt Hadamar bei Limburg angeordnet. Neuerkerode hatte die beiden Brüder Wolfgang und Günter H. gemeldet. Sie wurden am 21. 6. 1943 von Neuerkerode nach Hadamar verlegt. Ihr Verlegungsziel, das „Erziehungsheim" in Hadamar, war erst wenige Monate vorher auf Anordnung des Reichsinnenministers in den Räumen der Landesheilanstalt, einer der zentralen Tötungsanstalten der „Aktion T 4", eröffnet worden und sollte ausschließlich dazu dienen, die „halbjüdischen" Fürsorgezöglinge aus dem gesamten Reichsgebiet aufzunehmen und innerhalb kurzer Zeit in verschleierten Einzelaktionen zu töten. Von den 39 Mischlingskindern, die im Gefolge dieser eiligen Anordnung nach Hadamar kamen, sind nach den späteren gerichtlichen Feststellungen 34 Kinder in der Anstalt ermordet worden[47].

Günter H., wie sein Bruder bei guter Gesundheit am 21. 6. verlegt, verstarb am 6. 7. 1943 in Hadamar. Als am 14. 8. 1943 dort auch sein Bruder Wolfgang verstarb, war er das dritte NS-Opfer der in Schöningen beheimateten Familie H., denn den Vater H. hatte ein Kommando der damaligen NS-Hilfspolizei bereits am 4. 7. 1933 gemeinsam mit 10 anderen politischen Gefangenen in Rieseberg b. Königslutter erschossen.

– Am 29. 11. 1943 wurden 9 Kinder im Alter von 4 bis 15 Jahren aus Neuerkerode nach Uchtspringe verlegt. Der Transport nahm den gleichen Weg wie der vom 7. 5. 1943.

Von diesen Kindern sind 8 zwischen dem 20. 12. 1943 und 31. 8. 1944 im Haus 20 in Uchtspringe verstorben. Ein Junge wurde von dort

---

[47] Vgl. Landeswohlfahrtsverband Hessen (Hrsg.), Verlegt nach Hadamar. Die Geschichte einer NS-„Euthanasie"-Anstalt, Kassel 1991.

am 21. 6. 1944 mit einem größeren Transport weiterverlegt in die Landesheilanstalt Pfaffrode/Thüringen, wo er am 10. 10. 1945 verstarb.
– Am 1. 2. 1945 wurden 28 Kinder im Alter von 3 bis 14 Jahren von Neuerkerode nach Uchtspringe verlegt.
   Von diesen 28 Kindern sind bis zum 29. 4. 1945 in Uchtspringe 20 verstorben, auch diese wieder im Haus 20, 4 von ihnen starben nach dem Ende des 2. Weltkrieges bis zum 13. 2. 1946 in Uchtspringe, und 5 Kinder wurden nach dem Kriegsende entlassen.
– Am 11. 2. 1945 – also nur zwei Monate vor dem Eintreffen alliierter Truppen in Braunschweig und in Neuerkerode – wurden auf Anordnung des Staatsministeriums Braunschweig 103 Kinder, Frauen und Männer aus Neuerkerode in die Landesheil- und Pflegeanstalt Königslutter verlegt. Die Verlegung erfolgte in einem vom Ministerium georderten Bus mit Anhänger. Mit dieser Verlegung sollte Platz geschaffen werden zur Aufnahme einer Abteilung des Landeskrankenhauses Braunschweig in den Gebäuden von Neuerkerode.
   Von den 103 verlegten Heimbewohnern verstarben in Königslutter innerhalb kurzer Zeit, nämlich zwischen dem 12. 2. (also bereits einen Tag nach erfolgter Verlegung) und 2. 4. 1945 insgesamt 56 Frauen und Männer. Mehr als die Hälfte der Betroffenen dieses Transportes sind innerhalb von 7 Wochen in Königslutter verstorben. Nach dem Ende der NS-Herrschaft verstarben bis zum 6. 8. 1948 noch 15 Frauen und Männer, 32 wurden aus Königslutter bis 1958 wieder entlassen, davon kamen im Juli 1945 3 Frauen und 6 Männer zurück nach Neuerkerode. In dieser Gesamtübersicht zur Verlegung vom 11. 2. 1945 sind auch die an anderer Stelle bereits erwähnten 43 Frauen aus Liebenburg enthalten, die im Dezember 1944 von dort nach Neuerkerode verlegt worden waren. Von ihnen sind 21 in Königslutter verstorben; 22 wurden nach dem Kriegsende bis 1951 zurück nach Hamburg und in das Rheinland entlassen.

Es wurden demnach aus Neuerkerode 1940 bis 1945 durch Anordnung der NS-Gewalthaber 180 Kinder, Frauen und Männer in staatliche Psychiatrieeinrichtungen verlegt. Von ihnen sind nach der Verlegung bis zum Ende der NS-Herrschaft 123 verstorben und 19 weitere nach dem Kriegsende. Überlebt haben nur 37 von den 180 verlegten Heimbewohnern.

5.6 Die NS-„Euthanasie" im Lagebericht des Braunschweiger Oberlandesgerichtspräsidenten

Im Dezember 1935 wurden die Präsidenten der Oberlandesgerichte im Reichsgebiet durch den Reichsjustizminister Dr. Gürtner dazu aufgefordert, in regelmäßigen Abständen vertrauliche „Berichte über die allgemeine Lage in den Bezirken" vorzulegen. Der erste Bericht aus Braunschweig datiert vom 4. 1. 1936, der letzte erhaltene[48] vom 27. 4. 1944.

Im 34. Bericht vom 5. 11. 1941, adressiert an Staatssekretär Prof. Dr. Schlegelberger, berichtet der stellvertretende Oberlandesgerichtspräsident Dr. Döring über die Lage – und d. h. vor allem die Stimmung unter der Bevölkerung – im Lande Braunschweig u. a. : „Fälle der ‚Vernichtung unwerten Lebens' sind in den letzten Monaten im hiesigen Bezirk mehrfach vorgekommen, sodaß über Maßnahmen auf diesem Gebiete in der Bevölkerung wie über ein offenes Geheimnis gesprochen wird. Zum Teil verhält man sich stark ablehnend. Andere billigen dagegen derartige Maßnahmen durchaus. Auch haben Angehörige verstorbener Kranker sich dahin geäußert, daß es ihnen ganz erwünscht sei, vorher nicht befragt worden zu sein. Denn zu einer Zustimmung hätten sie sich kaum aufraffen können, die vollendete Tatsache habe indessen letzten Endes einen Druck von ihnen genommen. Andererseits hört man von einer Scheu, geistig erkrankte Angehörige jetzt in einer Heil- und Pflegeanstalt unterzubringen, da man nicht wissen könne, ob man sie lebend wieder sehen würde. Als Grund für diese Maßnahmen werden vielfach die Lage unserer Lebensmittelversorgung und das Bedürfnis, Platz für verwundete Soldaten zu schaffen, genannt. Ob auch die Verordnung über die Bestellung eines Reichsbeauftragten für Heil- und Pflegeanstalten vom 23. Oktober 1941 – RGBl. I Seite 653 – hiermit in Zusammenhang gebracht werden wird, läßt sich noch nicht feststellen. Anscheinend ist die Verordnung noch nicht bekannt geworden."[49]

Dieser Lagebericht bezeugt unmißverständlich, daß die „Euthanasie"-Maßnahmen der NS-Machthaber in der Bevölkerung bekannt waren und von ihr widersprüchlich aufgenommen wurden, mit Zustimmung und mit Ablehnung[50]. In der „Braunschweiger Tageszeitung" waren unter den täglichen Todesanzeigen mehrfach auch solche zu finden, in denen eine Familie den Tod eines ihrer Glieder „in Hadamar" anzeigte.

Aus Dörings Lagebericht ist indirekt auch zu entnehmen, daß die Braunschweiger Richter mit den „Euthanasie"-Maßnahmen offensichtlich, jedenfalls bis zum Zeitpunkt dieses Lageberichtes, nicht befaßt waren. Widersprüche gegen die „Euthanasie" blieben im Lande Braunschweig im Bereich des Privaten. In anderen Gebieten des Deutschen Reiches wurde Widerspruch auch zur öffentlichen Aktion, wie etwa in Brandenburg, wo der Amtsrichter Dr. Lothar Kreyßig am 8. 7. 1940 in einem Schreiben an seine vorgesetzte Behörde dagegen protestierte, daß aus der Heilanstalt Brandenburg-Görden „Geisteskranke geheim und

---

[48] SAW: 57 Nds Zg. 6/1991 Nr. 17.
[49] Ebd.
[50] Vgl. Schmuhl (Anm. 4), 178ff.

ohne Wissen der Vormundschaftsrichter nach Hartheim gebracht wurden, um dort ohne gesetzliche Grundlage getötet zu werden"[51]; im gleichen Monat verbot er in seiner Eigenschaft als Vormundschaftsrichter einer Reihe von Landesheilanstalten schriftlich, Personen, die unter seiner Vormundschaft standen, ohne seine vorherige Zustimmung zu verlegen. Außerdem erstattete Kreyßig gegen den von Hitler „bevollmächtigten" Leiter der „Aktion T 4", Reichsleiter Bouhler, bei der Staatsanwaltschaft in Potsdam Anzeige wegen Mordes[52].

5.7 Vorläufige Gesamtübersicht über „Euthanasie"-Maßnahmen im Lande Braunschweig

Die bisher vorliegenden Ergebnisse zeitgeschichtlicher Nachforschungen über die Opfer nationalsozialistischer „Euthanasie"-Maßnahmen im Lande Braunschweig bis zum 8. 5. 1945 lassen sich wie folgt zusammenfassen:

184 Patienten der Landesheil- und Pflegeanstalt Königslutter sind nach ihrer Verlegung in die damaligen Tötungsanstalten Bernburg, Hadamar und Sonnenstein dort verstorben. Weiter zu klären bleibt der Hintergrund der außergewöhnlich hohen Sterblichkeit unter Patienten des Landeskrankenhauses Königslutter in den Jahren 1941 bis 1945.

123 Heimbewohner der Neuerkeröder Anstalten sind nach Verlegung in die Landesheilanstalten Hadamar, Uchtspringe, Königslutter und wahrscheinlich Brandenburg verstorben.

48 Patientinnen der Dr.-Kurt-Fontheim-Privatanstalt Liebenburg sind nach ihrer Verlegung in die Landesheilanstalt Weilmünster verstorben.

6. Zur Rezeption der NS-Eugenik und -„Euthanasie" im Lande Braunschweig nach dem Ende des „Dritten Reiches"

6.1 Die von den „Euthanasie"-Maßnahmen des „Dritten Reiches" tangierten niedersächsischen Einrichtungen – Königslutter, Neuerkerode und Liebenburg – haben nach den Ergebnissen der bisherigen zeitgeschichtlichen Regionalforschung in den ersten Jahren nach dem Ende der NS-Herrschaft keine systematische Aufklärung über den Verbleib der Kinder und Erwachsenen betrieben, die 1940 bis 1945 aus ihrem Patienten- bzw. Heimbewohnerkreis in eine Tötungsanstalt oder „Kinderfachabteilung"

---

[51] L. Gruchmann, Ein unbequemer Amtsrichter im Dritten Reich. Aus den Personalakten des Dr. Lothar Kreyßig, in: VZG 32, 1984, Heft 3, 470.
[52] Ebd. S. 471.

oder eine Zwischenanstalt verlegt worden waren. Dabei ist davon auszugehen, daß allen Anstaltsleitungen nicht erst seit dem 8. 5. 1945 die von der NS-Herrschaft durchgeführten Krankenmordaktionen bekannt geworden waren. In den Neuerkeröder Anstalten hat der Verwaltungsrat zwar dafür Sorge getragen, daß die Beschlagnahmung der Anstalten aus dem Jahre 1943 sofort rückgängig gemacht wurde, hinsichtlich der Zwangsverlegungen hat er es bewenden lassen bei dem Vermerk im Protokoll der 1. Nachkriegssitzung vom 21. 3. 1946: „Etwa 100 Pfleglinge wurden nach Uchtspringe verlegt, von denen wohl keiner mehr leben dürfte. Im Februar 1945 wurden 2 Häuser ans Landeskrankenhaus abgegeben. Eines dieser Häuser ist bereits wieder mit Kindern von 2 bis 14 Jahren belegt."[53] Die Verlegungen der jüdischen Heimbewohner 1940 nach Wunstorf und der zwei Jungen nach Hadamar 1943 und schließlich der große Transport 1945 nach Königslutter bleiben unerwähnt. In der Landesheil- und Pflegeanstalt Königslutter wurde noch am 15. 2. 1961 die Anfrage einer Hamburger Sozialbehörde nach dem Verbleib des Patienten Hermann T. im Jahre 1941 so beantwortet, als gäbe es keine internen Kenntnisse und Unterlagen über die lokalen NS-„Euthanasie"-Maßnahmen: „Der Obengenannte wurde am 10. 7. 1941 von Hamburg nach hier verlegt und am 11. 8. 41 von hier weiterverlegt. Da die Verlegung nicht durch das hiesige Haus durchgeführt wurde, ist nichts über die Aufnahmeanstalt bekannt."[54] Die Verstrickung der Landesheilanstalt in die NS-Maßnahmen wurde auch hier verdrängt, wie in vielen anderen Psychiatrieeinrichtungen. In Niedersachsen hat Asmus Finzen 1984, damals Direktor des Landeskrankenhauses Wunstorf, eine Aufarbeitung der NS-Geschichte dieser Einrichtung vorgelegt: „Auf dem Dienstweg. Die Verstrickung einer Anstalt in die Tötung psychisch Kranker".

Das jetzt abgeschlossene Forschungsprojekt von Dr. Raimond Reiter „Psychiatrie im Dritten Reich in Niedersachsen", nach langem Zögern vom Nds. Sozialminister ca. 1989 in Auftrag gegeben, wird zweifellos dazu beitragen, die noch immer bestehenden Aufklärungslücken zu schließen, besonders hinsichtlich der Verlegung von etwa 2.100 Patienten (nachweisbare Fälle) aus den Landesheilanstalten Hildesheim, Göttingen, Osnabrück, Wunstorf und Königslutter, sowie aus der Privat-Klinik Dr. Kurt Fontheim in Liebenburg und den beiden Anstalten der Inneren Mission in Rotenburg und Neuerkerode. Die ehemalige „Kinderfachabteilung" Lüneburg wäre außerdem noch einzubeziehen.

---

[53] Archiv Neuerkerode: Protokolle des Verwaltungsrates.

[54] SAW: 114 Neu Zg. 1/1984 Nr. 69, Schreiben von Direktor Dr. Baumert (1941 bis 1944 Leiter der „Kinderfachabteilung" in Lüneburg; seit 1. 2. 1958 Direktor in Königslutter).

6.2 Nach dem Ende des „Dritten Reiches" herrschte in Neuerkerode – wie auch in einigen anderen Behinderteneinrichtungen – offensichtlich Ungewißheit darüber, ob das 1933 erlassene „Gesetz zur Verhütung erbkranken Nachwuchses" noch in Geltung sei. Vor allem der neue Leitende Arzt hatte hinsichtlich der Beurlaubung oder Entlassung von Heimbewohnern Bedenken, die nach seinem Dafürhalten unter das Gesetz fielen und bis dahin nicht sterilisiert waren. Es wurde mehrfach darüber zunächst mit dem Staatsministerium Braunschweig und später mit der Landesregierung in Hannover korrespondiert. Noch 1950 bestätigte die Landesregierung eine angebliche Fortgeltung des Gesetzes, allerdings mit der Einschränkung, daß die Erbgesundheitsgerichte keine Sterilisierungsverfahren mehr durchzuführen, sondern nur noch als Berufungsinstanz weiterzufungieren hätten. Auffällig ist in dieser ganzen Korrespondenz die Verdrängung der sozialen Ausgrenzungsabsichten nationalsozialistischer Erbgesundheitspolitik nach dem Ende der NS-Herrschaft. Die Zwangssterilisierung hat einen bleibenden legalistischen Anstrich erhalten und wird nicht als Gewaltmaßnahme gegen die körperliche Unversehrtheit eines Menschen angesehen.

6.3 Am Ende sind eine Reihe von Fragen festzuhalten, mit denen wir uns im Rahmen weiterer Auseinandersetzung mit Eugenik und „Euthanasie" im Lande Braunschweig zu beschäftigen haben:

– Welche Nachwirkungen bis zum heutigen Tage zeigt die NS-Zeit in der Mentalität, im Alltagsverhalten und in den Gefühlsstrukturen derjenigen Frauen und Männer, die seinerzeit von der Ausgrenzungspolitik unmittelbar betroffen waren, ohne der „Vernichtung unwerten Lebens" zum Opfer zu fallen? In Neuerkerode leben gegenwärtig noch 35 Heimbewohnerinnen und Heimbewohner, die während des „Dritten Reiches" dort aufgenommen wurden. Vielen von ihnen ist damals die Ausgrenzung ihres behinderten Lebens aus der „Volksgemeinschaft" durch das Miterleben staatlicher Zwangsmaßnahmen bewußt geworden. Der Tag ihrer Befreiung durch amerikanische Truppen (12. 4. 1945) bedeutete nicht das Ende der Wirkungsgeschichte des Nationalsozialismus in ihrem Leben.

– Die jetzt wieder öffentlich geführten Debatten um „Euthanasie" in den USA, in Holland, in Großbritannien und auch in der Bundesrepublik lassen es erneut ratsam erscheinen, das nationalsozialistische Gedankengut mit seinem radikalen dualistischen Grundschema – Wohlergehen für Wertvolle und Gute, Vernichtung für Unwerte und Böse – nicht zu dämonisieren. Die NS-Täter waren keine „braunen Dämonen", die unvermittelt für einen vorübergehenden Zeitraum vom geschichtlichen Himmel gefallen sind. Der Nationalsozialismus muß als eine aus Zusammenhängen gewachsene Epoche der deutschen Sozialgeschichte erkannt und kritisch reflektiert werden. Die Kontinuitäten, die zu dem Nebeneinander von Heilen und Vernichten im NS-Programm geführt haben, sind aufzuspüren. Wie erklärt sich in diesem Zusammenhang dann besonders auch die Beobachtung, daß den kirchlichen Verlautbarungen im Lande Braunschweig nach dem Ende der NS-Herrschaft ein deutlicher Mangel an Betroffenheit gegenüber den NS-Opfern innewohnte? Ist die deutliche Zurückhaltung der Braunschweigischen Kirchenleitung hinsichtlich einer Aufklärung und Würdigung der Opfer des NS-Rassismus Ausdruck dafür, daß man sich selbst für ein NS-Opfer hielt und eigene Verstrickungen verdrängte?

– Wie überwinden wir die immer wiederkehrende Fiktion von der Machbarkeit einer leidensfreien, durch gesundheitspolitische Disziplinierungsmaßnahmen eugenisch gereinigten Menschheit? Wie gewinnen wir auch in Deutschland bewußter den Anschluß an eine Form von genetischer Beratung, die unmißverständlich darauf abzielt, individuellem Wohlergehen und individueller Gesundheit zu dienen. Es geht also um eine genetische Beratung, die einzelnen Menschen nicht mehr die Verantwortung für das ganze Menschengeschlecht oder für eine „Volksgesundheit" aufbürdet und sie dabei zu Opfern macht. Es geht um Genetik in jeweiliger Verantwortung für eine Mutter und für ein Kind ohne eugenische Überfrachtung. Mit dieser Verantwortung korrespondiert dann auch die Bereitschaft zum Annehmen behinderten Lebens. Wie gedenken wir in Zukunft jenseits der genetischen Beratung schwangere Frauen zu begleiten, die angesichts eines werdenden schwerbehinderten Kindes zu denen gehören, die von der ethischen Ambivalenz einer solchen Situation umgetrieben werden? Sie möchten dieses Kind annehmen und müssen zugleich in sich den Konflikt zwischen dem Rechtsgut Leben und dem Rechtsgut Freiheit austragen. Nur die Allmachtsphantasie des nationalsozialistischen Staates konnte es sich anmaßen, ihnen diesen Gewissenskonflikt per Dekret der „Volksgemeinschaft" abnehmen zu wollen.

– Wie gehen wir mit der Vielfältigkeit von Menschen um? Sind Unterschiede hinsichtlich unserer körperlichen, geistigen, seelischen, kulturellen (im umfassenden Sinne) und lebenspraktischen Ausstattung oder Prägung unsere Bedrohung oder nicht vielmehr unsere Chance als Menschengemeinschaft? Der Nationalsozialismus hat weitgehende Akzeptanz gefunden mit seiner Behauptung, daß allein die Uniformität einer Menschengemeinschaft Zukunft erschließen könne. Deshalb gebrauchte er die Gewaltinstrumente Eugenik und vor allem „Euthanasie" zur Ausgrenzung aus der uniformen „Volksgemeinschaft". Aber nichts entlarvt den nationalsozialistischen Schlüsselbegriff „Volksgemeinschaft" so deutlich als Herrschaftsbegriff, wie die in seinem Namen erfolgte Ermordung von Menschen, die mit ihrer Krankheit oder

Behinderung nicht ins Bild paßten. Auch im Lande Braunschweig. Ob uns im Rückblick auf den Nationalsozialismus schon hinreichend deutlich geworden ist, daß es letztlich nicht darum gehen kann, Einzeltäter herauszufinden und dann denunziatorisch über sie zu berichten, im Wissen um die eigene moralische Anständigkeit? Es muß vorrangig darum gehen, den „kulturellen Bedingungen kollektiven Tötens" im „Dritten Reich"[55] nachzuspüren, damit wir vor ihnen auf der Hut sind, wenn wir heute politische Kultur gestalten.

---

[55] B. Gladigo, Homo publice necans. Kulturelle Bedingungen kollektiven Tötens, in: Saeculum Bd. 37, 1986, 150ff.

Das Sondergericht Braunschweig 1933–1945

Von Hans-Ulrich Ludewig

1. Einleitung

Vor dem Sondergericht Braunschweig waren in den Jahren 1933 bis 1945 nahezu 6000 Verfahren anhängig. Es begleitete die Herrschaft der Nationalsozialisten von den ersten Anfängen bis in die letzten Tage des Zusammenbruchs. Es arbeitete mit Effizienz und Verläßlichkeit an der „inneren Front", auch als die Stadt schon längst in Schutt und Asche lag. Die Richter fällten Todesurteile, da standen die Alliierten nur noch wenige Kilometer vom Gerichtsgebäude entfernt. Weit über 7000 Personen kamen in Braunschweig mit dieser gefürchteten Institution in Berührung: Als Beschuldigte in einem Ermittlungsverfahren, das mangels Beweises oder Haltlosigkeit der Vorwürfe eingestellt wurde; als Angeklagte in einem Verfahren, das mit Freispruch, einer Geldstrafe, mit Gefängnis oder Zuchthaus oder gar mit dem Tode enden konnte.

Beschuldigte und Angeklagte begegneten einem Gericht, das neben dem Volksgerichtshof am konsequentesten und rigorosesten nationalsozialistische Rechtsauffassungen anwandte. Häufig gerieten Menschen ganz unvermittelt in die Mühlen dieser Gerichtsbarkeit wegen Handlungen, die sie nie und nimmer für strafbar hielten: Meckern, Witze-Erzählen, Radio-Hören. Selbst ein eingestelltes Ermittlungsverfahren hinterließ Spuren, schüchterte ein, brandmarkte den Einzelnen – geschweige denn eine Verurteilung.

Anhand ausgewählter Problembereiche soll die Tätigkeit des Braunschweiger Sondergerichts während der Friedensjahre und in der Kriegszeit untersucht werden[1]. Obwohl sich die Zuständigkeit der Sondergerichte mit Kriegsbeginn erheblich ausweitete und zunehmend die „normalen" Delikte mit einbezog, blieb ihr Charakter als Ausnahmegericht und als zentrale Institution nationalsozialistischer Rechtssprechung gewahrt. Eine strafrechtliche Analyse kann nicht geleistet werden, dazu fehlt der juristische Sachverstand. Es soll vielmehr versucht werden, mit historisch-politischen Fragestellungen Aufklärung über die Rolle der Sondergerichte im nationalsozialistischen Herrschaftssystem zu geben. Wir beschreiben in Grundzügen die Tätigkeit des Braunschweiger Sondergerichts und werten das vorhandene Datenmaterial hinsichtlich der Deliktgruppen sowie des Sozialmilieus der Beschuldigten aus. Wir wollen darüber hinaus versuchen, aus den Ermittlungsverfahren und den Prozessen Zustände und Lebensbedingungen der NS-Zeit zu rekonstruieren. In unterschiedlichsten Facetten spiegeln die Sondergerichtsakten nämlich Alltagsverhältnisse im Nationalsozialismus wider. Allerdings bedarf das überlieferte Quellenmaterial, das sich aus Schriftgut sehr unterschiedlicher Provenienz zusammensetzt, einer sorgfältigen textkritischen Behandlung. Einige quellenkritische Bemerkungen sollen deshalb zunächst auf die Problematik von Sondergerichtsakten, auf die Möglichkeiten und die Grenzen ihrer Interpretation hinweisen.

2. Quellenkritische Überlegungen

Im Niedersächsischen Staatsarchiv Wolfenbüttel befinden sich die Akten von ca. 1100 Verfahren des Sondergerichts Braunschweig aus der Zeit 1933 bis 1945. Hinzu kommen etwa 250 Sondergerichtsurteile in den Gefangenenakten der Justizvollzugsanstalt Wolfenbüttel. Schließlich liegen im Bundesarchiv Koblenz Akten bzw. Urteilsniederschriften zu 116 Sondergerichtsverfahren aus der Kriegszeit[2].

Es ist ein Glücksfall, daß neben den Akten auch die Registerbände mit sämtlichen Vor- und Hauptverfahren des Sondergerichts Braunschweig erhalten sind. Jeder Registerband verzeichnet das Datum der ersten Meldung, die ermittelnde Behörde, Name, Wohnort und Beruf des/der Be-

---

[1] Vgl. hierzu demnächst: Dietrich Kuessner/Hans-Ulrich Ludewig, Das Sondergericht Braunschweig 1933–1945 (zitiert: Kuessner/Ludewig).

[2] Die Akten der Sondergerichtsverfahren befinden sich im Niedersächs. Staatsarchiv Wolfenbüttel (SAW): Bestand 42 B Neu 7; die Akten der Justizvollzugsanstalt im Bestand 43 A Neu 1 und 43 A Neu 4; die Urteile aus der Kriegszeit im Bundesarchiv Koblenz (BAK): R 22, 3454.

schuldigten, die Straftat sowie einen Hinweis über Einstellung, Abgabe an eine andere Institution oder Anklage. Die Register der Hauptverfahren vermerken zusätzlich das Strafmaß. Diese Daten sind für eine juristische Bewertung von geringem Interesse, für unsere Fragestellungen aber sehr ergiebig; die quantifizierende Auswertung stützt sich auf dieses Material.

Eine vollständige Sondergerichtsakte enthält sehr unterschiedliches Schriftgut. Da sind zunächst die Akten der Ermittlungsbehörden, der örtlichen Gendarmeriestellen oder der Gestapo. Das Vernehmungsprotokoll enthält den Namen des Beschuldigten, das Vergehen, den Namen und die Aussage des Anzeigenden. Es sind Anzeigen von Privatpersonen, von Parteifunktionären, Angehörigen von NS-Organisationen, Betriebsobleuten oder Blockwarten. Eine systematische Auswertung dieser „Erstmeldungen" gibt ein anschauliches Bild über das Ausmaß an Denunziationen und zugleich über den Kontroll- und Überwachungsmechanismus im Dritten Reich. Nach der Anzeige gerät selbst bei Bagatellsachen ein gewaltiger Ermittlungsapparat in Bewegung. Der Beschuldigte und die ersten Zeugen werden vernommen; die Polizei fragt bei örtlichen Parteistellen oder der Gauleitung nach der politischen Vergangenheit des Beschuldigten und seiner jetzigen Einstellung zu Staat und Partei. Die Vernehmungsprotokolle sind von sehr unterschiedlichem Aussagewert. Ein Gestapobeamter formuliert präziser und schärfer als ein Landjäger. Die Aussagen werden in der Regel wörtlich protokolliert, häufig vermischt sich aber die schriftliche Fixierung mit den mehr oder weniger offen zu Tage tretenden Einstellungen des Vernehmungsbeamten. Von besonderer Bedeutung sind dessen kommentierende Bemerkungen am Ende des Protokolls. Sie geben ganz eindeutige Wertungen hinsichtlich der Glaubwürdigkeit und politischen Zuverlässigkeit des Beschuldigten. Hierbei fällt eine wichtige Vorentscheidung: In zahlreichen Verfahren übernimmt die Anklagevertretung dieses „Vor-Urteil" und sogar in der Urteilsbegründung des Sondergerichts kann es sich wiederfinden.

Dem Vernehmungsbogen der Beschuldigten ist ein normierter Fragebogen beigegeben, der Auskunft über Beruf, Wohnort, Vorstrafen, Zugehörigkeit zu NS-Organisationen, zu politischen Gruppierungen vor 1933, Logenmitgliedschaft, Militärverhältnis, Lebensdaten der Eltern gibt. Je nach Schwere des Verdachts erfolgte die Verhaftung des Beschuldigten, wenn er nicht schon vorher von der Gestapo in Schutzhaft genommen wurde. Den Haftbefehl erließ das zuständige Amtsgericht oder auch das Sondergericht. Die Anklageschrift des Oberstaatsanwalts als Leiter der Anklagebehörde beim Sondergericht beschreibt den Tathergang sowie die wesentlichen Ermittlungsergebnisse. Unterlagen der Strafverteidigung sind nur in wenigen Fällen überliefert; meistens beschränken sie sich auf Honorarforderungen und den Streit um ihre Erstattung. Das Verhandlungsprotokoll des Sondergerichts ist in der Regel sehr kurz gefaßt. Es

266

enthält die Namen der Beteiligten, den Tatbestand, die standardisierten Aussagen der Angeklagten und der Zeugen, das beantragte Strafmaß und das Urteil. Von besonderem Interesse ist die meist sehr ausführliche Urteilsbegründung; auch deshalb, weil sie von vielen Prozessen, vornehmlich der Kriegszeit, das einzige auf uns gekommene Aktenstück ist – ein Großteil des Aktenbestandes des Sondergerichts Braunschweig wurde nämlich bei den Bombenangriffen vernichtet. Die Urteilsniederschrift mit dem Prozeßdatum, der Zusammensetzung des Gerichts (Richter, Staatsanwalt) referiert nochmals den Tathergang, zeichnet den Lebenslauf des Angeklagten nach, wobei teils die strafmildernden, teils die strafverschärfenden Umstände besonders herausgestellt werden; daran schließt sich die rechtliche Würdigung unter Einbeziehung der Zeugenaussagen an, schließlich das Urteil selbst. Einigen Akten sind Gnadengesuche der Gefangenen oder ihrer Angehörigen angefügt, die meistens abschlägig beschieden wurden. Manchmal finden sich Schriftstücke über die Behandlung des Falles nach 1945, was sich als sehr ergiebig für die Justizgeschichte der unmittelbaren Nachkriegszeit erweist.

Alles in allem enthalten Sondergerichtsakten eine Fülle an Informationen, bei deren Auswertung sich allerdings erhebliche methodische Schwierigkeiten ergeben. Zeugenaussagen können sehr parteiisch sein, vermeiden fast immer auch nur den Anschein einer eigenen Verwicklung in den Fall, versuchen nicht selten, durch besondere Systemtreue sich anzubiedern oder jeglichen Verdacht zu vermeiden. Zeugen wurden auch von Partei- und Polzeistellen unter Druck gesetzt. In welchem Ausmaß, läßt sich heute kaum noch ermitteln; meistens dann, wenn nach 1945 das Verfahren wieder aufgenommen wurde[3]. Die Aussagen der Beschuldigten, teils in direkter, teils in indirekter Rede wiedergegeben, sind recht unterschiedlich; unbeholfen, sprunghaft, widersprüchlich, eingeschüchtert, verzweifelt die einen – wortgewandt, listig, selbstbewußt die anderen. Sprachgewandtheit, die auch herkunftsbedingt war, spielte eine Rolle. Fast jede Aussage dürfte aber von Furcht und Angst geprägt gewesen sein. Das lag an den Vernehmungsstellen, das hing aber auch mit dem Bild zusammen, das sich die Öffentlichkeit zurecht von den Sondergerichten machte. Schließlich hatten die NS-Machthaber und die Sonderrichter von Anfang an den abschreckenden Charakter des Sondergerichts im Kampf gegen die „Volksfeinde" proklamiert[4]. In vielen Fällen dürfte Gewaltan-

---

[3] Nach dem Krieg berichtete ein Zeuge, daß er in einem Verfahren gegen den Betriebsdirektor eines Braunschweiger Großbetriebs durch Angehörige der Gestapo energisch gewarnt worden sei, zu Gunsten des Angeklagten auszusagen (SAW: 42 B Neu 7, Nr. 1554).

[4] In der ersten Sitzung des Sondergerichts erklärte sein Vorsitzender, Landgerichtsdirektor Lachmund, das Gericht werde versuchen, sich so schnell wie möglich entbehrlich

wendung oder Drohung mit Gewalt Geständnisse erzwungen haben. Verständlicherweise finden sich darüber kaum Hinweise in den Akten. Nur ab und zu stößt man auf einen Vermerk, der Folterungen freilich auch nur ahnen läßt: „Der Beschuldigte machte einen verstockten Eindruck. Er kam nicht mit der Wahrheit heraus und konnte erst nach stundenlangem Bemühen überführt werden"[5].

Oft dürfte schon allein die Erinnerung an die Gewaltexzesse des Frühjahrs und Sommers 1933 einschüchternd gewirkt haben. SA und SS hatten in diesen Monaten Hunderte von Schutzhaft-Gefangenen mit unglaublicher Brutalität geprügelt, gefoltert, zu Tode gebracht. Tief in das Bewußtsein eingeprägt hatten sich die „Überholaktionen" auf dem Land, in denen die Nazis überfallartig gegen die politischen Gegner vorgegangen waren.

Auch die Urteilsniederschriften bedürfen auf ihre Art einer sorgfältigen Interpretation. Nicht immer erschließen sich vorhandene Vorurteile auf den ersten Blick, sondern verstecken sich hinter stereotypen und floskelhaften Wendungen. Über weite Passagen liest man die nüchterne, paragraphengesättigte Sprache des Juristen, die dann ganz abrupt durch moralisierende, von der NS-Ideologie tief geprägte Ausdrücke unterbrochen wird.

Unsere Akten spiegeln die subjektive Sicht der Ermittlungsbehörden, des Gerichts, der Beschuldigten und der Zeugen wider. Dennoch oder gerade deshalb liefern sie reichhaltige Informationen über die Lebensverhältnisse der Braunschweiger Bevölkerung, auf dem Land und in der Stadt, im Frieden und im Krieg. Sie berichten vom Anpassen und Mitmachen, von Überlebensstrategien in politischen und wirtschaftlichen Notzeiten. Sie geben Auskunft über die zwischenmenschlichen Beziehungen in kleinräumigen Milieus: in Mietshäusern, Stadtvierteln, in kleinen Dorfgemeinden, in Gasthäusern, am Arbeitsplatz. Sie erweisen sich als ergiebige Quelle für eine Sozial- und Alltagsgeschichte der Braunschweiger Region in der Zeit des Nationalsozialismus.

Die Forschung hat sich erst in den letzten Jahren ausführlicher mit den Sondergerichten beschäftigt; jahrzehntelang waren die Akten gar nicht zugänglich. In den Gesamtdarstellungen zu Recht und Justiz während der

---

zu machen; durch eine feste Hand, durch hohe Strafen werde sowohl bei „Verführten wie bei gewohnheitsmäßigen Rechtsbrechern und Abenteurern" die Einsicht einkehren, es sei richtiger „mit dem Strom als gegen den Strom zu schwimmen [...] Es sei also jeder gewarnt". Braunschweigische Landeszeitung (BLZ) v. 9. 4. 1933.

[5] SAW: 42 B Neu 7, 532. Das Sondergericht sprach 1933 10 Angehörige des Reichsbundes jüdischer Frontsoldaten frei, weil sich während der Verhandlung herausstellte, daß die Geständnisse aus Furcht vor Mißhandlungen zustande gekommen waren. Es ist anzunehmen, daß die Gestapo nach dieser „Panne" geschickter vorging (SAW: 42 B Neu 7, Nr. 55).

NS-Zeit finden sich meist nur knappe Hinweise über Entstehung, Aufgaben und Charakter der Sondergerichte, wobei Prozeßakten nicht ausgewertet werden[6]. Die umfassendste Untersuchung zur Strafrechtsentwicklung im Dritten Reich mit eingehender Analyse des Sonderstrafrechts hat Gerhard Werle veröffentlicht[7].

Hans Wüllenweber legte 1990 eine Dokumentation von Sondergerichtsurteilen aus dem 2. Weltkrieg vor. Ralph Angermund analysiert in seiner 1991 erschienenen Studie zahlreiche Sondergerichtsurteile und ordnet sie in die Justizpolitik des Dritten Reichs ein. Schließlich publizierte Anna Blumenberg-Ebel eine Dissertation über Sondergerichtsprozesse gegen Katholiken[8]. In Gang gekommen sind auch die Untersuchungen zu einzelnen Sondergerichten. Peter Hüttenberger hat bereits 1981 in einem wegweisenden Aufsatz Heimtückeverfahren vor dem Sondergericht München untersucht und dabei erstmals in größerem Umfang Prozeßakten verarbeitet. Bemerkenswert ist sein Vorhaben, anhand von „Heimtückerede und Heimtückediskurs" die massenhaften Zeugen- und Beschuldigtenaussagen für sozial- und alltagsgeschichtliche Erkenntnisse zu nutzen[9]. Bernd Schimmler veröffentlichte 20 Urteile des Berliner Sondergerichts; Klaus Bästlein diskutierte anhand des Kieler Sondergerichts den zeitgeschichtlichen Erkenntniswert der Sondergerichtsakten; Jens Luge beschreibt in seiner Untersuchung auch die Tätigkeit des Sondergerichts Oldenburg[10]. In seiner 1991 erschienen Dokumentation publizierte Hans Wrobel Verfahren des Sondergerichts Bremen aus den Jahren 1941–1945. Wiedergegeben werden die persönlichen Daten der Angeklagten, das Urteil und die Urteilsbegründung. Auf den angekündigten zweiten Band mit weiteren Verfahren und der interpretierenden Auswertung darf man gespannt sein[11].

---

[6] Vgl. u. a.: Lothar Gruchmann, Justiz im Dritten Reich 1933–1940, München 1988. Werner Johe, Die gleichgeschaltete Justiz, Frankfurt 1967. Diemut Majer, „Fremdvölkische" im Dritten Reich, Boppard 1981. Hinrich Rüping, Justiz und Nationalsozialismus, Rosendorf 1985.

[7] Gerhard Werle, Justiz-Strafrecht und polizeiliche Verbrechensbekämpfung im Dritten Reich, Berlin/New York 1989 (zitiert: Werle).

[8] Hans Wüllenweber, Sondergerichte im Dritten Reich, Frankfurt 1990. Ralph Angermund, Deutsche Richterschaft 1919–1945, Frankfurt 1991 (zitiert: Angermund). Anna Blumenberg-Ebel, Sondergerichtsbarkeit und „Politischer Katholizismus" im Dritten Reich, Mainz 1990.

[9] Peter Hüttenberger, Heimtückefälle vor dem Sondergericht München 1933–1939, in: Bayern in der NS-Zeit, Bd. 4, München/Wien 1981, 435–526.

[10] Bernd Schimmler, Recht ohne Gerechtigkeit, Berlin 1984. Klaus Bästlein, Die Akten des ehemaligen Sondergerichts Kiel als zeitgeschichtliche Quelle, in: Zeitschrift der Gesellschaft für Schleswig-Holsteinische Geschichte, 1988, 157–211; Jens Luge, Rechtsstaatlichkeit der Strafrechtspflege im Oldenburger Land, Hannover 1993.

[11] Hans Wrobel, Strafjustiz im totalen Krieg. Aus des Akten des Sondergerichts Bremen 1940 bis 1945, Bd. 1, Bremen 1991.

Auf das Braunschweiger Sondergericht hat erstmals Helmut Kramer 1980 in einer Vortragsreihe hingewiesen, als er über den Prozeß gegen Erna Wazinski berichtete, die 1944 wegen Plünderns zum Tode verurteilt wurde. Rudolf Wassermann gibt in seiner Geschichte des Oberlandesgerichts Braunschweig anhand ausgewählter Verfahren einen ersten Einblick in die Arbeit des hiesigen Sondergerichts. Von besonderem Interesse sind seine Ausführungen zur Personalpolitik und zur Lenkung der Rechtssprechung in der NS-Zeit[12].

3. Das Sondergericht im nationalsozialistischen Herrschaftssystem

Sondergerichte wurden aufgrund einer Notverordnung des Reichspräsidenten Hindenburg vom 21. 3. 1933 für den Bezirk eines jeden Oberlandesgerichts gebildet. Zwar kannte auch die Weimarer Republik Sondergerichte, allerdings mit begrenzter Wirkung und begrenzter Dauer. Die 1933 geschaffenen Sondergerichte lassen sich als eine Form von Schnelljustiz charakterisieren, welche die Rechte der Angeklagten entscheidend beschränkte (verkürzte Ladungsfrist, keine gerichtliche Voruntersuchung, keine mündliche Haftprüfung, keine Rechtsmittel gegen Urteile, keine Bewährung, keine Strafaussetzung).

Die Sondergerichte waren zunächst zuständig für Verstöße gegen die Verordnung zum Schutz von Volk und Staat vom 28. 2. 1933, die sog. Reichstagsbrandverordnung, gegen die Heimtückeverordnung vom 21. 3. 1933 sowie gegen das Gesetz zur Abwehr politischer Straftaten vom 4. 4. 1933. Als schwerwiegend eingeschätzte Verstöße gegen die Reichstagsbrandverordnung und das Gesetz vom 4. 4. 1933 sowie Fälle von Hoch- und Landesverrat wurden meistens vor den Strafsenaten der Oberlandesgerichte bzw. vor dem Volksgerichtshof verhandelt. Die spektakulären politischen Prozesse gegen Regimegegner fanden deshalb auch in Braunschweig nicht vor dem Sondergericht statt. Dessen Domäne waren bis Kriegsbeginn die Heimtückeverfahren. In ein solches konnte verwickelt werden, wer unbefugt nationalsozialistische Uniformen oder Abzeichen trug, wer dabei eine Straftat beging, vor allem aber, wer vorsätzlich eine unwahre und gröblich entstellende Behauptung aufstellte und verbreitete, die geeignet war, das Wohl des Reiches, eines Landes, der Regierung oder

---

[12] Helmut Kramer, Die NS-Justiz in Braunschweig und ihre Bewältigung ab 1945, in: Braunschweig unterm Hakenkreuz, Braunschweig 1981, 29–59. Rudolf Wassermann, Zur Geschichte des Oberlandesgerichts Braunschweig, in: Justiz im Wandel der Zeit. Festschrift des Oberlandesgerichts Braunschweig, hrsg. v. Rudolf Wassermann, Braunschweig 1989, 11–110.

der hinter ihr stehenden Parteien und Verbände zu schädigen[13]. Damit wollten sich die Machthaber gegen den Mißbrauch ihrer Embleme seitens Krimineller, vor allem aber seitens ihrer politischen Gegner schützen, die Uniformen und Abzeichen zur Tarnung benutzen könnten. In erster Linie aber war die Verordnung ein Instrument zur Bekämpfung jeglicher gegnerischer politischer Aktivitäten.

Es ist bemerkenswert, daß auch nach der endgültigen Stabilisierung des NS-Systems, etwa seit dem Sommer 1934, der Tatbestand der Heimtücke beibehalten wurde; das Heimtückegesetz vom 20. 12. 1934 verschärfte ihn sogar. Es bestrafte nunmehr auch die Abgabe von Werturteilen: Wer „öffentlich gehässige, hetzerische oder von niedriger Gesinnung zeugende Äußerungen über leitende Personen des Staates oder der NSDAP, über ihre Anordnungen oder die von ihnen geschaffenen Einrichtungen" machte, die geeignet waren, „das Vertrauen des Volkes zur politischen Führung zu untergraben", wurde mit Gefängnis bestraft[14]. Dieser Paragraph zielte auf die Gewissensprüfung und die Frage nach der inneren Einstellung des Beschuldigten. Jede regimekritische Äußerung konnte damit verfolgt werden, wobei zentrale Begriffe des Gesetzes nicht exakt definiert und in hohem Maße auslegungsfähig waren. Die Verordnung vom 20. 11. 1938 ermächtigte die Staatsanwaltschaft, jedes Verbrechen vor dem Sondergericht anzuklagen, wenn mit Rücksicht auf die „Schwere oder Verwerflichkeit der Tat oder die in der Öffentlichkeit hervorgerufene Erregung" eine sofortige Aburteilung geboten erschien[15].

Bei Kriegsbeginn veränderte sich die Arbeit der Sondergerichte durch die Erweiterung ihrer Zuständigkeit grundlegend. Vor einem Sondergericht wurde angeklagt, wer ausländische Rundfunksender abhörte (Rundfunk-Verordnung)[16]; wer Rohstoffe oder Erzeugnisse, die zum lebenswichtigen Bedarf der Bevölkerung gehörten, vernichtete, beiseite schaffte oder zurückhielt (Kriegswirtschafts-Verordnung)[17]; wer sich der Wehrpflicht entzog, wer Soldaten zur Fahnenflucht aufforderte und wer die Wehrkraft zersetzte (Kriegssonderstrafrechts-Verordnung)[18]; wer vorsätzlich Wehrmittel zerstörte, beschädigte oder fehlerhaft herstellte, wer die Produktion eines kriegswichtigen Betriebes behinderte und wer mit

---

[13] Verordnung vom 21. 3. 1933, Reichsgesetzblatt (RGBl.) I., 135.

[14] Gesetz gegen heimtückische Angriffe auf Staat und Partei vom 20. 12. 1934, RGBl. 1934, 1269.

[15] RGBl. I, 1938, 1632.

[16] Verordnung über außerordentliche Rundfunkmaßnahmen vom 1. 9. 1939, RGBl. I, 1939, 1683.

[17] Kriegswirtschaftsverordnung vom 4. 9. 1933, RGBl. I, 1939, 1609.

[18] „wer öffentlich dazu auffordert oder anreizt, die Erfüllung der Dienstpflicht in der deutschen oder einer verbündeten Wehrmacht zu verweigern oder sonst öffentlich den Willen des deutschen oder verbündeten Volkes zur wehrhaften Selbstbehauptung zu lähmen oder zu zersetzen sucht".

Kriegsgefangenen in einer Weise Umgang pflegte, „welche das gesunde Volksempfinden gröblich" verletzte (Wehrkraftschutz-Verordnung)[19]; wer bei einer schweren Gewalttat Schuß-, Hieb- oder Stoßwaffen gebrauchte (Gewaltverbrecher-Verordnung)[20]; wer schließlich gegen die Volksschädlings-Verordnung (VVO) verstieß. Sie bildete das „Kernstück" des Kriegsstrafrechts. Wer ein Verbrechen oder Vergehen gegen Leib, Leben oder Eigentum unter Ausnutzung der zur Abwehr von Fliegerangriffen getroffenen Maßnahmen beging oder eine sonstige Straftat unter Ausnutzung der durch den Kriegszustand verursachten außergewöhnlichen Verhältnisse, wurde mit Zuchthaus oder mit dem Tode bestraft, „wenn dies das gesunde Volksempfinden wegen der besonderen Verwerflichkeit der Straftat erfordert". Mit dem Tod bestraft wurde, „wer im freigemachten Gebiet oder in freiwillig geräumten Gebäuden oder Räumen plündert" – es war dies die schrecklichste Verordnung des Kriegsstrafrechts[21]. Von den 88 Todesurteilen, die das Sondergericht Braunschweig fällte, bezogen sich allein 50 auf die Volksschädlingsverordnung. Gerade bei dieser Verordnung fällt die Unschärfe der Tatbestände sowie der weite Ermessensspielraum für das Gericht auf. Wann lag Plünderung vor, wer definierte „Ausnutzung des Kriegszustandes" oder „gesundes Volksempfinden"? Im Handumdrehen konnten sich Alltagsdelikte in Volksschädlingstaten verwandeln mit fürcherlichen Folgen für die Angeklagten. Eine Postangestellte stiehlt Feldpostpäckchen und schickt die entwendeten Zigaretten ihrem Freund an die Front. Sie hat keinerlei Vorstrafen, gilt als fleißige Arbeiterin und wird dennoch mit dem Tode bestraft[22]. Das Entwenden von Kleidern, Nahrungsmitteln, Haushaltsgegenständen nach einem Bombenangriff konnte als Plünderung gelten und zog zwangsläufig die Todesstrafe nach sich. Ob ein Diebstahl als Plünderung zu bezeichnen war, diese Entscheidung lag freilich im Ermessen des Gerichts. Besonders in den letzten Kriegsjahren ging das Sondergericht davon aus, daß Eigentumsdelikte unter Ausnutzung der Verdunklungsmaßnahmen begangen wurden. Damit konnte es selbst bei Bagatellsachen die Volksschädlingsverordnung anwenden und hohe Zuchthausstrafen verhängen. Nahezu jede Verfehlung ließ sich mit der VVO bestrafen. Ein Lohnbuchhalter hatte Gelder unterschlagen; das Gericht sah darin kein bloßes Unterschlagungsdelikt, sondern einen Verstoß gegen die VVO; er habe kriegsbedingte Verhältnisse, die Abwesenheit seiner eingezogenen Kollegen, schamlos ausgenutzt[23]. Eine Ehefrau, die zu Unrecht Unterstützung bezogen hatte – ihr Mann war schon längst von der Front zurückgekehrt –, wurde nicht nur

---

[19] Verordnung vom 25. 11. 1939, RGBl. I, 1939, 2319.
[20] Verordnung vom 5. 12. 1939, RGBl. I, 1939, 2378.
[21] Verordnung vom 5. 9. 1939, RGBL. I, 1939, 1679.
[22] SAW: 42 B Neu 7, Nr. 1552.
[23] BAK: R 22, 3454, Nr. 8.

wegen Betrugs, sondern auch aufgrund der VVO zu 2 Jahren Zuchthaus verurteilt[24]. Ganz entscheidend bei der Urteilsfällung war die Feststellung, ob es sich bei dem Angeklagten um den Typ des „Volksschädlings" handelte. Ausführliche Persönlichkeitswürdigungen finden sich deshalb auch in vielen Urteilen: „Er ist offensichtlich eine vollkommen hemmungslose, weichliche Natur, die sich in ein gesetzmäßiges Leben nicht einfügen kann"[25]. Auch bei der Täter-Charakterisierung hatte das Gericht erheblichen Spielraum, und es bedürfte einer genauen Analyse der Urteilsniederschriften, um Klarheit über die von den Sonderrichtern angewandten Kriterien zu bekommen.

Die Sondergerichte verstanden sich gerade im Krieg als Schnellgerichte: „Der standrechtliche Charakter ist ein Wesensmerkmal der Sondergerichte"[26]. Bei Plünderungen sollte das Sondergericht am gleichen Tag anklagen und das Urteil sprechen; schnellste Vollstreckung wurde angeordnet[27]. Noch bewegten sich die Sondergerichte in einem rechtlichen Normensystem, auch wenn durch Lenkung der Rechtsprechung – Richterbriefe, „Vor- und Nachschau", außerordentlicher Einspruch und Nichtigkeitsbeschwerde – die richterliche Unabhängigkeit immer stärker eingeschränkt wurde. In den letzten beiden Kriegsjahren verschärfte sich jedoch die sondergerichtliche Rechtssprechung in einer Weise, daß sie zunehmend den Willkürhandlungen des SS-Staates ähnelte. Der Normenstaat glich sich dem Maßnahmestaat an.

Dieser Prozeß verlief im NS-Staat schrittweise und begann unmittelbar nach der Machtergreifung. Die Reichstagsbrandverordnung schlug die entscheidende Bresche in das bisherige Rechtssystem, als sie die Grund- und Freiheitsrechte außer Kraft setzte, als sie Verhaftungen ohne Beteiligung der Justiz ermöglichte. In späteren Jahren war nicht einmal der Bezug auf diese Verordnung notwendig. Die polizeiliche Schutzhaft als Maßnahme zur Gegnerbekämpfung im weitesten Sinn bildete die Grundlage des KZ-Systems und entwickelte sich zu einem wesentlichen Bestandteil des SS-Staates. Es kam immer wieder vor, daß nach Haftbeendigung, aber auch nach Verfahrenseinstellungen oder Freisprüchen die Beschuldigten von der Gestapo in Schutzhaft genommen wurden. Otto Thielemann, Volksfreund-Redakteur und den Nazis besonders verhaßt, wurde nach Verbüßung seiner vom Sondergericht verhängten dreijährigen

---

[24] BAK: R 22, 3454, 103.

[25] SAW: 42 B Neu 7, Nr. 1565.

[26] Reichsjustizministerium (RJM) an OLG-Präsidenten am 21. 2. 1940 (SAW: 61 Nds Zg. 12, 1987, Nr. 40).

[27] RJM am 16. 6. 1942. Sondergerichte müßten gegebenenfalls an Ort und Stelle tagen: „Nur derjenige, der das Elend der Bevölkerung und die Schutzlosigkeit ihrer Habe nach solchem Großangriff persönlich kennt, vermag den Plünderer in jedem Einzelfall mit der erforderlichen Strenge anzufassen".

Haft von der Gestapo als Schutzhäftling ins Konzentrationslager Dachau gebracht, wo er Jahre später verstarb[28]. Eine Prostituierte aus Braunschweig hatte geschimpft: „Adolf verbietet das Heiraten, und er selbst heiratet nicht, weil ihm die Arschfickerei besser gefällt, dem schwulen Hengst"[29]. Das Sondergericht verfolgte wegen Unglaubwürdigkeit der Zeugin nicht weiter; die Beschuldigte kam jedoch in Schutzhaft.

Im Krieg gab die Justiz immer mehr Zuständigkeiten an die Gestapo ab. Im Sommer 1943 überließ sie die Strafverfolgung von „Fremdvölkischen" ganz der Polizei. Nur wenn es „stimmungspolitisch" opportun erschien oder ein Todesurteil zu erwarten war, konnte ein Sondergerichtsverfahren eingeleitet werden. Auch „politische Volksschädlinge", „Gewohnheitsverbrecher" und „Asoziale" überstellte die Justiz zunehmend der Polizei[30]. Der wachsende Einfluß der Gestapo wird bei den sog. Urteilskorrekturen deutlich, das sind polizeiliche Liquidierungen nach zu „milden" gerichtlichen Urteilen. Ein polnischer Kriegsgefangener arbeitete bei einem Landwirt in einem Dorf bei Braunschweig; er hat ein Verhältnis mit einer verheirateten Frau. Das Sondergericht verurteilte die Frau wegen Umgangs mit Kriegsgefangenen zu 2 ½ Jahren Gefängnis; der Kriegsgefangene – noch ist das Polenstrafrecht nicht in Kraft – erhält eine mehrwöchige Arreststrafe. Nach ihrer Verbüßung wird er erhängt. In den Akten findet sich dazu der lapidare Hinweis: „staatspolizeiliche Erledigung"[31].

Es ist festzuhalten: Die vom Sondergericht erlassenen Haftstrafen konnten durchaus vor einer Überstellung in Schutzhaft und damit ins Konzentrationslager bewahren. Die Verschärfung der Rechtssprechung wäre dann als Versuch zu sehen, schlimmere und lebensbedrohlichere Haftbedingungen der SS zu verhindern. Dies war die Rechtfertigungsstrategie der Justiz nach 1945. Angesichts der außerordentlichen Härte vieler Urteile in den letzten Kriegsjahren, angesichts der zahlreichen Todesurteile, wird man dieses Erklärungsmuster hinterfragen müssen. Hans-Ulrich Thamer hat das Dilemma der Justiz im Dritten Reich zutreffend mit dem Satz beschrieben: „Unrecht konnte vor noch größerem Unrecht bewah-

---

[28] SAW: 42 B Neu 7, Nr. 69.
[29] SAW: 42 B Neu 7, Nr. 472.
[30] Vgl. hierzu Werle (Anm. 7), 613; Angermund (Anm. 8), 183ff.
[31] SAW: 42 B Neu 7, Nr. 875. Im Lagebericht des Braunschweiger OLG-Präsidenten vom 10. 3. 1942 wird von einer weiteren Urteilskorrektur berichtet: „In zwei jetzt bekannt gewordenen Fällen sind Angeklagte, die vom Sondergericht zu schweren Zuchthausstrafen und Sicherungsverwahrung verurteilt waren, nachträglich nach Bekanntmachungen des Reichsführers SS erschossen worden. Bei den Richtern und darüber hinaus in anderen Kreisen wird das als Korrektur des Spruches der unabhängigen Gerichte angesehen. Sie wird deshalb bedauert, weil sie durch Stellen außerhalb der Justiz erfolgt [...] sind" (SAW: 57 Nds Nr. 17).

ren"[32]. Daß es zu dieser Situation gekommen war, hatte sich die Justiz durch ihre Anpassungstaktik bzw. durch ihre partielle Übereinstimmung mit NS-Rechtsvorstellungen selbst zuzuschreiben.

Das ambivalente Verhältnis von Justiz und Gestapo/SS läßt sich auch für Braunschweig an einigen Beispielen zeigen. Angesichts der Gewaltexzesse an Schutzhäftlingen im Frühjahr und Sommer 1933 intervenierte der neu ernannte Präsident des Oberlandesgerichts (OLG), Heusinger, bei Klagges und Alpers und forderte die rasche Einleitung von gerichtlichen Strafverfahren. Das geschah dann auch durch ein Schnellgericht, das teilweise empfindliche Strafen verhängte. Allerdings – so erklärten einige der damals Verurteilten nach 1945 – hätten sie es als große Erleichterung empfunden, „durch einen Urteilsspruch von der quälenden Ungewißheit befreit und durch Überführung in Strafhaft den Willkürmaßnahmen der Hilfspolizisten entzogen zu werden"[33]. Wie eng die Zusammenarbeit zwischen der Staatsanwaltschaft am Sondergericht und der Gestapo war, zeigt ein Vermerk von Oberstaatsanwalt Rasche: „Es ist bewährte Übung, daß die politische Polizei der Staatsanwaltschaft von Festnahmen Mitteilung macht, damit diese für den Fall, daß die Voraussetzungen für Schutzhaft nicht vorliegen, Haftbefehl erwirken kann. Umgekehrt ist es genauso, wenn die Staatsanwaltschaft einen strafrechtlichen Sachverhalt nicht für gegeben hält und andrerseits der politischen Polizei die Möglichkeit geben will, aus staatspolitischen Gesichtspunkten sich über Schutzhaft schlüssig zu werden"[34]. Gerade diese engen Kontakte zur Gestapo und SS führten 1936 zu einem schweren Konflikt zwischen Rasche und dem Vorsitzenden des Sondergerichts, Lachmund. Dieser, übrigens ein überzeugter Nationalsozialist, versuchte die geringe, noch verbliebene Unabhängigkeit des Gerichts gegenüber der Gestapo zu wahren[35]. Mit der Versetzung von Rasche und Lachmund beseitigte der Reichsjustizminister diesen Konfliktherd[36].

---

[32] Hans-Ulrich Thamer, Verführung und Gewalt. Vgl. auch Hans Wrobel, Verurteilt zur Demokratie. Justiz und Justizpolitik in Deutschland 1945–1949, Heidelberg 1989, 84.

[33] Urteil im Klagges-Prozeß (SAW: 62 Nds Fb. 2, Nr. 795, 142).

[34] SAW: 42 B Neu 7, Nr. 1284.

[35] Vgl. hierzu ausführlich: Kuessner/Ludewig(Anm. 1).

[36] In bemerkenswerter Weise kommentierte der OLG-Präsident Nebelung die Versetzung Lachmunds: „[...] daß dadurch das Vertrauen in die Unparteilichkeit der Gerichte erschüttert wird, liegt auf der Hand. Die Bequemen werden sich durchsetzen, wenn sie sagen, daß selbst ein Mann in der Stellung und dem unbeugsamen Charakter des Landgerichtspräsidenten Lachmund den Folgen nicht entgehen konnte. Das Vertrauen zur Gerechtigkeit hat nicht einmal in den Zeiten der ‚gefesselten Justiz' [gemeint ist die Weimarer Republik] eine so starke Erschütterung erfahren. Noch immer sind den Niedersachsen Recht und Freiheit des Glaubens Unterpfand, sogar die Voraussetzung zur Einigung gewesen. Als ihren Beschützer hat sie bisher die Rechtspflege angesehen". Nebelung an RJM vom 23. 12. 1936 (SAW: 62 Nds, Nr. 787).

In welchem Ausmaß Partei und SS Verfahren und Urteile beeinflußten, läßt sich nur schwer feststellen; verständlicherweise geben die Prozeßakten hierzu keine Auskunft. Man ist auf Zufallsfunde angewiesen. In dem Prozeß gegen den Betriebsdirektor H. standen die Verhandlungen „völlig unter dem Einfluß der damaligen politischen Leiter und Angehörigen der Gestapo. Sogar der amtierende erste Staatsanwalt erhielt während der Hauptverhandlung Weisungen und Anregungen von dem anwesenden Kreisleiter Beier"; auch der Gauleiter Lauterbacher mischte sich ein[37].

4. Richter und Staatsanwälte

Das Sondergericht Braunschweig setzte sich aus dem Vorsitzenden und zwei Beisitzern zusammen; Ein Oberstaatsanwalt fungierte als Leiter der Anklagebehörde, unterstützt von mehreren Staatsanwälten. Die Berufung der Mitglieder erfolgte zunächst durch das Präsidium des Landgerichts, mit der Verordnung vom 24. 11. 1937 durch den Präsidenten des OLG.

Es wurden „politisch qualifizierte" Richter und Staatsanwälte an das Sondergericht berufen[38]. Das gilt zweifellos für die Vorsitzenden und die Leiter der Anklagebehörde. Etwa für den ersten Vorsitzenden (1933 – Ende 1936), Friedrich Lachmund, seit dem Frühjahr 1932 Mitglied der NSDAP und bei seiner Ernennung entschlossen, die Justiz zum „Bollwerk für die nationalsozialistische Bewegung" zu machen. Auf sein Drängen wird Staatsanwalt Rasche zum Vertreter der Anklagebehörde beim Sondergericht ernannt: er brauche einen Oberstaatsanwalt, „der bellen kann"[39]. Das gilt auch für die nachfolgenden Vorsitzenden: Wilhelm Ehlers (1937–1939); Karl Höse (ab 30. 8. 1939–1942); Hugo Kalweit (ab 18. 5. 1942–1943) und Walter Lerche (ab 15. 12. 1943 bis Kriegsende); das gilt für den Nachfolger von Rasche als Leiter der Anklagebehörde, Dr. Ranker. Als er 1940 an die Front geht, übernimmt Oberstaatsanwalt Wilhelm Hirte seine Funktion, unterstützt von den Staatsanwälten, die auch schon davor als Anklagevertreter amtieren: Beneke, Dr. Mertens, Dr. Lüders, Huchtemann, Dr. Linke, Wansleven und Flöte[40]. Das Kriterium der

---

[37] Schreiben des Verteidigers von H. an den Generalstaatsanwalt vom 21. 2. 1952. Oberstaatsanwalt Hirte bescheinigte bereits am 19. 5. 1945, er habe auf höhere Weisung das Todesurteil beantragt (SAW: 42 B Neu 7, Nr. 1554). Angermund (Anm. 8), 196 zitiert einen Landgerichtspräsident in Krefeld [Lachmund], der sich in einem Bericht verwundert zeigte, „daß die Staatspolizei in Braunschweig wage, in gerichtliche Verfahren einzugreifen".

[38] Vgl. Schreiben des RJM an die Präsidenten der OLG vom 5. 7. 1943 (SAW: 61 Nds, Zg. 12/1987, Nr. 4).

[39] SAW: 42 B Neu 7, Nr. 1284.

[40] Eine genaue Übersicht über die Besetzung des Sondergerichts läßt sich aus dem Bestand SAW: 57 Nds, Zg. 56/1989, Nr. 2, ermitteln.

politischen Zuverlässigkeit konnte wegen Personalmangels in der zweiten Kriegshälfte nicht immer angewandt werden. „Mindestens während des Krieges war für die noch in der Heimat befindlichen Richter eine Berufung in das Sondergericht nicht mehr zu vermeiden", schrieb 1947 Wilhelm Mansfeld, seit Mai 1945 Präsident des OLG[41]. Daß aber auch sie weitgehend im Sinne der Nationalsozialisten Recht sprachen, macht ein Schreiben von Oberstaatsanwalt Hirte deutlich: auch mit Richtern aus Zivilgerichten habe man gute Erfahrungen gemacht, „wenn sie nur aufgeschlossen, einsatzbereit und nicht zu alt waren"[42]. Unzufrieden äußerten sich die Vorgesetzten nur über den Richter Gosewisch, der bezeichnenderweise kein Parteimitglied war[43]. Für die meisten Sonderrichter trifft die Beurteilung des Braunschweiger Generalstaatsanwalts Fritz Bauer aus dem Jahr 1951 zu: „Richter am Sondergericht wurden aus dem Kreis der Richter ausgesucht, weil sie gerade nicht im Rufe innerlich richterlicher Unabhängigkeit und Unparteilichkeit standen und deren Funktion nur in einem äußerlichen Sinn richterlich war"[44]. Das gilt neben den schon Genannten sicherlich für die Richter, die seit 1933 fast ununterbrochen am Sondergericht tätig waren, wie Lerche, Eilers, v. Griesbach. Das gilt für Rudolf Grimpe, den der Vorsitzende Kalweit 1943 als die „Seele des Sondergerichts" bezeichnete[45]. Die Entscheidungen der Militärregierung und des Entnazifizierungsausschusses „Justiz" bestätigen weitgehend diesen Eindruck[46]. In seinem Bericht aus dem Jahre 1947 hatte OLG-Präsident Mansfeld festgestellt, daß bei der Ernennung der Sonderrichter bei der überwiegenden Zahl der Fälle die fachlichen Erfahrungen und Kenntnisse ausschlaggebend waren, Dienststellen der NSDAP seien bei der Ernennung nicht befragt worden. Hier wird man zögern. Die Beurteilungen in den Personalakten stellen die politische Zuverlässigkeit der Sonderrichter in den Mittelpunkt, und Parteistellen wurden bei Richtereinstellungen sehr wohl befragt[47].

---

[41] Schreiben des OLG-Präsidenten Mansfeld an den Nds. Minister der Justiz vom 23. 10. 1947 (SAW: 3 Nds, 207).

[42] Hirte an den Generalstaatsanwalt vom 19. 7. 1943 (SAW: 61 Nds, Zg. 12/1987, Nr. 4).

[43] SAW: 57 Nds, Zg. 56/1989, Nr. 1.

[44] SAW: 62 Nds Fb2, Nr. 758.

[45] SAW: 57 Nds, Nr. 28.

[46] SAW: 3 Nds 92. Vgl. hierzu auch die Beiträge von Friedrich Wilhelm Müller und Klaus Erich Pollmann in diesem Band. Ein Bericht aus dem Jahr 1946 nennt folgende suspendierte bzw. entlassene Richter: Döring, Peters, Lerche, Steinmeyer, Grimpe, Grotrian, G. Spieß, Kalweit, Ehlers, v. Griesbach, Angerstein, Seggelke, Höse, Eilers (SAW: 3 Nds, 207).

[47] SAW: 57 Nds, Zg. 56/1989, Nr. 1–76. Am 13. 6. 1939 schrieb die NSDAP-Gauleitung an den OLG-Präsidenten in Bezug auf Rudolf Grimpe: „gegen eine Anstellung als Amtsgerichtsrat habe ich keinerlei Bedenken", ebd. Nr. 28. Auch bei Karl Höse nimmt die Gauleitung zu seiner politischen Zuverlässigkeit Stellung, ebd. Nr. 43.

Die Frage, ob das Sondergericht Braunschweig besonders hart urteilte, läßt sich beim jetzigen Forschungsstand nicht beurteilen, da Untersuchungen zu anderen Sondergerichten erst in Ansätzen vorhanden sind. Bekannt sind die drei Rügen des Reichsjustizministers wegen zu niedriger Strafen bei Schwarzschlachtungen[48]. In einigen Fällen führten „Nichtigkeitsbeschwerden" des Oberreichsanwalts gegen zu milde Urteile des Sondergerichts zu härteren Strafen. Es gibt allerdings auch eine Nichtigkeitsbeschwerde des Oberreichsanwalts wegen zu großer Härte des Braunschweiger Sondergerichts. Als der 1. Strafsenat am Reichsgericht daraufhin den Fall erneut verhandelt, antwortet dessen 1. Vorsitzende dem sich rechtfertigenden Angeklagten: „Warum erzählen Sie uns das alles, wir kennen das Sondergericht Braunschweig ganz genau". Das Verfahren wurde zurückverwiesen, aber nicht nach Braunschweig, sondern ans Sondergericht Magdeburg, das auf Freispruch entschied[49]. Und der Kommandant der Stadt Braunschweig, gleichzeitig örtlicher Befehlshaber für das Aufbaugebiet der Reichswerke Hermann Göring und des VW-Werkes, empfand es dankbar, „daß das Sondergericht in Braunschweig, namentlich auch bei strafbaren Handlungen der Ausländer, es an der erforderlichen Entschiedenheit nicht hat fehlen lassen". Leider gehöre das VW-Werk nicht zum Sondergericht Braunschweig, sondern zum Sondergericht Hannover. „Das Sondergericht Braunschweig empfiehlt sich durch die Zahl der Todesurteile"[50].

Sicherlich wollten sich auch die Braunschweiger Sonderrichter – wie die Richter überall – um jeden Preis vor dem Vorwurf zu laxer Rechtsprechung schützen. Zumal nach der Reichstagsrede Hitlers vom April 1942, in der er den Richtern, „die ersichtlich das Gebot der Stunde nicht erkennen", mit Amtsenthebung drohte. Bis Kriegsende wurde allerdings kein Braunschweiger Sonderrichter seines Amtes enthoben. In Braunschweig kam es jedoch zu einer Umbesetzung des Sondergerichts. Im Mai 1942 übernahm Hugo Kalweit den Vorsitz von Karl Höse, der offensichtlich für die mildere Urteilspraxis verantwortlich gemacht wurde. Wenn auch das Revirement vom Präsidenten bzw. Vizepräsidenten des OLG vorgenommen wurde, spricht vieles dafür, daß Kalweit von sich aus die Ablösung Höses betrieb[51].

---

[48] SAW: 57 Nds, Zg. 56/1989, Nr. 2.

[49] 57Nds, Nr. 26.

[50] Lagebericht des Generalstaatsanwalts vom 2. 2. 1943 (SAW: 42 A Neu Fb. 5, Zg. 46/1972, Nr. 1).

[51] Im Jahr 1942 kam es zu heftigen Konflikten innerhalb des Sondergerichts, als Landgerichtspräsident Kalweit scharfe Kritik an der Effizienz des Sondergerichts übte; wenig später wurde er selbst Vorsitzender des Sondergerichts (SAW: 57 Nds, Zg. 56/1989, Nr. 1).

Nach der „Richterschelte" Hitlers nahmen die Lenkungsmaßnahmen seitens des Justizministeriums zu: mittelbar durch Weisungen des Reichsjustizministers bzw. durch die Richterbriefe, unmittelbar durch Besprechungen „prekärer Fälle" zwischen dem OLG-Präsidenten, den Richtern und Staatsanwälten. „Es war absolut üblich, daß die Urteile zwischen Hirte (Ltd. Oberstaatsanwalt) und dem Vorsitzenden des Sondergerichts vorher besprochen wurden"[52]. Widerspruch gegen diese Form der Einflußnahme ist – von einer Ausnahme abgesehen – seitens der Richter nicht bekannt[53].

Man wird die Lenkungsversuche hinsichtlich ihres Einschüchterungspotentials nicht gering achten dürfen. Ob sie in den letzten chaotischen Kriegsmonaten wirklich noch so durchsetzbar waren, ist zu bezweifeln. Und gerade in dieser Zeit häuften sich die furchtbaren Urteile.

5. Die Tätigkeit des Sondergerichts

Die Registratur des Braunschweiger Sondergerichts verzeichnet von 1933 bis 1945 über 5000 Verfahren[54]. Über 4/5 davon fallen in die Kriegszeit, über die Hälfte in die Zeit vom Januar 1943 bis zum Kriegsende. Eine Unterscheidung zwischen Friedens- und Kriegszeit bietet sich deshalb an; auch innerhalb dieser Zweiteilung gibt es noch bemerkenswerte Ungleichmäßigkeiten.

Am Ende des Jahres 1933 konnte das Sondergericht Braunschweig auf eine intensive Tätigkeit zurückblicken. Den rücksichtslosen Kampf gegen die „Volksfeinde" hatte der Vorsitzende Lachmund am ersten Verhandlungstag Anfang April 1933 angekündigt. Über 100 Ermittlungsverfahren kamen ins Rollen, 54 Prozesse fanden statt. Die deutlich absinkenden Ermittlungsverfahren 1934 (9) und 1935 (25) schienen eine Wende zu signalisieren. Oder war das Braunschweiger Sondergericht im Jahre 1933 besonders eifrig? Letzteres liegt nahe, liest man den Brief Lachmunds an Ministerpräsident Klagges: „Mit welchen bewußt drakonisch hohen Strafen das Sondergericht unter meiner Leitung sich voll auch die Anerken-

---

[52] Oberstaatsanwalt Brandes in seinem Bericht an den Generalstaatsanwalt vom 2. 10. 1946. Im Verfahren gegen Rechtsanwalt W. vom Oktober 1942 war offensichtlich das Strafmaß bereits einige Tage vor der Verhandlung zwischen dem Vorsitzenden und der Staatsanwaltschaft festgelegt worden (SAW: 57 Nds, Nr. 26).

[53] In einer Besprechung der Richter des OLG-Bezirkes zu dieser Thematik im Herbst 1942 protestierte nur Amtsgerichtsrat Herbst aus Königslutter gegen diese Form der Richterbeeinflussung.

[54] Die folgende quantitative Auswertung stützt sich auf die Registerbände des Bestandes SAW: 42 B Neu 7, Nr. 1700–1732.

nung des hiesigen Staatsministeriums erworben hat, so daß es alsbald nach mehr als 60 Verhandlungen im Gegensatz zu den Sondergerichten sämtlicher anderer Bezirke seine Tätigkeit auf lange einstellen konnte"[55]. Die Zahlen des Jahres 1936 sollten ihn Lügen strafen. Sprunghaft erhöhten sich die Ermittlungsverfahren auf 279, um dann auf knapp über 200 in den Jahren 1937/38 zu sinken. Freilich, wir begegnen überwiegend ganz anderen Fällen als 1933.

Von den Ermittlungsverfahren des Jahres 1933 brachte der Ankläger 52% zur Hauptverhandlung vor das Sondergericht, ein Drittel ging an andere Institutionen – an die Amtsgerichte im Land oder an das Reichsgericht in Berlin – lediglich 14% aller Ermittlungsverfahren wurden eingestellt. Eine vergleichbar niedrige Einstellungsrate und ein dementsprechend hoher Anteil an Prozessen läßt sich in keinem Jahr mehr finden. In den Jahren 1936–1939 lag der Anteil der nicht zur Anklage kommenden Verfahren bei durchschnittlich 60%, selbst in der Kriegszeit lag er zwischen 30 und 50%.

An der Spitze der Delikte standen im Jahr 1933 die Verstöße gegen die Reichstagsbrandverordnung (56,4%) und gegen die Heimtückeverordnung (41,8%). Erstere sollte den politischen Gegner treffen. Von den 105 Angeklagten der Jahre 1933/34 waren 86 Mitglieder der SPD, des Reichsbanners, vor allem aber der KPD. Sie hatten ein verbotenes Parteiabzeichen getragen, Wahlzettel verteilt, verbotene Versammlungen besucht – Bagatellsachen, die das Gericht mit unverhältnismäßig hohen Strafen ahndete, wobei es mehrfach über den Antrag der Staatsanwaltschaft hinausging. Abschreckung war das Leitmotiv dieser Urteile. Die Zeitungen berichteten in den ersten Monaten regelmäßig über die Sitzungen des Sondergerichts, publizierten die Namen der Verurteilten und das Strafmaß. Geradezu hysterisch reagierte das Gericht, wenn bei Anhängern der Linksparteien Sprengstoff gefunden wurde, auch wenn es sich um kleinste Mengen handelte. Die Verstöße gegen die Reichstagsbrandverordnung – und das waren die politischen Delikte im engeren Sinn – gingen in den folgenden Jahren drastisch zurück. Sie finden sich nochmals 1936/37, als zahlreichen Mitgliedern der Internationalen Bibelforscher-Vereinigung (Zeugen Jehovas) der Prozeß gemacht wurde.

Als in einer Besprechung im Oktober 1939 Reichsjustizminister Gürtner und sein Staatssekretär Freisler von den anwesenden Vorsitzenden der Sondergerichte verlangten, die Richter sollten „die Friedensmaßstäbe fallenlassen", zu „Soldaten der inneren Front" werden, jeder Dolchstoß in den Rücken der kämpfenden Truppen sei unbedingt zu vermeiden, stand für alle fest, die Sondegerichte rückten in das Zentrum der Strafverfolgung.

---

[55] Brief Lachmunds an Klagges vom 27. 9. 1935 (SAW: 12 A Neu 13).

In den ersten Kriegsmonaten und während des Jahres 1940 standen nach wie vor die Heimtückefälle an der Spitze der Tätigkeit. In den folgenden Jahren verringerte sich ihr Anteil an allen Verfahren bis auf 11% im Jahr 1944. An zweiter Stelle standen 1940 Verfahren wegen Vergehen und Verbrechen aus dem Bereich des Strafgesetzbuches: Diebstahl, Betrug, Raub, Körperverletzung, Mord (28%). Sie sanken auf unter 1% im Jahr 1944. Nun waren diese Delikte keineswegs verschwunden, im Gegenteil. Nur wurden sie nicht mehr aufgrund der Strafgesetzparagraphen verfolgt, sondern mit Hilfe der Volksschädlingsverordnung, die drakonische Strafen vorsah. Daß im Jahr 1944 die Verstöße gegen die VVO mit ca. 35% an der Spitze der Ermittlungsverfahren standen (gegenüber 4% 1940) verweist auf die immer rigoroser werdende Verfolgungs- und Strafpraxis angesichts der sich zuspitzenden Situation an der „Heimatfront".

Sprunghaft nahmen im Kriegsverlauf die Verstöße gegen die Kriegswirtschaftsverordnung zu, von 1,5% im Jahr 1940 auf 40% 1943. Energisch verfolgt wurden in den ersten Kriegsmonaten die Verstöße gegen die Rundfunkverordnung; abschreckende Urteile sollten von Anfang an die richtigen Signale setzen. Die Verfahren wegen Umgangs mit Kriegsgefangenen häuften sich in den Jahren 1941–1943 und gingen bei Kriegsende deutlich zurück. Genau umgekehrt verlief die Entwicklung bei den Prozessen wegen Wehrkraftzersetzung und Entziehung der Wehrpflicht.

6. Die Strafen

Historische Forschung, Justiz, Publizistik und Öffentlichkeit haben sich sehr spät mit den Sondergerichten beschäftigt. Erst das Bekanntwerden einzelner, besonders schrecklicher Urteile aus der Kriegszeit gab entscheidende Impulse für das Nachfragen. In Braunschweig hat Helmut Kramer auf den Fall Erna Wazinski hingewiesen, die Ende 1944 wegen eines angeblichen Kleindiebstahls zum Tode verurteilt und hingerichtet wurde. Eine Auseinandersetzung mit solch erschreckenden Urteilen ist unerläßlich. Doch die Sondergerichte ausschließlich mit Todesurteilen in Verbindung zu sehen, würde die Sondergerichtsbarkeit nicht hinreichend charakterisieren. Schon ein flüchtiger Blick auf die Strafen während ihrer zwölfjährigen Existenz macht dies deutlich.

Die in den Jahren bis Kriegsausbruch verhängten Strafen mögen auf den ersten Blick überraschen. Abgesehen von der hohen Zahl der Einstellungen endete jedes sechste Hauptverfahren mit einem Freispruch. Etwa 54% der Angeklagten erhielten Gefängnisstrafen unter einem Jahr, 22% über einem Jahr und 3% Zuchthausstrafen. Das Gericht verhängte bis zum Sommer 1939 kein Todesurteil; im Mai 1939 wurden 3 Männer wegen

Mordes zum Tode verurteilt[56]. Nicht die drakonischen Strafen sind bis Kriegsausbruch das Merkmal des Sondergerichts, vielmehr die Diskrepanz zwischen der Anklageerhebung überhaupt und der für uns heute gänzlichen Harmlosigkeit vieler Fälle.

Hinsichtlich des Strafmaßes fällt übrigens das Jahr 1933 erneut aus dem Rahmen. Während z.B. 1937 lediglich 17% aller Angeklagten Haftstrafen über einem Jahr erhielten, waren es 1933 doppelt so viele. Die Hälfte aller Zuchthausstrafen bis Kriegsbeginn verhängte das Gericht allein 1933 – Zeichen für die politische Indienstnahme der Justiz gerade in der Phase der nationalsozialistischen Machtdurchsetzung.

Im Krieg verschärften sich die Strafen von Jahr zu Jahr. 1940, die deutschen Truppen stürmten siegreich vorwärts, wurde noch jeder sechste Angeklagte freigesprochen, 1944 nur noch jeder zwölfte. In den ersten Kriegsmonaten schnellte die Zahl der Zuchthausstrafen auf 25% hoch – in den Jahren 1936–1938 hatte das Gericht keine einzige verhängt. Im Jahr 1944 erhielt nahezu die Hälfte der Angeklagten Zuchthausstrafen, wobei die mehrjährigen dominierten.

Und das Gericht verhängte Todesstrafen. 1940 gegen 2, 1941 gegen 4, 1942 gegen 24, 1943 gegen 22, 1944 gegen 24 Angeklagte. Für die ersten 3 Monate des Jahres 1945 zählen wir 12 Todesurteile. An mindestens 55 Todesurteilen wirkte der Sonderrichter Walter Lerche mit, an über 40 die Richter Eilers und Grimpe.

Von den 88 zum Tode Verurteilten waren 43 Ausländer, die meisten Zwangsarbeiter und Kriegsgefangene: 12 Franzosen, 11 Polen, 9 Russen, 4 Holländer, 3 Protektoratsangehörige, 2 Zigeuner, 1 Belgier, 1 Italiener. Die Richter verurteilten 8 Frauen zum Tode. Die meisten Todesurteile (50) fällte das Sondergericht aufgrund der Volksschädlingsverordnung; 18 Angeklagte verurteilte es als Gewaltverbrecher, 11 als gefährliche Gewohnheitsverbrecher, 6 wegen Entziehung der Wehrpflicht bzw. Wehrkraftzersetzung, je einen Angeklagten wegen Verstoßes gegen die Kriegswirtschaftsverordnung, gegen das Heimtückegesetz sowie wegen eines Sittlichkeitsdelikts. Allenfalls bei den Verfahren gegen „Gewaltverbrecher" lagen schwere kriminelle Delikte wie Mord, Raub, schwere Körperverletzung vor. Bei den meisten Todesurteilen gegen „Gewohnheitsverbrecher" und „Volksschädlinge" handelte es sich um kleinere Eigentumsdelikte, die allenfalls Haftstrafen gerechtfertigt hätten. Das in der Diskussion um die Sondergerichte nach 1945 immer wieder geäußerte Argument, bei den zum Tode Verurteilten handele es sich größtenteils um Täter der allgemeinen Schwerkriminalität, ist nicht stichhaltig.

---

[56] Am 9. 10. 1933 verurteilte das Sondergericht unter Lachmund, v. Griesbach und Wrede den Arbeiter W. wegen schweren Landfriedensbruchs und Verstoßes gegen die Verordnung vom 28. 2. 1933 zum Tode. Die Todesstrafe wurde in 15 Jahre Zuchthaus umgewandelt (SAW: 43 A Neu 1, Nr. 72).

7. Die Angeklagten

Während der NS-Zeit machten über 7400 Personen in Ermittlungs- oder Hauptverfahren mit dem Sondergericht Braunschweig Bekanntschaft.

Ein Blick auf die Herkunftsorte der Beschuldigten ergibt folgendes Bild: Bis Kriegsbeginn kamen etwa 39% aus der Stadt Braunschweig, 20% aus den Kleinstädten, 28% aus den Landgemeinden, der Rest aus Orten außerhalb Braunschweigs. Wiederum weicht das Jahr 1933 ab. Mit 50% lag der Anteil der Beschuldigten aus der Stadt Braunschweig deutlich über dem Durchschnitt; die zahlreichen Verfahren gegen Mitglieder der Arbeiterparteien aus dem „roten" Braunschweig schlagen sich nieder. Im Jahr 1937 kamen nur noch 27% aus der Großstadt, wesentlich stärker vertreten waren jetzt die Landgemeinden, auch noch die Kleinstädte. Diese Verschiebung, die sich bereits seit 1935 beobachten läßt, signalisiert wachsenden Unmut auf dem flachen Land.

Im Krieg lebten die meisten Beschuldigten nach wie vor in Braunschweig (etwa zwischen 35 und 40%); rückläufig war der Anteil der Kleinstädte, dafür kam jeder vierte Beschuldigte vom Dorf. Hier schlugen sich die vielen Verfahren wegen Schwarzschlachtens nieder. Seit Kriegsbeginn stammte fast jeder fünfte Beschuldigte aus dem Industriegebiet Salzgitter.

Von den Beschuldigten gehörten bis Kriegsausbruch durchschnittlich etwa 47% der Arbeiterschaft an, etwa 14% waren Angestellte und Beamte, 4% Landwirte, ca. 15% Kaufleute, Gastwirte und selbständige Handwerker, 4% waren Rentner und etwa 15% Ehefrauen bzw. Witwen; der Anteil berufstätiger Frauen war zunächst sehr gering. Im Jahr 1933 lag der Arbeiteranteil mit 58% (ca. 66% der Verurteilten) weit über dem Durchschnitt, eine Beobachtung, die erneut den besonderen Charakter dieses Jahres zeigt. Bereits 1935 verminderte sich der Anteil der Arbeiter, wobei die Hilfsarbeiter und die traditionellen Arbeiterberufe überwiegen. Sie profitierten vom wirtschaftlichen Aufschwung nicht in dem Maße wie die Industriearbeiter, die viel seltener wegen Heimtückereden vor dem Sondergericht standen. Seit 1936 kamen zunehmend Kaufleute, Gastwirte, Fleischer, Landwirte, Rentner und Pensionäre wegen Heimtückevergehen vor das Sondergericht; auch Beamte und Angestellte, aber eher aus den unteren Gehaltsgruppen und sehr viele Reisende. Die starke Präsenz der unteren Mittelschicht könnte auf enttäuschte Erwartungen gerade der sozialen Schichten schließen lassen, die den Nationalsozialismus vor 1933 am entschiedensten unterstützt hatten.

Im Krieg verändert sich die soziale Zusammensetzung. Im Jahr 1940 kamen 44% aus der Arbeiterschaft, ein Anteil, der durchaus vergleichbar mit den Friedensjahren war. Bereits 22% der Beschuldigten waren ausländische Zwangsarbeiter. Sie werden 1944 mit 36% zur stärksten Gruppe,

während der Anteil deutscher Arbeiter auf 20% zurückgeht. Das Sondergericht wurde zur gefürchteten Institution für Zwangsarbeiter und Kriegsgefangene. Im Krieg sank der Anteil der Frauen zunächst, stieg dann aber
1943 auf 28%. Jetzt waren auch wesentlich mehr berufstätige Frauen
betroffen. Gegen Kriegsende erhöhte sich die Zahl der Angestellten und
Beamten, wobei wiederum die unteren Gehaltsklassen dominierten. Verstöße gegen die Kriegswirtschaftsverordnung und Diebstahlsdelikte si-
gnalisierten einen wachsenden Werteverfall auch in bürgerlichen Kreisen.
Sprunghaft stieg 1941 die Zahl der Landwirte, Händler, Fleischer und
Gastwirte an – es war die Zeit der großen Schwarzschlachter-Prozesse.

Vor dem Sondergericht begegnen wir – in Ermittlungsverfahren und
Prozessen – überwiegend den „kleinen Leuten"; Menschen, die eher am
unteren Ende der sozialen Hierarchie stehen, am Rande der Gesellschaft.
Das gilt für die Friedens- und für die Kriegszeit, sicherlich mit Ausnahme
der Schwarzschlachter. Natürlich mußten sich auch höhere Angestellte –
übrigens so gut wie keine höheren Beamten – Unternehmer und Freiberuf-
ler vor dem Sondergericht verantworten; aber sie sind doch eher die Ausnahmen. Auffällig ist die soziale Herkunft der zum Tode Verurteilten. Sie
kamen, bis auf einen Angeklagten, alle aus der Unterschicht: neben
Zwangsarbeitern und Kriegsgefangenen waren es Gelegenheits- und
Hilfsarbeiter, Landarbeiter, Postarbeiter, ein Reisender, ein Gärtner; kein
Industrie-Facharbeiter war darunter.

8. Heimtückeverfahren vor dem Sondergericht
1933–1939

Vom ersten Sitzungstag an verfolgte das Sondergericht mit Hilfe der
Heimtückeverordnung jegliche Kritik an der Regierung. Härteste Strafen
verhängte das Sondergericht bei Äußerungen, die das Ansehen Hitlers
oder anderer Nazi-Größen herabzusetzen schienen. Ein Kutscher hatte in
einer Stehbierhalle schwadroniert: Hitler brauche nicht zu heiraten, er
habe ja seinen Freund Röhm. Dafür mußte er drei Jahre ins Gefängnis:
„Diese Behauptung über einen Mann, der von höchsten Idealen getrieben,
seine ganze Person, sein ganzes Dasein, Wirken und Schaffen in den
Dienst seines Volkes stellt, in unbefleckter Reinheit für sein Volk kämpft
[...] ist so niederträchtig, daß sie mit harter Strafe geahndet werden
muß"[57]. Kritik an konkreten Regierungsmaßnahmen, etwa am Wirt-
schaftsprogramm, konnte gefährlich werden. Ein Schlosser nannte Hitler
einen Knecht des Privatkapitals, nichts habe die Regierung an den Ver-

---

[57] SAW: 42 B Neu 7, Nr. 13.

hältnissen geändert. Das Sondergericht entschied auf die Höchststrafe von 2 Jahren Gefängnis, „um ihn für längere Zeit an den Störungen der Aufbauarbeit der Regierung zu hindern"[58]. Ein Bürstenmacher, der meinte, Hitler sei auch nicht besser als Jasper und Grotewohl, erhielt 15 Monate Gefängnis: „Es ist eine Perfidie sondergleichen, wenn es der Angeklagte wagt, Hitler mit Marxisten auf eine Stufe zu stellen, die um ihrer Parteiinteressen willen das Land Braunschweig in Grund und Boden gewirtschaftet haben"[59].

Bis Kriegsbeginn beschäftigte sich das Sondergericht fast ausschließlich mit Heimtückeverfahren. Im Unterschied zu den Verfahren 1933/34 ging es nur selten um konkrete Regimekritik. Verfahren gegen sozialdemokratische oder kommunistische Gruppen fehlen – von einer Ausnahme abgesehen – ganz[60]. Nahezu ¾ aller Heimtückeverfahren wurden in diesen Jahren durch Denunziation ausgelöst. Oft handelte es sich um bloße Bagatellfälle, die nach kurzen Ermittlungen eingestellt wurden. Nachbarn denunzierten Nachbarn, zahlungsunwillige Mieter den Hauseigentümer, Schuldner ihre Gläubiger, geschiedene Eheleute ihren früheren Ehepartner, Kollegen den Kollegen. Sich-Wichtig-Machen, Neid, Rachsucht, Feindschaft – die ganze Banalität des Bösen kleinräumiger Beziehungen spiegelt sich in den Akten wider. Häufig war bei den Heimtückereden – sie wurden sehr oft in Gasthäusern gehalten und von den Gästen umgehend angezeigt – Alkohol im Spiel.

Die Beschuldigten hatten gemeckert, geschimpft, Witze erzählt über NS-Größen, oft recht harmlos, manchmal mit bemerkenswerter Drastik: „Haben Sie schon einmal Hitlerschinken gegessen? Das können Sie ja auch nicht, denn dieses Schwein ist ja noch nicht geschlachtet"[61]. Der Führer sei der größte Erbhofbauer: „Er hat 75 Millionen Schafe, einen lahmen Gaul und einen fetten Hammel"[62]. Sie hatten sich entrüstet über die angebliche Homosexualität Hitlers und seiner Umgebung, empört über den luxuriösen Lebensstil der „Bonzen". Sie hatten sich über die ständigen Spendensammlungen beklagt und NS-Organisationen kritisiert: die Mädchen kämen aus dem BdM-Lager („Bund deutscher Milchkühe") schwanger zurück, und über die SA: „Die berittenen Zigeuner ziehen eben vorbei"[63]. Sie hatten aus ihrer subjektiven Sicht die schlechteren Zeiten kritisiert, das Akkordsystem, von Hungerlöhnen gesprochen. Sie hatten

[58] SAW: 42 B Neu 7, Nr. 60.
[59] SAW: 42 B Neu 7, Nr. 47.
[60] 1938 gibt es ein Ermittlungsverfahren gegen 30 Personen, die vor 1933 führende Positionen in der Braunschweiger SPD innehatten (u. a. Grotewohl, Gniffke). Ausführlich hierzu Kuessner/Ludewig (Anm. 1).
[61] SAW: 42 B Neu 7, Nr. 102.
[62] SAW: 42 B Neu 7.
[63] SAW: 42 B Neu 7, Nr. 388,

mißbilligend konkrete politische Ereignisse kommentiert, etwa den Wahlzwang, den Einmarsch ins Rheinland und die Intervention in Spanien 1936. Sie hatten die Wahrheit über die Vorgänge beim Reichstagsbrand, in der AOK, beim Röhm-Putsch erzählt – sie wirkten noch bis 1938 nach – und fanden sich wegen hetzerischer Verleumdung vor dem Sondergericht. Seit 1938 häuften sich die Warnungen vor einem kommenden Krieg: Kinder würden wieder zu Kanonenfutter; Hitler wolle nur Krieg, in dem sich die Bonzen sowieso nur drücken würden[64].

Wir begegnen Juden vor dem Sondergericht und einigen Frauen und Männern, die sich gegen die Judenpolitik der Nazis aussprachen. Schließlich lassen sich über 30 Ermittlungsverfahren und Prozesse vor dem Sondergericht gegen Pfarrer und kirchliche Mitarbeiter ermitteln; unter ihnen die Pfarrer Georg Althaus, Timmerlah, und Hans Buttler, Alvesse.[65].

Nein, diese Heimtückefälle waren keine organisierten, zielgerichteten Widerstandsaktionen. Da artikulierten sich Sorgen, Unzufriedenheit, Schimpf- und Spottlust in ganz traditioneller Weise, Aversionen, manchmal auch Regimekritik. Es standen Einzelne oder allenfalls zufällig zusammengekommene Gruppen vor Gericht. Ihre Handlungen konnten für sich genommen das System in keiner Weise gefährden oder gar beseitigen. Und dennoch zeigt die hohe Zahl der Ermittlungsverfahren und der Prozesse, welch große Bedeutung die NS-Machthaber dieser individuell-oppositionellen, nonkonformistischen Haltung beimaßen. Sie holte die NS-Größen von ihren Sockeln, stellte letztlich die ständig beschworene Volksgemeinschaft in Frage und gefährdete den Anspruch der Nationalsozialisten auf umfassende Kontrolle.

Ob Einstellung oder Anklage, Freispruch oder Haft hing bei den Heimtückeverfahren von vielen Faktoren ab.

Zu belanglos waren schon den Anklägern viele Beschuldigungen, zu vordergründig die Motive der Anzeigenden und Zeugen. Freilich, auch deren Glaubwürdigkeit unterlag der subjektiven Einschätzung des Gerichts. Spielraum ließ auch der Begriff „Öffentlichkeit" bei Heimtückereden und der Grad der Zurechnungsfähigkeit z.B. bei Alkoholgenuß. Dabei war häufig das Vorleben der Beschuldigten von großer Bedeutung. Wenig Chancen, daß die Richter den Spielraum zu ihren Gunsten nutzten, hatten ehemalige Anhänger der Arbeiterparteien, aber auch Menschen, die sie für arbeitsscheu oder gar als „moralisch haltlos" einschätzten.

---

[64] SAW: 42 B Neu 7, Nr. 352, 353, 614.

[65] Dietrich Kuessner, Das Sondergericht in Braunschweig und die Braunschweigische ev.-luth. Landeskirche, Ms. des Vortrags vom 13. 11. 1991 im Braunschweigischen Landesmuseum, erscheint demnächst in: Kuessner/Ludewig (Anm. 1).

9. Kriegsalltag im Spiegel der Sondergerichtsakten

Abschließend sollen einige Aspekte der sondergerichtlichen Tätigkeit im Krieg beleuchtet werden.

Die Materialbasis für unsere Fragestellung ist für die Kriegszeit nicht mehr so ergiebig; in vielen Fällen sind nämlich nur noch die Urteilsniederschriften überliefert. Gleichwohl ist es auch damit möglich, für einen beschränkten Bereich Einblicke in die Lebensverhältnisse der Bevölkerung zu gewinnen; manchmal sind es nur Momentaufnahmen

– vom Leben im Krieg, den das System zum rücksichtslosen Ausbau seiner Herrschaft und zur rigorosen Bestrafung jeglicher Kritik nutzte. Deshalb gab es bis Kriegsende Heimtückeverfahren. Als ein Betriebsleiter 1942 bemerkte, eine ganze Armee sei vernichtet worden, bewertete das Gericht dies als „äußerst gehässig und böswillig" und schickte ihn 1 Jahr ins Gefängnis. Ein Fräser, der „hetzerische" Bemerkungen über Hitler machte, dazu auch noch ausländische Sender hörte, erhielt 4 Jahre Zuchthaus. „Den Angeklagten, an dem 10 Jahre nationalsozialistischer Erziehungsarbeit spurlos vorübergegangen sind, muß, wegen der besonderen Gefährlichkeit, die diese Elemente in dem jetzigen entscheidenden Stadium des Schicksalskampfes des Deutschen Volkes bilden, die ganze Schwere des Gesetzes treffen"[66]. Verstärkt verfolgten Polizei und Justiz seit 1942 Heimtückefälle bei ausländischen Arbeitern im Salzgittergebiet. „Hier lebt ein gefährliches Völkergemisch, demgegenüber bei den kleinsten Anzeichen von Unbotmäßigkeit mit aller Rücksichtslosigkeit durchgegriffen werden muß"[67]. Anzumerken bleibt, daß 1943/44 die schweren Heimtückefälle nach Berlin ans Kammergericht oder den Volksgerichtshof gingen.
– vom Leben unter dem sich im Krieg noch verschärfenden nationalsozialistischen Nachrichten- und Meinungsmonopol, welches das Abhören ausländischer Sender für eine objektive Information unerläßlich machte. Das aber war strafbar; Denunziationen waren an der Tagesordnung, auch von engsten Familienangehörigen. Besonders argwöhnisch verfolgt wurden die Hörgemeinschaften ausländischer Zwangsarbeiter. Nachrichten über alliierte Erfolge könnten sie zu stärkeren Widerstandshandlungen aktivieren und gleichzeitig – bei Weitergabe der Information – die deutsche Arbeiterschaft beunruhigen und verunsichern.
– vom Leben der Kriegsgefangenen und Zwangsarbeiter. Besonders gegen Kriegsende versuchten sie, einzeln oder in kleineren Gruppen aus

[66] SAW: 42 B Neu 7, Nr. 1074, 1082.
[67] Lagebericht des Generalstaatsanwalt beim OLG Braunschweig vom 2. 2. 1943 (SAW: 42 A Neu 5, Zg. 46/1972, Nr. 1).

ihren Lagern auszubrechen; unterwegs stahlen sie sich Kleidung und Lebensmittel, oft nur Kleinigkeiten, nutzten vielleicht auch noch Verdunkelungsmaßnahmen und mußten dafür mit hohen Zuchthausstrafen oder gar mit dem Leben bezahlen.

Ein ukrainischer Zwangsarbeiter war aus der Grube Rammelsberg weggelaufen, eingefangen und ins Sonderlager Watenstedt gebracht worden, von dort geflohen, hatte er unterwegs Lebensmittel und einige Kleidungsstücke gestohlen und wurde, weil er Verdunkelungsmaßnahmen ausgenutzt habe, zum Tode verurteilt. Besonders verwerflich sei – schrieben die Richter Lerche, Eilers und Grimpe – „daß er als russischer Zivilarbeiter sein Gastrecht schnöde mißbraucht hat". Gefährlich konnte gerade für Polen jede kritische Äußerung werden. Ein Landarbeiter schimpfte über die Sonntagsarbeit, erregte sich immer mehr, drohte das Bauernhaus zu zertrümmern und schrie, die Russen würden eh bald da sein (es war im März 1943). Die Richter begründeten die Todesstrafe auf bemerkenswert hohem juristischen Niveau. „Die Äußerungen sind so schwer, wie sie sich schwerer kaum vorstellen lassen" – wir finden immer wieder solche gänzlich unzureichenden Begründungen – es sei mit aller Schärfe vorzugehen, „um jede revolutionäre Bewegung der Polen im Keime zu ersticken"[68].

– vom Leben unter den Bedingungen der Kriegswirtschaft, wobei ein grelles Licht auf Mißstände bei der Nahrungsmittelbewirtschaftung fällt. Zahlreiche Verfahren gegen Schwarzschlachtungen, Gewichtdrücken, damit im Zusammenhang stehende Steuerhinterziehung, Bestechlichkeit von Beamten, Beiseiteschaffen von Nahrungsmitteln aus Betriebsküchen, Unterschlagung und Mißbrauch von Lebensmittelkarten beschäftigten die Sondergerichte. Die Ermittlungen erstreckten sich bei den Schwarzschlachtungen auf eine Vielzahl von Personen: den Schlachter, seine Frau, die Gesellen, die Bauern und Viehhändler, die amtlichen Fleischbeschauer, die Kaufleute und schließlich die Kunden. Ganze Dörfer gerieten in helle Aufregung. Nachdem der Reichsjustizminister einige zu milde Urteile gerügt hatte, verhängte das Sondergericht für die Haupttäter langjährige Zuchthausstrafen, verbunden mit Berufsverbot und sehr hohen Geldstrafen. Die Zeitungen berichteten ausführlich über die Prozesse und publizierten die Urteile. Die Reaktionen in der Öffentlichkeit dürften recht unterschiedlich gewesen sein. Auf den Dörfern galt das Umgehen staatlicher Reglementierungen traditionell eher als Kavaliersdelikt. Bei den Städtern dürften die Urteile demgegenüber auf breite Zustimmung gestoßen sein, stellten sie doch Moral und Gerechtigkeit wieder her und sicherten die Idee der solidarischen Volksgemeinschaft gerade in Notzeiten. Die Urteile bei Verstö-

---

[68] SAW: 42 B Neu 7, Nr. 1553, 1582.

ßen gegen die Kriegswirtschaftsverordnung wurden übrigens nach 1945 nicht aufgehoben, sondern die Strafen nur gemildert.

– vom Leben in den letzten Kriegsmonaten, als der Bombenkrieg und die zusammenbrechenden Fronten zu immer chaotischeren Verhältnissen in der Heimat führten. Als sich immmer mehr Männer dem Wehrdienst entziehen oder nicht mehr an die Front zurückkehren wollten. Als die zunehmende materielle Not gerade bei „einfachen Leuten" zu steigenden Eigentumsdelikten führte: Lebensmittel, Kleidung, Gebrauchsgegenstände. Als sich die Diebstähle aus Eisenbahnwaggons und aus Feldpostsendungen häuften. Erkannte das Gericht dabei auf Plünderung, auf einen besonders schweren Verstoß gegen die Volksschädlingsverordnung, hielt es den Täter für einen „gefährlichen Gewohnheitsverbrecher" – dazu genügten schon mehrere Klein-Diebstähle – dann drohte auch bei Bagatellfällen die Todesstrafe. Für diese Entscheidung hatte das Sondergericht trotz der Lenkungsmaßnahmen Spielraum. Staatsanwälte und Richter nutzten ihn während der letzten Kriegsmonate erschreckend selten zugunsten der Angeklagten. Zwar hatte jeder Richter seine „milden" Urteile, blieb auch hin und wieder unter dem beantragten Strafmaß; doch es überwiegen bei den Richtern der letzten Tage – Lerche, Eilers, Grimpe, Ahrens, Peters – die harten Urteile. Bestimmte Tätergruppen hatten bei der „Täterwertung" von vornherein wenig Chancen: ausländische Zwangsarbeiter – vor allem Polen, aber auch Franzosen –, dann – in der Sprache der Richter – die Haltlosen, die Minderwertigen, die Asozialen, die für die Gemeinschaft Unnützen. „Gegen solche Naturen, die zudem gerade jetzt in der Kriegszeit für die Sicherheit und das Eigentum der Volksgenossen in der Heimat eine besonders große Gefahr bilden, kann die Gemeinschaft nur durch rücksichtslose Ausmerzung dieser Schädlinge am Volkskörper geschützt werden". Oder „er wird niemals ein einigermaßen brauchbares Mitglied der menschlichen Gesellschaft werden"[69]. Es versteht sich fast von selbst, daß mit dieser Täterbeschreibung stets ein Todesurteil eingeleitet wurde.

Die Motive der Sonderrichter in der letzten Kriegsphase waren vielfältig. Sicherlich wollten sie mit sondergerichtlicher Rechtssprechung die „innere Front" stabilisieren, wollten mit ihren Mitteln einen Beitrag zum Erhalt dieses Staates leisten. Sie verlangten von den zu Hause Gebliebenen besonderes Wohlverhalten: „In einer Zeit, in der die im Alter des Angeklagten befindliche deutsche Jugend ihr Leben vor dem Feinde zur Verteidigung des Vaterlandes einsetzt, kann es nicht geduldet werden, daß verbrecherische Elemente ihr Unwesen treiben"[70]. Da bestand auch der

---

[69] SAW: 42 B Neu 7, Nr. 1600, 1562.
[70] SAW: 42 B Neu 7, Nr. 1543.

Wunsch, sich mit dem NS-Recht bzw. dem obersten Gerichtsherrn in Einklang zu finden. Schließlich beobachten wir ein moralisierendes Argumentationsmuster, das wir bereits von den Heimtückefällen kennen und das in den letzten Kriegsjahren seine furchtbarste Ausprägung fand, als es sich mit Ansätzen von Rassismus im Sinne des „hygienischen Rassismus" verband: „Reinigung des Volkskörpers", „Ausmerzung der Gemeinschaftsfremden". Schon die Sprache der Urteile ist zuweilen von erschreckender Brutalität.

Wie viele Institutionen des NS-Staates funktionierte das Sondergericht bis in die letzten Kriegstage. Am 27. 3. 1945 fällte das Sondergericht sein letztes Todesurteil, am 5. 4. beraumte es zum letzten Mal eine Hauptverhandlung an, vom 10. 4. stammt die letzte Fallregistrierung der Ermittlungsbehörde. Am 12. 4. 1945 besetzten amerikanische Truppen die Stadt Braunschweig.

Entnazifizierung der Richter in kirchlichen Ämtern im Bereich der Braunschweigischen Landeskirche

Von Friedrich-Wilhelm Müller

Nach Beendigung des 2. Weltkrieges wurden einige Richter, die noch bis 1944 oder April 1945 im Braunschweiger Oberlandesgerichtsbezirk tätig gewesen waren, in den landeskirchlichen Dienst übernommen. Über ihre Entnazifizierung soll in dieser Abhandlung berichtet werden.

I. Um eine Einordnung in die damaligen Verhältnisse zu ermöglichen oder wenigstens zu erleichtern, soll zunächst ein kurzer Überblick über die Entnazifizierung in der Justiz im allgemeinen vorangestellt werden.

1. Nach der Besetzung von Stadt und Land Braunschweig durch alliierte Truppen im April 1945 wurde auch hier die alliierte Proklamation Nr. 1 vom 18. 8. 1944 wirksam: Die staatliche Gewalt ging auch formell auf die Besatzungsmächte über; alle deutschen Gerichte wurden bis auf weiteres geschlossen; die Gerichtsbarkeit wurde vorerst ausschließlich durch Gerichte der Militärregierung ausgeübt[1]. Erst vom Oktober 1945 an wurden deutsche Gerichte nach und nach – auch im Braunschweiger Bezirk – wiedereröffnet[2]. In der Stadt Braunschweig existierten dann wieder das Amtsgericht, das Landgericht und das Oberlandesgericht; an anderen Orten des wieder entstandenen Landes Braunschweig[3] nahmen Amtsgerichte ihre Tätigkeit auf. Neben diesen deutschen Gerichten übten die Militärgerichte die Rechtsprechung insbesondere in Strafsachen und hier vor allem

---

[1] MilReg Gesetz Nr. 2 – Art. I.

[2] Vgl. im Überblick Verordnung des Oberlandesgerichtspräsidenten in Braunschweig v. 10. 12. 1945 – Justizblatt für den OLG-Bezirk Braunschweig Nr. 1 vom 1. 4. 1946, 2. Die Militärregierung hatte einen Teil der auf sie übergeleiteten Befugnisse des weggefallenen Reichsjustizministeriums den Oberlandesgerichtspräsidenten übertragen.

[3] Mit dem Gesetz über den Neuaufbau des Reiches vom 30. 1. 1934 – RGBl. I, 75 – Art. 2 gingen die Hoheitsrechte der Länder auf das Reich über. Mit Übernahme der Hoheitsgewalt durch die Besatzungsmächte lebten die alten Länder zunächst wieder auf bis zur Neugestaltung (Bildung des Landes Niedersachsen durch die MilReg VO Nr. 55 vom 1. 11. 1946 – Zusammenschluß der Länder Hannover, Braunschweig, Oldenburg und Schaumburg-Lippe zum Lande Niedersachsen).

in solchen Fällen aus, in denen britische Militärangehörige als Täter oder Opfer beteiligt waren oder in denen es um strafbare Handlungen von Nationalsozialisten ging; deutsche Gerichte konnten sich in den ersten Nachkriegsjahren nur beschränkt mit der Aufarbeitung des Unrechts aus der nationalsozialistischen Zeit beschäftigen[4].

2. Unter Entnazifizierung – von den Amerikanern „Denazification" genannt – verstand man allgemein die „personelle Säuberung von wichtigen Positionen im öffentlichen Dienst und in der Wirtschaft von belasteten Deutschen"[5]. Speziell für die Justiz heißt es in Art. IV des Kontrollratsgesetzes Nr. 4 vom 30. 10. 1945:

> „Zwecks Durchführung der Umgestaltung des deutschen Gerichtswesens müssen alle früheren Mitglieder der Nazi-Partei, die sich aktiv für deren Tätigkeit eingesetzt haben, und alle anderen Personen, die an den Strafmethoden des Hitler-Regimes direkten Anteil hatten, ihres Amtes als Richter und Staatsanwalt enthoben werden und dürfen nicht zu solchen Ämtern zugelassen werden."

Man ging von der Vorstellung aus, der Nationalsozialismus lasse sich in den Personen, die ihn getragen, gefördert oder unterstützt hatten, erfassen und an die Stelle der Nazi-Eliten könne durch einen Elitetausch eine demokratische Elite gesetzt werden[6].

3. Etwa unter solchen Vorstellungen begann die britische Besatzungsmacht auch in Braunschweig zügig mit der Besetzung der durch die Entlassung der bisherigen Amtsinhaber freien Positionen: Schon am 22. April 1945 wurde Hubert Schlebusch zum ersten Ministerpräsidenten des Landes Braunschweig ernannt. Am 7. Mai 1945 setzte die britische Militärregierung Wilhelm Mansfeld (geb. 1875) – er war 1939 als Oberlandesgerichtsrat vorzeitig pensioniert worden – als Oberlandesgerichtspräsident und Kurt Trinks (geb. 1882) – bis 1933 Landgerichtspräsident in Braunschweig, dann von den Nationalsozialisten degradiert zum Amtsgerichtsrat – als Landgerichtspräsident ein. Beide waren nicht rein „arischer" Abstammung und galten als absolut integer. Generalstaatsanwalt wurde etwas später Dr. Kurt Staff (geb. 1901), der im März 1933 als SPD-Mit-

---

[4] Nach dem Kontrollratsgesetz Nr. 10 vom 20. 12. 1945 – Hann. Rechtspflege 1946, 140 – durften Verbrechen gegen den Frieden und Kriegsverbrechen nur von den Militärgerichten abgeurteilt werden; die Aburteilung der Verbrechen gegen die Menschlichkeit, soweit sie zum Nachteil Deutscher begangen worden waren, wurde durch die MilReg-VO Nr. 47 vom 30. 8. 1946 – Hann. Rechtspflg. 141 – auf die deutschen Gerichte übertragen.

[5] Vgl. Heiner Wember, „Umerziehung im Lager", 1991, 23 (zitiert: Wember); Theodor Eschenburg, „Geschichte der Bundesrepublik Deutschland", Band I, 112 ff (zitiert: Eschenburg).

[6] Wassermann, „Justiz im Wandel" Festschrift des OLG Braunschweig, 1989, 90, 91.

glied aus seinem damaligen Amt als Landgerichtsrat ohne Gehalt und Pension entlassen worden war. Dr. Staff wurde später Oberlandesgerichtspräsident in Frankfurt/Main.

Diese drei Persönlichkeiten beeinflußten von deutscher Seite in den ersten Nachkriegsjahren entscheidend die richterliche Personalpolitik im Braunschweiger Bezirk[7].

Nach Kriegsende fand die politische Überprüfung der Richter zunächst ohne förmliche Beteiligung deutscher Stellen allein durch die britische Militärregierung statt. Die auch von Richtern einzureichenden Fragebögen – die ersten wurden schon Ende April/Anfang Mai 1945 vorgelegt – wurden von der Militärregierung, an deren Spitze für Justizbelange der englische Oberst Alexander stand, unter Heranziehung der deutschen Personalakten geprüft.

Die anfänglichen Bestrebungen, nur ganz unbelastete Personen, also Nichtparteimitglieder, wieder einzustellen, ließen sich nicht verwirklichen. Nach einer Ende 1945 erstellten amtlichen Statistik[8] waren 90% aller im OLG-Bezirk Celle und 84% aller im OLG-Bezirk Braunschweig tätig gewesenen Richter Mitglied der NSDAP, der SA oder SS. Da die Geschäftslast bei den wiedereröffneten Gerichten jedoch alsbald erheblich anstieg, erwies es sich schnell als unmöglich, die Arbeit nur mit den wenigen ganz unbelasteten Richtern zu bewältigen. Auf entsprechende Vorstellungen der OLG-Präsidenten um eine Lockerung der ergangenen Anordnungen ließ es die Militärregierung im November 1945 zu, daß höchstens 50% aller Richter und Staatsanwälte Mitglied der NSDAP gewesen sein dürften[9]. Um nur schon dieses Verhältnis einhalten zu können, versuchte die Justizverwaltung, unbelastete Rechtsanwälte wie Dr. Werner Hofmeister (später niedersächsischer Justizminister) und Dr. Friedrich Lampe als

---

[7] Eschenburgs Feststellung – Eschenburg (Anm. 5), 72 –, daß die Besatzungsmächte in erster Linie Beamte in den Dienst zurückholten, die entweder von den Nationalsozialisten entlassen oder wegen Erreichung der Altersgrenze aus dem Dienst ausgeschieden waren, bestätigt sich also auch hier.

[8] Schreiben des OLG-Präsidenten Mansfeld vom 6. 10. 1945 an die MilReg in Braunschweig; Schreiben des OLG-Präsidenten Celle an OLG-Präsidenten Mansfeld vom 6. 11. 1945.

[9] Unter dem 12. 11. 1945 schreibt der OLG-Präsident in Braunschweig an seinen Celler Kollegen u. a. : „Im hiesigen Bezirk sind 106 Richterstellen vorhanden. 42 Richter sind zugelassen worden und zwar 19 nicht parteiangehörige und 23 Parteimitglieder. 21 Richter sind noch in Kriegsgefangenschaft abwesend. 30 weitere Fälle sind trotz diesseitigen Vortrags noch nicht erledigt. 12 Richter sind als aktive Nationalsozialisten entlassen worden, einer ist verstorben." Wegen der allgemeinen Situation in der Justiz der ersten Nachkriegsjahre kann auf die Abhandlung von Wick, „Die Entwicklung des Oberlandesgerichts Celle nach dem 2. Weltkrieg", Festschrift des OLG Celle, 1986, 256 (zitiert: Wick), verwiesen werden.

Richter oder Staatsanwalt zu gewinnen. Sie waren aber nur kurze Zeit für die Justiz tätig und kehrten alsbald wieder in ihren Anwaltsberuf zurück.

Mit Wirkung vom 31. 5. 1946 wurde die 50%-Regelung wieder aufgehoben. Die Militärregierung hatte im Frühjahr 1946 neue Vorschriften über die Entnazifizierung erlassen. Nach der VO Nr. 24 des Kontrollrates sollten alle Mitglieder der NSDAP, die „aktive und über den Rahmen bloßer Mitgliedschaft hinausgehende Teilnehmer an Parteiangelegenheiten waren", aus dem öffentlichen Dienst entfernt werden; ein Beamter sollte nur dann in seiner Stellung verbleiben dürfen, wenn seine politische Überprüfung zu dem Ergebnis führe, daß er nur „nominelles Mitglied der NSDAP" und kein überzeugter Militarist gewesen sei; die Beweislast wurde dem Bewerber auferlegt.

Zur Durchführung dieser nunmehr breit angelegten Entnazifizierung, der sich etwa 13 Millionen Deutsche zu unterziehen hatten, wurden in der britischen Zone Entnazifizierungskammern auf der Ebene der Stadt- und Landkreise sowie Berufungskammern auf Bezirksebene gebildet. Eine Sonderregelung für die Justiz konnte in Braunschweig – allerdings auch an weiteren Orten z. B. in Celle[10] – erreicht werden: Die Richter wurden von einem besonderen Juristenausschuß überprüft. Dieser Ausschuß begann am 4. 7. 1946 in Braunschweig mit seiner Tätigkeit. Er setzte sich aus drei integren und ganz unbelasteten Persönlichkeiten zusammen, die sämtlich nicht der Partei oder einer ihrer Gliederungen angehörten, nämlich aus dem damaligen Rechtsanwalt – späteren Land- und Oberlandesgerichtspräsidenten – Dr. Friedrich-Wilhelm Holland (Jahrgang 1903)[11], aus dem Oberlandesgerichtsrat Dr. Wolf (Jahrgang 1878) und aus dem erst 1992 verstorbenen Rechtsanwalt Dr. Friedrich Lampe (Jahrgang 1905). Dieser Ausschuß, der für knapp zwei Jahre die Entnazifizierung der Richter im Braunschweiger OLG-Bezirk maßgeblich beeinflußte, hatte im ersten Jahr seiner Tätigkeit unmittelbar der Militärregierung zu berichten, die dann ihrerseits die endgültige Entscheidung traf. Ab Herbst 1946 waren alle zu überprüfenden Personen „im Interesse einer gerechten Beurteilung der Verantwortlichkeit und der Auferlegung von Beschränkungen" in 5 Kategorien einzuteilen, wobei die Entscheidung über die Einstufung in die ersten beiden Kategorien (I: Verbrecher, II: Übeltäter) der Militärregierung vorbehalten blieb. Die deutschen Ausschüsse hatten in Kategorie III die „weniger gefährlichen Nationalsozialisten", in Kategorie IV die „Anhänger" und in Kategorie V die „entlasteten Personen" einzuordnen. Im Herbst 1947 leiteten die Engländer mit ihrem Rückzug aus dem Überprü-

---

[10] Vgl. Wick (Anm. 9), 257.

[11] Dr. Holland wurde 1933 als Gerichtsassessor vor die Wahl gestellt, die Verlobung mit seiner „nichtarischen" Braut aufzulösen oder aber den Staatsdienst zu quittieren. Er gab seine Richterposition auf.

fungsverfahren die letzte Phase der Entnazifizierung ein: Mit der VO Nr. 110[12] wurden die Entnazifizierungsaufgaben den Ländern übertragen. Nach einer VO des Niedersächsischen Staatsministeriums vom 30. 3. 1948[13] legte man rechtsstaatliche Verfahrensgrundlagen fest, mit einer späteren VO vom 30. 6. 1949[14] wurden die bisher in Kategorie III und IV eingestuften Personen allmählich in die Kategorie V überführt, jedoch waren Ausnahmen noch zugelassen. Mit dem Landesgesetz vom 18. 12. 1951[15] wurde die Entnazifizierung endgültig abgeschlossen. Spätestens mit dem 1. 6. 1952 galten sämtliche Betroffene als nach Kategorie V überführt. Die politische Belastung aus der Vergangenheit konnte sich allerdings weiterhin negativ auswirken, so z. B. – wie sich aus manchen Personalakten ergibt – bei Beförderungen; aber auch bei Gesuchen um Wiederbeschäftigung besonders Betroffener (Kategorie III), schließlich auch bei der Anerkennung und Festsetzung von Versorgungsbezügen nach den Ausführungsvorschriften zu Art. 131 GG. Zwar hatte nach § 10 des Nieders. AusfG 131 der frühere Rechtsverlust – etwa die Entfernung aus dem Dienst – seine Rechtswirksamkeit verloren, so daß der Betroffene, wenn er nicht wiederverwendet wurde, Anspruch auf Wartegeld hatte. Es war aber immer zu prüfen, ob die Ernennung in eine Richterposition beamtenrechtlichen Vorschriften widersprach oder wegen enger Verbindung zum Nationalsozialismus vorgenommen wurde. Als letzte Möglichkeit verblieb der obersten Dienstbehörde die Befugnis, wegen besonderer weiter wirkender Belastungen ein Disziplinarverfahren einzuleiten mit dem Ziel einer Aberkennung der Rechte aus Art. 131 GG. Ob und in wieviel Fällen davon Gebrauch gemacht worden ist, habe ich konkret nicht ermittelt.

Der Vollständigkeit halber muß noch erwähnt werden, daß Ende der 50er Jahre erneut massive – wohl u. a. auf den von der DDR seinerzeit veröffentlichten sogenannten Braunbüchern basierende – Vorwürfe gegen Richter erhoben wurden, die während der nationalsozialistischen Herrschaft in bestimmten Positionen tätig waren und inzwischen wieder amtierten. In einem neuen § 116 des Deutschen Richtergesetzes vom 14. 1. 1961 wurde den betroffenen Richtern, die während des Krieges in der Strafrechtspflege mitgewirkt hatten, die Möglichkeit eines freiwilligen vorzeitigen Übertritts in den Ruhestand unter Belassung ihrer Versorgungsbezüge gegeben[16].

---

[12] Amtsblatt der MilReg, brit. Zone, 668.

[13] Nds. GVBl. 41.

[14] Nds. GVBl. 132.

[15] Nds. GVBl. 231. Den dazu von fast allen Parteien eingereichten Gesetzentwürfen läßt sich die übereinstimmende Auffassung entnehmen, daß die Entnazifizierung zum Abschluß kommen müßte.

[16] Vgl. Wick (Anm. 9), 276 ff.; Ingo Müller, „Furchtbare Juristen", 1987, berichtet,

II. Nach diesem zusammengerafften Überblick über die Entnazifizierung im allgemeinen, insbesondere in der Justiz Braunschweigs ist nunmehr konkret zu berichten über die Entnazifizierung von Richtern, die nach 1945 in den landeskirchlichen Dienst berufen wurden.

1. Ganz im Vordergrund dieses Interesses, wie es sich aus dem Beschluß der Kirchenregierung zur Einsetzung der Kommission für Braunschweiger kirchliche Zeitgeschichte ergibt, steht sicher die Person des Oberlandeskirchenrates Dr. Walter Lerche. Er wurde 1901 in Vorsfelde als Sohn des früh verstorbenen Landgerichtsrats August Lerche geboren. Sein Bruder war der Pastor Rudolf Lerche in Gebhardshagen.

Nach seinem Assessorexamen trat Walter Lerche in den Braunschweiger Justizdienst ein, wurde nach vorübergehender Tätigkeit als Amts- und Landgerichtsrat 1937 zum Landgerichtsdirektor befördert, für 1939, 1942 und 1943 zum stellvertretenden und für 1944 und 1945 zum Vorsitzenden des Sondergerichts bestellt. Er amtierte als solcher bis zur Besetzung Braunschweigs im April 1945. Durch Verfügung der Militärregierung wurde er am 2. 5. 1945 vom Justizdienst suspendiert[17].

Am 1. 5. 1933 war Dr. Walter Lerche – wie die meisten Richter – der NSDAP beigetreten, übte dort jedoch kein Amt aus. Der SA oder SS gehörte er nicht an. Er war lediglich noch Mitglied der NSV und des Nationalsozialistischen Rechtswahrerbundes.

Die dienstlichen Beurteilungen seiner Vorgesetzten sind seit 1935 im Kern übereinstimmend. Es genügt daher ein Zitat aus der letzten dienstlichen Beurteilung vom 20. 12. 1944 durch den damaligen Vizepräsidenten des Oberlandesgerichts Dr. Paul Döring – er vertrat den 1944 an den Volksgerichtshof berufenen Oberlandesgerichtspräsidenten Nebeling – :

„Landgerichtsdirektor Dr. Lerche ist ein weit über den Durchschnitt befähigter Richter mit rascher Auffassungsgabe, scharfem Verstand und guten Rechtskenntnissen. Er ist eine tüchtige, außerordentlich fleißige Arbeitskraft und auch größerer Beanspruchung gewachsen. Seine Verhandlungsleitung ist ruhig, sicher und erschöpfend. Als Vorsitzender des Sondergerichts hat er sich ausgezeichnet bewährt. Er ist Mitglied des Justizprüfungsamtes und ist durch seine einfache, klare Art, zu fragen und den Dingen auf den Grund zu kommen, besonders aufgefallen. Da er früher auch eine Arbeitsgemeinschaft der Referendare mit gutem Erfolg geleitet hat, ist Dr. Lerche zum hauptamtlichen Mitgliede des Reichsjustizprüfungsamtes vorzugsweise geeignet. Er ist

---

daß von der Möglichkeit, bis zum 30. 6. 1962 „den Dienst bei ungeschmälerten Pensionsbezügen zu quittieren, im ganzen Bundesgebiet nur 149 ehemalige NS Juristen Gebrauch gemacht hätten" (S. 218).

[17] Vgl. Wenzlau „Der Wiederaufbau der Justiz in Nordwestdeutschland 1945 bis 1949", 99 (zitiert: Wenzlau): Mitglieder von Sondergerichten wurden nach den internen englischen Vorschriften „Dismissed or Suspended" (Fußnote 9).

ein vornehmer Charakter und eine angenehme Persönlichkeit mit einem fast zu ruhigen, aber sicheren und freundlichen Auftreten. Seine Führung ist ohne Tadel. Er verfügt über eine gute Gesundheit. Politisch ist er zuverlässig."

Am 13. 12. 1939 war Dr. Lerche übrigens durch Landesbischof Johnsen im Einvernehmen mit der Kirchenregierung zum stellvertretenden Vorsitzenden der landeskirchlichen Disziplinarkammer und am 10. 8. 1940 durch das Landeskirchenamt in Wolfenbüttel zum Mitglied des Kirchenvorstandes in St. Magni, Braunschweig, ernannt worden. Das erstgenannte Amt legte er am 25. 10. 1942 nieder.

Schon bald nach der Mitteilung, daß er von seinem Richteramt suspendiert sei, betrieb Walter Lerche seine Entnazifizierung. In einer ersten Eingabe vom 23. 6. 1945 an den Oberlandesgerichtspräsidenten trägt er seine Gründe vor, warum er das „Richteramt im Sondergericht angenommen" habe: Es seien keine anderen Richter, die dieses Amt hätten ausüben können, vorhanden gewesen; auch habe das Sondergericht nicht mehr nur politische Sachen, sondern auch allgemeine Strafrechtssachen in Erweiterung seiner Zuständigkeit verhandelt[18].

Weiter ist in dieser Eingabe wörtlich angeführt:

„Ich habe Dr. Döring gebeten, mich nicht zum Sondergericht zu nehmen. Aber es waren keine anderen da[19]. Ich habe erklärt, daß ich es ablehnen müßte, mich etwa als Richter zu betrachten, der für besonders scharfe Strafen eintrete."

In einer späteren Eingabe vom 26. 2. 1946 wiederholt Dr. Lerche diese Darstellung und legt im übrigen dar, warum er im Mai 1933 mit „fast allen Braunschweiger Richtern" der Partei beigetreten sei. Wörtlich führt er an:

„Die fast einhellige Meinung ging damals dahin, daß auch die Richterschaft sich der NSDAP nicht verschließen könne, die den Anspruch erhob, als Einheitspartei zu gelten und sich als solche mit dem Volksganzen zu einer Einheit zu verschmelzen. Daß diese Erwartung durch die spätere Entwicklung in so vieler Beziehung bitter enttäuscht wurde, war damals noch nicht zu übersehen [...]"[20].

---

[18] In seinem Fragebogen bringt Walter Lerche vor, daß im Jahre 1944 von 328 verhandelten Fällen nur 58 Verfahren politische Vergehen nach dem Heimtückegesetz betrafen. Nach einer amtlichen Statistik wurden unter seinem Vorsitz 1942: 53 und 1943: 199 Sachen verhandelt. Zur Ausweitung der Zuständigkeit des Sondergerichts vgl. auch Ilse Staff, Justiz im Dritten Reich, 1978, 54.

[19] In einer schriftlichen Erklärung des oben schon erwähnten Vizepräsidenten Dr. Döring, die sich in den Entnazifizierungsakten befindet, heißt es: „Dr. Lerche hatte immer wieder gebeten, von seiner Bestellung zum Sondergerichtsvorsitzenden abzusehen. Ich mußte ihn aber bestellen, weil sonst nur Battmer und Ahrens zur Verfügung standen. Battmer verfügte über keine sehr kräftige Gesundheit, Ahrens kam später zum Sondergericht."

[20] Zum allgemeinen Eintritt vieler Braunschweiger Richter in die NSDAP im Jahre

Die förmliche Entnazifizierung begann für Dr. Lerche mit der Beurteilung durch den oben (s. S. 294f) erwähnten sogenannten Hollandausschuß. Dieser leitete die Entnazifizierungsakten am 15. 8. 1946 der englischen Militärregierung mit folgender Stellungnahme zu:

„Der Ausschuß ist der Überzeugung, daß Dr. Lerche nur widerwillig den Vorsitz im Sondergericht übernommen hat. Der Ausschuß ist jedoch zu der Überzeugung gekommen, daß Dr. Lerche in seiner Stellung als Vorsitzender des Sondergerichts nicht mit genügendem Rückgrat sich der Lenkung der Rechtspflege widersetzt hat. Die Prüfung der Sondergerichtsurteile, die unter seinem Vorsitz erlassen sind, sind zum Teil in der Höhe der Strafe von einer ganz außerordentlichen Härte und nur zu verstehen dadurch, daß Dr. Lerche der von oben befohlenen Lenkung gefolgt ist. Die juristischen Qualitäten des Herrn Dr. Lerche sind außer Zweifel. Auf Dr. Lerche bleibt jedoch der Vorwurf haften, die Unabhängigkeit des Richters nicht in dem Maße gewahrt zu haben, die man bei Anlegung eines strengen Maßstabes von einem nur seinem Gewissen unterliegenden Richter unbedingt verlangen muß. Der Ausschuß kann Dr. Lerche für eine Beschäftigung im Staatsdienst nicht empfehlen. Mehrheitsbeschluß."

Die Militärregierung sprach daraufhin durch Verfügung vom 16. 9. 1946 die Entlassung Dr. Lerches aus mit der knappen Feststellung: „more than a nominal Nazi."

Walter Lerche legte gegen die Entscheidung der Militärregierung Berufung ein. In der Begründung wiederholt er seine Behauptung, gegen seinen Willen in das Sondergericht berufen worden zu sein; im übrigen habe dem Sondergericht auch ein Richter angehört, der überhaupt nicht Mitglied der NSDAP gewesen sei. Wörtlich heißt es weiter in der Berufungsbegründung:

„[...] Junge Leute, die sich in verbrecherischer und gewinnsüchtiger Weise bereicherten, hatten keinen Anspruch auf Milde [...] Es war damals ganz einfach ganz allgemeine Auffassung, daß gegen Plünderer und Verbrecher, die sich an der letzten Habe ausgebombter Deutscher oder am Luftschutzgepäck vergriffen, gar nicht scharf genug vorgegangen werden könne."

Diese Berufung leitete Dr. Holland mit folgender Stellungnahme an die Berufungsinstanz weiter:

„Da dem Ausschuß die kirchliche Einstellung des Dr. Lerche bekannt ist, trägt der Ausschuß in seiner Mehrheit keine Bedenken, Dr. Lerche für den Kirchendienst in einer nicht gehobenen Position für. tragbar zu erklären, nachdem durch Schreiben vom 2. 11. 1946 die Braunschweigische Landeskirche sich bereit erklärt hat, Dr. Lerche in geeigneter Form zu beschäftigen."

1933 vgl. auch Manfred Flotho, „Bruno Heusinger – ein Präsident im Konflikt zwischen Solidarität und Gewissen" in der Festschrift des Oberlandesgerichts Braunschweig, 1989, 349 [353].

Der Berufung waren Leumundszeugnisse beigefügt, u. a. von den Pastoren Seebaß und Rauls, aber und vor allem auch eine Erklärung des damaligen Landesbischofs Erdmann vom 2. 11. 1946, in der es wörtlich heißt:

> „Herr Dr. Lerche ist uns seit Jahren durch seine bejahende kirchliche Einstellung und seine Tätigkeit in verschiedensten kirchlichen Ämtern bekannt. Er hat auch unter der Zeit des Nationalsozialismus diese Haltung beibehalten und bezeugt. Wir halten ihn deshalb für geeignet, im kirchlichen Bereich sich zu betätigen und beabsichtigen, ihn ggf. im kirchlichen Dienst in geeigneter Form zu beschäftigen. Zur Zeit nimmt er an einer Ausbildung im kirchlichen Dienst teil."

Der Denazifizierungs-Berufungsausschuß hielt den von Dr. Lerche in der Verhandlung vom 30. 6. 1947 angetretenen Entlastungsbeweis „nicht als geglückt". Die britische Militärregierung folgte in der endgültigen Entscheidung vom 11. 8. 1947 diesem Votum, stufte Walter Lerche in die Kategorie III ein und beließ es bei der Entlassung aus dem Richterdienst ohne Anspruch auf Ruhegehalt. Seinen unter dem 5. 10. 1947 gestellten Antrag auf Zulassung zur Rechtsanwaltschaft nahm er nach ablehnender Stellungnahme der Rechtsanwaltskammer vom 8. 11. 1947 wieder zurück.

Nach Änderung der Entnazifizierungsbestimmungen[21] wurde der Entnazifizierungsbescheid für Dr. Lerche am 20. 1. 1949 wie folgt abgeändert:

> „Einstufung in Kat. IV mit Zusatz: Er ist an einen Ort außerhalb des OLG-Bezirks Braunschweig zu versetzen. Der Bescheid vom 11. 8. 1947 tritt außer kraft. Mit Rücksicht auf seine Tätigkeit im Sondergericht erscheint es unerwünscht, ihn im Bezirk des OLG Braunschweig, wo seine Tätigkeit im Sondergericht bekannt ist, weiter zu beschäftigen."

Auf Dr. Lerches Antrag vom 2. 6. 1949, seine Beförderung zum Landgerichtsdirektor zu bestätigen und ihn an ein Gericht außerhalb des OLG-Bezirks Braunschweig zu versetzen, berichtete der Oberlandesgerichtspräsident am 18. 7. 1949 an den niedersächsischen Justizminister:

> „Eine Wiederbeschäftigung des LGDir. Dr. Lerche im Justizdienst des Landes Niedersachsen ist wegen seiner besonderen Tüchtigkeit durchaus erwünscht, aber wegen seiner nicht unerheblichen politischen Belastung nicht unbedenklich [...] Es dürfte aus diesem Grunde zweckmäßig sein, die Entscheidung über seine spätere Wiederverwendung zurückzustellen. Ich bitte jedoch, gemäß § 18 der 2. MaßnahmeVO auszusprechen, daß er in den Wartestand versetzt wird und Anspruch auf das ihm gesetzlich zustehende Wartestandsgeld hat."

---

[21] Siehe oben S. 295.

Diesem Vorschlag folgte der Justizminister. Das Wartestandsgeld erhielt Dr. Lerche mit Wirkung vom 1. 4. 1949.

Auf Grund der oben schon erwähnten weiteren Änderungen im Entnazifizierungsrecht wurde Walter Lerche am 13. 5. 1950 in die Kategorie V übergeleitet. Mit Ablauf des 30. 9. 1951 wurde er auf seinen Antrag aus dem niedersächsischen Landesdienst entlassen, da er zum 1. 10. 1951 von der Braunschweigischen evang.-luth. Landeskirche als Beamter übernommen wurde.

Dr. Walter Lerche starb am 26. 12. 1962.

2. Im hauptamtlich kirchlichen Dienst der Braunschweigischen evang.-luth. Landeskirche stand nach 1945 auch der Richter Dr. Rudolf Grimpe. Er war in der NS-Zeit für einige Jahre Mitglied des Braunschweiger Sondergerichts[22].

Dr. Grimpe, am 17. 9. 1910 geboren, wurde zum 1. 1. 1938 aus dem Oberlandesgerichtsbezirk Düsseldorf in den Braunschweiger OLG-Bezirk versetzt. Am 1. 11. 1940 wurde er hier zum Landgerichtsrat ernannt und zum Mitglied des Sondergerichts für die Jahre 1942 bis 1944 und zwar bis zu seiner Einberufung zur Wehrmacht bestellt. Er gehörte seit 1937 der NSDAP an und war seit 1933 Mitglied der SS. Im Jahre 1940 wurde er vertretungsweise mit der Führung der Kreisgruppe Bad Gandersheim des NS-Rechtswahrerbundes beauftragt.

Nach seiner Entlassung aus dem Wehrdienst und Meldung zum Dienstantritt im Juli 1945 betrieb er seine Entnazifizierung. Am 31. 7. 1946 befand über ihn der Hollandausschuß:

„Grimpe ist" (nach verschiedenen vom Ausschuß im einzelnen angeführten Vorschriften der VO Nr. 24) „vorbelastet. Durch seine Zugehörigkeit zu mannigfachen Organisationen und Gliederungen der Partei hat Grimpe seine Aktivität klar bewiesen. Einen Entlastungsbeweis hat er demgegenüber nicht angetreten. Dieser dürfte auch von ihm nicht geführt werden können in Anbetracht seiner erheblichen Vorbelastung und der sich daraus ergebenden aktiven Einstellung zum Nazisystem. Grimpe ist daher nach einstimmiger Ansicht des Ausschusses mit Recht aus dem Staatsdienst entlassen und für eine Weiterverwendung dortselbst nicht tragbar."

Dementsprechend entschied die britische Militärregierung unter dem 9. September 1946 auf Entlassung aus dem Amt als Landgerichtsrat („Considered active Nazi").

Die Entlassungsentscheidung wurde auch vom Berufungsausschuß am 26. 11. 1947 bestätigt. In dessen Begründung heißt es u. a.:

---

[22] Nach einer amtlichen Statistik hatte Dr. Grimpe als Berichterstatter im Jahre 1941: 4 Sachen, im Jahre 1942: 58 Sachen und im Jahre 1943: 245 Sachen im Sondergericht zu bearbeiten.

„In eine bessere Kategorie als Kat. III kann er auf keinen Fall kommen. Es empfiehlt sich die Nachprüfung, ob er nicht wegen seiner schroffen Einstellung im Sondergericht nach Kat. II einzustufen sein würde [...]"[23]

Die Militärregierung entschied daraufhin am 31. 12. 1947:

„Sie werden von obiger Stellung als Landgerichtsrat unter Verlust jeden Anspruchs auf Ruhegehalt ausgeschlossen. Im privaten Dienst wird Ihnen lediglich eine einfache Tätigkeit gestattet. Auch werden Sie zu einer Tätigkeit bei Rechtsanwälten, Notaren, Steuerberatern und sonstigen Stellen, die sich mit Rechtsfragen beschäftigen, nicht zugelassen."

Dr. Rudolf Grimpe ist auch nach Inkrafttreten des oben (s. S. 295) erwähnten Landesgesetzes vom 18. 12. 1951 nicht mehr in den Richterdienst zurückgekehrt. Auf seinen Antrag vom 16. 2. 1952 hat er nach den Bestimmungen zu Art. 131 GG als Landgerichtsrat zur Wiederverwendung ab 1. 4. 1951 Wartegeld erhalten. Von der Einleitung eines Dienststrafverfahrens mit dem Ziel der Aberkennung seiner Rechte aus dem niedersächsischen Gesetz zu Art. 131 GG – dieses Verfahren hatte der Generalstaatsanwalt in Braunschweig angeregt[24] – sah der niedersächsische Justizminister mit Erlaß vom 4. 11. 1953 ausdrücklich ab.

Nach fester Anstellung als Justitiar beim Landesverband Braunschweig der Inneren Mission ab 1. 5. 1956 wurde er auf seinen Antrag durch Erlaß

---

[23] Diese Beurteilung beruht vermutlich auf einer in den Personalakten (SAW: 57 Nds. 28 Zugang 56/89) befindlichen Äußerung des damaligen Landgerichtspräsidenten Kalweit vom 20. 4. 1944 aus Anlaß einer bevorstehenden Einberufung Grimpes zur Wehrmacht: „Bei dem Musterungsergebnis ist mit einer Einziehung Grimpes zu rechnen, dessen Uk-Stellung im Hinblick auf die Geschäfte, die von ihm wahrgenommen werden, nicht nur angezeigt, sondern im Hinblick darauf, daß nach meinen Beobachtungen er das schärfste, härteste und kompromißloseste Mitglied des Sondergerichts ist, geboten ist." Präsident Hugo Kalweit fungierte in den Kriegsjahren wie Dr. Lerche als Sondergerichtsvorsitzender.

[24] Die Anregung des Generalstaatsanwalts stand im Zusammenhang mit einem Ermittlungsverfahren, das die Staatsanwaltschaft Braunschweig gegen die Richter (Hugo Kalweit, Dr. Seggelke und Dr. Grimpe) eines Sondergerichtsverfahrens gegen den jüdischen Ziegeleiarbeiter Moses Klein eingeleitet hatte. Moses Klein war durch Sondergerichtsurteil vom 18. 8. 1942 wegen zweier fortgesetzter Sittlichkeitsverbrechen zum Tode verurteilt. Das Urteil wurde am 22. 9. 1942 vollstreckt. In dem Verfahren gegen die drei Richter lehnte das Landgericht die „Anordnung der Hauptverhandlung" über die Anklage wegen Verbrechens gegen die Menschlichkeit ab. Die von der Staatsanwaltschaft dagegen eingelegte sofortige Beschwerde wurde durch Beschluß des Oberlandesgerichts Braunschweig vom 28. 11. 1951 (Ws 64/51) zurückgewiesen. In der Begründung wies das Oberlandesgericht darauf hin, daß inzwischen durch eine Brit. VO vom 31. 8. 1951 die oben (Anm. 4) erwähnte MilRegVO Nr. 47, die die deutschen Gerichte auf Grund des Kontrollratsgesetzes Nr. 10 zur Aburteilung des Verbrechens gegen die Menschlichkeit ermächtigte, aufgehoben worden sei. Das Oberlandesgericht vertrat darüber hinaus die Auffassung, daß eine Verurteilung der angeschuldigten Richter aus den Vorschriften der Rechtsbeugung und der Verbrechen gegen das Leben mit größter Wahrscheinlichkeit nicht zu erwarten sei.

des Justizministers vom 10. 11. 1956 aus dem Beamtenverhältnis zur Wiederverwendung im Lande Niedersachsen entlassen.

3. Im hauptamtlich kirchlichen Dienst war nach 1945 ein weiterer früherer Richter beschäftigt, nämlich Karl Höse, der Anstellung beim Stadtkirchenverband in Braunschweig fand. 1891 geboren, seit 1926 im Braunschweiger Justizdienst, war er als Landgerichtsdirektor von 1937 bis 1942 Vorsitzender des Sondergerichts beim Landgericht Braunschweig[25]. 1942 wurde er zur Wehrmacht einberufen und war bis 1945 als Kriegsgerichtsrat eingesetzt.

Der NSDAP gehörte Karl Höse seit dem 1. 5. 1933 an. Mitglied der SA oder SS war er nicht.

Ab 1946 war er in der Kirchenverwaltung tätig. Deshalb wurde ein erstes Entnazifizierungsverfahren auch vom Entnazifizierungsausschuß der Braunschweigischen evang.-luth. Landeskirche geführt. Mit dem Bescheid vom 28. 4. 1947 wurde er in die Kategorie V eingestuft mit der Begründung, nach Überzeugung der Spruchkammer sei er ein Gegner des Nazisystems gewesen. Da dieser Bescheid von Pastor Buttler unterzeichnet war, dieser aber selbst ein Verfahren vor dem Sondergericht Braunschweig unter Vorsitz von Karl Höse zu durchstehen hatte, war der kirchlichen Spruchkammer die Sondergerichtätigkeit Höses nicht unbekannt[26]. Nachdem Höse sich später wieder zum Richterdienst meldete, erging in einem zweiten Entnazifizierungsverfahren eine von Dr. Holland unterzeichnete Entscheidung des Entnazifizierungsausschusses der Stadt Braunschweig vom 29. 4. 1949:

„Höse hat den Nationalsozialismus unterstützt, ohne denselben wesentlich gefördert zu haben. Kat. IV. Als besondere Maßnahme wird die Beschäftigung außerhalb des OLG-Bezirks Braunschweig angeordnet. Der Einreihungsbescheid der MilReg. vom 4. 8. 1947 wird wegen Unzuständigkeit des Ausschusses aufgehoben."

Am 4. 5. 1950 wurde Höse in Kategorie V umgestuft. Er war in der Folgezeit bis zu seiner Pensionierung als Richter im Eingangsamt – also nicht mehr als Landgerichtsdirektor – im OLG-Bezirk Braunschweig tätig.

---

[25] Nach der amtlichen Statistik führte Karl Höse den Vorsitz im Sondergericht im Jahre 1937 in 12, im Jahre 1938 in 13, im Jahre 1941 in 34 und im Jahre 1942 in 14 Verfahren.

[26] Zu dem kirchlichen Entnazifizierungsverfahren ist eine Erklärung von Pastor Buttler vom 21. 11. 1945 überreicht, in der es heißt: „Ich selbst wurde durch Denunziation am 11. 10. 1938 von der Gestapo, Leitstelle Braunschweig (RegRat Holste), verhaftet. Der Haftbefehl wurde durch Beschluß des Sondergerichts [...] aufgehoben, ich blieb aber in Gestapohaft. Am 8. 7. 1939 war die Verhandlung vor dem Sondergericht (Höse, Jäger, Knackstedt) [...] Ich wurde freigesprochen. Ich war Mann der Bekennenden Kirche. Nach Freispruch verblieb ich jedoch in den Händen der Gestapo bis 3. 4. 1945 (Hannover, Berlin, Sachsenhausen, Flossenbürg, Dachau)."

Die zu den Akten Höse überreichten Erklärungen und Zeugnisse geben einen sehr konkreten Einblick in die persönlichen und sachlichen Verhältnisse um das Sondergericht Braunschweig. Deshalb soll aus zwei Erklärungen ausführlicher zitiert werden.

Der – oben (s. S. 296) schon erwähnte – Vizepräsident des Oberlandesgerichts Braunschweig Dr. Paul Döring gab unter dem 12. 8. 1946 eine eidesstattliche Erklärung ab, in der es heißt:

„Höse war bei Ausbruch des Krieges schon stellvertretender Vorsitzender des Sondergerichts beim Landgericht Braunschweig. Er wurde ordentlicher Vorsitzender, als LGDirektor Ehlers zur Wehrmacht eingezogen wurde. Obgleich er dieses Amt sachlich, ruhig und mit der großen Gewissenhaftigkeit und dem starken Verantwortungsgefühl, das ihn bei seiner richterlichen Tätigkeit ausgezeichnet hat, führte, traten bald Schwierigkeiten auf. Zwei- oder drei Mal wurden Geistliche unter seinem Vorsitz vom Sondergericht freigesprochen[27]. In Parteikreisen, der HJ-Führung und der Gestapo warf man ihm deshalb Voreingenommenheit zu Gunsten der Geistlichkeit infolge seiner kirchlichen Bindung vor. Ich habe mit ihm über die Vorwürfe, die mir übrigens nicht offiziell mitgeteilt wurden, gesprochen. Er betonte, er mache kein Hehl daraus, daß er gläubiger Christ und der Kirche treu sei und bleibe, daß er sich dadurch aber in seinem Amte als Richter nicht beeinflussen lasse. Zu einem Vorgehen gegen Höse lag auch kein Grund vor. Weiter wurden vom Reichsjustizminister mehrfach die Urteile des Sondergerichts Braunschweig als zu milde und den Erfordernissen des Krieges nicht genügend Rechnung tragend gerügt. Wenn ich Herrn Höse die entsprechenden Erlasse des Ministeriums bekannt gab, erklärte er mir, daß er sich auch weiterhin nur von seinem richterlichen Gewissen leiten lassen könne. In der Folge bat er mich wiederholt, vom Vorsitz im Sondergericht entbunden zu werden. Er führte dazu aus, ihm liege die Tätigkeit gar nicht, und er fühle sich zudem durch die Vorwürfe des Ministeriums bedrückt. Seine Abberufung schien mir auch in seinem Interesse erwünscht. Doch war eine Umgestaltung des Sondergerichts nicht einfach. Auch die Beisitzer, die Landgerichtsräte Dr. Steinmeyer und Grotrian hatten um ihre Ablösung gebeten. Mir schien es zweckmäßig, einen Kriegsteilnehmer mit dem Vorsitz im Sondergericht zu beauftragen. Geeignet erschien der Landgerichtsrat von Griesbach, der vor seiner Einberufung zum Militär längere Zeit im Sondergericht Beisitzer gewesen war. Die Wehrmacht gab ihn nur frei, wenn für ihn ein Ersatz gestellt wurde. Nun hatte mir Höse, der auf seinen Antrag mehrfach vom Militärdienst freigestellt war, gelegentlich mitgeteilt, diese UK-Stellung sei ihm als Reserveoffizier und Teilnehmer am 1. Weltkrieg peinlich. So kam es schließlich dazu, daß Höse dem Militär zur Verfügung gestellt wurde."

Eine weitere konkrete Erklärung in den Entnazifizierungsakten Höse stammt von Rechtsanwalt Dr. Oskar Kahn, Braunschweig, der nach Ende des Krieges als integre, politisch unbelastete Persönlichkeit allgemeine

---

[27] U. a. Pastor Buttler, vgl. Anm. 26.

Anerkennung erfuhr und dem man einigen Einfluß auf die Justizpolitik nach 1945 nachsagte. In seiner Erklärung vom 8. 1. 1947 heißt es:

„Gelegentlich einer Rücksprache mit Herrn Generalstaatsanwalt Dr. Staff über die Entnazifizierung des Landgerichtsdirektors Höse und des Landgerichtsrats Grotrian empfahl mir Herr Dr. Staff, mich über beide Herren eingehend zu äußern. Ich tue dies gern, da ich beide Herren dienstlich und persönlich sehr genau kenne und daher imstande bin, dementsprechend zu berichten.

Herr Höse ist in Strafsachen ein strenger Richter und vielleicht auch nicht das Ideal eines Vorsitzenden, weil er dazu neigt, zu dozieren und durch eine manchmal schroffe Art den Eindruck zu erwecken, als ob er den Angeklagten zu scharf anfasse. Demgegenüber ist aber mit aller Bestimmtheit festzustellen, daß Herr Höse immer *objektiv* war und sich von *keiner Seite* beeinflussen ließ. Ich habe unzählige Male vor Herrn Höse verteidigt und habe dabei immer und immer wieder festgestellt, daß die objektive Verhandlungsführung sein höchster Grundsatz war. Ich habe genau in Erinnerung, daß Höse, als er zum Sondergerichtsvorsitzenden ernannt wurde, mit ausgesprochenem Widerwillen und ohne sein Zutun dies Amt übernahm. Er hat mir und anderen gegenüber wiederholt erklärt, daß er dieses Amt nur übernähme, weil er sich in seiner Stellung als Richter dagegen nicht wehren könne. Er werde es pflichtgemäß ausüben und sich dabei von keiner Seite beeinflussen lassen [...] Es ist bekannt, daß Herr Höse mit voller Überzeugung auf dem Boden des positiven Christentums gestanden hat und noch steht und daß er in hervorragender Weise seine Ämter innerhalb der Kirche ohne Rücksicht darauf, daß er Sondergerichtsvorsitzender war, beibehielt. Er ist unzählige Male deswegen angefeindet worden [...] Ich kann auf meinen Eid nehmen, daß mir gegenüber verschiedentlich von Beamten der Gestapo vor oder nach einer Verhandlung im Sondergericht abfällige Äußerungen über Höse gemacht wurden und daß dabei zum Ausdruck gebracht wurde, daß es höchste Zeit sei, daß dieser Herr verschwinde [...] Unter den Untersuchungsgefangenen war es allgemein bekannt, daß Höse bei normalen Verbrechen, insbesondere bei Sittlichkeitsverbrechen, außerordentlich streng, bei politischen Vergehen dagegen außerordentlich milde war [...] Immer wieder sagten mir politische Gefangene: ‚Wenn wir nur Höse als Vorsitzenden hätten!' Wenn man sich die Mühe machen könnte, die Höseschen politischen Urteile mit denen des späteren Sondergerichts zu vergleichen, so würde man feststellen, daß ein himmelweiter Unterschied unter ihnen ist [...] Ich habe unzählige Male nach der Verhandlung mit Herrn H. über politische Urteile, die unter seinem Vorsitz gefällt wurden, debattiert. Dabei hat er stets zum Ausdruck gebracht, wie es ihn menschlich bedrücke, dem nun einmal vorhandenen Gesetz Genüge tun zu müssen. Manches Mal war er innerlich verzweifelt und gab zu erkennen, daß er bald diese Tätigkeit nicht mehr ertragen könne [...] Zum endgültigen Bruch kam es gelegentlich des sogenannten Hubing-Prozesses[28]. Der Gaulei-

---

[28] Hubing war Direktor der Braunschweiger Büssing-Werke. Er war angeklagt, sich Lebensmittel angeeignet zu haben, die für seine „Gefolgschaftsmitglieder" bestimmt

ter Lauterbacher hatte in einer öffentlichen Massenversammlung die Verurteilung Hubings zum Tode gefordert. Herr Höse spielte krank und brauchte darum den Vorsitz nicht zu führen. Ich erinnere mich genau, daß mir der derzeitige politische Staatsanwalt Dr. Lüders erklärte, daß nun wohl Höse geliefert sei, weil der SD ihn schon lange auf dem Zuge habe und dieses Verhalten dem Faß den Boden ausgeschlagen habe [...] Er war glücklich über seine 1942 erfolgte Ablösung [...]"

III. In dem vorstehenden Bericht über die Entnazifizierung von Richtern, die nach dem Kriege kirchliche Ämter übernommen haben, ist bewußt von einer eigenen Beurteilung aus heutiger Sicht abgesehen worden. Die zitierten Beurteilungen und Entscheidungen zur Entnazifizierung gehen von Personen und Gremien aus, die noch genauen Einblick in die Verhaltensweise der Richter, ihr Wirken in der NS-Zeit und in die Zeitumstände hatten, wobei sie selbst sich zumeist eine kritische bis ablehnende Einstellung zum NS-Regime bewahrt hatten. Naturgemäß unterlagen auch ihre Stellungnahmen und Entscheidungen den Entwicklungen und Zeitströmungen der Nachkriegszeit. So läßt sich zum Beispiel feststellen, daß die Entscheidungen der Jahre 1945 bis 1948 betont darauf ausgerichtet waren, Richter, die sich durch ihre Tätigkeit in der Justiz während der NS-Zeit insbesondere in den Sondergerichten zur Kriegszeit belastet hatten, von künftiger Richterberufung auszuschließen[29]. Von Ende 1948 aber wird erkennbar, daß die Entnazifizierungsstellen zu Konzessionen bereit sind: Belastete Richter werden nicht mehr schlechterdings aus dem Richterdienst entfernt, sondern in Kategorie IV eingestuft, wobei allenfalls angeordnet wurde, daß sie in einem anderen OLG-Bezirk zu beschäftigen seien[30]. Diese Milderung in der Beurteilung entspricht einer Zeitströmung, wie sie etwas später ihren Niederschlag bei den Beratungen des niedersächsischen Landtages für das – oben S. 295 schon erwähnte – Entnazi-

gewesen waren und für die diese Lebensmittelmarken gegeben hatten. Darüber berichtete die „Braunschweiger Tageszeitung" vom 30. 3. , 17. 4. und 18. /19. 4. 1942. Hubing wurde wegen „Verbrechen gegen § 1 der KriegswirtschaftsVO in Eintat mit einem fortgesetzten Vergehen gegen die VerbrauchsregelungsstrafVO" zum Tode verurteilt (BTZ vom 17. 4. 1942).

[29] Der Verfasser hat im Nieders. Staatsarchiv in Wolfenbüttel rund 130 Entnazifizierungsakten Braunschweiger Richter eingesehen. Zwischen 1946 und 1948 sind 12 Personen in Kategorie III eingestuft, darunter 5 Richter des Sondergerichts (Dr. Lerche, Eilers, Dr. Grimpe, Dr. Seggelke und Ahrens). Außerdem der Ankläger beim Sondergericht Dr. Hirte. Andere Richter (wie etwa Dr. v. Griesbach) wären mit an Sicherheit grenzender Wahrscheinlichkeit ebenfalls in die Kategorie III eingestuft, wenn sie ihre Entnazifizierung in den Jahren bis 1948 betrieben hätten. Sie haben sich um Justizpositionen aber entweder nicht mehr oder später beworben und sind entsprechend milder beurteilt worden.

[30] Vgl. auch Wenzlau (Anm. 17), 141; Wember (Anm. 5), 351: „[...] zeigt sich, daß die politische Stimmung 1948 zwar allmählich umkippte und die Entnazifizierungsausschüsse immer mehr zu Entlastungen tendierten[...]"

fizierungschlußgesetz fand. Nach dem stenografischen Bericht von der Landtagssitzung vom 11. Juli 1951 über die erste Lesung dieses Gesetzes erklärte der Abgeordnete Föge (FDP):

„Wir alle müssen doch den Wunsch haben, daß das deutsche und das niedersächsische Volk sich nicht in derartigen politischen Auseinandersetzungen, die aus der Vergangenheit herrühren, zerfleischt, sondern daß alle Kräfte des deutschen Volkes wirklich aufbauende Arbeit leisten und daß über das, was in der Vergangenheit vor 1945 geschehen ist, endlich auch der Mantel der Liebe gedeckt werden muß [...] Ich erinnere nur an das Wort des Herrn Ministerpräsidenten [Hinrich Wilhelm Kopf]: ‚Ich kann das Wort *Entnazifizierung* schon nicht mehr hören‘ [...]“[31].

In derselben Landtagssitzung führte die Abgeordnete Maria Meyer-Sevenich (SPD)[32] aus:

„Die grundsätzliche Haltung und die Atmosphäre, in der die Frage im Bundestag erörtert wurde, und auf die ich mich hier gern beziehe, kommt vielleicht am sichtbarsten in einer Rede zum Ausdruck, die der CDU-Bundestagsabgeordnete Dr. Gerstenmaier am 22. 2. 1950 im Bundestag gehalten hat. Er hat dort erklärt, daß unabhängig von der bestrittenen Zuständigkeit des Bundes die Entnazifizierung abgeschlossen werden müßte, weil eine politische Überzeugung als solche nicht strafbar und das Verfahren sehr problematisch sei, aber auch weil Millionen von Verführten, auf die beim deutschen Aufbau nicht verzichtet werden könne, eine echte Chance gegeben werden müßte. Das Ende der Entnazifizierung – und darauf möchte ich besonders hinweisen – bedeutet, so sagte der Abg. Gerstenmaier, ‚keinerlei Anerkennung oder Rechtfertigung der nationalsozialistischen Methoden oder Ideologien‘ [...] Das Ende der Entnazifizierung solle politischen Banditen keinen ‚Freibrief‘ geben; es dürfe keine ‚Honorierung von Parteikarrieren bis zur vollen Pensionierung von Parteibeamten sein‘. Ich glaube, daß wir in der Stellungnahme zu dieser Äußerung eines Bundestagsabgeordneten, der nicht zu meiner Partei gehört, im Hohen Hause, vielleicht mit gewissen Ausnahmen, einiggehen werden. Und von da aus möchte ich deutend sagen, daß die Beendigung der Entnazifizierung nicht etwa eine Annullierung beinhalten kann [...] Was nun aber grundsätzlich die Frage der Entnazifizierung angeht, [...] es gibt bestimmte Grundsätze, die zweifellos in weitgehender Übereinstimmung von uns Deutschen angewendet worden wären, wenn wir die Möglichkeit der eigenen Entscheidung gehabt hätten [...]

---

[31] Drucksachen Niders. Landtag, 2. Wahlperiode, 123 ff.

[32] Aus dem Handbuch des Niders. Landtages, 3. Wahlperiode: „geboren 1907 [...] 1933 Widerstandsarbeit gegen das Hitler-Regime bis zur Verhaftung im Spätsommer; nach Entlassung Flucht in die Schweiz und von dort nach Frankreich. Bruch mit dem Kommunismus. 1942 von der Gestapo nach Deutschland zurückgebracht. Hochverratsprozeß, Zuchthausurteil, nach Strafverbüßung KZ bis Kriegsende [...] Zunächst CDU [...] Herbst 1949 Eintritt in die SPD. Mitglied schon der ersten Landtage I. u. II. Wahlperiode“.

1. Jedes Verbrechen gehört vor einen ordentlichen Richter und muß nach den einschlägigen Bestimmungen des Strafgesetzbuches geahndet werden. 2. Der demokratische Staat muß in seinen Schlüsselstellungen vor der Einflußnahme totalitärer, antidemokratischer Mächte gesichert werden [...]"

Das Entnazifizierungsschlußgesetz wurde am 6. 12. 1951 nach der Feststellung des Landtagspräsidenten „mit großer Mehrheit" beschlossen[33].

So hatten sich fast alle Parteien entschlossen, politisch den Weg der Integration und Rehabilitierung von ehemaligen Nationalsozialisten zu beschreiten. Es wird dies der seinerzeit einzig gangbare Weg gewesen sein, da ein radikaler politischer und personeller Bruch mit den ehemaligen Nationalsozialisten viele Millionen Menschen ausgegrenzt und somit die Gefahr eines neuen organisierten Rechtsextremismus mit sich gebracht hätte[34]. Allerdings hätte man die Kraft und Entschiedenheit aufbringen müssen, um besonders belastete Personen nicht wieder in führende Positionen gelangen zu lassen.

---

[33] Drucksachen Nieders. Landtag, II. Wahlperiode, 725, 726.
[34] Vgl. auch Wember (Anm. 5), 364.

Schlußwort zum Kolloquium vom 1. und 2. Juli 1993

Von Landesbischof Prof. Dr. Müller DD

Erstens: Geschichte darf nie Selbstrechtfertigung sein. Manche Vorgänge in den Jahren nach 1945 sind aber sicher unter diesem Stichwort zu verstehen. Dies ist verständlich, aber heute muß geschichtlich genau geklärt werden, wo bewußt oder unbewußt Perspektiven verschoben worden sind.

Zweitens: 1945 war in unserer Landeskirche nicht nur Neuanfang, sondern auch Fortführung. Viele Menschen blieben in Positionen, weil keine anderen da waren, diese auszufüllen. Auch wenn sie belastet waren, blieben sie, und es war schon dramatisch, wie die Hürden im Entnazifizierungsverfahren immer niedriger gelegt wurden.

Drittens: Das Stichwort „Selbstreinigung der Kirchen" hätte viele Möglichkeiten eröffnet. Wie streng durfte man sein, wie streng war man? Oder: Darf Kirche überhaupt streng sein? Muß Kirche nicht immer anders sein? Ich denke, Kirche muß beides sein, streng und auch mild, denn sie traut Menschen auch einen Neuanfang zu, aber dies nicht um den Preis der Wahrheit. Wenn man zu großzügig verfuhr, war hier eine falsche Barmherzigkeit im Spiel, die es auch den Betroffenen eigentlich schwerer gemacht hat.

Gerade die Opfer – das ist mein vierter Gedanke – waren zur Vergebung bereit. Ich fühlte mich erinnert an die Confessoren in der alten Kirche. Auch sie neigten zur Vergebung, weil sie wußten, was es heißt zu bekennen. Die gelitten hatten unter den Nazis wie Buttler, waren zur Vergebung bereit, eher als andere, die das überhaupt nicht existentiell erfahren hatten. Und wie in der alten Kirche die Confessoren einflußreicher waren als die Bischöfe – man hat auf sie gehört, nicht aber auf die Bischöfe, die damals strenger sein wollten –, so waren doch wohl auch die Confessoren nach 1945 wichtig. Vielleicht haben sie die Machtposition nicht wahrgenommen, die ihnen eingeräumt war.

Mir hat fünftens der Zerfall, den Herr Ludewig auf den Begriff gebracht hat „Vom Normen- zum Maßnahmenstaat" weitergeholfen. Der Zerfall des Rechtsstaats vollzog sich gerade im Krieg. Wer trat dann für die Opfer ein? Herr Vollnhals[1] hat davon gesprochen, daß man sich nach 1945 gegen ungerechte Prozesse und gegen Siegerjustiz gewehrt hat. Sich zu wehren war nach 1945 einfacher als vorher! Jemand wie Bischof Wurm hat sich vor 1945 wenigstens in Grenzen gewehrt. Ich erinnere an die Euthanasie und die Frage nach dem sogenannten lebensunwerten Leben. Das war sicher richtig, aber wer hat das Unrecht gegen die Juden angeklagt? Das ist eine Frage, die Dietrich Bonhoeffer bereits 1934 gestellt hat – sicher persönlich bedingt, aber eben doch eine Frage, die auch anderen hätte kommen können.

Unser besonderes Problem ist, sechstens, die Frage der Übernahme von Richtern nach 1945 in den kirchlichen Dienst. Warum waren wir eigentlich so unkritisch? Warum merke ich nicht von den Leuten, die im Kirchenvorstand sind, was sie gleichzeitig in ihrer beruflichen Arbeit tun, wie uns das der wirklich hochzuschätzende Pfarrer Wicke gestern abend ganz offen gesagt hat[2]? Man wußte nichts. Aber kann das angehen? Ich denke, man muß sich die Wahrheit zumuten.

Denn, siebtens, die Last der Geschichte wird dann größer, wenn man sich die Wahrheit nicht zumutet. Es kann sich ja niemand aus der Geschichte fortstehlen. Auch wenn die jüngere Generation sagt, uns interessiert das überhaupt nicht – die Geschichte holt jeden ein. Die Raketen des Iraks auf Israel im Golfkrieg haben das deutlich gemacht.

Also könnte man natürlich, achtens, fragen, Sühne statt Vergebung? Aber was können wir eigentlich sühnen, was können wir vergeben? Zu vorschnelle und oberflächliche Urteile belasten länger, als wir ahnen. Und dafür ist der Name von Dr. Lerche sicher nur ein Beispiel.

Deswegen kann, neuntens, Unbarmherzigkeit natürlich keine Lösung sein. Aber Nichtbeachtung der Geschichte genau so wenig.

Zehntens: Historia magister vitae, das ist ja ein alter und schöner Spruch: Die Geschichte lehre uns. Es wäre schön, wenn das so einfach ginge. Aber jede Situation ist anders, vorschnelle Parallelen verbieten sich. Geschichte wiederholt sich nicht. Auch Gestapo und Stasi waren zwei verschiedene Unrechtssysteme.

Ich denke, elftens, wir müssen in der weiteren Bearbeitung mehr die Opfer beachten. Nur Täter namhaft zu machen, ist relativ einfach. Demgegenüber geht es auch um die Opfer.

Zwölftens, die grundsätzlichen Einsichten, die wir im Blick auf die Eugenik gehört haben, zeigen ja eine ganz oberflächliche Art von Weltverbesserungssicht. Es gibt jene Leute, die sagen, es werde immer schlechter auf der Erde. Aber es gibt ja auch immer wieder die, die sagen, es werde

---

[1] Clemens Vollnhals, Die Evangelische Kirche und die Aufarbeitung des Nationalsozialismus 1945–1949 (s. Einleitung zu diesem Band, Anm. 1).

[2] Podiumsdiskussion mit Zeitzeugen am 1. 7. 1993.

immer besser. Die Nazis meinten, sie wüßten, wie es wirklich besser werden würde. Aber das Ende waren Niedergang und Unmenschlichkeit.

Dreizehntens: Die Ebenen verschränken sich für mich. Was tut Kirche mit Disziplinierung einerseits und Seelsorge andererseits? Was tut sie mit eigener Belastung aus persönlicher Betroffenheit heraus und dem notwendigen Neuanfang, den alle sehen? Man sprach ja von der Stunde Null damals. Mich hat überrascht, wie Staat und Kirche bei der Entnazifizierung zusammengearbeitet haben, wie uns Herr Pollmann das mit dem Holland-Ausschuß in Sachen Lerche gesagt hat. Sollten wirklich einige geopfert werden als Sündenböcke, damit alle anderen es umso einfacher hätten? Ich denke, Vergebungsbereitschaft ist richtig, aber falsche Barmherzigkeit einer billigen Gnade ist falsch, weil nur dann die Notwendigkeit zur Umkehr erkennbar wird, wenn ich erkenne, daß ich Vergebung brauche.

Vierzehntens: Parallelen drängen sich auf. Ich denke, Herr Schmiechen-Ackermann[3] hat mit seinen grundsätzlichen Anfragen recht. Es war eine Illusion zu meinen, man sei unpolitisch, wenn man sich aus der Parteipolitik heraushält. Natürlich war es politisch, wenn man sagte: Bleibt mal in der Partei, damit wir da nicht Repressalien erleben! Aber sind das wirklich auf Dauer Lösungen?

Letzter Punkt, fünfzehntens, die für mich wichtigste Frage. Wodurch entsteht eigentlich Kirche, wie wird Kirche gebaut? Die Dogmatik gibt darauf eigentlich eine ganz klare Antwort: durch den Heiligen Geist, nicht durch uns. Dies ist sicher richtig. Aber was heißt das? Entsteht Neues durch Integration von Verschiedenem? Entsteht Neues durch Angleichung an neue Situationen? Ich denke, Neues entsteht dort, wo dann auch wirklich erkannt wird, daß die Sünden der Väter heimgesucht werden, wo erkennbar wird, daß Wahrheit und Liebe zusammengehen können, wo deutlich wird, daß wir auf dem Weg sind und daß wir uns gehörig überschätzen, wenn wir meinen, wir seien es, die die Lösung wüßten, die die Wahrheit ein für alle mal besäßen.

---

[3] Detlef Schmiechen-Ackermann, Pfarrer und Nationalsozialismus in der hannoverschen Landeskirche (s. Einleitung zu diesem Band, Anm. 1).

Abb. 1 Die St. Andreaskirche in Braunschweig nach der Zerstörung

Braunschweigisches Volksblatt

Evangelische-Wochenzeitung für Stadt und Land Braunschweig

| Jahrgang 1 | Pfingsten 1946 | Nummer 1 |

Gruß an die Leser!

Es ist mir sicher, daß die alten Leser unseres „Braunschweigischen Volksblattes" voller Freude wieder nach dem Blatte greifen werden. Sie werden es alle manchmal vermißt haben: man erfuhr ja nichts mehr von den anderen Gemeinden, von der Landeskirche und erst recht nichts von der Christenheit auf der weiten Erde. Wie hat uns die Vernichtung der kirchlichen Presse seelisch isoliert, und damit auch verarmt!

Zu den alten Lesern aber treten nun gewiß noch viele neue, die wir besonders herzlich grüßen, vor allem die, die als Flüchtlinge aus dem Osten gekommen sind. Möchte ihnen auch dies Sonntagsblatt eine Hilfe sein, bei uns eine neue Heimat zu finden!

Manche werden sich wundern, daß wir den alten Titel „Volksblatt" beibehalten, und ihn nicht etwa ersetzen durch „Kirchenblatt". Wir wollen bei dem alten Titel bleiben um der Tradition willen. Das „Braunschweigische Volksblatt" ist uns nun einmal vertraut. Aber wir möchten auch gern, daß dieses Blatt nicht nur im „Raum der Kirche" etwas bedeutet, sondern auch für das Volksleben. Es will einen Missionsdienst tun, es will in die Weite des ganzen Landes hinausrufen: „Land, Land, Land — höre des Herrn Wort!"

Herdieckerhoff.

Zeugen voll Gnade und Wahrheit

... Laßt uns nur fest in der Verheißung bleiben, die Christus gegeben hat und die erfüllt werden wird: „Ihr werdet die Kraft des Heiligen Geistes empfangen, welcher auf euch kommen wird, und werdet meine Zeugen sein ... bis an das Ende der Erde" (Ap.-Gesch. 1, 8).

Mit diesen Worten schloß ich genau vor fünf Jahren meine letzte Volksblatt-Andacht, als unser Blatt verboten wurde. Damals wußten wir schon, daß nun ein ernstgemeinter Sturm gegen das Zeugnis christlicher Wahrheit beginnen würde. Er sollte es hinwegfegen. Aber der antichristliche Sturm hat uns wohl zum „Ende der Erde" gefährlich nahegebracht, aber nicht dem Ende des Glaubens. Der Glaube hat sich bewährt. Seine Kraft hat uns durch die grausigsten Stunden hindurchgetragen. Diese wunderbare Erfahrung läßt viele darum auch ruhig, ja sogar mit Staunendem Dank auf die letzten Jahre zurückblicken, selbst wenn sie aus Danzig oder aus Breslau oder aus Königsberg oder auch aus unserer Stadt Braunschweig stammen.

Wir sind von Gottes Kraft gehalten worden mitten in dem Bombenhagel oder unter den Händen entmenschter Grausamkeit. Das hat uns gewiß gemacht, daß Gott auch die ganze Welt fest in seiner Hand behält, sooft auch die Menschen ihm die Herrschaft entreißen wollen.

Wir wissen heute: Es gibt ein Gericht! Mitten in dem gegenseitigen Sichverklagen und Entschuldigen unserer Gewissen ist uns neu zum Bewußtsein gekommen, daß Gott Richter ist. Der Mensch denkt, er könne seine Taten vergessen machen oder die Zeugen seiner Taten vernichten. Aber: „Die Sonne bringt es an den Tag!" Alles, auch das Verborgenste! Wie-

vieles ist an das Licht des Tages geholt worden, was ewig mit Nacht und Grauen bedeckt bleiben sollte.

Darum aber haben wir gerade heute auch eine besondere Verantwortung, die Macht des Geistes der Gnade, des Heiligen Geistes, dieser Welt zu bezeugen. Was würde aus der Welt werden, wenn es nur einen Geist des Richtens gäbe! Dieser würde die Menschheit dazu treiben, sich gegenseitig schließlich ebenso zu vernichten wie der Geist des Untermenschentums. — Die Seele der Menschheit ist heute wie eine riesige offene Wunde, die nach dem Balsam der vergebenden Gnade Gottes ruft, nach dem Geist der ersten Pfingsten. Nur durch diesen Geist gibt es eine wahre Wiedergeburt in dieser Welt. Das wird darum die wichtigste und tröstlichste Aufgabe unseres Blattes sein, Zeuge der heilenden Kraft des Geistes Gottes zu sein, wobei wir allerdings eins immer darauf hinweisen müssen, daß wir diesen Geist nicht „propagieren", nicht „beschwören" und nicht anerziehen werden und können. — Pfingsten ist das Fest der Gemeinde Jesu Christi, und die Wiedergeburt aus dem Schöpfergeist Gottes ist das Geheimnis derer, die „Gott lieb haben".

Man ist in unserem Volk in den letzten Jahrzehnten immer schnell bei der Hand gewesen mit Worten wie „Auferstehung" und „Wiedergeburt". Die größten Worte waren für uns gerade gut genug. Wir wollen in dieser ersten Nummer unseres Blattes nach dem schaurigsten Zusammenbruch unserer Geschichte gleich deutlich sagen: Was aus uns wird, bestimmt Gott und nicht irgendwelche Menschen, auch nicht wir selbst.

Darum rufen wir in allem Ernst: „Wendet euch wieder zu Gott, Er wird den Heiligen Geist geben denen, die ihn bitten."

H.

Abb. 2 Die erste Ausgabe des Braunschweigischen Volksblattes nach dem Kriegsende

Wort des Landeskirchentages
an die Gemeinden

Zum Pfingstfest grüßt der neue Landeskirchentag die Gemeinden unserer Landeskirche. Lange Jahre hindurch hat sie unter dem Zeichen äußerer und innerer Unruhe gestanden. Der Irrweg, den unser Volk eingeschlagen hatte, ist auch für sie verhängnisvoll gewesen. Das ungesetzliche Gewaltregiment der von den früheren Machthabern eingesetzten Finanzabteilung hat uns unermeßlichen Schaden zugefügt, das Vermögen der Kirche verschleudert, die Kirchengemeinderäte entrechtet und durch alles das auch das geistliche Leben der Kirche schwer gehemmt.

Wir sind dankbar dafür, daß unsere Kirche diese Jahre böser Feindseligkeit überdauert hat. Das war nicht unser Verdienst, sondern Gottes Barmherzigkeit. In Verkündigung und Verwaltung ist manches unter uns getan und geduldet worden, was dem Geist unseres Herrn Jesus Christus widerstreitet. In vielen Fällen ist geschwiegen worden, wo hätte geredet werden müssen. Vor Gott bekennen wir: es hat unter uns gefehlt an Klarheit der christlichen Erkenntnis und an der Treue gegen die unverrückbaren Grundlagen der Kirche, an der Kraft des Gebets, am rechten Widerstand gegen falsche Lehre und am Geist der Liebe. Schwer lastet auch heute noch — und nicht erst seit dreizehn Jahren! — auf unserem Lande der Bann der kirchlichen Gleichgültigkeit und der Verachtung des heiligen Gottes-Wortes. Fremde Götter sind bei Ungezählten an die Stelle dessen getreten, der allein unser Herr sein darf.

In dem äußeren und inneren grausamen Zusammenbruch unseres Volkes gibt Gott uns ein deutliches Zeichen dafür, daß er sich nicht spotten läßt. Wer sich aber von ihm zur Umkehr rufen läßt, der erfährt auch im schmerzlichen Leid Gottes gnädige Heimsuchung. An ihm erfüllt sich das Wort: „Wo die Sünde mächtig geworden ist, da ist die Gnade noch viel mächtiger geworden."

In dieser Gnade wird Gott uns auch den Weg zeigen, den wir gehen sollen und die Kraft geben, den uns gestellten Auftrag zu erfüllen. Dieser Auftrag aber heißt: „Gehe hin und verkündige das Reich Gottes." Wir sollen durch Wort und Tat rufen zu dem, der für uns in den Tod ging und nun für und unter uns lebt! Wo Christus ist, da ist auch immer der Anfang eines neuen Lebens, da ist die Kraft zum Neuaufbau, da ist die Gemeinschaft unter denen, die den gleichen schweren Weg wandern müssen, da ist auch der Wille zu dem von Gott der Kirche befohlenen Widerstand gegen alle Ungerechtigkeit und Unwahrhaftigkeit, die immer wieder ihr Haupt erhebt.

Darum rufen wir allen Gemeinden zu: Sammelt euch zu einer Schar unter dem Kreuz! Stärkt euch aus Gottes Wort! Gebt dem Sonntag seine Ehre wieder! Haltet die Ehen und Häuser rein! Nehmt euch der Jugend an und zeigt ihr einen neuen Weg, führt sie zurück zu Ehrfurcht und Glauben! Lasset alles in der Liebe geschehen!

Mit besonderer Dringlichkeit aber rufen wir die Gemeinden auf zu jeder nur erdenklichen Hilfe an allen denen, die in die schwerste Not Leibes und der Seele geraten sind. Unterstützt mit allen Kräften das große Hilfswerk der Kirche, öffnet eure Häuser und Herzen den Flüchtlingen und gebt ihnen bei uns eine neue Heimat! Uns, die wir doch zum größten Teil von den schwersten Kriegsschäden bewahrt geblieben sind, gilt das Wort: „Einer trage des anderen Last; so werdet ihr das Gesetz Christi erfüllen." So gebt den Hungrigen Brot den Verzagten eine neue Hoffnung. Laßt uns die Not unseres deutschen Vaterlandes und besonders der Kriegsgefangenen, die immer noch von uns ferngehalten werden, auf betenden Herzen tragen.

Wir alle aber, Kirchenleitung und Kirchenvertretung, Gemeinden, Kirchenvorstände und Pfarrer wollen demütig und tapfer an das uns befohlene Werk gehen, zu einer großen Gemeinschaft verbunden mit der Bitte an den Herrn der Kirche: „Wir lassen dich nicht, du segnest uns denn!"

W o l f e n b ü t t e l , Pfingsten 1946.

Der Landeskirchentag.

Abb. 3 Aufruf des Landeskirchentages an die Gemeinden zum Pfingstfest 1946

Abb. 4 Das alte Landeskirchenamt (bis 1956) am Schloßplatz in Wolfenbüttel

Abb. 5 Die Kollegiumsmitglieder des Landeskirchenamtes im Jahre 1957: Landesbischof Erdmann (2. v. l.) und die Oberlandeskirchenräte Röpke, Seebaß und Dr. Breust (v. l. n. r.)

Abb. 6 Das Kollegium im Jahre 1962: In der Mitte der Landesbischof und die Oberlandeskirchenräte Dr. Lerche, Röpke, Dr. Breust und Wedemeyer (v. l. n. r.)

Abb. 7 Martin Erdmann (1896–1977) führte die Braunschweigische Landeskirche als Landesbischof durch die ersten beiden Nachkriegsjahrzehnte (1947 – 1965)

315

Abb. 8 Oberlandeskirchenrat Wilhelm Röpke (1892–1970) war seit 1934 im Landeskirchenamt, in den Kriegsjahren ab 1939 amtierte er als Stellvertreter des Landesbischofs Johnsen

Abb. 9 Dr. jur. Reinhold Breust (1893–1973) war seit 1923 nahezu vierzig Jahre als Jurist im Dienst der Landeskirche tätig

Abb. 10 Hans Buttler (1894–1970), ab Ende Mai 1946 Vorsitzender der landeskirchlichen Spruchkammer, wurde in den Kriegsjahren von den nationalsozialistischen Machthabern in den Konzentrationslagern Sachsenhausen, Flossenbürg und Dachau in Haft gehalten

Abb. 11 Lic. Dr. Werner Strothmann (geb. 1907), Kirchenregierungsassessor und Domvikar von 1934 bis 1936, wirkte als Propst der jungen Stadtgründung Salzgitter (Bleckenstedt) zwischen 1938 und 1949

Abb. 12 Dr. jur. Walter Lerche (1901–1962), Landgerichtsdirektor, ab 1939 erst als stellvertretender, dann als Vorsitzender am Braunschweiger Sondergericht amtierend. Ab November 1947 fand er Anstellung im LKA, seit 1951 als Oberlandeskirchenrat

317

FRAGEBOGEN FÜR GEISTLICHE

TEIL „A" (Personalangaben)

1. Zuname _Gläser_ — Vorname(n) _Gotthard_

   Gegenwärtige Ausweiskarte Nr. _614571_ — Ort der Ausgabe _Bredstedt_

   Datum _Februar 1946_

2. Geburtsdatum _25. Dezember 1902_ — Geburtsort (mit Reg.-Bez.) _Sommerfeld Reg. Frankfurt/O_

3. Staatsangehörigkeit (gegenwärtige) _dtsch._ — Gegenwärtige Adresse _(246) Bredstedt (Schleswig) Süderstr. 7._

   Staatsangehörigkeit von Geburt _dtsch._

4. Bekenntnis (mit genauer Angabe der Kirche, Religionsgemeinschaft oder Organisation) _Evgl. Kirche_

5. Gegenwärtige Stellung _Pastor_

   Mit oder ohne Pfarramt _ja (im Dienstauftrag)_

6. Geben Sie sämtliche Einzelheiten über frühere Stellungen an, die Sie bekleidet haben, mit Daten _1931–45 Pfarrer in Lang-Heinersdorf Kr. Züllichau 1945–47 Pastor in Bredstedt_

7. Geben Sie das Datum Ihrer Ordination an, und von wem Sie ordiniert wurden _11. Juli 1931 durch Propst D. Kändler Berlin, St. Nicolaikirche_

TEIL „B" (Mitgliedschaft in der NSDAP)

8. Waren Sie jemals Mitglied der NSDAP?

   Ja _____ Nein _nein_ Daten _____

9. Haben Sie jemals in den Gliederungen oder in den angeschlossenen Verbänden oder in den betreuten Organisationen der NSDAP oder in dem DRK Stellungen bekleidet?

   Ja _____ Nein _nein_

   Wenn Ja, geben Sie sämtliche Einzelheiten mit Daten an _____

10. Haben Sie jemals ehrenhalber einen Titel, einen Rang, eine Auszeichnung oder ein Diplom von irgendwelcher der oben (Nr. 9) genannten Organisationen erhalten?

    Ja _____ Nein _nein_

    Wenn Ja, geben Sie an, was für Titel usw. Sie erhalten haben, das Datum, und für welche Dienstleistungen.

11. Haben Sie im Jahre 1938 oder später den Treueid auf Adolf Hitler geleistet, dem Erlaß von Dr. Werner gemäß?

    Ja _ja_ Nein _____ Datum _nicht erinnerlich_ Ort _Cottbus_

12. Waren Sie jemals an den folgenden Organisationen beteiligt?

    Deutsche Christenbewegung. Ja _____ Nein _nein_

    Deutsche Glaubensbewegung. Ja _____ Nein _nein_

    Wenn Ja, geben Sie Einzelheiten Ihrer Verbindung mit diesen Organisationen an _____

13. Haben Sie jemals mündlich oder schriftlich den Nationalsozialismus tätig unterstützt? Wenn Ja, muß ein vollständiger Bericht und eine Erklärung auf einem besonderen Blatt geliefert werden.

    Ja _____ Nein _nein_

TEIL „C" (Militärdienst)

14 (a) Haben Sie als Militär- oder Kriegspfarrer gedient? Ja _____ Nein _nein_

14 (b) Wenn Ja, haben Sie sich freiwillig gemeldet? Ja _____ Nein _____

Abb. 13 Der Entnazifizierungsbogen für Geistliche, wie er seit Oktober 1945 in der Landeskirche Verwendung fand

STELLUNGNAHME
OPINION SHEET

Deutscher Entnazifizierungs-Ausschuß   Die Braunschw. ev.-luth. Landeskirche
German Denazification Panel   Kreis/Land

Kat. V. Nr. 312.

Name: G l ä s e r , Gotthard
Name:

Adresse: Braunschweig, St. Katharinen
Address:

Firma oder Behörde: Ev.-luth. Pfarramt
Firm or office:

Stellung bekleidet oder beworben um: Pfarrer
Position held or applied for:

1. Keine Bedenken
   No objection   ☐

2. Nomineller Nazi-Unterstützer   —   für Beschäftigung empfohlen
   Nominal Nazi supporter   —   recommended for employment   ☐

3. Eifriger Nazi-Unterstützer   —   für Entlassung empfohlen
   Ardent Nazi supporter   —   recommended for removal   ☐

Anmerkungen:
Remarks:

Gl. war weder Pg. noch DC. Grundsätzliche Weiterbeschäftigung empfohlen.

Einstufung in Kat. V, da unbelastet.

Gl. was neither Pg. nor DC. Further occupation is recommended.

cat. Vas no objection.

Wolfenbüttel, den 19.1.1948

gez.:
signed: der Spruchkammer
Vorsitzender XXXXXXXXXXXXXXX
Chairman Kreis/Land Panel

Datum:
Date:

Abb. 14 Mit dem „Opinion Sheet" nahm die Entnazifizierungsbehörde zu einer möglichen Weiterbeschäftigung Stellung

Reichsgesetzblatt

Teil I

| 1939 | Ausgegeben zu Berlin, den 6. September 1939 | Nr. 168 |

Verordnung gegen Volksschädlinge.
Vom 5. September 1939.

Der Ministerrat für die Reichsverteidigung verordnet mit Gesetzeskraft:

§ 1
Plünderung im frei gemachten Gebiet

(1) Wer im frei gemachten Gebiet oder in freiwillig geräumten Gebäuden oder Räumen plündert, wird mit dem Tode bestraft.

(2) Die Aburteilung erfolgt, soweit nicht die Feldkriegsgerichte zuständig sind, durch die Sondergerichte.

(3) Die Todesstrafe kann durch Erhängen vollzogen werden.

§ 2
Verbrechen bei Fliegergefahr

Wer unter Ausnutzung der zur Abwehr von Fliegergefahr getroffenen Maßnahmen ein Verbrechen oder Vergehen gegen Leib, Leben oder Eigentum begeht, wird mit Zuchthaus bis zu 15 Jahren oder mit lebenslangem Zuchthaus, in besonders schweren Fällen mit dem Tode bestraft.

§ 3
Gemeingefährliche Verbrechen

Wer eine Brandstiftung oder ein sonstiges gemeingefährliches Verbrechen begeht und dadurch die Widerstandskraft des deutschen Volkes schädigt, wird mit dem Tode bestraft.

Berlin, den 5. September 1939.

§ 4
Ausnutzung des Kriegszustandes als Strafschärfung

Wer vorsätzlich unter Ausnutzung der durch den Kriegszustand verursachten außergewöhnlichen Verhältnisse eine sonstige Straftat begeht, wird unter Überschreitung des regelmäßigen Strafrahmens mit Zuchthaus bis zu 15 Jahren, mit lebenslangem Zuchthaus oder mit dem Tode bestraft, wenn dies das gesunde Volksempfinden wegen der besonderen Verwerflichkeit der Straftat erfordert.

§ 5
Beschleunigung des sondergerichtlichen Verfahrens

In allen Verfahren vor den Sondergerichten muß die Aburteilung sofort ohne Einhaltung von Fristen erfolgen, wenn der Täter auf frischer Tat betroffen ist oder sonst seine Schuld offen zutage liegt.

§ 6
Geltungsbereich

Die Vorschriften dieser Verordnung gelten auch im Protektorat Böhmen und Mähren, und zwar auch für Personen, die nicht deutsche Staatsangehörige sind.

§ 7
Schlußbestimmungen

Der Reichsminister der Justiz erläßt die zur Durchführung und Ergänzung dieser Verordnung erforderlichen Rechts- und Verwaltungsvorschriften.

Der Vorsitzende
des Ministerrats für die Reichsverteidigung
Göring
Generalfeldmarschall

Der Generalbeauftragte für die Reichsverwaltung
Frick

Der Reichsminister und Chef der Reichskanzlei
Dr. Lammers

Herausgegeben vom Reichsministerium des Innern. — Gedruckt in der Reichsdruckerei, Berlin.

Abb. 15 Die sogenannte Volksschädlingsverordnung vom 5. September 1939

Die Braunschweigische evangelisch-lutherische Landeskirche

ZEUGNIS

Dr.jur. Walter Lerche geboren am 7.Oktober 1901
hat als Angehöriger des Religionspädagogischen Seminars der
Evangelischen Akademie Braunschweig nach einem Studium der
Evangelischen Religionspädagogik von zwei Semestern
vor einem Prüfungsausschuß der Landeskirche

die erste kirchenamtliche Prüfung für den Dienst eines evangelischen Gemeindehelfer -
mit *sehr gutem* Erfolge bestanden und kann auf Grund
dieses Zeugnisses als **Gemeindehelfer**

und als **Religions-Lehramtsbewerber**
im evangelischen Kirchendienst Verwendung finden.

Die Ausstellung dieses Zeugnisses erfolgt im Vertrauen auf Bewährung im Glauben an den Christus Gottes und auf Bewährung im Dienste unserer evangelischen Kirche in Deutschland.
Evangelium Johannes 17 Vers 21

Wolfenbüttel und
Braunschweig,

am 27.Okt.1947

Der Prüfungsausschuß:

Die Gültigkeit dieses Zeugnisses erlischt nach zwei Jahren, sofern bis zu diesem Zeitpunkt nicht ein zweites Examen nach den Bestimmungen einer evangelischen Kirchenleitung in Deutschland abgelegt worden ist.

Abb. 16 Mit „sehr gutem" Ergebnis absolvierte Dr. Lerche die religionspädagogische Ausbildung an der Evangelischen Akademie der Landeskirche

ÖFFENTLICHER SEMESTER-BEGINN

E
V
A
K
A
D
E
M
I
E

Eröffnungs- Vorlesung

Montag, 4. November 1946, 11 Uhr, Goslarsche Str. 31a

Dozent DR. RITTER:
Eros und Agape als erzieherische Grundkräfte

Am Montag, dem 4. November, 9 Uhr, findet ein
Eröffnungs-Gottesdienst im Dom
durch Landeskirchenpräsident Erdmann statt

Abb. 17 Plakat zur Eröffnungsvorlesung Dr. Ritters an der Evangelischen Akademie

Abb. 18 Kirchenrat Reinhard Herdieckerhoff (1896–1986), seit 1936 erster Vereins-geistlicher und langjähriger Direktor des Evangelischen Vereins für Innere Mission. Herdieckerhoff war zugleich landeskirchlicher Bevollmächtigter für das Evangelische Hilfswerk und wirkte von September 1949 an als einer der maßgeblichen Männer in der Akademiearbeit der Landeskirche

Abb. 19 Max Witte (1909–1955), streitbarer Theologe und Pfarrer der Braunschweiger Brüderngemeinde

Abb. 20 Georg Althaus (1898–1974), Pfarrer von Timmerlah, hatte in den Jahren 1957 bis 1963 das „Pfarramt für den Dienst an Israel und den Zigeunern" übernommen.

Abb. 21 Propst Hans Ernesti (1884–1953) leitete als Vorsitzender den Braunschweigischen Pfarrerverein mit einer kurzen Unterbrechung 1933/34 in den Jahren zwischen 1929 und 1953

Abb. 22 Der Flüchtlingspfarrer Erwin Glow (1906–1988) hatte ab Mai 1946 die Betreuung des Lagers Immendorf übernommen

Abb. 23 „Schwarz über die Grenze"

Abb. 24 Grenzübergänger im Harz

Abb. 25 Kinderspeisung in der St. Georgsgemeinde in Braunschweig

Abb. 26 Im Flüchtlingslager Immendorf bei Salzgitter

Abb. 27 Viele alte Menschen waren ins Lager gekommen. Das Foto stammt etwa aus dem Jahre 1949 und ist in Immendorf aufgenommen worden

326

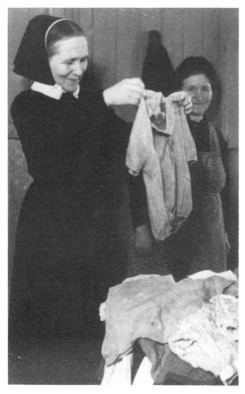

Abb. 28 Mitarbeiterinnen des Auslandshilfswerkes probieren die von englischen Spendern zugesandte Bekleidung an

Abb. 29 Sachspenden des Auslandshilfswerkes werden von einer Diakonisse begutachtet

327

Abb. 30 In der Frauenhilfe: Mütter basteln Kinderspielzeug

Abb. 31 Die im Jahre 1954 mit Hilfe der amerikanischen Lutheraner errichtete Dankeskirche in der Flüchtlingsgemeinde Braunschweig-Schuntersiedlung

328

Abb. 32 Der Bau des Martin-Luther-Hauses in Salzgitter-Lebenstedt war nur mit Unterstützung der Ökumene möglich

Abb. 33 Einweihung des Martin-Luther-Hauses am 17. Dezember 1950 mit Gästen aus Schweden und den USA: (v. l. n. r.) halbverdeckt Pfarrer Magnusson, Stockholm; Oberlandeskirchenrat Röpke; Reverend Mau jr. als Repräsentant der amerikanischen lutherischen Kirchen; Propst Cieslar, Salzgitter-Bad; der Stockholmer Bischof Dr. Björquist; Bischof Erdmann und Propst Gennrich, Salzgitter-Lebenstedt

Abbildungsnachweis

Abb. 1 Landeskirchliches Archiv Braunschweig (LAB) acc. 19/82, Foto Stadtbildstelle Braunschweig/Bingel

Abb. 2 Braunschweigisches Volksblatt (BVBl.) 1 (76), 1946, Nr. 1 v. 16. 6. 1946, 1

Abb. 3 BVBl. 1 (76), 1946, Nr. 1 v. 16. 6. 1946, 4

Abb. 4 LAB acc. 36/81, Aufnahme aus dem Jahre 1932

Abb. 5 LAB acc. 36/81

Abb. 6 LAB acc. 2/90

Abb. 7 LAB acc. 36/81

Abb. 8 LAB acc. 36/81

Abb. 9 LAB acc. 36/81

Abb. 10 Privatbesitz

Abb. 11 Pfarrarchiv Ahlum, Kirchengemeindechronik

Abb. 12 LAB acc. 36/81

Abb. 13 LAB acc. 59/79 Nr. 10

Abb. 14 LAB acc. 59/79 Nr. 10

Abb. 15 Reichsgesetzblatt I 1939, 1679

Abb. 16 LAB Personalakten W. Lerche

Abb. 17 LAB Ev. Akademie Nr. 32

Abb. 18 Privatbesitz

Abb. 19 Privatbesitz

Abb. 20 Privatbesitz

Abb. 21 Privatbesitz

Abb. 22 LAB acc. 69/85 Nr. 18

Abb. 23 LAB acc. 19/82

Abb. 24 LAB acc. 19/82

Abb. 25 LAB acc. 19/82, Foto Stadtbildstelle Braunschweig/Bingel

Abb. 26 LAB acc. 69/85 Nr. 13

Abb. 27 LAB acc. 69/85 Nr. 18

Abb. 28 LAB acc. 69/85 Nr. 13

Abb. 29 LAB acc. 69/85 Nr. 13

Abb. 30 LAB acc. 19/82

Abb. 31 LAB acc. 2/90

Abb. 32 LAB acc. 69/85 Nr. 15

Abb. 33 LAB acc. 69/85 Nr. 15

Personenregister

Ahrens, Walter 289, 297, 305
Alexander, Oberst 293
Alpers, Friedrich 275
Althaus, Adolf 123
Althaus, Georg 49, 66, 81, 100, 123–130, 286, 323 Abb. 20
Andreae, Georg 250, 253
Angerstein, Hermann 88, 277
Arendt, Wilhelm 233
Asmussen, Hans 22, 183, 190

Barg, Paul 38, 98, 103, 160
Barth, Karl 76, 112
Battmer, Friedrich 297
Batzilla, Eugen 166, 226
Bauer, Fritz 277
Baumert, Willi 260
Bechler, Hermann 62, 66f
Beckmann, Joachim 76
Behme, Otto 103
Beier, Kurt 276
Beneke, Bernhard 276
Berg, Christian 212
Bergmann, Friedrich 255
Bernewitz, Alexander 28, 69, 119, 134
Bertram, Kurt 36, 153
Besser, Johannes 193
Beye, Wilhelm 28f, 58, 67, 75, 107, 134f, 137, 139f
Beyer, Ludwig 246, 254
Bild, Gustav 201, 233
Binding, Karl 237
Björquist, Manfred 329 Abb. 33
Bodelschwingh, Friedrich v. 254
Bötcher, Robert 64
Bonhoeffer, Dietrich 309
Bosse, Erwin 208
Bouhler, Philipp 259
Brackhahn, Walter 63f, 72, 75

Brandes, Albert 50, 55
Brandes, Walter 279
Brandmeyer, Adolf 36, 141
Brandt, Karl 248
Brandt, Wilhelm 94
Braun, Otto 122
Breust, Reinhold 29f, 34, 36–39, 62, 68–70, 98, 125f, 129, 141, 161, 163, 243, 314–316 Abb. 5, 6, 9
Brinckmeier, Rudolf 59, 74, 94, 114f
Brinkmann, Heinrich 115, 214
Brunotte, Heinz 153
Brutzer, Ernst 67, 76
Buchholz, Willy 168
Bülow, Hans-Jürgen v. 79, 81
Bultmann, Rudolf 105, 116
Bunzel, Ulrich 229
Burmester, Karl 50, 77, 229
Buttler, Hans 48–51, 55, 57, 59, 62, 69f, 83, 98f, 124, 134, 147, 228, 286, 302f, 308, 317 Abb. 10

Calvin, Johannes 111
Cieslar, Alfred 168, 188, 221, 225, 234, 329 Abb. 33
Clemen, Fritz 51f, 164

Damrow, Johannes 77, 231
Darwin, Charles 236
Denecke, Bruno 72, 75, 123, 139
Deppe, Walter 98
Dibelius, Otto 78, 97, 110
Diestelmann, Richard 66, 182
Dodt, Friedrich 66, 190
Döring, Paul 87, 258, 277, 296f, 303

Eberl, Irmfried 251
Ehlers, Hans 135, 140–142, 157
Ehlers, Hermann 56
Ehlers, Wilhelm 276f, 303

331

Arbeiten zur kirchlichen Zeitgeschichte
Reihe B: Darstellungen

Hrsg. im Auftrag der Evang. Arbeitsgemeinschaft für kirchliche Zeitgeschichte von Joachim Mehlhausen und Leonore Siegele-Wenschkewitz. Bei Subskription auf das Gesamtwerk ca. 15% Ermäßigung.

Vandenhoeck
& Ruprecht